邓正来 著

哈耶克社会理论

复旦大学出版社

目 录

哈耶克批判的前提性准备——《哈耶克社会理论》代序/邓正来 003

致谢 012

哈耶克社会理论的研究——《自由秩序原理》代译序 017
    引言 017
    一、哈耶克的社会理论：社会秩序分类学及其知识论基础 021
    二、哈耶克的社会理论：规则系统与行动结构 031
    三、哈耶克的社会理论：对当代自由主义的挑战和对"社群主义"的回应 044
    结论：哈耶克自由主义的哲学困境 056

知与无知的知识观——哈耶克社会理论的再研究 064
    引论：过程分析与"核心概念"的路径 064
    一、"知"意义上的分立知识观 076
    二、默会知识与实践的意义 088
    三、无知观与社会理论的确立 097

哈耶克方法论个人主义的研究——《个人主义与经济秩序》代译序 113
    一、引论：问题的提出与论述步骤 113
    二、方法论个人主义及其遭遇的批判 118
    三、哈耶克的方法论个人主义 131

四、结语:哈耶克真个人主义的意义及其遗存的问题 156

"社会正义"的拟人化谬误及其危害——哈耶克正义理论的研究 164
引论:论题的设定与论述框架 164
一、社会正义的基本诉求 173
二、哈耶克对"社会正义"的批判(一) 178
三、哈耶克对"社会正义"的批判(二) 188
四、哈耶克批判"社会正义"之观点的补论 201
五、结语:哈耶克的"否定性正义观" 208

附录
关于哈耶克理论脉络的若干评注——《哈耶克论文集》编译序 217
哈耶克与他的世纪
——《哈耶克论哈耶克》导论/Stephen Kresge 著 邓正来 译 274

参考文献/邓正来 编
哈耶克主要英文著作及中译本 310
关于哈耶克思想的主要研究性参考文献 310

哈耶克批判的前提性准备
——《哈耶克社会理论》代序

致 谢

哈耶克批判的前提性准备
——《哈耶克社会理论》代序*

□ 邓正来

《哈耶克社会理论》这部专题性的研究论文集,收录了我近些年来为了研究人类社会秩序的型构及其正当性而撰写的有关哈耶克社会理论——亦即以苏格兰道德哲学为基础的古典自由主义在当代的典型代表——的四篇研究性文字。换言之,一如本论文集"代序"的标题所示,这四篇研究性文字可以说是我在对哈耶克社会理论及其自由主义理论进行批判之前所做的一项作业。

实际上,早在 1987—1988 年哈耶克思想透过一些域外学者的引介而在中国学界颇具影响的时候,我已开始阅读哈耶克的《个人主义与经济秩序》(*Individualism and Economic Order*)一书了,此后又断断续续地研读了他撰写的一些论著,但是并没有进行专门的研究。我真正下决心研究哈耶克的自由主义理论大概是在 1994 年下半年,并在翻译哈耶克的名著《自由秩序原理》(*The Constitution of Liberty*)的过程中研读了他的绝大多数论著和一些被公认为重要的研究他思想的二手西方文献,并在此基础上展开了哈耶克自由主义的专门研究。

为了能够潜心研究哈耶克的自由主义理论,我从 1998 年开始践履自己确定的"学术闭关行动"。在这长达 5 年的"学术闭关期"中,我基本上婉言谢绝了各种国际国内学术活动的邀请以及学术期刊和出版社的约稿,只是在永远的"未名斋"中静静地享受阅读、思考和翻译带给我的心智挑战,当然我也从偶尔

---

* 本文是拙著《规则·秩序·无知:关于哈耶克自由主义的研究》的自序,三联书店 2004 年版。现在根据本版的编辑而略有修改,特此说明。

与好友的交流中获得了许多启发和激励。在整个8年的岁月中,我按部就班地做着自己觉得应该做的各种作业。我先后翻译了哈耶克《自由秩序原理》上下卷(三联书店1997年版)、《法律、立法与自由》三卷本(主译,中国大百科全书出版社2000年版)、《哈耶克论文集》(首都经济贸易大学出版社2001年版)和《个人主义与经济秩序》(三联书店2002年版)。当然,在进行这项大约200万言的"研究性"翻译作业的同时,我还撰写了九篇专门性的长文:《哈耶克方法论个人主义》、《哈耶克社会理论的研究》、《知与无知的知识观:哈耶克社会理论的再研究》、《法律与立法的二元观:哈耶克法律理论的研究》、《普通法法治国的建构:哈耶克法律理论的再研究》、《普通法法治国的建构过程:哈耶克法律理论研究的补论》、《"社会正义"的拟人化谬误及其危害:哈耶克正义理论的研究》、《关于哈耶克理论脉络的若干评注》以及《哈耶克论自由》。此外,我还发表了与研究哈耶克自由主义相关的三篇评论文字。

毋庸讳言,哈耶克有关自由市场的思想或许因为与当下中国经济体制改革或社会转型的推进有着某种"经验性"的关联而在当下的中国学界重新占据了相当重要的地位。但是,我着手研究哈耶克自由主义的那几年,却是他的影响在中国学界大大减退的年代,一些论者甚至宣称哈耶克的自由主义对中国已失去了意义。在这个意义上讲,我为什么在这样的背景下投入如此之多的精力去研究哈耶克的自由主义,自然也就成了一个有必要给出解释的问题了。显而易见,这里所涉及的问题绝不是可以简单地通过个人研究自由或个人知识兴趣所致这样一些论辩予以充分解释的,因为它不仅关涉到研究者个人的知识支援与作为研究对象的哈耶克自由主义间关系的问题,进而还关涉到研究者个人根据其知识支援所理解的哈耶克自由主义在其特定时代所具有的意义的问题。因此,我以为,唯有把这个问题置于我们所置身于其间的时代场景的变化和学术趋向之中,方能凸显出它所可能具有的意义,进而获致一种较为有效的解释。这种解释的获致,不仅可以经由回答我为什么在这种背景下研究哈耶克自由主义的问题而为自己的研究工作提供一种知识上的关系结构,而且也可能为读者理解我所做的哈耶克研究提供一种个人性的问题脉络。

的确,哈耶克的自由主义一方面因苏联和东欧的解体及体制转轨而使其对建构论唯理主义的尖锐批判和对法治下的个人自由及自生自发秩序的主张得到了某种经验性的证明,进而在西方国家和东欧诸国重新赢得了一席支配性地位:"1989年苏联帝国社会主义暴政的终结,也许是在他的人生旅途尽头最值得他欣慰的事情,而且许多东欧国家的知识分子自发地成立了各种'哈耶克俱乐部'和'哈耶克协会'。他们找不到比他更好的镇山之主了"(《通往奴役之路》"导言",中国社会科学出版社1997年版,第7页)。然而另一方面,哈耶克的自由主义又因为以意识形态为标志的冷战的结束而失去了曾经使他的理论话语得以型构的某种重要的对立性参照系,甚至连它的"存在性基础"都在各种后现代论述的质疑或询问中仿佛被颠覆掉了。这种由现代性的延续和后现代论述的质疑构成的"复合性"时代无疑是一种极为繁复的境况,而依我个人的观点,哈耶克的自由主义也正是在此境况中获得了它所具有的新的意义,因为它在现代性持续渗透与后现代论述询问甚或解构这一复杂重叠的过程中又开放出了一系列我们必须回过头去进行追问和反思的极具重要意义的理论问题。

在哈耶克自由主义所开放出来的一系列问题当中,至少存在着这样一个基本的问题,即"自由主义在其对立性的参照系或极权暴政国家趋于消失的境况中还具有何种意义"?实际上,这个问题已为当时流行于中国学界的相当多的论式所关注。然而不无遗憾的是,一部分论式在对这个问题做否定性回答的过程中不知不觉地将这个**问题**转换成了一个当然的理论**依据**,进而在处理哈耶克自由主义(包括其他自由主义理论)的时候采取了一种相当简单化的否定态度;另一部分论式则在对这个问题做肯定性回答的过程中也同样不知不觉地将这个**问题**转换成了一个前质疑的理论**根据**,进而在对待哈耶克自由主义的时候也采取了一种颇为简单化的肯定态度。

前者主要从后现代思维方式出发,在论述层面上颇为有效地质疑了构成现代性论式之基础的"国家与社会"或"国家与市场"等二元核心范畴,并由此否定了以这些二元范畴作为"存在性基础"或以极权主义意识形态作为其对立性参照系的自由主义话语(包括哈耶克的自由主义)。但是值得我们注意的是,这些后现代论述在质疑或解构现代性话语之逻辑的过程中实际上也深陷于现代性话语逻辑的制度性巢穴之中,并且在未经详尽分析和研究的状况下就简单地从形式上根据自由主义与其参照系之间互相依赖的逻辑关系而对自由主义理论(包括哈耶克的自由主义)所具有的意义进行了实质性的否定。后者则主要是以现代性思维方式和特定空间的政治状况为出发点展开论述的。毋庸置疑,这种在"国家与社会"或"国家与市场"框架下以严格限定国家权力的自由主义观点为支撑的主张,对于正在推进市场经济改革和启动政治体制改革的中国来讲有着极为重要的意义。然而我们必须指出的是,现代性话语在严格限定国家权力的过程中却不仅忽略了对"国家与社会"或"国家与市场"论式的反思,而且还未意识到各种后现代论述就此提出的质疑所具有的意义,最为重要的是在将权力宰制仅仅归于国家的同时而完全否定了权力宰制亦将透过各种社会等级组织和各种社会力量(特别是媒体的力量)而盛行于社会内部的事实。

上述两种流行于中国的论式虽说在对待自由主义理论(包括哈耶克的自由主义)的态度或立场方面截然不同,但是从本质上讲,它们却都是某种意识形态式的表态,因此否定性论式一般都看不到哈耶克自由主义中所隐含的对"组织"或"唯理性"等现代性构成要素所提出的根本性质疑,而肯定性论式则无力洞见到自由主义(尤其是哈耶克自由主义)中所存在的问题。实际上,这些意识形态式的表态对这些问题根本就不关心。于是,与哈耶克自由主义思想在中国以"意识形态"方式重新流行这种现象构成鲜明对照的,正是中国论者对他们所捍卫或反对的自由主义本身——特别是其间的理论问题——的基础性研究的严重缺失。我在《知与无知的知识观:哈耶克社会理论的再研究》一文中明确指出了这种滞留在意识形态的"标签"层面而无视那些"标签"无从揭示的不尽相同的知识理路以及相关理论问题的取向:

当然,促使我从这样一个角度对哈耶克社会理论进行探究的一个直接的原因,乃是汉语学界中所存在的一种非常普遍的现象,即论者在解释哈耶克的理论时,往往在意识或不意识的情形下就趋于以某种"同质性"的标签遮蔽哈耶克繁复且无法化约的社会理论建构过程:不是简单化为"功利主义",就是化约为"保守主义";不是庸俗化为"经验主义理论",就是简单化为"主观主义理论";毋庸置疑,这样一种以贴标签为特征的"庸俗化"或"简单化"的思维取向,亦即我所反对的"印象式"理解方式中最为重要的一种取向,不仅在实际上遮蔽了哈耶克社会理论内在演化发展的繁复过程,而且还在公共话语的建构过程中炮制出了因各自理论分析框架或意识形态取向而确定的无数个同质性的甚至彼此相互冲突的"哈耶克理论"。这里至关紧要的,也是往往为人们所熟视无睹甚或不意识的,就是在这些作为结果的无数"虚构"的哈耶克理论的背后,各种借"哈耶克理论"为名的理论主张实际上正在为各自知识的"真理性"或"正当性"展开话语争夺,甚至在更为深刻的层面上展开着不同意识形态之间的论争。此处不争的是,要害并不在于不同论式中的"哈耶克理论"之间的差异,而是隐含于各种论式背后的不同的意识形态担当以及由此而采取的不同的理论解释框架之间的较量。显而易见,就揭示各种"哈耶克理论"论式背后的不同意识形态担当和相应的不同理论解释框架以及它们之间展开的话语争夺而言,对它们进行详尽的知识爬梳和知识社会学分析无疑会具有极为重要的意义,然而这并不是本文的研究目的,本文的旨趣毋宁在于对各种有关哈耶克的"同质性"论式进行解构,而采取的方式则是直接对哈耶克社会理论的建构过程以及构成此一过程的核心概念进行梳理和探究,因为通过对哈耶克理论的演化过程本身的揭示,可以映照出各种"宣称的"哈耶克理论在公共话语建构中的"策略性"或"工具性"。

当然,我们必须承认,致使中国论者采用意识形态方式处理哈耶克自由主义的一个重要原因,实是与哈耶克本人所具有的两重知识性格有着紧密的关系:一方面,哈耶克是20世纪最为重要且最具原创力的社会理论家之一;而另一方面,他则是20世纪自由主义意识形态的最为重要的捍卫者之一,是各种形式的集体主义的坚定批判者和古典自由主义的弘扬者。显而易见,这构成了哈耶克自由主义中意识形态的封闭性与其学术研究的开放性之间的高度紧张。长期以来,这种紧张因其意识形态的封闭性而对人们确切认识哈耶克自由主义在认识人类社会秩序这个层面上的贡献构成了一种严重的障碍,因为它不仅严重阻碍了那些持非自由主义意识形态的论者以知识的方式去理解哈耶克自由主义在知识上的贡献,实际上还在更大的程度上构成了那些自视为"自由主义者"的论者沉湎于意识形态脉络下的问题论辩而无视哈耶克自由主义之知识洞见的当然理由。需要强调指出的是,我并不主张社会理论应当或可能与个人所担当的意识形态截然不涉,而毋宁在于指出我们不应当把哈耶克在意识形态方面的封闭性视作我们无视其社会理论之重大意义或其间的问题的理由。当然,我在这8年中所做的努力,并不旨在直接对哈耶克意识形态的封闭性与其学术研究的开放性之间的紧张关系进行分析,而是旨在对哈耶克自由主义及其建构过程中的各种问题进行厘定和分析。

更为重要的是,我对哈耶克自由主义的研究,除了与上述中国学术界中所流行的"意识形态"解读方式以及我对它的认识有着紧密的关系以外,还直接与我个人长期以来一直关注的一个基本问题紧密相关,即人类社会秩序的型构及其正当性问题。显而易见,对这个基本问题的关注,不仅要求我们对此前的西方论者(包括哈耶克)就这个问题所做的知识贡献进行研究和分析,而且也要求我们对这些知识系统在传播过程中的变异结构进行探究和反思。我经由长期的研究后大体上认为①,知识不仅在人与自然的关系中以及在人与人的日常生活中具有某种支配性的力量,而且在特定的情势中还会具有一种赋予它所解释、认识甚或描述的对象以某种正当性的力量,而不论这种力量是扭曲性质的,还是固化性质的。这意味着,那些所谓"正当的"社会秩序及其制度,其本身也许并不具有比其他社会秩序及其制度更正当的品格,而有可能是透过权力或经济力量的运作,更是通过我们不断运用知识对之进行诠释而获致这种正当性的。据此我认为,那些解释、认识甚或描述人类社会秩序及其制度的社会科学知识,在一定条件下会演化出极其强大的"正当性赋予"力量。当然,知识据以获得"正当性赋予"力量的前提条件乃是知识本身所具有的批判力量的丢失。

当我们从中国的角度来审视这个问题时,我们便会发现,在中国现代化的进程中,应和着进步发展政策的意识形态化,中国社会科学也得到了相当程度的发展。但是值得我们注意的是,这种发展所具有的最为重要的特征之一便是社会科学知识为某种社会秩序及其制度类型添赋"正当性"意义之进程的日益加速。从较深的层面来看,这种进程的加速实是与中国论者为了建构中国社会科学而引进西方各种流行理论的知识运动同时展开的,甚或构成了这一"知识引进运动"的一部分:它不仅表现为中国社会科学是西方各种流行理论的追随者,而且还更意味着西方各种流行理论有关人类社会秩序及其制度的图景在中国学术场域中的正当性。正是在这个追随西方理论的过程中,有关人类社会秩序及其制度的知识丢失了我所谓的知识所具有的批判力量,并且演化出了那种"正当性赋予"力量。尤其重要的是,中国社会科学还因为自主性的缺失而对经济、政治和社会等领域的依附,配合着对这些领域中的资源的分配或争夺,更是强化了中国社会科学知识赋予某种社会秩序及其制度类型以"正当性"的力量。

显而易见,正是在这样一种通过"知识引进运动"而"建构"中国社会科学的过程中,隐含于这些知识背后的各种有关人类社会秩序及其制度的西方理论,尤其是占据支配地位的自由主义理论,经由"建构者"的我们,不仅为中国社会科学知识的生产和再生产,而且也为我们认识和选择某种社会秩序及其制度类型设定了相应的规定性。对知识生产过程与知识"正当性"力量间关系的这种

---

① 参见拙著:《关于中国社会科学自主性的思考》,上海三联书店2000年版。

认识,归根到底,具有这样一种底蕴,即我们不仅是中国社会科学的建构者,而且也是这种知识的被建构者。建构者与被建构者在我们身上的这种同一性,在很大程度上确定了我们在形成人类社会秩序及其制度之图景方面的"路径依赖"品格。因此,我们可以说,这种社会科学知识绝不像客观实证主义所宣称的那样只是反映的或描述性的,也不只是技术管制性的,而更是建构性的和固化性的——这种知识通过各种制度化安排而渗透和嵌入了各种管制技术和人的身体之中,并成为我们型塑和建构人类社会秩序及其制度的当然理想图景,而由此形成的社会秩序及其制度则反过来又不断强化着它所依凭的那种知识。

我认为,在中国社会科学的上述发展过程中,最应当引起我们重视的是知识界对上述"建构者/被建构者"的关系所表现出来的集体性不意识,亦即我所谓的对西方各种流行理论的"前反思性接受"取向——它渗透在当下中国社会科学场域中以各种名目展开和固化的意识形态实践活动之中,嵌入在中国社会科学对社会秩序及其制度所做的各种正当性论述之中,更是在很大程度上型构着评价中国社会秩序及其制度的理想图景。毋庸置疑,通过揭示"建构者/被建构者"的同一性而获得的对这种"前反思性接受"取向本身的洞识,至少开放出了这样几个值得我们严肃思考的问题:为什么中国社会科学发展过程中会存在这种"前反思性接受"的取向?中国社会科学的发展与这种取向之间究竟具有何种经验相关性?更为重要的是,中国社会科学在这种取向下所生产和再生产的知识是否能够有助于我们更好地认识我们生活于其间的真实的社会秩序及其制度?显而易见,只要我们试图从"前反思性"转向"反思性"的立场,亦即努力使知识重新获致它本应具有的那种批判性力量,那么一方面我们就必须对与上述问题紧密相关的中国知识生产制度及其赖以为凭的结构进行检视,而另一方面我们又必须对西方论者就何种人类社会秩序及其制度更可欲这样的问题所提出的一些主要的理论解释进行详尽的研究和分析,最终在此基础上形成我们自己有关人类社会秩序及其制度的社会理论。

正是出于对上述种种问题的思考,我于是在8年前开始决定从西方20世纪最具影响力的理论当中选择自己的研究对象。当然,我最后选择了哈耶克的自由主义作为自己第一个研究的对象。仅就我为什么选择哈耶克的理论而没有选择其他论者的理论而言,原因确实太过复杂,以至于很难在这里详尽讨论。但是,简单来说,最重要的原因有二:一是哈耶克自由主义的渊源极其深厚,因为它源出于伟大的苏格兰道德哲学(尤其是休谟的哲学)传统,而且是20世纪西方论者以古典自由主义方式阐释人类社会秩序(亦即他所谓的"自生自发秩序")的理论当中最为重要的理论,更与社群主义、功利主义和保守主义等理论有着繁复的论辩关系;二是中国论者对哈耶克自由主义的不了解程度远远超出了对他理论的信奉程度。正是根据这一选择,我完成了自己认为有意义的一篇又一篇的作业,而结果便是这部论文集。

  本论文集从结构安排上讲分为三个部分。第一部分集中了我所撰写的四篇有关哈耶克社会理论的专论,它们包括《哈耶克社会理论的研究》、《知与无知的知识观——哈耶克社会理论的再研究》、《哈耶克方法论个人主义的研究》以及《"社会正义"的拟人化谬误及其危害——哈耶克正义理论的研究》;而我在其间主要从哈耶克的知识论、社会理论和正义理论这几个角度出发详尽探究了哈耶克的观点。第二部分的"附录"则收录了我为了阐明与研究哈耶克社会理论有关的若干问题而撰写的一篇评论文字(即《关于哈耶克理论脉络的若干评注》)以及我所翻译的一篇由 Stephen Kresge 为《哈耶克论哈耶克》撰写的导论:《哈耶克与他的世纪》,希望这篇有关哈耶克思想评传的精彩文字能够有助于读者更好地理解哈耶克的社会理论和自由主义思想。在第三部分中,我还根据自己的阅读范围编辑了一份或许对读者有所助益的参考文献:一是哈耶克主要英文论著及中译本的文献目录;二是有关西方论者研究哈耶克自由主义的二手英文参考文献。

  一如前述,这部论文集主要是我在近些年中做的一些作业,而我之所以把它们称作"作业",主要是为了表达这样两个意思:第一,研究哈耶克社会理论和自由主义理论并不是我研究的目的,而毋宁是我为了对哈耶克这一脉理论中所存在的一些基本问题或开放出来的问题进行检讨和批判而做的前提性准备工作;或者说,我研究哈耶克社会理论和自由主义实是为了更妥切地认识和理解人类社会秩序及其制度。第二,哈耶克的社会理论只是西方论者认识和解释人类社会秩序理论脉络中的一个重要脉络而已,而这在根本上意味着我的作业尚未完成;因此,我还必须继续对其他阐释和认识人类社会秩序及其制度的重要理论脉络进行研究和分析。实际上,上述两个方向的研究正是我目前开始做的具体研究工作,相信经过一段时间以后便能以学术论著的形式与读者见面。

拉丁格言曰:"它受到赞扬并饥寒而死"(laudatur et alget),然而我却对这种"饥寒"心往不已,并视这种"饥寒"为自己的生命品格之所在。

2003 年 1 月 31 日

除夕深夜于北京北郊未名斋

致　　谢

《哈耶克社会理论》这部论文集,是我在近些年间专门研究哈耶克社会理论及其自由主义的一个结果。这里收录的几篇文字,虽说是个人性的研究产物,但是其间却还含括了研究者本人位于特定社会和文化中的具体位置及其对研究者产生的影响。因此,在我看来,这部论文集不仅是我个人在思考和研究过程中所做的作业,而且也隐含了许多同道中人对我研究所给予的持之一贯的关注和激励,甚至从某种角度讲,这部论文集乃是我与他们之间的学术交流和友谊的记载。

坦率地说,没有同仁的建议和批评,这部论文集的撰写一定会缺失不少洞见和犀利,为此,我要对王焱、汪晖、汪丁丁、周国平、陈嘉映、方流芳、林毓生、许倬云、钱永祥、张曙光、夏勇、秦晖诸君表示特别的感谢。当然,我也需要对董秀玉、许医农、贾宝兰、程农、景跃进、张小劲、宋新宁、张静、王铭铭、郑戈、赵晓力、强世功、唐寿宁、殷玉良、林崇诚诸友表示感谢,因为我与他们的讨论也给了我不少有益的启发;此外,他们或为我复印资料、或在国外访学期间为我查阅和购买书籍、或托友人为我向国外出版社订购书籍、或借给我有关研究的参考文献,因此我有关哈耶克自由主义的研究乃是在他们的帮助下才得以顺利进行的。

这部论文集中所收录的这些论文最初都是在学术刊物上发表的。我尤其需要感谢香港《社会理论学报》主编阮新邦君,没有他宽容授予我在国内出版物上的发表权,《知与无知的知识观:哈耶克社会理论的再研究》一文的发表是很难想象的。当然,我还要对《中国社会科学季刊》、《开放时代》、《法大评论》、《环球法律评论》、《浙江学刊》、《中国社会科学评论》等学术刊物发表这些论文表示感谢。

此外,我要特别感谢我的同学挚友刘晓竹君和他的妻子给予我的热情帮助和精神鼓励,因为他们不仅在与我的交流中提出了许多宝贵的意见,而且还在我急需研究文献的时候,竟用五百多美元慷慨地为我购买了我研究中不可或缺的最新的研究参考著作 *The Legacy of Friedrich von Hayek*(三卷本,1999年版)。

最后,我还必须感谢复旦大学出版社负责我这两部文集编辑的陈军编辑。他从我一开始研究哈耶克自由主义时就对我的研究表示了极大的关注,因此,我把这部论文集交由复旦大学出版社出版并由陈编辑进行编辑,不但完全放心,而且也感到由衷的高兴。

当然,在这些年中,我之所以能够平实和幸福地在书斋中研读大量的文献并完成这些作业,实是与我的爱妻欣欣对我的照顾分不开的,更是与我的最亲爱的朋友——小女嘟儿给我的爱分不开的。因此,我愿意把这部论文集献给她们。

2009 年 5 月 1 日

修改于上海三一斋

哈耶克社会理论的研究
——《自由秩序原理》代译序

知与无知的知识观
——哈耶克社会理论的再研究

哈耶克方法论个人主义的研究

"社会正义"的拟人化谬误及其危害
——哈耶克正义理论的研究

哈耶克社会理论的研究
——《自由秩序原理》代译序*

引 言

在西方自由主义或政治哲学领域中,弗里德利希·冯·哈耶克无疑是一位极为重要的人物,然而他的重要性,在我看来,并不只在于他曾经是20世纪西方最重要的自由主义学术团体"朝圣山学社"(The Mont Pelerin Society)的领袖人物①,也不只在于他是1974年诺贝尔经济学奖的得主,而毋宁在于他对现代自由主义理论的转向或发展以及他对当代社会理论研究领域的拓宽所做的知识上的贡献——亦即我称之为的"知识增量",一如 S. Gordon 在评论哈耶克政治经济学时所指出的,"哈耶克要比罗尔斯、福里德曼、熊彼特或 J·克拉克更重要,甚至比任何以经济学为基础而对政治哲学给出综合论述的学者更重要,当然,在这些学者当中,F·奈特可能是一个例外"②。

---

* 本文最早发表在《中国社会科学季刊》1997年秋季号,总第20期。
① "朝圣山学社"成立于1947年4月。当年,在哈耶克的推动下,三十九位著名学者集会于瑞士"朝圣山"讨论自由社会的性质等重大问题;会后在哈耶克的倡议下,成立了该学社,并以首次集会的地名"朝圣山"命名。哈耶克自该学社创立起,连任12年主席,于1960年辞去主席一职并当选为名誉主席。该学社的核心成员有冯·米塞斯、弗兰克·奈特、福里德曼、波普尔、麦克·博兰尼、马克洛普等著名学者。有关文献请参阅 F. Machlup, ed. *Essays on Hayek*, London: Routledge & Kegan Paul, 1977, xi - xiv;更重要的文献请参阅 S. Kresge and L. Wenar, ed. *Hayek on Hayek*, Routledge, 1994, pp. 132 - 133。
② S. Gordon, "The Political Economy of A. Hayek," in J. C. Wood and R. N. Woods, ed. *F. A. Hayek: Critical Assessments* (Ⅲ), London and New York: Routledge, 1991, p. 290. 具体到哈耶克的《自由秩序原理》(*The Constitution of Liberty*)一书, Arthur Seldon 认为此书可以与亚当·斯密的《国富论》相媲美(参见 Arthur Seldon, *Agenda for a Free Society: Essays on Hayek's The Constitution of Liberty*, Hutchinson of London, 1961, p. 8);H. Hazlitt 则认为该书乃是穆勒《论自由》一书在20世纪的继承者(参见 G. Dietze, "Hayek on the Rule of Law," in F. Machlup, ed. *Essays on Hayek*, London: Routledge & Kegan Paul, 1977, p. 109)。

哈耶克在学术上的这种重要性，还可以从西方学术界对他的思想所做的研究努力中见出：晚近出版的诸多关于政治理论尤其是自由主义的论著中反复征引了哈耶克的理论①；西方知识界在70年代以后出版了大量研究他的理论的专著②；而在讨论和批判他的思想方面所发表的论文则更是不计其数，其间由 J. C. Wood 和 R. N. Woods 于 1991 年编辑出版的《弗里德利希·哈耶克——批判性评述》四卷本论文集则堪称其间高质量研究论文的集大成者③。

这里首先需要指出的是，西方学者对哈耶克理论的捍卫和批判的事实，之于中国学界，并不能使我们有理由仅停留在他们对哈耶克理论给出的作为研究结果的一般性评价层面，而忽略生产出这些评价所依凭的理论研究本身，更为重要的是，这个事实也没有给我们以任何理由仅依据个别西方论者的一般性评价便对哈耶克极为复杂的理论做"印象式"的捍卫或"印象式"的否定，而忽略作为这些评价对象的哈耶克自由主义思想的内在理路本身④。坦率而言，自严复

---

① M. Sandel, ed., *Liberalism and Its Critics*, Oxford: Basil Blackwell, 1984; A. Arblaster, *The Rise and Decline of Western Liberalism*, Oxford: Basil Blackwell, 1985; John Gray, *Liberalism*, Milton Keynes: Open Press, 1986. 1987年由 D. Miller 主持的《布莱克维尔政治思想百科全书》亦收入"哈耶克"的条目(参见邓正来主编《布莱克维尔政治学百科全书》[中译本]，中国政法大学出版社 1992 年版，第 313—334 页)。

② 据我的阅读范围，较具代表性的专著有如下述：N. Barry, *Hayek's Social and Political Philosophy*, London: Macmillan, 1979; John Gray, *Hayek on Liberty*, Oxford: Basil Blachwell, 1984; R. Butler, *Hayek: His Contribution to the Political and Economic Thought of Our Time*, London: Temple Smith, 1983; B. L. Crowley, *The Self, the Individual, and the Community: Liberalism in the Political Thought of F. A. Hayek and Sidney and Beatrice Webb*, Oxford: Clarendon Press, 1987; B. M. Rowland, *Ordered Liberty and the Constitutional Framework: The Political Thought of F. A. Hayek*, Greenwood Press, 1987; C. Kukathas, *Hayek and Modern Liberalism*, Oxford: Oxford University Press, 1989。

③ 这部四卷本论文集乃是 Routledge 出版社出版的《当代经济学家的批判性评述》丛书(*Critical Assessments of Contemporary Economists*)中的一部，这套丛书还包括对希克斯、萨缪尔森、福里德曼和熊彼特等大经济学家的评论文集；在《弗里德利希·哈耶克——批判性评述》(J. C. Wood and R. N. Woods, ed. *F. A. Hayek: Critical Assessments*, London and New York: Routledge, 1991)四卷本中，主要收入了一些重要的论者从 1931 年至 1984 年发表的 96 篇对哈耶克思想各个方面进行研究和批判的论文。另请参阅有关的论文集：Arthur Seldon, ed. *Agenda for a Free Society: Essays on Hayek's The Constitution of Liberty*, Hutchinson of London, 1961; F. Machlup, ed. *Essays on Hayek*, London: Routledge & Kegan Paul, 1977; Arthur Seldon, ed. *Hayek's Serfdom Revisited*, London: Institute of Economic Affairs, 1984。

④ 我之所以强调这个问题，乃是因为80年代以后，域外论者向中国大陆学术界传播和讨论哈耶克思想的过程中，表现出来的主要问题就是这样一种"印象式"的论辩方式；通过这种论辩方式而对哈耶克思想所做的捍卫抑或否定，尽管立场不同，然而论辩方式却是完全相同的：这种论式最为重要的特征之一，就是根据一己的"印象"而把有关问题的结论从其立基于的理论脉络中剥离出来，根据自己的论述脉络对其做背离原本理论的解释，进而误导读者。当然，这个问题与哈耶克的理论本身并无直接关系，它实际上所涉及的乃是作为研究者的知识分子应当如何对待知识的问题。关于这种现象以及其间的问题，我将写专文加以讨论。

翻译穆勒名著《群己权界论》以来，已近百年，除了非学术的因素以外，真正阻碍国人把握西方自由主义理路及其根本问题者，最主要的便是这种"印象式"的论辩，而其结果只能是在实践中陷入极端的"非此即彼"的逻辑：要么对自由主义施以滥用，要么对自由主义做简单却彻底的否定。因此，为了破除这种"印象式"论辩方式的障碍，本文尝试进入哈耶克自由主义理论的脉络，在学术层面对其内在理路加以探究，同时也期望通过本文的讨论，为读者解读哈耶克的自由主义理论提供多重的思维进路。

然而，哈耶克的自由主义理论极为繁复①，从他1924年发表第一篇论文②至1988年出版最后一部论著《致命的自负》这一长达60多年的学术生涯中，哈耶克一直在追问着各种不同的理论问题③；因此，试图仅依据哈耶克的《自由秩序原理》一部著作来把握哈耶克的理论，显然不是一种适当的研究路径。另一方面，哈耶克的著述乃是一种跨学科的研究，一如他本人在《自由秩序原理》(The Constitution of Liberty)一书中所言，"我们必须把关于自由的哲学、法理学和经济学综合交融为一体，或者说为了增进我们对自由的洞见，我们必须把哲学、法理学和经济学综合起来对自由进行探究"④，因此，他的理论并不只源出于他对政治理论的关注，而主要是从他对经济学、社会学、法理学、历史学和心理学的研究的结论中形成的；据此，试图在一相对有限的篇幅内对其理论的各个知识面相进行讨论，显然也是不可欲的。

此外，值得我们注意的是，哈耶克早在1965年发表的《理性主义的种类》一文中便指出，他之所以采取多学科的研究进路，其原因乃在于为了"更充分地洞

---

① 这里需要指出的是，哈耶克的思想渊源特别繁复，主要的渊源有门格尔首创的"奥地利经济学派"，以亚当·福格森和休谟为代表的苏格兰的启蒙运动思想和康德详尽阐释的道德哲学。然而，值得注意的是，不同的论者从不同的理路出发，会强调哈耶克自由主义的不同的思想渊源；较为典型的是英国著名自由主义学者John Gray的例子：他从怀疑论的康德主义框架出发，除了认为哈耶克受到康德和休谟的影响以外，还将哈耶克的独特性视作是受到了马赫、维特根斯坦、波普尔和博兰尼等四人的影响（参见 John Gray, *Hayek on liberty*, Oxford: Basil Blackwell, 1984, pp. 8 - 16）。我个人认为，关于哈耶克的思想渊源的问题，最值得向读者推荐的是 S. Kresge 和 L. Wenar 两人共同编辑的 *Hayek on Hayek* (Routledge, 1994) 一书，其间哈耶克就其思想渊源的问题做了比较详尽的交代。
② "Das Stabilisierungsproblem im Goldwahlamgslandern," *Zeitschrift für Volkswirtschaft und Sozialpolitik*, N. S. 4. 1924.
③ 霍伊指出，"哈耶克连珠炮似的发出了一串诘难，或许哈耶克提出的问题太多了，简直让那些急躁的改革者无暇应接"；霍伊所开列的哈耶克"问题"，请参阅霍伊：《自由主义政治哲学》，刘锋译，三联书店1992年版，第197—198页。
④ Hayek, *The Constitution of Liberty*, Chicago: The University of Chicago Press, 1960, p. 5.

见个人在其行动中遵循的抽象规则与那种抽象的全面的秩序之间的种种关系,那种抽象的秩序乃是个人在那些抽象的规则加施于他的限度内对所遇到的具体而特殊的情形所做出的反应的结果"①。正是为了达致个人与社会秩序间关系的认识,哈耶克采取了一种倾向于探索一种能使理论知识和实践知识得到最佳发展的框架的社会理论研究策略,并且宣称:对社会秩序的阐释,最终必须依凭的乃是对人性和社会世界性质(亦即他所谓的自生自发社会秩序所具有的理性不及性和个人理性因内生于社会进化进程而具有的限度)予以阐释的社会理论。哈耶克正是透过对这一立基于苏格兰启蒙思想传统的自由主义社会理论的重述和构建,引发了当代社会哲学发展进程中的重大的"认识论转向"(epistemological turn),并经此而结束了规范社会理论范式的支配性地位;哈耶克这种进化意义上的知识论贡献乃在于这样一个洞见,即行为规则系统可以被视为承载有关人与社会的知识的工具。哈耶克社会理论在此一方面所产生的第二个范式转换乃是与上述紧密勾连的"进化论转向"(evolutionary turn),以及经由这一范式而确立的与自生自发社会秩序理论紧密相关的文化进化理论;哈耶克认为,自发社会秩序所遵循的规则系统是进化而非设计的产物,而且这种进化的过程乃是一种竞争和试错的过程,因此任何社会中盛行的传统和规则系统都是这一进化过程的结果②。

基于以上的考虑,当然也是出于一种学术的要求,本文将采取这样一种研究策略,即依据哈耶克各个时期的论述,但侧重讨论哈耶克自由主义中的社会理论部分,亦即我个人以为的他的知识增量部分。为此,我将在本文的第一和第二部分根据哈耶克的知识论,对他在唯理主义与反唯理主义框架下提出的有关人性及社会性质的观点展开讨论,而其间的侧重点则是作为他的社会理论基石的"秩序的自发型构与进化这一对孪生观念"③并努力澄清其间往往为人们所混淆或所忽略的问题。毋庸置疑,哈耶克的自由主义社会理论具有诸多重大的意义,因此我将在本文的第三部分对这一问题进行讨论,采取的方式则是把哈耶克的社会理论置于当代自由主义论争以及当代自由主义与其批判者——

---

① Hayek, "Kinds of Rationalism," in *Studies in Philosophy, Politics and Economics*, London: Routledge & Kegan Paul, 1967, Chapter 5.
② 参见 John Gray, *Hayek on Liberty*, Oxford: Basil Blachwell, 1984, pp. 134 – 135。
③ Hayek, *Law, Legislation and Liberty*, Vol. I, *Rules and Order*, Chicago: The University of Chicago Press, 1973, p. 23.

主要是指"社群主义"(communitarianism)的论争之中加以检视,力图揭示出哈耶克的社会理论对当代自由主义哲学的挑战以及对"社群主义"一脉理论的回应。再者,一如上述,我是从哈耶克自由主义"知识增量"的角度出发而确立本文研究策略的,然而通过采纳这一策略而达致的有关结论,却并不能说明哈耶克的研究仅关注社会理论的问题,也同样不能说明哈耶克的自由主义哲学不存在任何问题[1]。因此,本文将在结论部分根据对政治哲学的基本要求而对哈耶克自由主义的道德哲学问题进行简要的讨论,并通过西方论者所提供的保守主义和功利主义这两种解释模式之间的冲突来揭示哈耶克自由主义因立基于休谟和康德哲学而具有的反唯理主义和理性主义要素间的内在紧张,进而在最后提出两个与此相关的值得我们进一步思考的问题。

一、哈耶克的社会理论:社会秩序分类学及其知识论基础

哈耶克在分析中指出,自生自发秩序(spontaneous order)[2]的理念是自由主义社会理论的"核心概念"[3],或者说,"社会理论的整个任务,乃在于这样一种努力",即重构存在于社会世界中的各种自生自发的秩序[4]。这里需要指出的是,尽管自生自发秩序这个问题是哈耶克社会理论中的一个核心论题,但是,由于哈耶克对这个问题的论述相当分散而且论述的侧重点亦常因具体论题的变化而变化,所以它给论者们理解和把握自生自发秩序这个理念造成了很大的困难,而这一困难最明显地表现为研究者在认识自生自发秩序这个观念的实质、解释范围和重要性等方面所存在的重大分歧。

G. C. Roche 指出,"在很大程度上我们要感谢哈耶克的洞见,是他使我们现在认识到了自由与社会组织的密切关系以及自由与法治的密切关系",因为"'自生自发的秩序'概念是哈耶克最伟大的发现,亦是其法学和经济学的根本原理。这项发现可以追溯到亚当·斯密及其'看不见的手'的比喻,亦即认为

---

[1] 限于篇幅,我们不可能对哈耶克自由主义所存在的各种问题都做详尽的讨论,因此,我们将只关注哈耶克哲学预设中所存在的一些问题。关于其他问题,将在我正在撰写的专著中进行探究。
[2] 关于自生自发的秩序,哈耶克认为,亦可用"自我生成的秩序"(self-generating order)、"自我组织的秩序"(self-organizing order)或"人的合作的扩展秩序"(extended order of human cooperation)等术语代替。
[3] Hayek, *Studies in Philosophy, Politics and Economics*, Routledge & Kegan Paul, 1967, p. 162.
[4] 同上书,第71页。

'市场'是人类社会内的陀螺仪(gyroscope),它不断产生着自生自发的秩序"①。G. P. O'Driscoll则指出,"自生自发秩序(更确切地可以称为'非设计的秩序')原则,可以被视为经济学的第一原则"②;布坎南晚近更是认为自生自发秩序是经济学的唯一原则,但是他却把自生自发秩序与个人利益追求相勾连,认为自生自发秩序亦可以在更广大的社会领域中得到适用,然却不主张将其扩张适用于制度和法律结构层面③。在N. Barry,"表达自生自发秩序理论这个重大论题的最为简单的方式,便是指出它关注社会中的那些常规性……亦即那些作为人之行动而非特定人的某种意图的结果的制度和惯例"④。John Gray则认为,"自生自发秩序观念的确切轮廓……是极不明确的,而且它适用的内容及范围亦存在着很大的分歧";他认为,这个观念只是一种"价值不涉"的解释性框架,而不是一种广泛适用的理论概念,因此,当他把这个观念解释成看不见的手的命题、隐形知识首要性的命题和自然选择传统的文化进化命题时,他实际上对这个观念如何支持哈耶克的个人自由观提出了质疑⑤;然而,Richard Vernon在对自生自发秩序观念是否具有明确内容的问题做了最认真的文献审察之后却认为,这个观念代表的乃是一种"价值性条件",意指"一种社会中的有序性或互动"⑥。

当然,我们讨论的主要目的并不在于直接回答上述分歧中的种种问

---

① George C. Roche Ⅲ, "The Relevance of Friedrich A. Hayek," in F. Machlup, ed. *Essays on Hayek*, London: Routledge & Kegan Paul, 1977, p. 10.

② G. P. O'Driscoll, "Spontaneous Order and the Coordination of Economic Activities," in J. C. Wood and R. N. Woods, ed. *F. A. Hayek: Critical Assessments* (Ⅷ), London and New York: Routledge, 1991, p. 22.

③ 参见布坎南:《自由、市场与国家》,平新乔等译,上海三联书店1989年版,第116—117页;他在该书中还明确指出,"在一篇早期的论文里,我批评哈耶克将自然秩序原理延伸到制度和法律结构。在那篇论文中,我只是指出哈耶克的论点存在内在矛盾;我没有做出任何努力去排除或解决这个矛盾"(同上书,第110页)。布坎南在这里所谓的"早期"的"批评",是指他在"Law and the Invisible Hand"一文中对哈耶克观点的批评;他的这一批评又可见之于他在 *The Limits of Liberty: Between Anarchy and Leviathan*(The University of Chicago Press, 1975, p. 194)一书第十章注释[1]中所做的阐释,"我对于哈耶克对现代史的深刻解释及其对改善人类福祉的诊断的基本批评,在于他对社会进化将在事实上确保有效的制度形式生存下来的笃信不疑。哈耶克对人类改革制度的有意识努力极不信任,以致他毫无批评地接受了进化论的观点。我们可以在很大程度上赞同哈耶克对社会改革和制度改革所持的怀疑主义态度,然却不需把进化过程提升至具有理想作用的地步。的确,改革有可能是艰难的,但此一事实却并不构成我们将进化过程提升至理想地位的理由。"

④ Hayek, *Law, Legislation and Liberty*, Vol. Ⅲ, *The Political Order of a Free People*, Chicago: The University of Chicago Press, 1979, pp. 42 – 43.

⑤ John Gray, *Hayek on Liberty*, Oxford: Basil Blachwell, 1984, pp. 118 – 125.

⑥ 参见R. Vernon, "Unintended Consequences," *Political Theory*, 1979, 7: 57 – 73.

题——尽管我们的论述有可能对这些问题做出间接的回答——而在于试图根据我个人对哈耶克社会理论的理解而揭示隐含于哈耶克比较分散的论述背后的理路;据此,我们将首先对自生自发秩序观念赖以为基础的知识论架构进行分析,因为正是这一框架使哈耶克对一般社会秩序所做的分类学得以成立;然而最为关键的是,我们还必须对哈耶克的自生自发秩序类型进行探究,亦即对其间的行动结构与规则系统加以分殊和阐释,因为在我看来,对这个问题的理解不仅是把握哈耶克文化进化社会理论的关键,而且也有可能是洞见哈耶克一般性规则进化理论与其他制度改革理论(例如布坎南等人的基础制度改革理论)之间学理脉络勾连的一条有益的路径①。

(一) 哈耶克社会理论的知识论基础

尽管哈耶克最早提出自生自发秩序的观念是为了解决一个具体的经济学难题,亦即为了"解释整个经济活动的秩序是如何实现的:这个过程运用了大量的知识,但这些知识并不是集中在任何单个人头脑中的知识,而仅仅是作为不计其数的不同的个人的分立的知识而存在的"②,换言之,提出这个观念就是要阐明一个市场社会是如何可能发挥作用的,但是后来,哈耶克却认为,自生自发秩序这个观念还具有更广泛的适用范围,甚至是所有社会理论的核心,而市场秩序只是其间的一个范例;更为重要的是,这个观念实际上还是一个全涉的"社会秩序"分类学中的两个基本分析概念之一。然而,鉴于这个分类学的知识论基础乃是哈耶克所提出的"进化论理性主义与建构论唯理主义"框架,因此我们有必要先就其所依凭的这个知识论架构做一简要的分析。就这个问题而论,哈耶克对其代表作之一《法律、立法和自由》(*Law, Legislation and Liberty*)一书所做的结论文字,为我们理解他的社会理论的知识论基础提供了较明确的

---

① 一如布坎南本人所承认的,"我完全赞同这两个哈耶克-索维尔中心论题,并且不向任何人隐瞒我对哈耶克远见卓识的贡献……表示钦佩。可是,在哈耶克最近的著作中,还有变得日益重要的第三个论题,而这个论题完全没有在索维尔的论文中出现,这引起了我的关注。这个论题涉及在其规范意义上把自然秩序原理延伸应用于制度结构的产生问题"(布坎南,《自由、市场与国家》,平新乔等译,上海三联书店1989年版,第109页)。然而,这里需要强调的是,如果我们毫无辨析地谈论自发的社会秩序,不仅会漏失这一重要学术脉络的发现,而且也会遮蔽两种自发的社会秩序的独特类型之间的差异以及它们之间的关系。我们必须承认,在研究哈耶克思想的文献中,由于论者常常流于"印象式"的解读层面,而未能对哈耶克自生自发秩序及其核心部分的文化进化观等问题做出较深刻的追究。

② Hayek, *Studies in Philosophy, Politics and Economics*, London: Routledge & Kegan Paul, 1967, p. 92.

启示：

> 我们应当学到了足够多的东西，以避免用扼杀个人互动的自生自发秩序的方式（置其于权威当局指导之下的方法）去摧毁我们的文明。但是，要避免这一点，我们就必须否弃这样一种幻想，即我们能够经由审慎的思考而"创造人类的未来"……这是我……现在对我就这些问题所做的四十年研究所下的最终结论。①

哈耶克的这一"最终结论"，的确勾画出了整个哈耶克研究中的最重要的论题：(1) 它首先揭示了哈耶克一以贯之遵循的论辩路径，亦即对社会进程做有意识的控制或指导的各种诉求，不仅永远不可能实现，而且只会导致自由的丧失，进而摧毁文明；(2) 哈耶克的这一"最终结论"还标示出了其社会理论赖以为基础的"进化论的理性主义"品格，一如他所言，"作为个人，我们应当服从各种力量并遵循我们无法希望充分理解但文明的发展（甚至它的维续）却依据于其上的各项原则"②。

哈耶克进化论的理性主义，一方面表现为对主要是由一些苏格兰道德哲学家所明确阐明的进化论传统的继承③，而其间最为重要的则是休谟的理论，正如哈耶克本人所宣称的，"天真幼稚的唯理主义将我们当下的理性视作一种绝对之物，而这正是我们的观点所要严加反对的；我们所必须继承并推进的乃是休谟所开创的工作，他曾'运用启蒙运动自身造就的武器去反对启蒙运动'并开一代先河，'运用理性分析的方法去削弱种种对理性的诉求'"④；另一方面，哈耶克的这种知识论则是在他对所谓的立基于笛卡儿式唯理主义的"法国启蒙运动传统"的批判中加以确立的；在这个"建构论的唯理主义"传统中，最为知名的代表人物乃是笛卡儿、百科全书派的学者和卢梭、重农学派人士和孔多

---

① Hayek, *Law, Legislation and Liberty*, Vol. Ⅲ, *The Political Order of a Free People*, Chicago: The University of Chicago Press, 1979, p. 152.
② Hayek, *The Counter-Revolution of Science: Studies in the Abuse of Reason*, Indianapolis, 1979, p. 162.
③ 他们当中的杰出者首推大卫·休谟、亚当·斯密和亚当·福格森；当然，他们在英格兰的同时代人塔克、埃德蒙·伯克和 William Paley 也对这一进化论传统作出了贡献；这些思想家所利用的资源主要是那种植根于普通法法理学中的思想传统。当然，哈耶克知识论立场的更深远的渊源还可以溯至苏格拉底的哲学，一如哈耶克在《自由秩序原理》中所宣称的："苏格拉底认为，承认我们的无知乃是开启智慧之母"（Hayek, *The Constitution of Liberty*, Chicago: The University of Chicago Press, 1960, p. 22）。
④ Hayek, *The Constitution of Liberty*, Chicago: The University of Chicago Press, 1960, p. 69.

塞等人①。

哈耶克指出，当下人士一般都将上述两个传统的代表人物混为一谈，视作现代自由主义的先驱，然而他们各自关于社会秩序的性质以及自由与理性在其间所具有的作用的观点实际上区别极大："一为经验的且非系统的自由理论传统，另一为思辨的及唯理主义的自由理论传统。前者立基于对自生自发发展的但却未被完全理解的各种传统和制度所做的解释，而后者则旨在建构一种乌托邦"②。毋庸置疑，这两种完全不同的进路导致了实际上完全不同的主张，而关于这些主张之间的主要区别，哈耶克也曾套用 J. L. Talmon 的重要论断对此做出过一般性总结，"一方认为自生自发及强制的不存在乃是自由的本质，而另一方则认为自由只有在追求和获致一绝对的集体目的的过程中方能实现"；一派"主张有机的、缓进的和并不完全意识的发展，而另一派则主张教条式的周全规划；前者主张试错程序，后者则主张一种只有经强制方能有效的模式"③。

为了阐明进化论的理性主义与建构论的唯理主义这两种传统的各自主张，我们还有必要对它们各自的主要命题做出进一步的比较；然而在进行这一讨论之前，我们首先需要明确这两种传统对于理性的根本立场，因为这种立场实际上构成了这些命题的知识论预设。建构论的唯理主义立基于每个个人都倾向于理性行动和个人生而具有智识和善的假设，认为理性具有至上的地位；因此凭借个人理性，个人足以知道并能根据社会成员的偏好而考虑到型构社会制度所必需的境况的所有细节④；然而，这在哈耶克看来却是一种"致命的自负"⑤，因为进化论的理性主义主张理性的限度，而且反对任何形式的对理性的滥用；进化论的理性主义认为，只有在累积性进化的框架内，个人的理性才能得到发展并成功地发挥作用。我们可以把哈耶克这种进化论的理性主义表述为这样一个主张，即个人理性受制于特定的社会生活进程。这一植根于人性的

---

① Hayek, *The Constitution of Liberty*, Chicago: The University of Chicago Press, 1960, 第56页。当然，这里需要指出的是，哈耶克就进化论的理性主义与建构论的唯理主义所做的两分法，并不完全是以国界为标准的，例如法国人孟德斯鸠以及晚些时候的贡斯当，尤其是托克维尔等人，实际上更接近于他所称之为的"英国"传统，而恰恰不是"法国"传统。
② Hayek, *The Constitution of Liberty*, Chicago: The University of Chicago Press, 1960, p. 54.
③ J. L. Talmon, *The Origins of Totalitarian Democracy*, London: Secker & Warburg, 1952, p. 2, 71；转引自 Hayek, *The Constitution of Liberty*, Chicago: The University of Chicago Press, 1960, p. 56.
④ 参见哈耶克：《致命的自负》（原译《不幸的观念》），刘戟锋等译，东方出版社1991年版，第71页。
⑤ 哈耶克：《致命的自负》（原译《不幸的观念》），刘戟锋等译，东方出版社1991年版。

主张至少从两个方面揭示了进化论理性主义的核心：一方面，个人理性在理解它自身运作的能力方面有着一种逻辑上的局限，这是因为它永远无法离开它自身而检视它自身的运作；而另一方面，个人理性在认识社会生活的作用方面也存在着极大的限度，这是因为个人理性乃是一种植根于由行为规则构成的社会结构之中的系统，所以它无法脱离生成和发展它的传统和社会而达致这样一种地位，亦即那种能够自上而下地审视它们并对它们做出评价的地位。

然而，正如哈耶克所特别强调指出的，进化论的理性主义并不认为理性毫无作用，而是认为：第一，如果有必要对理性之用途寻求确当的限度，那么发现这些限度本身就是一项极为重要的且极为棘手的运用理性的工作，哈耶克坦率地指出，"毋庸置疑，理性乃是人类所拥有的最为珍贵的禀赋。我们的论辩只是旨在表明理性并非万能，而且那种认为理性能够成为其自身的主宰并能控制其自身的发展的信念，却有可能摧毁理性"①。第二，如果说进化论的理性主义的侧重点始终在于理性的限度方面，那么它的意思就一定不是说理性根本不具有任何重要的建设性使命，例如哈耶克指出，个人理性是一种"工具"，一种"抽象思想的能力"②，因此它服务于个人的方式，乃是引导个人在一个他无力充分理解的复杂环境中进行行动，并使他能够把复杂现象抽象成一系列可把握的一般性规则，进而引导他的决策③；正是立基于此，哈耶克确立了他关于理性的立场：

> 我们所努力为之的乃是对理性的捍卫，以防理性被那些并不知道理性得以有效发挥作用且得以持续发展的条件的人滥用。这就要求我们真正地做到明智地运用理性，而且为了做到这一点，我们必须维护那个不受控制的、理性不及的领域；这是一个不可或缺的领域，因为正是这个领域，才是理性据以发展和据以有效发挥作用的唯一环境。④

立基于上述根本预设的区别，进化论的理性主义传统与建构论的唯理主义传统必定在关于社会秩序的一些基本的命题方面发生冲突。

---

① Hayek, *The Constitution of Liberty*, Chicago: The University of Chicago Press, 1960, p. 69.
② Hayek, *Law, Legislation and Liberty*, Vol. Ⅰ, *Rules and Order*, Chicago: The University of Chicago Press, 1973, p. 33.
③ 同上书，第32页。
④ Hayek, *The Constitution of Liberty*, Chicago: The University of Chicago Press, 1960, p. 69.

首先，建构论的唯理主义传统所提出的命题之一是人生而具有智识的和道德的禀赋，而这种禀赋能够使人根据审慎思考而型构文明，并宣称"所有的社会制度都是，而且应当是，审慎思考之设计的产物"①。然而，进化论理性主义者则明确指出，文明乃是经由不断试错、日益积累而艰难获致的结果，或者说它是经验的总和。因此，他们的命题可以表述为，文明于偶然之中获致的种种成就，实乃是人的行动的非意图的结果，而非一般人所想象的条理井然的智识或设计的产物②。正如亚当·斯密及其同时代思想家的直接传人所指出的，此一传统"解决了这样一个问题，即被人们认为极有作用的种种实在制度，乃是某些显而易见的原则经由自生自发且不可抗拒的发展而形成的结果，——并且表明，即使那些最为复杂、表面上看似出于人为设计的政策规划，亦几乎不是人为设计或政治智慧的结果"③。

其次，哈耶克认为，上述两种传统之间的最大差异，还在于它们对各种传统的作用的不同认识，在于它们对所有在漫长岁月中并非有意识发展起来的成果的价值的不同判定；"唯理主义进路在这一点上几乎与自由的所有独特成果相反对，并几乎与所有赋予自由以价值的观点或制度相背离"④。显而易见，建构论的唯理主义在证明制度安排的效力方面确立了一种谬误的条件，即所有"并不明显服务于共同同意的目的的制度……都应当被否弃"⑤。正是在这一要求中，哈耶克发现了笛卡儿原则的根本危害，"所谓笛卡儿的原则，就是'只要我们对任何一种观点哪怕还有一点理由去怀疑，我们就应当将它视作完全谬误而加以拒绝和否弃'"⑥。然而，就此而言，进化论的理性主义命题则指出，各种使我们得以适应于世界的规则系统，乃是一种进化的成就，因此与上述个人理性有限的主张相关联，这些规则系统在某种程度上具有一种理性不及的性质（这个问题我们将在第二部分讨论）。就此而论，进化论的理性主义所具有的一个最

---

① Hayek, *Law, Legislation and Liberty*, Vol. 1, *Rules and Order*, Chicago: The University of Chicago Press, 1973, p. 5.
② 参见 Hayek, *Studies in Philosophy, Politics and Economics*, London: Routledge & Kegan Paul, 1967, p. 96。
③ Hayek, *The Constitution of Liberty*, Chicago: The University of Chicago Press, 1960, p. 57.
④ 同上书，第61页。
⑤ Hayek, *New Studies in Philosophy, Politics, Economics and the History of Ideas*, Routledge & Kegan Paul, 1978, p. 13.
⑥ 同上书，第5页。然而值得我们注意的是，B. Williams 却对笛卡儿是否持有这一个观点提出了质疑，他的观点请参见 *Descartes: The Project of Pure of Enquiry*, Penguin, 1978, pp. 46-47。

为重要的洞见乃在于：历经数代人的实验和尝试而达致的传统或成就,包含着超过了任何个人所能拥有的丰富经验,因此关于这些规则系统的重要意义,人们或许可以通过分析而发现,但是即使人们没有透彻认识和把握这些规则系统,亦不会妨碍它们有助于人们的目的的实现。

(二) 哈耶克的社会秩序分类学

根据上述"进化论的理性主义与建构论的唯理主义"框架,哈耶克把所有结社、制度和其他社会型构的社会秩序类分为不是生成的就是建构的:前者是指"自生自发的秩序",而后者则是指"组织"或者"人造的秩序"①。显而易见,正是对自生自发秩序和组织这两种不同性质的秩序所做的这一界分,构成了哈耶克的社会秩序分类学的核心;同时需要指出的是,就理论的逻辑而言,哈耶克对自生自发秩序与组织的两分法,与其所确立的进化论理性主义与建构论唯理主义框架之间也存在着结构上的一致性。哈耶克的社会秩序分类学,大致可以归纳为三个方面:

第一,哈耶克指出,尽管自生自发秩序与组织在各个方面都存在着差异,然而它们之间的首要差异则是它们所展示的有序性的产生方式。自生自发的秩序乃是在那些追求自己的目的的个人之间自发生成的,而这意味着任何个人都不知道他的行动与其他人的行动相结合会产生什么结果,一如哈耶克所说,"在各种人际关系中,一系列具有明确目的的制度的生成,是极其复杂但却条理井然,然而这既不是设计的结果,也不是发明的结果,而是产生于诸多并未明确意识到其所做所为会有如此结果的人的各自行动"②,用更简洁的话说,亦即它们是人之行动的非意图的后果,而非人之设计的结果;然而,组织中的有序性却是一致行动的结果,因为组织中的合作与和谐乃是集中指导的结果。

第二,这两种社会秩序类型所依赖的协调手段不同。哈耶克认为,导向自生自发秩序的协调和谐,必定涉及一般性规则的问题,换言之,如果要达致社会的自我协调,那么社会秩序的参与者就必须共有某些规则并严格遵循这些行为

---

① 当然,哈耶克也用希腊语"cosmos"来指谓一种成长的秩序(a grown order)或由内形成的秩序(endogenous order);而用"taxis"来指称一种人造的秩序(a made order)或由外力产生的秩序(exogenous order)(参见 Hayek, *Law, Legislation and Liberty*, Vol. I, *Rules and Order*, Chicago: The University of Chicago Press, 1973, pp. 35 - 37)。
② Hayek, *The Constitution of Liberty*, Chicago: The University of Chicago Press, 1960. 中译本《自由秩序原理》,邓正来译,三联书店 1997 年版,第 58—59 页。

规则,一如哈耶克所指出的,"自发自发秩序的型构,乃是这些秩序的要素在回应它们的即时环境时遵循某些规则的结果"①;相反,协调一个组织中的劳动分工的社会结构则是一种命令与服从的等级关系,而在这种关系中,命令详尽地规定了每个成员的具体活动②。

第三,自生自发秩序为不同的个人实现其各自的目的提供了有助益的条件;相反,一个组织则是一种有助于实施某个先行确定的具体目的的集体工具。自生自发秩序与组织的这一区别也主要凸显在它们各自的运作所赖以为基础的上述协调手段上。自生自发秩序所特有的行为规则是"否定性"的,它们只界定个人行动的合法领域,并允许社会活动参与者在这个限度内自由地根据他们自己的计划选择和决定他们的活动;然而,确保组织协调的命令,则是通过尽可能地规定其成员的具体活动的方式来全力推进先定的集体目标的。

哈耶克对自生自发秩序与组织所做的这种分类学上的区别极为重要,因为它彻底否弃了人们普遍持有的一种信念或"自负",亦即哈耶克所谓的那种人的"思想上的拟人化习惯"(anthropomorphic habits)③,因为正是这种习惯使人们在心理层面倾向于把所有的社会秩序都视作是人为了实现某种具体的集体目的而经由审慎思考设计并创造出来的东西。哈耶克指出,依照这种方式而把所有的社会秩序都视作是人造之物,即以命令与服从这种等级关系为基础的"组织",显然是一个大谬误。的确,哈耶克承认"家庭、农场、工厂、商号、公司和各种团体,以及包括政府在内的所有制度或机构,都是组织"④,但是不容忽视的是他的一个更为重要的洞见,即这些组织都被整合进了一个无所不包的社会秩序之中,而这个社会秩序本身则不是等级结构的,因此我们绝对不能把它们误作为建构唯理主义者所主张的那种"组织"。这就是哈耶克在社会生活中发现的一种最为广泛的自生自发秩序,亦即他所谓的社会本身的"整体秩序",当然这并不是唯一的秩序,因为"道德、宗教和法律、语言和书写、货币与市场"也

---

① Hayek, *Law, Legislation and Liberty*, Vol. I, *Rules and Order*, Chicago: The University of Chicago Press, 1973, p. 43.
② 参见 Hayek, *The Constitution of Liberty*, Chicago: The University of Chicago Press, 1960, Chapter 4.
③ Hayek, *Law, Legislation and Liberty*, Vol. I, *Rules and Order*, Chicago: The University of Chicago Press, 1973, p. 10.
④ 同上书,第46页。

都是自生自发秩序①。

值得注意的是,哈耶克的社会秩序分类学对于他的社会理论的建构还具有更为重要的意义,这是因为哈耶克的这一分类学为他的社会理论研究对象的建构确立了基础和限度。在哈耶克的分类学中,组织这种社会秩序并不会提出社会理论的问题,从而也不会产生一个具体的社会理论,因为它们的存在和特定的作用能够从那些产生并领导它们的人的意图中得到解释。然而,哈耶克指出,自生自发秩序却与组织完全不同,它们的出现和进化所具有的非计划性质或非意图性,必定会引发真正需要解释的问题,或者必定会引起研究者的好奇心并使之成为确立"一种独特的理论体系"的理由②,因此只有在解释自生自发秩序的过程中才需要有相应的社会理论的建构。当然,这些自生自发秩序"并不会把它们自己强施于我们的感觉,而必须通过我们的智力去探寻它们。我们无力看到……这个有意义行动的秩序,而只能够通过头脑去探寻各种存在于要素间的关系的方式来重构它们"③,而这样一种"重构"就是社会理论的任务。"社会理论始于——并且只具有一种对象,乃是因为——这样一种发现,即存在着一种有序结构,但它们是许多人行动的产物,而不是人之设计的结果"④;换言之,社会理论就是对自发社会秩序的系统研究⑤;更具体地说,由于自生自发秩序并不能独立于参与其间的个人行为的常规性或以此为基础的一般性规则而存在,所以哈耶克认为,社会理论的任务乃在于揭示那些只要得到遵循便会导向自生自发秩序的规则及其赖以为基础的常规性,而这也是哈耶克把社会理论或社会科学界定为关于一般性规则的知识的道理之所在⑥。

正是从上述社会秩序分类学的建构中,哈耶克渐渐为他的社会理论确立了研究对象并为发展一整套自由主义的社会理论奠定了基础;从社会理论的发展脉络来看,哈耶克的这一努力在某种意义上构成了社会理论研究对象从"行动"向"规则"的转换。毋庸置疑,哈耶克对这种社会理论的建构,所承继的乃是由孟德维尔始创并进一步由18世纪苏格兰思想家休谟、斯密、亚当·福格森及

---

① Hayek, *Law, Legislation and Liberty*, Vol. I, *Rules and Order*, Chicago: The University of Chicago Press, 1973, p.10.
② 同上书,第20页。
③ 同上书,第38页。
④ 同上书,第36页。
⑤ 同上书,第37页。
⑥ 参见哈耶克:《个人主义与经济秩序》,贾湛等译,北京经济学院出版社1989年版,第83页。

19世纪的卡尔·门格尔所阐释的著名的社会思想传统,它不仅与笛卡儿关于独立而先在的人之理性发明了这些秩序和制度的观点完全背道而驰,而且也与那种所谓的"社会契约"观相反对。哈耶克的这种社会理论明确表明,一种显见明确的秩序并非人的智慧预先设计的产物,也并非出自于一种更高级的、超自然的智能的设计,而是适应性进化的结果;用哈耶克的社会理论来表达,这种结果就是自生自发的秩序和规则的文化进化。

二、哈耶克的社会理论:规则系统与行动结构

立基于对哈耶克社会理论的知识论基础和分类学框架的分析,使我们有可能对哈耶克自视为其社会理论基石的社会秩序自发型构的观念做更进一步的探究。哈耶克对自生自发秩序的阐释,在我看来,主要立基于下述几个逻辑相关的重要定义:一是哈耶克对"秩序"①的界说,即它是"一种事务的状态,在这种状态中,各种各样的要素之间的关系极为紧密,以至于我们可以根据对整体中某个特殊部分要素的认识,去形成对其余部分的正确预期,或者至少是有机会被证明为正确的预期"②;二是他对"社会秩序"的定义,即"社会活动的有序性展现于如下的事实之中,即个人能够执行一项一以贯之的行动计划,然而,这种行动计划之所以能够得到执行,其原因是他几乎在执行此一计划的每一个阶段上,都能够预期其他的社会成员作出一定的贡献……因此,所谓社会的秩序,在本质上便意味着个人的行动是由成功的预见所指导的,这亦即是说人们不仅可以有效地使用他们的知识,而且还能够极有信心地预见到他们能从其他人那里所获得的合作"③;三是他对这种"自生自发秩序"之型构机制的界定,即"自生自发秩序的型构,乃是这些秩序的要素在回应它们的即时环境时遵循某些规则的结果"(当然,在自生自发的社会秩序中,这些要素是指个人),或者说:"对特定情势的个别回应,将导致一个整体秩序,只要个人服从这样一些会产生

---

① 哈耶克认为,"秩序"一术语亦可以用当代社会科学系统论中常用的"系统"(system)一术语来代替(参见 Hayek, *Law, Legislation and Liberty: A New Statement of the Liberal Principle of Justice and Political Economy*, complete ed. Routledge & Kegan Paul, 1982, p. xix)。
② Hayek, *Law, Legislation and Liberty*, Vol. Ⅰ, *Rules and Order*, Chicago: The University of Chicago Press, 1973, p. 36.
③ Hayek, *The Constitution of Liberty*, Chicago: The University of Chicago Press, 1960, pp. 159 - 160.

秩序的规则。如果他们都服从的规则乃是这样一些会产生秩序的规则,那么他们的行为只要具有极有限的相似性就足够了"①。

哈耶克的上述定义,至少揭示出了自生自发秩序几个一般性的要点:首先,自生自发的秩序不仅可以在物理领域中发现,而且也可以在社会领域中发现,后者就是所谓自生自发的社会秩序(以下简称"自发社会秩序");这里需要强调指出的是,论者们一般强调的"市场"秩序,只是哈耶克自发社会秩序中的一个范型,因此,我们决不能将自发社会秩序简单地化约为"市场"秩序;其次,在自发的社会秩序中,作为参与者的个人间的意图和预期的一致性乃是基本的要素,一如他所言,"社会中的秩序"自我表现为一种预期和意图的"符合"或"一致"②;最后,所有自生自发秩序都有一个共同的特征,就是它们都生成于要素多样间的互动,而这些要素在回应其特殊环境的时候受着某些一般性规则的支配;具体到自发社会秩序的型构而言,它所立基于的机制便由这样两个部分构成:一是人们对某些行为规则的普遍遵守;二是个人对具体情势的调适。换言之,人们所普遍遵守的这些行为规则的性质将决定整个社会秩序的某些一般特性,但因此而产生的社会秩序的特殊内容则将始终取决于该秩序中的个人所回应并与之相调适的具体环境③。值得我们注意的是,在这两个机制中,规则遵循机制在很大程度上比个人调适机制更重要,这是因为在哈耶克那里,尽管自发社会秩序在部分上是社会成员与其具体情势相调适的结果,然而关于这个机制的认识却是以另一个更为重要的论辩为依凭的,即自发社会秩序要比等级结构组织能够更好地运用广为分散的实践性知识④。

的确,哈耶克关于实践性知识的洞见以及立基于其上的对个人调适机制的分析是他的自发秩序社会理论得以建构的一个重要基础,从而也是我们在解读他的社会理论建构脉络的过程中必须加以考虑的问题,尤其是他在其间就"分散的知识"和"知识分工"所做出的原创性贡献⑤,然而不无遗憾的是,出于

---

① Hayek, *Law, Legislation and Liberty*, Vol. I, *Rules and Order*, Chicago: The University of Chicago Press, 1973, pp. 43-44.
② 同上书,第36页。
③ 同上书,第40页。
④ 同上书,第51页。
⑤ 哈耶克宣称,如果一个现代经济要成功,它就必须处理"知识分工"的问题,这是当代大众社会所特有的问题。他解释说,当代社会所面临的问题,乃是"如何确保充分利用每个社会成员所知道的资源,因为其相对重要性只有这些个人才知道。简而言之,它是一个如何利用任何人都不拥有其整体的知识的问题"(参见哈耶克:《个人主义与经济秩序》,贾湛等译,北京经济学院出版社1989年版,第75页)。

与前文所陈述的相同原因,我们在这里也不可能对哈耶克自生自发秩序观念中的上述问题做详尽的阐释;因此,我们将在哈耶克自发社会秩序首要机制(即规则遵循)的限度内,集中讨论在我看来对理解哈耶克社会理论更为重要但却未引起足够重视的两个相关问题:一是自发社会秩序的规定性问题;二是自发社会秩序的类型问题。

(一) 自发社会秩序的规定性问题

在对哈耶克自发社会秩序观念的解读过程中,人们往往会根据自发社会秩序的一般性词义而把它理解成一种"自然"的或"自足"的状态①,而这种理解的逻辑展开就一定会把哈耶克的观点视作"自然主义"或无政府主义式的放任自由。然而,一如哈耶克本人所强调的,古典学派"看不见的手"的观念以及他的自发社会秩序的观念,都承认自发社会秩序的参与者在他们的行动中是受"适当的"规则调整的②。在我看来,哈耶克对社会秩序的存在和生成的环境所做的这种规定,亦即通过对"适当"规则的规定从而赋予自发社会秩序以一种"有助益"的性质的观念,具有极为重要的意义,然而这个观念从逻辑上讲自然涉及一些值得我们注意的问题,即何为"有助益"的社会秩序、哈耶克是如何规定这种社会秩序的环境的以及何为"适当的"规则等问题。

首先,作为一个古典的自由主义者,哈耶克认为,如果一个社会秩序能够较好地服务于涉于其间的个人的利益和较好地运用参与其间的个人的知识,那么在一般意义上讲,这个社会秩序就是有助益的,正如哈耶克所言,"人的活动的这种结构,一以贯之地使自己(并通过这种方式而发生作用)与无数的事实相调适,而这种事实在整体上是任何个人所不知道的。这一过程的重要意义,最显见于经济领域,当然也是首次在这一领域得到强调"③;这就意味着,由于自发社会秩序并不是设计或者有意识反思的产物,所以这种在社会生活中自我生成的秩序,能够应对我们对无数事实的无知状态;再者,这也意味着自发社会秩序能够以一种计划秩序所无力做到的方式运用社会必须始终依赖的分散于无数

---

① Hayek, *New Studies in Philosophy, Politics, Economics and the History of Ideas*, Routledge & Kegan Paul, 1978, p. 135.
② Hayek, *The Constitution of Liberty*, Chicago: The University of Chicago Press, 1960, Chapter 14, pp. 205-219.
③ 同上书,第159页。

个人习惯和倾向之中的实践性知识。然而需要强调的是,尽管自发社会秩序都具有那种通过允许参与者对特定时空下的情势加以回应而能够运用更多知识的一般性特征,但是,自发社会秩序运用分散于个人的知识的这种特殊功能却并不能自然而然地确保它在各种情形中都将"有助益",因此,确保自发社会秩序有助益的前提,就是必须存在着一系列调整自发社会秩序参与者行为的规则;正是在这个基础上,哈耶克指出:

> 我们之所以……能够成功地根据我们的计划行事,是因为在大多数的时间中,我们文明社会中的成员都遵循一些并非有意构建的行为模式,从而在他们的行动中表现出了某种常规性(regularity);这里需要强调指出的是,这种行动的常规性并不是命令或强制的结果,甚至常常也不是有意识地遵循众所周知的规则的结果,而是牢固确立的习惯和传统所导致的结果。对这类惯例的普遍遵守,乃是我们生存于其间的世界得以有序的必要条件,也是我们在这个世界上得以生存的必要条件,尽管我们并不知道这些惯例的重要性,甚或对这些惯例的存在亦可能不具有很明确的意识。①

其次,我们所需要考虑的是哈耶克在他的自发社会秩序理论中是如何以一种确保有助益的自发社会秩序得以产生的方式规定了自发社会秩序的条件的。在某种意义上讲,我们可以通过哈耶克在讨论社会理论问题时所采用的论证框架而发现他的这一论辩②,而构成他的这一论证框架的乃是下述三个概念:自由、一般性规则和竞争。

在上述三个概念中,哈耶克认为最为重要的乃是自由,因为自由不仅作为一种目的本身极为重要,而且自由还是一种为人们提供助益的手段③;一如哈耶克所指出的,自由赋予了文明以一种"创造力",是它赋予了社会以进步的能力④。因此,在这一框架中,只有当个人有自由运用他们所拥有的知识去实现他们自

---

① Hayek, *The Constitution of Liberty*, Chicago: The University of Chicago Press, 1960, p. 62.
② 参见 R. A. Arnold, "Hayek and Institutional Reform," in J. C. Wood and R. N. Woods, ed. *F. A. Hayek: Critical Assessments* (Ⅲ), London and New York: Routledge, 1991, pp. 233 – 235.
③ 关于哈耶克的自由既是一种目的又是一种手段的论断,请参见 M. M. Wilhelm, "The Political Thought of F. A. Hayek," in J. C. Wood and R. N. Woods, ed. *F. A. Hayek: Critical Assessments* (Ⅱ), London and New York: Routledge, 1991, pp. 158 – 177。
④ Hayek, *The Constitution of Liberty*, Chicago: The University of Chicago Press, 1960, pp. 22 – 38.

己的目的的时候,进步才会发生;因此,是自由引发了社会进步,进而也是在这个意义上,自由可以被视作自发社会有助益秩序之存在的必要条件。然而,尽管自由是自发社会秩序存在的必要条件,但是一般性规则却是自由得以存在的必要条件。对一般性规则的诉求,意味着应当由规则而不是由人统治人的生活,亦即哈耶克所言的应当由法治而非人治支配整个社会的运行;这些规则的特性则表现为一般性、确定性和适用于人人的平等性①。在哈耶克看来,只有在适用一般性规则的场合,有助益的社会秩序才会生成,因为作为有助益的自发社会秩序的发生的必要条件之一的自由,只有当一般性规则存在的时候才是可能的;这就是哈耶克一贯主张的"法治下的自由"观②的核心洞见之所在,一如他所指出的,"只有一项原则能够维续自由社会,这项原则就是严格阻止一切强制性权力的适用,除非实施平等适用于人人的一般性的抽象的规则需要者以外"③。当然,对于构成哈耶克这一框架的第三个概念(亦即自由进出意义上的竞争概念),我们也可以采取认识自由概念的方式加以理解:(1)它是有助益的自发社会秩序之进化的必要条件;(2)然而它也依赖于一般性规则而存在。就这个问题而言,哈耶克在《通向奴役之路》一书中指出,"要使竞争发挥作用……尤其有赖于一种适合的法律制度的存在,这种法律制度的目的,在于既要保存竞争,又要使竞争尽可能有利地发挥作用"④。

因此,自由、一般性规则和竞争,在哈耶克的社会理论中,是自发社会秩序有助益的必要条件;而又由于自由和竞争只有在一般性规则存在的前提下才可能存在,所以我们可以得出结论说,一般性规则乃是有助益社会秩序之生成和存在的必要和充分的条件,进而我们还可以得出结论说,只有在一个规定的环境中——即适用一般性规则的场合——有助益的自发社会秩序才能得以生成和维续。

最后,通过上述对哈耶克关于自发社会秩序的性质与其所立基于其上的规则系统之间基本关系的检视,我们发现,在调整自发社会秩序参与者行为的一般性规则以外,人们绝不能简单地期望自发社会秩序在缺失一般性规则的情况下会自然生成有助益的结果。进而,哈耶克的这一洞见便产生了这样一个问

---

① Hayek, *The Constitution of Liberty*, Chicago: The University of Chicago Press, 1960, Chapter 14.
② 同上书, Chapters 4 & 10。
③ 同上书,第284页。
④ 哈耶克:《通向奴役之路》,滕维藻等译,商务印书馆1962年版,第40页。

题,即什么样的一般性规则能被视为"适当"?

坦率言之,除了规定这些规则为了实现自发社会秩序之型构而必须满足的一些一般性标准以外(一如我们在上文所指出的一般性、确定性和平等适用性),哈耶克并未就"适当的"一般性规则提供任何明确的定义。哈耶克明确反对那些试图以一般性公理术语和一劳永逸的方式界定所谓"适当"规则的做法,这是因为他所持的进化论的理性主义使他认识到日益变化的社会环境和其他条件有可能会要求对这个问题给出不尽相同的回答。因此,他把关注点转向了对社会或文化规则生成和变化所依凭的进化过程的强调,并明确指出文化进化或社会进化能被期望对"适当的"规则做出选择。对此,哈耶克明确指出,"'自然选择'、'生存竞争'和'适者生存'等观念……在社会科学领域中并不适宜;因为在社会进化中,具有决定意义的因素并不是个人生理的且可遗传的特性的选择,而是经由模仿成功有效的制度和习惯所做出的选择。尽管这种选择的运作仍要通过个人和群体的成功来实现,但这种实现的结果却并不是一种可遗传的个人特性,而是观念和技术——一言以蔽之,就是通过学习和模仿而传播延续下来的整个文化遗产"①。由此,哈耶克建构了与他的自发社会秩序理论相勾连的文化进化理论(关于他在这个方面的贡献,我们将在下文讨论)。

这里需要强调指出的是,我们不能把自发社会秩序独立于其所赖以为凭的规则系统加以理解的事实,并不能够使我们当然地把自发社会秩序与规则系统等而视之,而对这个问题的强调,将把我们引入与此紧密相关的第二个问题的讨论。

(二) 自发社会秩序的类型问题

一如上述,哈耶克把社会秩序定义为"一个群体的所有成员的行动的结构"②;以及他主张"自发秩序的型构,乃是它们的要素遵循某些规则的结果"③。然而,哈耶克的这些文字却引起了一个在我看来颇值得我们追究的但同时也是一个为人们经常忽略的重大问题,即我们是否可能把哈耶克在道德、法律、宗教

---

① Hayek, *The Constitution of Liberty*, Chicago: The University of Chicago Press, 1960, p.59.
② Hayek, *Studies in Philosophy, Politics and Economics*, London: Routledge & Kegan Paul, 1967, p.66 n.
③ Hayek, *Law, Legislation and Liberty*, Vol. I, *Rules and Order*, Chicago: The University of Chicago Press, 1973, p.43.

和货币等传统中发现的那种非设计的秩序与自发的行动秩序置于同一类型之中。当然,这个问题极为复杂,原因是哈耶克在对社会理论的研究对象的解释中认为,道德、宗教、法律、语言、书写、货币、市场以及社会的整个秩序,都是自发的社会秩序[1]。哈耶克把所有这些自发的社会秩序都归属于同一范畴的预设,显然是它们生成的过程极其相似,更具体地说,亦就是它们都不是因计划或设计而生成的:正如我们在前文反复指出的,自发的社会秩序乃是"人之行动而非人之设计的结果",亦即无数个人独立的决策和行动的非意图的结果[2]。

然而,我们无论如何还是不能混淆两种不同类型的自发社会秩序:一是作为进行个人调适和遵循规则的无数参与者之间互动网络的秩序(或称为行动结构);二是作为一种业已确立的规则系统的秩序。哈耶克对此明确指出,"个人行为的规则系统与从个人依据它们行事而产生的行动的秩序,并不是同一事情;这个问题一经得到陈述,就应当是显而易见的,即使这两种秩序在事实上经常被混淆"[3]。在这些文字中,他实际上明确表达了这样一种观念,即自发社会秩序的行动结构乃是经由参与其间的个人遵循一般性规则并进行个人调适而展现出来的作为一种结果的状态,而这就在逻辑上意味着,这些行为规则系统早已存在并业已有效了一段时间;因此,自发社会秩序的行动结构在这里显然并不意指行为规则系统本身。哈耶克对于市场中生成的经济秩序(亦即自发社会秩序的一个范式个案)的解释,便充分阐明了这一要点。哈耶克解释说,自发的经济秩序是"经由那些在财产法、侵权法和契约法的规则范围内行事的人而在市场中产生的"[4]。

对哈耶克自发社会秩序中的行动结构和规则系统进行类分,在我看来,至少具有下述三个方面的重大意义,甚至可以说是深刻理解哈耶克社会理论的关键所在:首先,通过这一类分,能使我们洞见两种不同类型的自发社会秩序所依赖的不同进化进程以及哈耶克社会理论对这两种秩序类型所确立的不同的解释逻辑。

---

[1] Hayek, *Law, Legislation and Liberty*, Vol. I, *Rules and Order*, Chicago: The University of Chicago Press, 1973, p. 10.
[2] 参见 Hayek, *Studies in Philosophy, Politics and Economics*, London: Routledge & Kegan Paul, 1967, pp. 96–97。
[3] 同上书,第67页。
[4] Hayek, *Law, Legislation and Liberty*, Vol. II, *The Mirage of Social Justice*, Chicago: The University of Chicago Press, 1976, p. 109.

我们在上文业已指出,行动的有序结构与其所依据的那些规则系统,在哈耶克看来,都是"人之行动而非人之设计的结果",然而他同时又强调指出,这些相似性并不能做无限的扩大,因为行动结构的生成和进化依据规则,而规则的文化进化则否。哈耶克的这一论式向我们揭示了两种不同的"看不见的手"的进化过程。一种进化方式乃是在一规定的环境中展开的,或者说,这种进化过程的结果乃是在受到制约的意义上被决定的:这就是作为自发社会秩序的行动结构的进化方式;因此这一方式的一个特征在于它是在明确可辨的规则基础限制下发生的,而且是一永久循环的过程,而它的另一个特征则在于它是否定性的:它规定了何者不能存在,而不是何者能存在。另一种进化方式乃是在非规定的环境中发生的,或者说,这种进化过程的结果由于不存在规定的条件而在很大程度上是不确定的:这就是作为自发社会秩序的道德、法律以及其他规则系统的进化发展方式;这一方式的特征在于它不遵循任何"进化之法则"①。

正是对自发社会秩序所依凭的两种不同进化进程的揭示,使哈耶克宣称,对行动结构与规则系统这两种秩序之型构的解释逻辑也一定是不同的。在他看来,作为行动结构的秩序,乃是由遵循某些规则并与他们具体情势相调适的个人生产出来的,因此对它的解释所依据的便是我们在上文所述的个人主义的"自发社会秩序"论式;然而,对于法律、道德和其他规则系统的进化的解释,哈耶克则指出,其本身不能根据"规则遵循"的理路加以解释,否则就会陷入循环论证;正是通过主张规则系统具有一种个人理性不及的社会智慧,哈耶克认为,自发社会秩序的观念并不足以解释这些规则系统的生成与进化,换言之,由自发社会秩序观念所提供的解释并不是全涉的,而且只有与另一种解释论式结合起来(即对蕴含于规则系统之中的"累积性的知识储存"②是如何有助于自发社会秩序的解释),才能对他的社会理论的研究对象做出充分的解释;在哈耶克,这种能够解释规则系统的便是他所确立的文化进化理论,而这也是哈耶克反复强调"秩序的自发型构与进化这一对孪生观念"③的意义所在。

立基于哈耶克对自发社会秩序两种类型所采取的不同的解释逻辑,我们

---

① Hayek, *Studies in Philosophy, Politics and Economics*, London: Routledge & Kegan Paul, 1967, p. 42.
② Hayek, *The Constitution of Liberty*, Chicago: The University of Chicago Press, 1960, p. 27.
③ Hayek, *Law, Legislation and Liberty*, Vol. I, *Rules and Order*, Chicago: The University of Chicago Press, 1973, p. 23.

需要而且从理论路径上讲有可能对哈耶克文化进化理论的论辩方式做出进一步的追究,而这正是我们强调对哈耶克自发社会秩序进行类分的第二个重要意义。

哈耶克把道德、法律以及其他规则系统从作为自发的有序行动结构中类分出来,当然不是意指它们是设计的产物,而是旨在说明它们与行动结构之间存在着某种经验上的关联,亦即有益于自发社会秩序的规则系统本身必须是在一文化进化的过程中发展出来的。对于这个问题,我们应当特别注意的是规则系统的"刻意设计"与"进化生成"之间的区别在哈耶克社会理论中所具有的核心作用,因为他一以贯之批判的就是"那种认为所有的社会制度都是,而且应当是,审慎思考之设计的产物的观念"①;也正是在这个意义上,哈耶克选择了一种有关社会和经济规则系统的文化进化的理论。

哈耶克指出,自发社会的规则系统乃是"一个缓慢进化过程的产物,而在这个进化的过程中,更多的经验和知识被纳入它们之中,其程度远远超过了任何一个人能完全知道者"②;在他看来,这些规则系统"乃是对一种事实上的常规性的调适,而对于这种常规性,我们一方面依赖于其上,但同时我们只是部分地知道它们,而且只要我们遵循这些规则,那么我们就能对它们有所信赖"③,这是"因为它们有助于我们应对某些类型的情形"④。自发社会的规则系统反映了关于社会世界的真知识,然而这种知识却在两个方面与科学理论不同:一是它不具有明确的形式;二是在很大程度上讲它不是那种"因果的知识"⑤。规则系统所承载的这种知识的特性意味着,它们并不能对存在于人与其周遭世界之间无数的因果性互相依赖关系向我们提供一个理论的解释;但是,一如哈耶克关于规则文化进化的洞见所揭示的,这些规则的作用却能够使我们与周遭世界相调适,而它们所采用的方式则是以一般性的形式对某些被证明为对成功的个人最有助益的条件予以规定。

---

① Hayek, *Law, Legislation and Liberty*, Vol. I, *Rules and Order*, Chicago: The University of Chicago Press, 1973, p. 5.
② Hayek, *Studies in Philosophy, Politics and Economics*, London: Routledge & Kegan Paul, 1967, p. 92.
③ 同上书,第 80 页。
④ Hayek, *Law, Legislation and Liberty*, Vol. II, *The Mirage of Social Justice*, Chicago: The University of Chicago Press, 1976, p. 4.
⑤ Hayek, *New Studies in Philosophy, Politics, Economics and the History of Ideas*, Routledge & Kegan Paul, 1978, p. 10.

就此而言,我们可以把哈耶克的这一洞见归纳为这样一个命题,即规则系统及其生成进化的进程乃是一种理性不及的过程;这个命题至少向我们揭示了规定社会秩序之一般特性的规则系统所具有的两个要点:首先,作为自发社会秩序机制之一的人们在互动和应对特定情势过程中所遵循的规则系统,具有一种独一无二的价值,亦即它们能使我们与我们的环境相调适并达致人与人之间的预期一致性;哈耶克甚至认为,人类除此以外不具有任何与此相似的强有力的资源以解决人的困境。其次,作为传统或"工具"①的规则系统,在哈耶克看来,并不是经由人们的设计而创造出来的,因为人们自己"并不拥有足够的知识去做如斯的创造"②,它们毋宁是一种集无数代个人经验的大规模的"文化进化"过程的产物。这里需要指出的是,无论是这些规则系统,还是生成这些规则系统的文化进化过程本身,都具有一种理性不及的性质。

进而,哈耶克的文化进化理论揭示了自发社会规则系统的生成所依凭的机制。在哈耶克看来,像道德和法律这类规则,产生于这样一个过程,其间"一些惯例一开始被采纳是为了其他的原因,甚或完全是出于偶然,尔后这些惯例之所以得到维续,乃是因为它们使它们产生于其间的群体能够胜过其他群体"③。更加具体地说,这些规则之所以得到发展,一是"因为实施它们的群体更为成功并取代了其他群体"④;二是因为这些群体"比其他群体更繁荣并发展起来"⑤;三是"因为它们使执行它们的群体能够更加成功地进行繁衍并包容外来的群体"⑥。因此,对较为有效的规则的采纳,并不产生于人的理性选择,而是"通过选择的过程演化生成于他们所生活的社会之中"⑦;哈耶克甚至指出,"我们几乎不能被认为是选择了它们;毋宁说,是这些约束选择了我们。它们使我们能够得以生存"⑧。

---

① Hayek, *Studies in Philosophy, Politics and Economics*, London: Routledge & Kegan Paul, 1967, p. 42.
② Hayek, *Law, Legislation and Liberty*, Vol. Ⅲ, *The Political Order of a Free People*, Chicago: The University of Chicago Press, 1979, p. 164.
③ Hayek, *Law, Legislation and Liberty*, Vol. Ⅰ, *Rules and Order*, Chicago: The University of Chicago Press, 1973, p. 9.
④ 同上书,第 18 页。
⑤ Hayek, *Law, Legislation and Liberty*, Vol. Ⅲ, *The Political Order of a Free People*, Chicago: The University of Chicago Press, 1979, p. 161.
⑥ 哈耶克:《致命的自负》(原译《不幸的观念》),刘戟锋等译,东方出版社 1991 年版,第 16 页。
⑦ Hayek, *Law, Legislation and Liberty*, Vol. Ⅱ, *The Mirage of Social Justice*, Chicago: The University of Chicago Press, 1976, p. 11.
⑧ 哈耶克:《致命的自负》(原译《不幸的观念》),刘戟锋等译,东方出版社 1991 年版,第 12—13 页。

这里值得我们注意的,一是哈耶克根据"群体利益"而非个人利益对规则系统的文化进化所做的上述解释,显然与他在阐释作为行动结构的自发社会秩序时所主张的个人主义的"看不见的手的解释"极不相同,尽管在哈耶克的论述中,有时候人们也的确能够发现这样一种个人主义的进化论论述①,例如哈耶克认为个人可以通过违背传统规则和通过实验新的做法,而像发明者那样生成出"新的变量"②,而这些变量有可能在社会共同体中变成新的行为常规性,并在与传统的和其他新的行为方式的竞争中通过该群体中愈来愈多的个人的模仿而胜出③。据此,在哈耶克的论述中似乎存在着一种"群体主义"论式与"个人主义"论式之间的紧张,但是,我个人以为,哈耶克论述中的这种看似"紧张"的问题,实际上所涉及的乃是方法论在研究对象发生变化的情形中是否应当保持一贯的问题④,亦即个人主义的论式与哈耶克所试图解释的文化进化的规则类型是否相容的问题。的确,如果有关规则是成功者个人的诀窍和准则,那么个人主义论式就会极具意义,但是哈耶克所要解释的规则系统并不是这类个人性的规则,它们所旨在调整的并不是私人的个人行动,而是社会互动。因此,我们很难说这些规则可以经由个人实验的方式而得以确立,哈耶克本人对此也确认无疑:"在这类情形中,任何个人试图凭据理性而成功地建构出比经由社会逐渐演化出来的规则更具效力的规则,都是不可能的;退一步讲,即使他成功地建构出了这样的规则,那么也只有当这些规则得到了所有人的遵守的时候,这些规则方能真正发挥其效力并有助于其目的的实现"⑤。

关于这个问题,值得我们注意的第二个方面乃是 Vanberg 所指出的哈耶克的"论式转换"问题:哈耶克的论述表明,事实上他在回答那些能被期望自发生成的规则为什么会增进整个群体的效率的问题时并没有系统地阐述过、也没有一贯地追求过一种个人主义的进化论观点;相反,这里毋宁存在的是哈耶克论式的转换,即从行为规则系统因有助益于实施它们的个人而得到发展和支配的观念,转换成了一个颇为不同的观念,即行为规则系统因有助益于群体而渐渐

---

① 参见 Hayek, *The Constitution of Liberty*, Chicago: The University of Chicago Press, 1960, p. 59。
② 同上。
③ 参见 Hayek, *Law, Legislation and Liberty*, Vol. Ⅲ, *The Political Order of a Free People*, Chicago: The University of Chicago Press, 1979, p. 162。
④ 参阅 N. Moldofsky, *Order: with or without Design*? The Centre for Research into Communist Economics, 1989, pp. 30 - 31。
⑤ Hayek, *The Constitution of Liberty*, Chicago: The University of Chicago Press, 1960, p. 66.

得到了遵守①。这种论式的转换,使哈耶克根据"群体利益"对社会规则所做的这种解释,实际上更趋近于一种"功能主义"的论式(关于对功能主义的批判也同样可以适用于哈耶克论式的问题,我将另文讨论),这是因为:为了提供一种解释,功能主义的论式就必须规定一种程序,而根据这一程序,一种社会规则系统或模式有益于一个群体或社会系统的事实,便足以证明有关社会规则系统或模式存在和维续的理由。

通过上述的讨论,我们还可以进一步发见哈耶克有关规则系统文化进化理论在社会理论发展方面所具有的潜在意义,而这也是我们检讨哈耶克自发社会秩序类型的第三个重要意义。

哈耶克指出,他的社会理论产生于这样一个事实,即自发社会秩序立基于下述"两种规则":第一种是先天的、遗传继承的关于人的行为的普遍规则,它们形成于人种的生物进化的过程;第二种是习得的、文化传承的关于人的行为的规则②。从哈耶克的社会理论来看,先天的行为规则可以被认为在时间和空间上具有高度的一致性;也正是在这个意义上,"人性"可以被视为同质的,甚至构成了社会理论研究方法的无须言明的前提;而另一方面,文化规则则表现得极为多变,而且正是这些规则的可变性,说明了社会秩序的多样性。一如布坎南所指出的,哈耶克乃是一个文化进化论者;他认为,文化进化业已形成或产生了非本能行为的抽象规则,人们一直依靠这些抽象规则生活,但却并不理解这些规则。这些规则显然反对人的本能倾向,但是人们依据个人理性也无力评价和理解这些规则的作用方式③;"因此,我们别无他择,只有遵循那些我们往往不知道其存在之理由的规则,而且不论我们是否能够确知在特定场合对这些规

---

① V. Vanberg, "Spontaneous Market Order and Social Rules: A Critical Examination of F. A. Hayek's Theory of Cultural Evolution," in J. C. Wood and R. N. Woods, ed. *F. A. Hayek: Critical Assessments* (Ⅲ), London and New York: Routledge, 1991, pp. 177 - 201. 需要指出的是,哈耶克有时的确认为文化规则的选择可以在个人和群体层面同时展开,例如他说文化进化在很大程度上是"通过个人和群体的成功"而运作的(Hayek, *The Constitution of Liberty*, Chicago: The University of Chicago Press, 1960, p.59);然而,在我看来,这里关键的问题乃是哈耶克并没有对合成这两种不尽相同的解释路径做理论上的建构。关于这个问题, N. Moldofsky 也从另一个角度对 V. Vanberg 的观点做出了回应,请参见 *Order: with or without Design*? The Centre for Research into Communist Economic, 1989, p. 31。
② 参见 Hayek, *Studies in Philosophy, Politics and Economics*, London: Routledge & Kegan Pau, 1967, pp. 66 - 81。
③ 参见布坎南:《自由、市场与国家》,平新乔等译,上海三联书店1989年版,第115页;同时又请参见哈耶克:《致命的自负》(原译《不幸的观念》),刘戟锋等译,东方出版社1991年版,第24页。

则的遵循所能达致的具体成就,我们亦只有遵循这些规则"①。

毋庸置疑,在哈耶克所反对的上述"本能"与"唯理"两种倾向之中,哈耶克谴责的主要对象是那些忽视了由这些文化进化形成的抽象行为规则所确立的界限而企图创造"新人"或"新世界"的建构论的唯理主义者。但是更为重要的是,在他自己所确立的文化进化生成的行为规则的限度内,哈耶克并不是一个"自然主义者"或自由放任者,而是一个制度改革者,一如哈耶克自己所言,"在我们力图改善文明这个整体的种种努力中,我们还必须始终在这个给定的整体内进行工作,旨在点滴的建设,而不是全盘的建构,并且在发展的每一个阶段都运用既有的历史材料,一步一步地改进细节,而不是力图重新设计这个整体"②;因此,我们可以说,他所提出的并受到人们广泛讨论的货币发行非国有化的主张③以及立宪议会与立法议会间职能划分的主张④乃是他在此一方面所给出的特定制度改革的两个范例。就此而论,布坎南的评价颇为准确,"哈耶克本人就是一个基础立宪改革的坚定倡导者,这种基础立宪改革体现在非常具体的改革建议中。因此,哈耶克实际上把进化论观点同建构主义—立宪主义观点结合起来了"⑤,而且"这种立场使得他的观点在其体系内保持一致,也同我们这些作为契约论者的,或许更容易归类为建构主义者的人的观点相符合"⑥。

在我个人看来,正是哈耶克在自发社会秩序类型的界分基础上提出的文化规则的进化论辩,为社会理论在既反对建构论的唯理主义又反对"放任自由"观点的前提下提供了进一步的发展空间,因为这一论辩实际上为我们究竟能够或应当改革何种制度确立了严格的限度⑦;也正是在这个基础上,布坎南宣称,"我们需要的是像哈耶克和索维尔这样的学者的深邃智慧来防止我们陷入空想。不过,虽然哈耶克已经告诫我们一定不要采取'空想建构主义者'——正确

---

① Hayek, *The Constitution of Liberty*, Chicago: The University of Chicago Press, 1960, pp. 66 - 67.
② 同上书,第 70 页。
③ 同上书,第 324—339 页。
④ 参见 Hayek, *Law, Legislation and Liberty*, Vol. Ⅲ, *The Political Order of a Free People*, Chicago: The University of Chicago Press, 1979, 尤请参见 pp. 105 - 128;实际上早在哈耶克撰写《自由秩序原理》一书时,他已然具有了这一具体建议的观念雏形,请参见 Hayek, *The Constitution of Liberty*, Chicago: The University of Chicago Press, 1960, p. 207。
⑤ 布坎南:《自由、市场与国家》,平新乔等译,上海三联书店 1989 年版,第 85 页。
⑥ 同上书,第 117 页。
⑦ 我认为,哈耶克的这个洞见,对中国的学者会有很大的启示,因为它会使我们认真思考具有中国传统意义的文化规则和当下中国社会的具体制度之间的关系和差异,进而确知中国制度改革的层面。

的解释是'理性建构主义者'——的立场,但如果即使是在相对严格的哈耶克界限以内,也要对制度改革进行严肃的考察,这样,就必定更精确了"①;因此,布坎南等人所倡导的基础立宪制度改革的研究工作,便可以在某种意义上被视作是在哈耶克规则系统文化进化理论限度内的理论拓进,而这方面的最佳证明便是布坎南对制度改革理论框架所确定的限度,即应当把文化进化形成的规则同制度严格区别开来,并在制度的限度内进行改革:"前者是指我们不能理解和不能(在结构上)明确加以构造的,始终作为对我们的行动能力的约束的各种规则;后者是指我们可以选择的,对我们在文化进化形成的规则内的行为实行约束的各种制度。文化进化形成的规则对制度是明显的有约束的,但它们并不必然地只规定一个唯一的和特定的制度结构",因此,在这里存在着许多规定人们行动范围的可能的制度结构,而人们可以通过相互参照而对这些可能的制度结构作出规范性评价和改革②。

在上文阐释哈耶克的社会理论过程中,我们已就哈耶克提出的一些理论命题所具有的某些重要意义进行了讨论,然而,在我看来,哈耶克社会理论所具有的意义还远非止此,因为它实际上还对整个社会哲学的发展做出了独特的知识贡献。正是对哈耶克社会理论所具有的这种学术意义的关注,将把我们引入本文第三部分的讨论。

三、哈耶克的社会理论:对当代自由主义的挑战和对"社群主义"的回应

一如上述,哈耶克社会理论对于当代社会哲学的发展具有很重大的意义,然而囿于篇幅,本文不可能在整体的意义上对哈耶克的这一知识贡献给出详尽阐释,因此,我们将把讨论的重点局限在哈耶克的社会理论在当代自由主义与"社群主义"的论争中所可能具有的重要意义方面。然而,在我们探讨这个问题之前,依照分析的逻辑,我们将首先对当代自由主义内部的论争进行分析,以求发现它们之间的分歧和共同的理论假设;进而在这一基础上对当代自由主义与"社群主义"这两大哲学思潮之间的论争问题进行爬梳,以求凸显它们在价值取

---

① 布坎南:《自由、市场与国家》,平新乔等译,上海三联书店1989年版,第122页。
② 同上书,第116页。

向上的冲突。

（一）当代自由主义与"社群主义"的论争

众所周知，自约翰·罗尔斯于 1971 年出版《正义论》始，英美现代自由主义政治理论便基本上为他的论题所支配，即使是罗伯特·诺齐克的名著《无政府、国家与乌托邦》也未能摆脱他的论题范围，一如他在该书中所坦率承认的，"《正义论》是自约翰·穆勒的著作以来所仅见的一部有力的、深刻的、精巧的、论述宽广和系统的政治和道德哲学著作。……政治哲学家们现在必须要么在罗尔斯的理论框架内工作，要么解释不这样做的理由"①；而从研究范式的转换来看，我们则可以说英美政治哲学的发展因罗尔斯《正义论》重新确立起了义务论伦理学而步入了一个"罗尔斯时代"或"以罗尔斯为轴心的时代"；这个时代的特征主要表现为英语世界的自由主义从功利主义走出而步入了"以个人权利为核心"的当代自由主义话语之中。在大哲学家以赛亚·伯林纪念文集《自由的理念》(The Idea of Freedom)中，英国著名法律哲学家 H·L·哈特从西方自由主义发展的角度出发确证了这一政治哲学转向的趋势：

> 我认为，任何熟悉过去十年来在英美两国出版的关于政治哲学的论著的人，都不可能怀疑这个论题——即道德哲学、政治哲学和法律哲学的汇合点——正在经历着重大的变化。我认为，我们当下正在目睹从一个曾经被广为接受的旧信念中转换出来的过程，这个旧信念便是某种形式的功利主义（如果我们能够发现它的恰当形式的话）必定能够把握政治道德的实质。然而新的信念则认为，真理一定不在于那种视集合或平均的一般福利的最大化为其目的的原则，而在于一种关于基本人权（亦即保护个人的具体的基本自由和利益）的原则，如果我们能够为这些权利发现某种足以坚固的基础，以应对那些久以为人们所熟悉的批评观点。②

罗尔斯沿着康德理性主义义务论伦理学的思路，围绕着正义这一核心范畴而指出，个人在政治思想和信念等方面的基本自由和权利是不能以任何名义

---

① 罗伯特·诺齐克：《无政府、国家与乌托邦》，何怀宏等译，中国社会科学出版社 1991 年版，第 187 页。
② H. L. A. Hart, "Between Utility and Rights," in Alan Ryan, ed. *The Idea of Freedom*, Oxford: Oxford University Press, 1979, p. 77.

牺牲的,但在社会和经济利益分配的领域内,却可以奉行一种最大限度地改善境况最差者地位的原则,尽管这意味着对某些人在经济利益和财富分配方面的权利的侵损;正是立基于这一洞见,罗尔斯确立了正义伦理学的两个著名基本原则:一是个人基本自由优先和基本权利平等的"第一自由正义原则";二是机会均等和改善最少数境况最差者地位的"差别原则"①。

然而,诺齐克则承继了17世纪洛克等古典自由主义哲学家的"个人权利至上"理论以及蕴含于其间的有关个人和个人权利之正当性乃是先定的道德假设,一如他所言,"个人拥有权利。……这些权利如此强有力和广泛,以致引出了国家及其官员能做些什么事情的问题"②;诺齐克进而在这一理论假设的基础上最终确立了国家的正当性原则,即正义的国家乃是最少干预个人事务、最能保障个人权利之充分实现的国家;而这也就是诺齐克提出的"最小国家"(the minimal state)原则。因此,从逻辑上讲,在"最小国家"原则之下,个人行为所应当且唯一能够遵循的道德准则,也只能是立基于"个人权利至上"这一道德原则的"权利"原则③。

显而易见,无论是罗尔斯还是诺齐克,他们的道德哲学论辩方式基本上都是一种以"个人权利(或个人自由)"为核心概念、以制定社会公共道德规范为理论宗旨的"社会契约论式"的伦理学论式;在他们的论式中,个人权利的正当性及其社会保障是首位的:在诺齐克的理论中,个人引发了一种必须服从法律(亦即在任何阶段都不会对作为一个道德个体的个人的当然权利加以侵犯的法律)的义务;然而在罗尔斯的理论中,作为一个理性的和自利的道德个体,个人则引发了一种必须尊重他会在公平的情势下同意的那些正义规则的义务。套用H·L·哈特对美国政治哲学的保守主义右翼和自由主义左翼的分析,我们能够更准确地阐明这个问题:前者(亦即诺齐克等论者)把权利理论建立在人之差异或分立的道德重要性的基础上,因此,他们的道德理论所确立的乃是政府尊重人的分立的义务;而后者(亦即罗尔斯和德沃金等论者)则试图把权利理

---

① 参见约翰·罗尔斯:《正义论》,何怀宏等译,中国社会科学出版社1988年版,第56—79页。
② 罗伯特·诺齐克:《无政府、国家与乌托邦》,何怀宏等译,中国社会科学出版社1991年版,第1页。
③ 诺齐克的这一权利原则包括三个最基本的要求:一是"获取的正义原则",即任何人都必须通过其自身的能力和劳动去获取财产;二是"转让的正义原则",即任何财产的转让与分配都必须立基于个人的自愿而不得以任何方式侵损个人的权利;三是"矫正的正义原则",即以正义的方式矫正分配过程中发生的一切侵损个人权利的行为和后果。请参见罗伯特·诺齐克:《无政府、国家与乌托邦》,何怀宏等译,中国社会科学出版社1991年版,第156—159页。

论建立在人对平等关注和尊重的道德权利的基础上,因而这种道德理论所侧重的乃是政府视其臣民为享有平等关注和尊重的平等者的义务①。据此,我们可以说,诺齐克与罗尔斯之间的论争显然不在于是否坚持自由主义这一基本的价值观念,而在于他们对这一价值观念的具体解释和实现这一基本价值的具体方式;更确切地说,这种分歧只表现为以罗尔斯的"差别原则"与诺齐克"资格理论"(the theory of entitlement)之争为标志的当代自由主义内部的冲突。

罗尔斯的正义理论认为,个人权利(或自由)是优先的和基本的,但是对它的社会保障却不是绝对唯一的;换言之,要保证每个人的权利不受侵损,就必须建立一种平等的社会基础和相应的公平条件,而且更为重要的是,还必须建立一种公平正义的社会分配程序和制度以关照所有人的人权利益,这是因为人的先天禀赋与后天境遇不可能完全相同。然而,诺齐克则从作为道德规范的个人权利为国家活动立法的角度出发,对罗尔斯的自由主义公平正义观提出了尖锐的批判。他认为,罗尔斯的正义伦理具有太多人为的平等倾向,而且过分强调社会制度和社会结构的公平和侧重社会利益或价值分配的差异兼顾,而这势必侵损个人的权利;从这一根本性的批判出发,诺齐克主张,国家不能是罗尔斯所期待的那种过于严格程序化和规范化的国家,而只能是那种最宽松或干预最少的国家;因此,他认为,国家的正当性在于对个人权利的保护,而且任何以平等为名而干预或侵损个人权利的做法,也必定是对国家所赖以为据的正当性的违背。

需要强调指出的是,表现为罗尔斯与诺齐克之间的"平等与自由"的论争,乃是当代自由主义内部亦即在权利理论预设相同基础之上的"平等与自由"的分歧,它同自由主义与非自由主义的"社会正义"理论之间关于"自由与平等"的冲突完全不同。给出这一限定的理论意义在于,我们无须把视野仅限于他们之间的论争,用他们的差异遮蔽他们的共同基设,因为正是这一共同基设使他们与任何非自由主义的理论相分野。基于这一考虑,我们必须对当代自由主义的共同理论预设加以追问;然而毋庸置疑的是,从那些对当代自由主义进行批判的论述中,我们能够更充分地发现当代自由主义所具有的共同理论预设。

当代自由主义论者的观念,遭到了以"社群主义"为核心的论者的猛烈抨

---

① H. L. A. Hart, "Between Utility and Rights," in Alan Ryan, ed. *The Idea of Freedom*, Oxford: Oxford University Press, 1979, p. 77.

击;而在这些批判者当中,则以 A·麦金泰尔,Michael Walzer,Benjamin Barber,M·桑德尔和查尔斯·泰勒等人为代表。"社群主义"的焦点主要在于两个方面:一是在于全力阐明这样一种观点,即自由的个人主义,无论是作为一种经济理论或政治理论,还是作为一种认识论,都在根本上误解了个人与其社会存在之间的关系;二是在于努力揭示当下社会的社群观,而这个观点的首要原则便是强调道德共同体的价值高于道德个体的价值,并强调社会、历史、整体和关系等非个人性因素在人类道德生活中的基础性和必然性意义;例如,麦金泰尔立基于亚里士多德和托马斯·阿奎那的政治伦理学与德性理论,主张把人视为生活于社会政治生活和文化传统之中而同时又具有自由德性追求的人类群体;泰勒凭借黑格尔的历史哲学原则,反驳当代自由主义的"原子论"的个人主义,主张给予人的社会历史情景以更高的理论地位;桑德尔则运用后现象学哲学运动中产生的"后个体主义"观念反驳罗尔斯等当代自由主义者的"无限制"、"无约束"的个人主义,主张共同体的善必须得到尊重、个人的权利必须得到限制,甚至认为人们的共同性、关系性和交互性优于个人的自我性和唯一性[①]。

的确,社群主义学派对当代自由主义的批判缘于很多方面,然而其间与我们此处讨论紧密相关且最为重要的方面之一,乃是当代自由主义只关注"社会的基本结构"对于自由个人之权利的维护与实现的正当意义,而不关注个人权利和行为的社会实践限制及其对于社会共同体价值目的所承诺的责任。更进一步看,这一批判还从另一个角度揭示了社群主义者与当代自由主义者所论争的最重要的实质性问题之一,即伦理学的价值本原究竟是个体我,还是作为社群的我们?就这一问题而言,当代自由主义以个人权利的正当性为当然的基点,所寻求的乃是一种正义规则伦理和自由义务伦理;而社群主义则以社群的价值为基本起点,因而探求的是一种以社群善为价值目标的价值伦理或以个人内在品格为基点的德性伦理。一如桑德尔在批判自由主义时所指出的:"如果说,功利主义没有严肃地对待我们的独特性(distinctness),那么,作为公平的正义则没有严肃地对待我们的共同性(commonality)。由于它把我们的约束看作是优先的、已曾固定的和普遍适用的,所以它把我们的共同性降归为善的一个

[①] 关于这个问题,请参见万俊人:《关于美德伦理的传统叙述、重述和辩述(译者序言)》,载麦金泰尔:《谁之正义?何种合理性?》,万俊人等译,当代中国出版社 1996 年版;又请参见万俊人所撰写的一篇论题相关的论文:《美国当代社会伦理学的新发展》,载《中国社会科学》1995 年第 3 期,第 144—160 页。

方面,并把善降归为一种纯粹的偶然、一种无差别需求和欲望的产物,与道德立场毫不相关"①。

与桑德尔的批评相类似,其他一些社群主义者也从上述两个方面对当代自由主义提出了严厉的批评。麦金泰尔甚至得出结论说,当代自由主义不过是18世纪启蒙运动道德哲学家们的现代性伦理谋划意图的继续,因而也必定与它们的先驱理论一样难逃失败的命运。这一方面是因为它试图按照其所设计的人性概念为道德或道德规则提供合理性的论证;另一方面是因为它所竭力论证的那套道德规则甚至其论证本身,又与它所确信的那种人性概念存在着深刻的不相容性:一种完全缺乏社会历史情景解释的、自然化的或"未经教化的人性"如何能认识自身的真实目的?一个只享有此种人性而又不能认识其真实目的的个人又如何去认同、接受和实践非人格性的客观道德规则②?因此,麦金泰尔认定,这是启蒙运动以降的自由主义道德哲学家们所一直面临且未能真正解决的问题。

通过上述对当代自由主义的批判,社群主义者宣称,一个社会不只是经由契约联系在一起的个人间的结合,它毋宁是一个人们因共享一些相同的习俗和信念而结合在一起的社群。因此,政治哲学并不只是一种关注保护或增进个人权利的学说,而是一种确保一种共同善或共同目的的学说③。从更深的层面来看,社群主义者认为,当代自由主义之所以无助于那些关于善社会之性质以及个人在社会秩序中的地位这类问题的讨论,根本原因乃在于当代自由主义是一种不具有任何社会理论的政治哲学。当然,他们并不认为当代自由主义的这个谬误是当代自由主义者个人的知识问题,相反他们认为这实是自由的个人主义传统所特有的缺陷,一如 R. P. Wolff 在批判罗尔斯的正义论的时候所尖锐指出的,当代自由主义的真正问题乃是"那个整个政治哲学传统的内在缺陷所致"④。

这个自由主义政治哲学传统的内在缺陷,最深层地植根于不同自由主义学派共同始于的理论假设,即个人乃是一种孤立的、非社会的造物和一种只关

---

① M. Sandel, *Liberalism and the Limits of Justice*, Cambridge: Cambridge University Press, 1982, p. 174. 转引自并参见万俊人:《美国当代社会伦理学的新发展》,载《中国社会科学》1995 年第 3 期,第 148—150 页。
② 同上。
③ 同上。
④ R. P. Wolff, *Understanding Rawls: A Reconstruction and Critique of A Theory of Justice*, Priceton: Princeton University Press, 1977, p. 210.

注个人一己私利的造物,而所谓社会和政体只是个人与个人的联合的结果;因此,在他们看来,个人才是道德和政治义务的真正本原。这种"原子式"的自由个人主义政治理论正是从这样一幅虚构的人性图景出发,建构起了他们对社会的解释,即社会契约只有在以下情形中方可得到正当性证明——亦即调整个人间关系的诸原则必须与那些达成"社会契约"的"个人"所自愿接受的原则相一致的情形,但同时却完全忽略了人作为社会存在的性质。换言之,这种自由个人主义的传统立基于上述的共同理论假设,未能而且也不可能对支配社会互动的经济、政治和历史过程给出真切且充分的解释,但是这样一种解释,在社群主义者看来,却是一种哲学试图成为一种关于人的哲学的必要前提。众所周知,在这个自由的个人主义传统中,最彻底否定任何诉诸人性或人的社会环境者乃是康德,因为那些必须接受的正义规则,乃是那些适用于所有理性的存在(rational being)的规则,从而在他那里,社会理论与界定正义规则的问题毫无关联。罗尔斯的自由个人主义亦是如此,他与康德一样,只有一个理性的理论,而没有一个人性的理论;诺齐克尽管批判罗尔斯,然而由于他关于社会世界的性质或人性的解释对于他的个人权利的性质毫无影响,从而使他不可能界定出作为社会存在的真实的个人,所以他的解释在很大程度上也只是一种对自由个人主义的社会解释架构的延续。总而言之,自由的个人主义传统没有给我们提供一个具有社会理论的政治哲学,因为人性和社会的性质与他们的论辩不涉。

然而,值得注意的是,"社群主义"对当代自由主义论辩的批判,一方面帮助我们揭示了当代自由主义的共同理论预设,然而另一方面也透过它的批判本身而凸显出了它的批判论式与某些为人们久已熟悉的对自由主义的早期批判论式之间的相似性。众所周知,一些早期论者也曾对自由主义所主张的政治秩序观大加批判,并主张个人的利益与政治共同体之间的紧密和谐,进而试图用这种具有较高一致性的社会秩序之"群体"理想替代那种自由个人主义所倡导的多元且世俗的个人主义观念。正是在这种"群体"观念的支配下,卢梭对霍布斯所谓自然状态中的人的观念进行了批判,黑格尔对康德有关人之自主性的理想进行了批判,而马克思则对资本主义社会进行了批判。仅就这个意义而言,自由主义的当代批判论式,尽管矛头所指乃是较为晚出的罗尔斯和诺齐克等人的自由主义哲学,但是在某种意义上也只是对早期自由主义的批判者的观点的一种重复,或者说是对那种源出于卢梭、黑格尔和马克思的社会思想传统的一种变异性延续,当然,Amy Gutmann 的观点更为准确地分梳了这些批判观点的理论渊源脉络,"像本世纪60年代的批判者一样,80年代的那些批判者也指责自由主义,因为它是一种错误的且不可挽救的唯个人主义。但是,这一新的批判浪潮并不只是对旧的批判的重复。早些时候的批判者为马克思所激励,而当下的批判者则为亚里士多德和黑格尔所激励"①。对于这种浪复一浪的批判思潮,C. Larmore做出了极为严厉的批评,他甚至指出,"这种反自由主义思想的模式的反复重现和陈腐,正表现出了它的贫困"②。

当然,如果我们把社群主义者以及其他论者对自由主义的批判置于他们与当代自由主义者的论争中加以理解,那么我们可以说Larmore的上述说法并不完全公平;的确,罗尔斯和德沃金等自由主义论者也对这些批判做出了积极的回应③,但是不争的是,在捍卫自由主义和对自由主义做理论阐释的过程中,当代自由主义者并没有也不可能对这些批判做出根本的回答,这是因为他们依据对人性和社会性质的虚构性解释而建构起来的善社会的模式,依旧无力解释人类是如何型构各种社会秩序的;即使是哈耶克以为与其只具有用词差异而无实质性差异的罗尔斯④,实际上亦只解释了一种无知之幕下的自由状态中的社会正义原则,而未能在特定的人性和社会性质的前提下对这些社会正义原则在某种社会秩序中能否被证明为可行的问题做出解释。

(二) 哈耶克对自由主义的挑战与对"社群主义"的回应

然而,需要强调指出的是,当自由主义的批判者把他们的批判矛头在更大的范围内适用于自由主义的时候,他们的批判却失去了原本具有的效力。因为正是在这里,哈耶克透过对自由主义社会理论的重述和建构而做出了他的最大

---

① Amy Gutmann, "Communitarian Critics of Liberalism," in *Philosophy and Public Affairs*, 14: 308-322, 1985, p. 308;转引自B. M. Rowland, *Ordered Liberty and the Constitutional Framework: The Political Thought of F. A. Hayek*, Greenwood Press, 1987, pp. 116-117。
② C. Larmore, *Patterns of Moral Complexity*, Cambridge, 1987, p. 93。
③ 鉴于本文论题的设定,我不可能在这里对他们所做的回应进行讨论。关于他们的观点,请主要参阅约翰·罗尔斯:"Justice as Fairness: Political not Metaphysical," in *Philosophy and Public Affairs*, 14, 1985, pp. 223-251; Dworkin, *A Matter of Principle*, Cambridge, Mass.: Harvard University Press, 1986。
④ 参见F. A. Hayek, *Law, Legislation and Liberty*, "Consolidated Preface to One Volume Edition," T. J. Press, Ltd., xvii。然而需要指出的是,A. DiQuattro却认为,罗尔斯与哈耶克在两个方面存在着根本的差异:第一,罗尔斯认为市场社会主义与其正义二原则相容合,而哈耶克则对市场社会主义大加批评;第二,罗尔斯与哈耶克在分配政策领域中何者为首要原则方面亦大有分歧。参见A. DiQuattro, "Rawls versus Hayek," in J. C. Wood and R. N. Woods, ed. *F. A. Hayek: Critical Assessments* (IV), London and New York: Routledge, 1991, pp. 202-205。

贡献：尽管他的政治哲学有着各种缺陷（关于这个问题，我们将在本文的结论部分略作讨论），但是他的研究却表明存在着一个长期以来一直被忽略的以亚当·福格森、孟德斯鸠、休谟、亚当·斯密、麦迪逊和托克维尔等古典自由主义思想家的洞见为基础的自由主义的社会理论传统，而且这一传统也正是通过他的研究而得到了推进和发展。的确，哈耶克对自由主义社会理论的重述和建构，一方面对自由主义的批判者做出了回答，正如 Jeremy Shearmur 所正确认为的，哈耶克通过指出任何捍卫特定分配制度的理论必须考虑社会性质和它得以维续的秩序化机制以及个人理性有限的观点，而对那些因认为自由主义是立基于虚构的人性和社会的社会哲学而对之大加批判的社会思想家，给出了自韦伯以降的最持久且最全面的回应①；而另一方面，哈耶克对社会理论的建构，也对自由主义的当下捍卫者提出了严肃的挑战。

当然，哈耶克对"社群主义"一脉的批判者的回应主要是通过两种方式达致的：一是对这些批判思想中所隐含的唯理主义思维方式的批判（我们已在前文对这个问题进行了讨论）；二是对自由主义的捍卫。就哈耶克捍卫自由主义的方式而言，这里的关键首先表现为他对自由主义中的伪个人主义的批判，这是因为哈耶克认为，"所有完全违背真个人主义的概念和假设已经被当作了个人主义理论的基本核心"②。

哈耶克早在1945年"个人主义：真与伪"的著名演讲③中，便对上述自由主

---

① 参见 Jeremy Shearmur, "Hayek and the Wisdom of the Age," in Arthur Seldon, ed. *Hayek's Selfdom Revisited*, pp. 67 – 85。
② 哈耶克：《个人主义与经济秩序》，贾湛等译，北京经济学院出版社1989年版，第11页。
③ 这里需要指出的是，R. F. Harrod 在"Hayek on Individualism"一文中对哈耶克的个人主义标准提出了明确的质疑。他认为，讨论个人主义，首先必须是标准正确，但哈耶克的"个人主义：真与伪"这个标题本身就隐含有一种教条主义。为此，Harrod 给出了他自己的六个标准。第一是历史标准：其他论者的理论可以根据其观点与那些确立了个人主义解释者资格的大师的观点相符与否来加以检验。第二是词源学标准：可以设定个人主义这个术语本身一定强调个人的重要意义，因此可以根据那些理论是否真正强调这一点来进行判断。第三是科学标准：真个人主义可以被认为是与真"个人主义"命题相符合的理论，而与伪命题相符的则是伪个人主义。第四是价值目的标准：个人主义可以被认为是对目的或价值的一种陈述，个人主义可以被认为是真的，如果个人主义确立的目标或价值是人们实际上所珍视的事务，这种个人主义就是真的。第五是价值手段标准：个人主义可以被视作并不确定终极价值，而是确定那些实现人类共同接受的较为基本的目标的手段；如果个人主义规定了一套事实上有助于这些目标实现的准则，这种个人主义就是真的。第六是道德标准：真个人主义可以被认为是陈述了人们应当旨在努力的价值，而不论人们是否努力。Harrod 指出，哈耶克并不清楚他选择的是上述何种或何组标准，因此在他的分析中，凸显出了这种分析的专断性。有关这方面的具体分析，请参阅 R. F. Harrod, "Hayek on Individualism," in J. C. Wood and R. N. Woods, ed. *F. A. Hayek: Critical Assessments* (Ⅱ), London and New York: Routledge, 1991, pp. 69 – 75。

义哲学传统的共同理论假设展开了批判,他明确指出,"那些把个人视为起点,并且假定个人以正式契约的形式将自己的特定愿望与其他人达成一致,从而来形成社会的哲学家们,坚信自发的社会产物在逻辑上是不可能的"①。在哈耶克,与这种伪个人主义不同,真个人主义的基本特征乃在于:"首先,它主要是一种旨在理解那些决定人类社会生活的力量的社会理论;其次,它是一套源于这种社会观的政治行为规范。这一事实本身就足以驳倒那种最愚蠢的一般误解,即认为个人主义当然以孤立的或自足的个人的存在为先决条件(或者是立基于这一假设的观点)"②。哈耶克进而认为,真个人主义与那种伪个人主义在两个关键点上构成了鲜明的对照:(1)真个人主义只是一种旨在使自发社会秩序的生成和进化易于理解的理论;(2)真个人主义相信,如果每个人的自由都得到维护,那么他们取得的成就便往往会超出个人理性所能设计或预见到的结果。

毋庸置疑,哈耶克的理论也是一种个人主义的哲学,然而它却是一种试图把个人理解为一社会存在的哲学。一如上述,在他看来,个人主义是一种关于社会的理论,从而他的理论也就是一种个人主义的社会理论。正是在这个意义上,哈耶克强调对作为社会存在的人性与社会性质进行阐释的必要性,并在此基础上提供了一个自由政治秩序的基本原理;他在这个方面最为重要的洞见在于个人主义所提供的乃是一种社会理论而不是一套有关个人权利的主张,或任何一套有关个人性质为一理性体的假设③;换言之,哈耶克的个人主义社会理论所依据的并不是先定的个人权利之公理主张,也不是任何理性体的人之观念,而是一种旨在表明为什么维护文明生活要求有一个增进和平共存的政治秩序的社会理论。对此,我们可以通过两种个人主义之间的区别发现哈耶克的社会理论的脉络。

一如上述,哈耶克对自由主义传统中的那种伪个人主义进行了抨击,并主张一种真正的自由的个人主义,我们或许为了使它与查尔斯·泰勒所批判的"原子论"的个人主义相区别而可以把它称之为"分子式"的个人主义。与"原子论"的个人主义不同,哈耶克的个人主义认为社会不能够被分化入那些只具有

---

① 哈耶克:《个人主义与经济秩序》,贾湛等译,北京经济学院出版社1989年版,第11页。
② 实际上哈耶克对伪个人主义的批判,主要的目的也在于对这种集体主义进行批判,因为一如他所言,即使是反对唯理主义的"伪个人主义,也会导致实际上的集体主义"。参见哈耶克:《个人主义与经济秩序》,贾湛等译,北京经济学院出版社1989年版,第6—7页。
③ 参见 Hayek, *The Constitution of Liberty*, Chicago: The University of Chicago Press, 1960, Chapter I中有关自由状态和自由权项的讨论。

私利的孤独的个人之中,因此,在哈耶克,"原子论"的个人主义所始于的一个由个人组成的社会的理论假设也不能成立。分子式的个人主义进路,并不试图指出个人是如何走到一起以构成社会从而创设了他们的义务,而是追问如果社会要得到维续和个人的安全或自由要得以维护,那么必须确立什么样的权利和义务,并在这样的追问基础上形成维护个人权利的正义规则。因此,哈耶克把他的自由主义建立在了他所全力阐发的自发社会秩序理论和文化进化理论的基础之上;当然,他的自发社会秩序理论和文化进化理论是以一种否定性的方式对复杂现象的特性进行解释的,因为它表明任何试图证明一种分配模式为正当的自由主义哲学都必须受制于人和社会的性质。

显而易见,哈耶克通过承继苏格兰启蒙学派尤其是休谟社会哲学及其反唯理主义的观点,而使自己与那种从一个非历史观出发认识社会并建构理性有序社会之理想的理性观念拉开了距离,进而对当代自由主义者罗尔斯和诺齐克等人的自由主义理论提出了挑战;与此同时,哈耶克对自由主义社会理论的重述和建构,也为自由主义理论的进一步发展提供了一个更值得人们关注的理论路径,这是因为他的努力表明:首先,对自由主义的捍卫并不需要把人假设为一孤立的、非社会的和功利最大化者,而且自由主义者能够且应当将其理论的建构植根于对人性和社会性质的一种更可行的解释之中,一如哈耶克所言,"个人主义者的论断的真正基础是,任何个人都不可能知道谁知道得最清楚;并且我们能够找到的唯一途径就是通过一个社会过程使得每个人在其中都能够尝试和发现他能够做的事情"①。其次,他的努力表明,尽管为自由权利确立哲学基础被证明为是极为棘手的工作,但是对个人参与其间的社会进程的性质的理解和阐释,对于这个问题的解决却有可能提供一个较有把握的指导,因为它有可能向我们揭示在欲图保有自由理想的时候不能确立何种权利和自由权项。

然而值得我们注意的是,哈耶克对伪个人主义的批判,实际上也是对那种主张"伪社会理论"的集体主义的批判,因为伪个人主义"也会导致实际上的集体主义"②。更为重要的是,哈耶克通过对人性和社会性质的深刻分析以及对伪个人主义的批判而对自由主义社会理论的重述和建构,也对那些批判自由主义的"社群主义"一脉的社会思潮做出了独特的回应;这是因为哈耶克认为,这

---

① 哈耶克:《个人主义与经济秩序》,贾湛等译,北京经济学院出版社1989年版,第15页。
② 同上书,第6—7页。

种力图建构整体社会的彻底的"集体主义理论","谎称能够直接把像社会那样的社会整体理解成独立于构成它们的个人之外的自成一体的存在",而且这种社会有着一种与特定个人不涉的共同目的或共同善①。的确,哈耶克的自由主义也采取了社会理论的路径,但是他的基本观点则与上述那种"伪社会理论"的假定完全不同,因为他认为,个人在理解社会现象时没有任何其他方法,只有通过对那些作用于其他人并且由其预期行为所引导的个人活动的理解来理解社会现象②;哈耶克在这方面最具深刻的阐释乃在于他所揭示的这样一种社会秩序观念,即社会秩序有可能是一种不具有共同的终极目的等级序列的手段勾连系统。

哈耶克这一洞见的意义,还在于它在某种程度上构成了对"社群主义"一脉的"集体主义理论"的直接批判,因为他的理论表明,不论是诉诸在特定社群中所发现的共同的"应当观"或道德上的"值得观"来支配社会的努力,还是试图根据特定的集体目的来组织或指导社会的努力,都是不可欲的,甚至还具有自我摧毁的性质,因为它们最有可能导致的后果就是将那种使文明生活成为可能的自发社会秩序化过程彻底摧毁。一如我们在前文中所述,哈耶克的自发社会秩序理论反复强调,稳定的社会型构会因个人在遵循一般性规则的前提下追求他们各自分立的目标而生成,尽管他们并不知道其他人的目的,也不知道因此而成就的社会模式。从某种角度来讲,哈耶克的这个洞见并不是原创的,孟德维尔和休谟等论者早就认为这是把社会秩序理解成人之行动而非设计的产物的关键之所在;然而,哈耶克于此的独特贡献在于,他在亚当·斯密"劳动分工"的基础上提出了"知识分工"的观点,而其间的核心要点之一就是把社会或文化的行为规则系统解释成知识承载者的观点,一如哈耶克所言"如果说法律因此而有助于使个人能够根据他自己的知识而采取有效的行动,而且为了实现这一目的法律也增加了个人的知识,那么我们便可以说,只要人们根据这些规则行事,法律就表现为他们可以加以运用的知识(或过去经验的结果)。事实上,个人根据共同的规则而进行的合作,所基于的乃是知识的某种分工,亦即个人自己的具体知识和法律提供的一般性知识之间的分工,前者是指合作者个人必须考虑他的特殊情形,而后者则是指法律确使个人的行动符合于他们所在社会的某些

---

① 哈耶克:《个人主义与经济秩序》,贾湛等译,北京经济学院出版社1989年版,第6页。
② 同上书,第23—24。

一般的或恒久的特性"①,据此,自发社会秩序的重要面相之一在哈耶克那里就成了一种行为之传统和规则的网络;正是这些规则和传统传递着各种信息进而引导着个人的行为,使它们不仅有助于增进手段与先定目的之间的平衡,而且还会激发个人对新目的的发现。换言之,哈耶克宣称,如果要达致这种秩序,那么关键就在于不能把社会置于一个单一的所谓社群或集体的生活目的观和道德观的支配之下,因为这只能扼杀分立知识的运用、传播和增长。

综上所述,在以个人权利为基设的当代自由主义与以社会共同目的或共同善为基设的"社群主义"的论争中,哈耶克立基于人之理性限度和社会自生自发性质的社会理论而重述和建构的自由主义,一方面通过对伪个人主义的批判而对当代自由主义哲学传统提出了挑战,另一方面则透过对自由主义社会理论的发现和阐释而对来自"社群主义"一脉的批判做出了回应,并且还通过对丢失了个人的社会整体观的批判而否弃了各种唯理主义的集体观或社群观。

结论:哈耶克自由主义的哲学困境

通过前文三个部分的讨论,我们可以发现,哈耶克立基于其社会理论的自发社会秩序的论证方案,对人性和社会秩序的性质提供了一个精妙且强有力的解释,并对自由主义的发展产生了极重大的意义;然而一如本文开篇所言,我们是在哈耶克自由主义理论"知识增量"的研究策略下讨论他的这一社会理论及其对当代自由主义发展的贡献的,而这就意味着根据这种研究策略而达致的结论本身,既不能说明哈耶克自由主义理论不存在问题,也同样不能说明哈耶克的自由主义只关注社会理论的问题,因为这种社会理论本身还不足以使他就何种原则应当支配这种社会秩序的问题得出规范性结论;因此,从一个对政治哲学的基本要求来看,如果哈耶克的自由主义理论要具有规范性的力量,那么它还必须对一种规范的政治哲学做出阐释。实际上,当哈耶克把他的研究宣称为一种力图重述或构建自由主义政治哲学的努力时②,他已然预设了对下述两个

---

① 参见 Hayek, *The Constitution of Liberty*, Chicago: The University of Chicago Press, 1960, p.157。
② 参见 Hayek 在 *The Constitution of Liberty*(Chicago: The University of Chicago Press, 1960)一书中所开宗明意指出的,如果我们期望西方基本价值重新获致力量,"那么对它们做出综合性的重述及重新证明的工作,便是刻不容缓的事务"(p.3)。

问题的关注：一是他力图阐明自由社会秩序的观念是如何与正确理解社会力量的性质和人们在控制这些力量方面的理性限度相一致的；二是他力图阐明构成一个自由社会的理想之基础的规范性原则，并经由这一努力而证明对自由的捍卫和以自由的规则系统为基础的自发社会秩序的假设是正当的，进而避免对自发社会秩序理论做无限的扩大解释。对于前一个论题，我们已在前文中做了较为详尽的讨论，而后一个论题所涉及的则是我们在这里需要略加检讨的所谓哈耶克自由主义社会理论的伦理基础的问题。

我们必须承认，这是一个极为棘手和复杂的论题，其关键原因在于哈耶克本人从未以这样一种方式讨论过这个问题；当然，我们在这里的关注点也不在于对这个论题做详尽的正面阐释，而毋宁在于透过这个论题而揭示出哈耶克自由主义哲学中所存在的值得我们进一步思考和探究的问题。据此，我们将把视角转向西方论者对哈耶克自由主义哲学所做的解释①，因为这些在认识论上彼此冲突的解释能够为我们的讨论提供一个颇具意义的出发点。

就西方论者对哈耶克自由主义哲学所做的解释而言，较具典型意义的乃是下述两种解释：

第一种乃是保守主义的解释；这种解释认为，尽管哈耶克本人在《自由秩序原理》著名的跋文中明确阐说了他为什么不是一个保守主义者的理由②，但是，如果我们赞同 K. Minogue 有关保守主义道德论辩的定义，即把它视作一种不仅强调业已确立的传统的价值而且也旨在阐释那些反对个人理性能充分证明和指导人类事务之主张的哲学论辩③，并根据此一定义来检视哈耶克的自由主义哲学，那么我们可以说，哈耶克本人给出的那些理由并不能使他豁免于论者

---

① 这里需要指出的是，西方论者所给出的解释主要有下述几种：John Gray 给出了一种康德式的自由主义解释和一种间接功利主义的解释；C. Kukathas 则认为，哈耶克的道德哲学在捍卫自由的社会秩序以及其间最为核心的正义观念的时候，同时采用了三种论式：第一种论式乃是契约论论式，它通过诉诸康德的观点而否定那种力图证明社会正义原则模式化的努力在道德上的正当性；第二个论式是一种保守主义的论辩；而第三种乃是功利主义的论式（参见 C. Kukathas, *Hayek and Modern Liberalism*, Oxford: Oxford University Press, 1989）。然而，囿于篇幅，本文将不对契约论论式这个问题展开讨论。
② 根据哈耶克自己的观点，他所阐释的反对保守主义的理由主要有如下述：(1) 担忧变化或进步；(2) 缺少对当局权力范围的关注；(3) 对民主的敌视，承认特权和确立的等级；(4) 或者宣称超自然力量的权威；参阅 Hayek, *The Constitution of Liberty*, Chicago: The University of Chicago Press, 1960, pp. 397–411。
③ K. Minogue 有关保守主义的讨论，参阅他在 P. Edwards 所主编的 *The Encyclopaedia of Philosophy*, London, 1967, Ⅱ, pp. 195–198 所撰写的"保守主义"条目；又参阅邓正来主编的《布莱克维尔政治学百科全书》"保守主义"条目，中国政法大学出版社 1992 年版，第 157—160 页。

们依旧视他为一个保守主义者,这是因为哈耶克关于规则系统文化进化过程所具有的理性不及的性质与个人理性的限度的认识,不仅使哈耶克得出了个人无法根据理性完全证明社会和规则之正当性的结论,而且还致使他强调传统和社会秩序的重要性,换言之,在哈耶克那里,业已确立的传统的正当性乃植根于它的理性不及的性质和它所具有的独一无二的调适价值;就此而言,哈耶克凸显出了他的自由主义哲学的保守主义一面。当然,我们在这里需要强调指出的是,由于哈耶克的保守主义所试图守成的自发社会秩序乃是一种抽象的秩序,所以它并不是那种以 R. Scruton 为范例的"实质的保守主义"(substantive conservatism),而毋宁更趋近于以 Oakeshott 为代表的"抽象的保守主义"(abstract conservatism)①。

第二种解释在认识论方面与第一种解释完全不同,亦即那种把哈耶克的政治哲学理解成功利主义论式的解释,更准确地说是 John Gray 所谓的"间接功利主义"解释②;这种解释认为,尽管哈耶克的个人主义认为功利主义作为建构论唯理主义的变异形式,根本无力证明功利标准的存在而且亦无力指导个人在他的实际生活中对正当行为的考虑,因此他明确反对任何形式的功利主义

---

① 关于抽象保守主义,请参见 Oakeshott, *Rationalism in Politics and Other Essays*, London: Methuen, 1981;关于实质保守主义,请参见 R. Scruton, *The Meaning of Conservatism*, 2nd ed., London: Macmillan, 1984。他们两者间的区别,主要在于他们所守成的对象完全不同:抽象保守主义者主要欲求坚持的乃是一种人的互动方式,在 Oakeshott 看来,这种方式并不是由他所谓的"文明结社"的政治结构所产生的,而是在其间得以维续的;然而,Oakeshott 的这种抽象保守主义与 R. Scruton 的保守主义不尽相同,这主要是因为后者较少关注特定结社方式的维续,而更关注现存文明秩序的维护。R. Scruton 认为,保守主义所应当维护的必须是合法建构的实际存在的文明秩序,因此保守主义的使命便在于反对和防阻这种状态的丢失。

② John Gray 指出,哈耶克之所以是间接保守主义者,理由主要有三(参阅 John Gray, *Hayek on Liberty*, Oxford: Basil Blachwell, 1984, pp. 59-61):(1)一如前述,哈耶克在捍卫自由主义的时候既把自由视作一种目的又理解成一种手段,因此他主张自由的许多论点都颇似功利主义的论式,最为典型的论式可见之于哈耶克在《自由秩序原理》中的论断,即"我们对自由的坚信……是以这样一个信念为基础的,即从总体观之,自由将释放出更多的力量,而其所达致的结果一定是利大于弊"(Hayek, *The Constitution of Liberty*, Chicago: The University of Chicago Press, 1960, p. 31);(2)哈耶克认为,尽管伦理价值最终无法获得科学论证,但是集体主义者与非集体主义者之间的诸多争议却能够不诉诸道德价值而得到解决(参阅 Hayek, *Law, Legislation and Liberty*, Vol. I, *Rules and Order*, Chicago: The University of Chicago Press, 1973, p. 6),这里的底蕴在于,他所涉人的并不是一个关于目的而是一个关于实现这些目的的手段的论争;因此,他所批判的并不是集体主义者的道德意图,而是他们在知识上的谬误,亦即一种并不是源出于错误的道德理论而是源出于错误的政治经济学的谬误;(3)在哈耶克,一如前述,正义是秩序的条件,而正义规则的目的乃是要把秩序引入人类事务之中,从而维续增进人之努力所必须的条件。因此,John Gray 认为,哈耶克把正义的框架视作是成功增进一般福利的一个不可或缺的条件的论辩,实际上赋予了一种可行的和以偏好为基础的功利标准以较为确定的内容:一种规则体系之所以有用,乃是因为它最大化了不确定的任何个人实现其未知的目的的机会。

（这当然包括以边沁为代表的"行为功利主义"以及此后发展出来的"规则功利主义"①），但是一如 Gray 所言，"哈耶克与休谟一样，他们的道德理论都有着一种根本的功利主义承担，而这就是间接的功利主义"②；他甚至认为，哈耶克所确立的功利标准的开放性与他的反享乐主义立场在间接的功利主义论式中结合和表达得最精彩，这是因为哈耶克与"正统的"功利主义者不同，他乃是以"某种长期的且内在无法定量的裨益"来检视自由的价值和隐含于其间的规则的价值：在哈耶克，任何规则系统的标准乃是它是否最大化了不确定的任何个人得以运用其个人知识并实现其未知的目的的机会；而且他认为，自发社会秩序的规则系统之所以是适当的规则，乃是因为个人对它们的遵循会产生一种普遍欲求的和道德上可欲的后果，亦即一种有助益的行动结构或社会秩序。

显而易见，西方论者对哈耶克自由主义哲学所做的"保守主义解释"和"功利主义解释"，给出了在认识论层面完全不同的两种哈耶克自由主义。保守主义的反唯理主义的哈耶克认为，"伦理学不是一个选择的问题"③，因为道德不是设计而是传统之自然选择的结果，而且这种选择"不是一个理性的过程"而是一个创造理性的过程④；立基于个人理性无力脱离社会进化进程并判断它的运作的这一观点，保守主义的哈耶克认为，我们无力为自己提供任何证明以说明我们坚守某些规则的理由，然而作为间接功利主义者的哈耶克却的确试图为他所称之为的"传统道德"提供某种理性的论证。总而言之，在保守主义的解释中，哈耶克透过反唯理主义的和传统主义的观念而成了道德哲学中的怀疑论者；而在功利主义的解释中，哈耶克经由揭示那些能证明自由秩序为正当并指导自发社会秩序发展的基本原则而成了道德哲学中的理性主义者。

当然，上述两种解释之所以给出了认识论层面完全不同的两种哈耶克自由主义，其间的一个原因乃是这两种解释的单向度的性质使然：由于它们完全

---

① 关于"行为功利主义"和"规则功利主义"，前者主张道德行为只受制于一个原则，即功利原则，行为的正当与否，完全在于它是否能够带来更多的功利或导致更少的反功利。后者则反对前者，认为如果每个人按照他个人的功利计算去采取行动，反而会导致更多的反功利，因此最高原则（即功利原则）与个别的道德行为之间还需要有约定的道德和社会的规则。就此问题而言，中文世界最精彩的研究文献，在我看来，乃是由傅伟勋做出的，参阅其所著《美国近年来的哲学研究与中国哲学重建问题》，载《从西方哲学到禅佛教》，三联书店1989年版，第203—238页。

② John Gray, *Hayek on Liberty*, Oxford: Basil Blackwell, 1984, pp. 59.

③ Hayek, *Law, Legislation and Liberty*, Vol. Ⅲ, *The Political Order of a Free People*, Chicago: The University of Chicago Press, 1979, Epilogue, p. 167.

④ 同上书，Epilogue, p. 166。

忽视了哈耶克自由主义的深层哲学预设中的问题，从而也就当然无力协调哈耶克自由主义立基于这种哲学预设而表现出来的反唯理主义的和理性主义的要素之间的紧张，所以从结果上讲，上述任何一种解释都无力为哈耶克的社会理论提供一个一致的伦理基础①；然而，不容我们忽视的是，导致这种结果的最根本的原因则是哈耶克自由主义本身在哲学预设之间的冲突。因此，为了解决哈耶克道德哲学解释中的问题，我们必须就构成哈耶克对自由社会秩序原则做道德论证及其否认这种努力之可能性的道德知识论之间的严重冲突之基础的哲学预设问题——一个长期以来始终没有引起足够重视的问题——做进一步的追究。

一如前述，哈耶克乃是通过对古典自由主义哲学进行全面重述和建构的方式来捍卫自由主义理想的，因此从逻辑上讲，我们当可以从古典自由主义者的社会哲学和道德哲学中发见哈耶克的哲学预设；当然，在这些古典自由主义者的思想当中，之于哈耶克，最具重要意义的则是休谟和康德的思想，这是因为哈耶克认为，休谟和康德乃是自由主义传统中的核心人物，而且他们的知识贡献也构成了现代自由主义理论的基础：哈耶克在《大卫·休谟的法律和政治的哲学》("The Legal and Political Philosophy of David Hume")一文中指出，休谟的政治理论"对晚些时候以自由主义著称的法律和政治哲学提供了很可能是唯一的全面性论述"②；而他又在《自由社会秩序诸原则》("The Principles of a Liberal Social Order")一文中断言，自由主义对内含于法治观念中的适当行为规则与当局为了组织的目的而颁发的具体命令所做的"根本区别"，"乃是由休

---

① 这个问题极为复杂，我们在这里仅简单地讨论一下相关的原因。一方面，保守主义的解释之所以不能成立，最根本的原因是哈耶克因承继康德道德哲学而在其理论中存有着一种理性主义的要素，而这是与保守主义哲学理性有限的主张所不相容合的。作为一个保守主义者，Oakeshott 在他所撰写的《政治学的理性主义》一文中极为精准地把握住了哈耶克政治哲学中的理性主义特性，他指出，"这很可能是哈耶克《通向奴役之路》一书的最为重要的特征，然而这并不是指他的理论的说服力，而是指这样一个事实，即它是一个理论。一个反对所有计划的计划，虽说有可能优于它所反对的任何计划，但是它依旧属于同一个类型的政治学"("Rationalism in Politics," in *Rationalism in Politics and Other Essays*, London: Methuen, 1981, p. 21)。而另一方面，试图用间接功利主义把哈耶克政治著述中的不同论辩统一起来的解释也是不可行的，因为作为一种唯理主义的伦理学观，功利主义无法与哈耶克思想中的反唯理主义要素相调和；而且哈耶克也宣称，"唯一能够被说成是决定行为规则的'功利'，并不是……那种为行动者所知道的功利或为任何一个人所知道的功利，而只是一种对整个社会的实体化的'功利'"(Hayek, *Law, Legislation and Liberty*, Vol. Ⅱ, *The Mirage of Social Justice*, Chicago: The University of Chicago Press, 1976, p. 22)。

② Hayek, *Studies in Philosophy, Politics and Economics*, London: Routledge & Kegan Paul, 1967, p. 109.

谟和康德的法律理论所明确阐释的",尽管"自他们以后未得到充分的重述"①;此外,他还进一步指出,就他所关注的主要问题而言,"自休谟和康德以后,思想似乎几无进展,从而我的分析将在很大程度上是在他们停止的地方对他们的观点予以恢复"②。需要指出的是,哈耶克之所以以休谟和康德的理论为基础,乃是因为他认为他们的观点不仅不存在根本的不相容合性,而且是可以互补的,例如他宣称,"正义行动规则的目的独立性,是由大卫·休谟揭示的,尔后又得到了康德最为系统的发展"③,他甚至还断言,康德的普遍法则的观念,"似直接源出于休谟"④。

的确,立基于以休谟为代表的苏格兰启蒙运动思想家的自由主义的社会哲学和康德阐释得最为彻底的自由道德哲学,哈耶克对古典自由主义哲学做出了重述并力图以一种统一的理论形式对之加以建构,然而我们需要强调指出的是,哈耶克试图调和休谟和康德这两种在认识论上彼此冲突的哲学观的努力,正是哈耶克整个自由主义哲学困境的根源之所在,一如 C. Kukathas 所言,"哈耶克的危险在于这样一种努力有可能无法成功"⑤;哈耶克之所以无法避免这个危险,主要有两个原因:一是因为尽管作为自由主义政治哲学家,休谟和康德无疑都共有着一些重要的政治承担,例如他们都强调自由理念和法治的重要性,强调对分立产权的维护和根据个人的权利进行分配,以及强调社会生活中公域与私域的界分等等,但是,他们在这些承担方面的相似性却并不能消弭他们在如何认识自由正义观方面的根本分歧;二是因为哈耶克所构建的自由主义哲学受困于休谟和康德不相容合的关于理性所能成就者的预设之中。就此而论,哈耶克自由主义的第一个哲学预设是休谟式的,亦即对自由秩序原则进行

---

① Hayek, *Studies in Philosophy, Politics and Economics*, London: Routledge & Kegan Paul, 1967, p. 166.
② Hayek, *Law, Legislation and Liberty*, Vol. I, *Rules and Order*, Chicago: The University of Chicago Press, 1973, 6 n.
③ 参见 Hayek, "The Confusion of Language in Political Thought," in *New Studies in Philosophy, Politics, Economics and the History of Ideas*, Routledge & Kegan Paul, 1978, p. 77。
④ Hayek, *Studies in Philosophy, Politics and Economics*, London: Routledge & Kegan Paul, 1967, p. 117。恰如 John Gray 所言,"哈耶克政治哲学最具意义的特征之一,乃是它试图在休谟和康德的正义观之间构造出一种调和的观点"(参阅 John Gray, *Hayek on Liberty*, Oxford: Basil Blackwell, 1984, p. 8),而 N. MacCormik 也宣称,哈耶克关于休谟与康德的理论具有可相容性的观点,不仅是可行的,而且是极富洞见的(参阅 MacCormik, *Legal Right and Social Democracy*, Oxford: Clarendon Press, 1982, 6 n.)。
⑤ 参见 C. Kukathas, *Hayek and Modern Liberalism*, Oxford: Oxford University Press, 1989;尤其是其间的第五章"伦理学与自由秩序"。

哲学论证的观念是可以质疑的。哈耶克通过遵循休谟的理路把正义视作一种能够有助于人们应对其环境的规则系统并且否认正义规则能够经由理性而发现,甚至认为这些行为规则最终能从其有助于人的合作并增进社会之生存前景这样一个事实中获致其正当性,因此我们可以说,哈耶克的第一个哲学预设深深地植根于休谟关于社会性质以及正义受制于社会进化的"怀疑论"知识论之中,而休谟这个知识论的著名结论就是人无力"根据理性……来捍卫理性",因为人的理解的基础并不在于人的理性的力量,相反,人的理解的基础乃是经验。

与此同时,哈耶克在力图揭示自由社会秩序的原则的时候,立基于"独立于他人专断意志"的自由观念或"某种特定障碍——即他人的强制——的不存在"的自由观念①,而对自发社会秩序的必要条件和"大社会"②的首要原则所做的阐释,则显而易见地植根于一种与休谟式假设完全不同的理性主义认识论,而这就是哈耶克的康德式的哲学预设。哈耶克的这个第二哲学预设所强调的乃是坚持理性论证的重要性;更为具体地说,这一哲学预设与康德理性主义认识论中的两个主张相勾连:一是个人具有实践理性的能力,因为理性不仅使他能够进行判断而且还构成了他行动的动机;二是个人之所以是自由的,乃是因为理性揭示了经验所不能者,并使个人得以把握那种能使他意识到他的自由的道德法则或不受制约的实践法则③。

通过上文的简要分析,我们发现,正是哈耶克对休谟与康德这两种彼此紧张且冲突的自由主义哲学所做的调和处理,内化成了哈耶克自由主义哲学本身的反唯理主义与理性主义之间的紧张或冲突的困境;然而,当我们把哈耶克的这一哲学困境具体适用于哈耶克社会理论的时候,便产生了一个我们必须直面的类似的问题:一方面哈耶克关于人性和社会秩序性质的社会理论——亦即他所提出的一种旨在解释特定社会制度如何能使人们克服源出于个人理性有

---

① Hayek, *The Constitution of Liberty*, Chicago: The University of Chicago Press, 1960, p. 19.
② 哈耶克所用"大社会"(great society)一术语,其渊源来自亚当·斯密;而且他认为,他使用的"大社会"这一术语也与波普尔的"开放社会"(open society)这一术语同义。他明确指出,"大社会"这一术语在18世纪已经习用,如R. Cumberland 在1727年出版的 *A Treatise on the Law of Nature* 一书即曾使用,亚当·斯密与其他论者亦曾使用过此一术语。然而,R. Vernon 则认为,哈耶克的"大社会"与波普尔的"开放社会"并不完全同义,因为二者的支配性预设明显不同:哈耶克从经济学与社会科学史形成其复杂的学理,而波普尔则根据自然科学方法的确定观点形成其基本的理论模型;请参见R. Vernon, "The 'Great Society' and the 'Open Society': Liberalism in Hayek and Popper," in *Canadian Journal of Political Science*, 9 (1976), pp. 261–276.
③ 参见C. Kukathas, *Hayek and Modern Liberalism*, Oxford: Oxford University Press, 1989, p. 15.

限的各种问题的实质性社会理论——导使他极力主张一种植根极深的反唯理主义的自由主义,而另一方面他则试图根据一整套规范性原则去捍卫他的这一主张,正是这一努力使他在同时采纳了一种较为理性主义的进路去解决有关自由主义正义理论的论证问题。如果我们将哈耶克自由主义哲学中的这一核心困境转换成一种问式,那么这便可以被表达为 C. Kukathas 的问题:给定哈耶克依循休谟理路而认定个人理性在社会生活中只具有限的作用,那么哈耶克的理论又如何有可能在为自由主义提供系统捍卫的同时,而不沦为他所批判的唯理主义的牺牲品[①]?

这个问题的提出,不仅可以使我们得出结论认为,我们绝对不能简单地把哈耶克的自由主义哲学解释成单一的保守主义理论,也同样不能简单地将其视作任何最终立基于唯理主义的功利主义,而且还要求我们在研究哈耶克自由主义理论的时候,对另外两个彼此紧密相关的更为基本的问题做出进一步的追究:一是我们究竟应当对哈耶克所阐发的作为整体的自由主义哲学做何种学术评价?二是我们在进行此一学术评价时,究竟应当依凭何种解释框架,或者说我们是否有可能确立或发现一种有效的解释框架以对哈耶克的自由主义做出一致的解释?

---

① 参见 C. Kukathas, *Hayek and Modern Liberalism*, Oxford: Oxford University Press, 1989, pp. vii – viii。

知与无知的知识观

——哈耶克社会理论的再研究*

引论：过程分析与"核心概念"的路径

在西方自由主义社会理论或社会哲学的领域中，弗里德利希·哈耶克无疑是一位极重要的人物，然而一如我先前在《哈耶克的社会理论》的长篇论文中所指出的，"他的重要性……并不在于他曾经是本世纪西方最为重要的自由主义学术团体'朝圣山学社'（The Mont Pelerin Society）的领袖人物，也不在于他是 1974 年诺贝尔经济学奖的得主，而毋宁在于他对现代自由主义理论的转向或发展以及他对当代社会理论研究领域的拓宽所做的知识上的贡献——亦即我称之为的'知识增量'"①。在这种"知识增量"的视角下，我们可以将《哈耶克

---

* 本文最早发表在《社会理论学报》（香港）1998 年秋季卷和 1999 年春季卷。

① 参见拙文:《哈耶克的社会理论》，载《研究与反思：中国社会科学自主性的思考》，辽宁大学出版社 1998 年版，第 213—214 页；另参见 S. Gordon 对哈耶克政治经济学的贡献所做的评论，"哈耶克要比罗宾斯、福里德曼、熊彼特或 J·克拉克更重要，甚至比任何以经济学为基础而对政治哲学给出综合论述的论者更重要，当然，在这些论者当中，F·奈特可能是一个例外"（S. Gordon, "The Political Economy of A. Hayek," in J. C. Wood and R. N. Woods, ed. *F. A. Hayek: Critical Assessments*（Ⅲ）, London and New York: Routledge, 1991, p. 290.）；哈耶克在学术上的这种重要性，还可以从西方学术界对他的思想所做的研究努力中见出，就这方面的文献而言，我在《哈耶克的社会理论》一文注[4]中已开列了一些研究著述：F. Machlup, ed. *Essays On Hayek*, London: Routledge & Kegan Paul, 1977; S. Kresge and L. Wenar, ed. *Hayek on Hayek*, Routledge. 1994; Arthur Seldon, *Agenda for a Free Society: Essays on Hayek's The Constitution of Liberty*, Hutchinson of London, 1961; M. Sandel, ed., *Liberalism and Its Critics*, Oxford: Basil Blackwell, 1984; A. Arblaster, *The Rise and Decline of Western Liberalism*, Oxford: Basil Blackwell, 1985; John Gray, *Liberalism*, Milton Keynes: Open Press, 1986; 1987 年由 D. Miller 主持的《布莱克维尔政治思想百科全书》亦收入"哈耶克"的条目（参见邓正来主编《布莱克维尔政治学百科全书》（中译本），中国政法大学出版社 1992 年版，第 313—334 页）；N. Barry, *Hayek's Social and Political Philosophy*, London: Macmillan, 1979; John Gray, *Hayek on Liberty*, Oxford: Basil Blachwell, 1984; R. Butler, *Hayek: His Contribution to the*（转下页）

的社会理论研究》置于相关理论脉络之中进行考量,并经由这些"设定"的理论脉络而揭示出他的社会理论所具有的知识贡献以及对我们认识社会的启示意义,亦即哈耶克立基于苏格兰启蒙思想传统和主张社会行为规则可以被视为承载有关人与社会的知识的工具的洞见而引发的当代社会哲学发展过程中的重大的"认识论转向"(epistemological turn),以及经由确立与自生自发社会秩序理论紧密相关的文化进化理论这一范式转换而产生的"进化论转向"(evolutionary turn)①,当然这也是我撰写《哈耶克的社会理论》那篇论文所试图达到的目的。但是,我们必须承认,这样一种我所谓的"知识增量"的研究路径,尽管在互文性的思考方面极具意义,然而在相当大的程度上却是以"外部设定"的学术衡量标准或各种理论彼此之间的关系为其限度的,所以依据这种研究路径所获致的"哈耶克社会理论",乃是将哈耶克学术研究过程的"时间之箭"以及其间所隐含的理论问题之转换或拓深的过程"悬置"起来而达至的结果;换言之,这种"非时间"的阐释论式必定会在某种程度上将哈耶克跨度长达 60 多年且经历了相当大的知识立场转换的繁复研究化约或简化为一个相当同质性的整体性的"哈耶克研究"。正是对这种"知识增量"研究路径的意义和限度的认识,为我撰写这篇以时间为维度的《哈耶克社会理论的再研究》论文做出了知识上的规定。

当然,促使我从这样一个角度对哈耶克社会理论进行探究的一个直接的原因,乃是汉语学界中所存在的一种非常普遍的现象,即论者在解释哈耶克的理论时,往往在意识或不意识的情形下就趋于以某种"同质性"的标签遮蔽哈耶克繁复且无法化约的社会理论建构过程:不是简单化为"功利主义",就是化约

(接上页)*Political and Economic Thought of Our Time*, London: Temple Smith, 1983; B. L. Crowley, *The Self, the Individual, and the Community: Liberalism in the Political Thought of F. A. Hayek and Sidney and Beatrice Webb*, Oxford: Clarendon Press, 1987; C. Kukathas, *Hayek and Modern Liberalism*, Oxford: Oxford University Press, 1989; J. C. Wood and R. N. Woods, ed. *F. A. Hayek: Critical Assessments*, London and New York: Routledge, 1991。除了这些文献以外,这里再补充一些我认为对研究哈耶克社会理论颇具重要意义的新近出版的西方论著:Chris M. Sciabarra, *Marx, Hayek, and Utopia*, State University of New York Press, 1995; S. Frowen, ed. *Hayek the Economist and Social Philosopher: A Critical Retrospect*, London: Macmillan, 1995; S. Fleetwood, *Hayek's Political Economy: The socio-economics of order*, London and New York: Routledge, 1995; J. Shearmur, *Hayek and After: Hayekian Liberalism as a research programme*, London and New York: Routledge, 1996; Andrew Gamble, *Hayek: The Iron Cage of Liberty*, Westview Press, 1996; Gerald P. O'Driscoll, Jr. And Mario J. Rizzo, *The Economics of Time and Ignorance*, London and New York: Routledge, 1996。

① 参见 John Gray, *Hayek on Liberty*, Oxford: Basil Blachwell, 1984, pp. 134–135。

为"保守主义"①;不是庸俗化为"经验主义理论",就是简单化为"主观主义理论"②;毋庸置疑,这样一种以贴标签为特征的"庸俗化"或"简单化"的思维取向,亦即我所反对的"印象式"理解方式中最为重要的一种取向③,不仅在实际上遮蔽了哈耶克社会理论内在演化发展的繁复过程,而且还在公共话语的建构过程中炮制出了因各自理论分析框架或意识形态取向而定的无数个同质性的甚至彼此相互冲突的"哈耶克理论"。这里至关紧要的,也是往往为人们所熟视无睹甚或不意识的,就是在这些作为结果的无数"虚构"的哈耶克理论的背后,各种借"哈耶克理论"为名的理论主张实际上正在为各自知识的"真理性"或"正当性"展开话语争夺,甚至在更为深刻的层面上展开着不同意识形态之间的论争;此处不争的是,要害并不在于不同论式中的"哈耶克理论"之间的差异,而是隐含于各种论式背后的不同的意识形态担当以及由此而采取的不同的理论解释框架之间的较量。显而易见,就揭示各种"哈耶克理论"论式背后的不同意识形态担当和相应的不同理论解释框架以及它们之间展开的话语争夺而言,对它们进行详尽的知识爬梳和知识社会学分析无疑会具有极为重要的意义④,然而这并不是本文的研究目的,本文的旨趣毋宁在于对各种有关哈耶克的"同质性"论式进行解构,而采取的方式则是直接对哈耶克社会理论的建构过程以及构成此一过程的核心概念进行梳理和探究,因为通过对哈耶克理论的演化过程本身

---

① 参见拙文《哈耶克的社会理论》(载《研究与反思:中国社会科学自主性的思考》,辽宁大学出版社1998年版)一文的结论"哈耶克的哲学困境",其间我专门对西方学界关于"哈耶克的功利主义"和"哈耶克的保守主义"的解释进行了讨论,尤其参见此文注释[143]中的说明文字(第274—275页),并对这些解释进行了批判(第254—261页)。
② 关于哈耶克是"经验主义"者抑或是"主观主义"者的问题,最为凸显于林毓生为其论文集《热烈与冷静之间》所作的长篇序文《试图贯通于热烈与冷静之间》中的一段文字,他指出,"一位读者,在知道先师海耶克先生的文明演化论的一些皮毛以后,竟把海氏归类于英国经验主义传统之中,并告诫笔者不应思考作为导向的'中国传统的创造性转化'的有关问题,认为那是有违师门之教。殊不知出生于维也纳的海耶克先生是奥国主观(subjectivist)经济学派第四代的领导人物。他的学术,虽然重视经验并汲取了英国经验论特别是休谟的优点,在出发点上却更接近新康德学派。事实上,海氏……在基本立场上……是反对经验主义的"(参见《学术思想评论》,贺照田、赵汀阳主编,辽宁大学出版社1997年版,第454页);我在这里征引林毓生的观点,并不是说他的批评错了,而在于强调他在批判的过程中,由于采取了同样的批判模式,而与他所批判的对象一起堕入了同样的陷阱之中,即把哈耶克思想复杂的转化过程约为某种我所谓的同质性的"哈耶克研究"。
③ 关于我对"印象式"理解方式的界定和批判,请参见拙文《哈耶克的社会理论》,《研究与反思:中国社会科学自主性的思考》,辽宁大学出版社1998年版,第214页和262—263页注释[6]中的说明文字。
④ 这里需要指出的是,我并不关心如何对话语争夺本身进行价值判断的问题,而只是关注那些在知识生产和话语争夺过程中往往为人们所熟视无睹的各种思想资源;关于这个问题,我将在正在撰写的《知识社会学研究》的专著中进行详尽讨论。

的揭示,可以映照出各种"宣称的"哈耶克理论在公共话语建构中的"策略性"或"工具性"。

此外,促使我从时间这样一个角度对哈耶克社会理论进行探究,还有一个更重要的原因,而这个原因则与哈耶克本人所具有的两重知识性格紧密相关:一方面,哈耶克是20世纪最为重要且最具原创力的社会理论家之一;另一方面,他又是20世纪自由主义意识形态的最为重要的捍卫者之一,是各种形式的集体主义的坚定批判者和古典自由主义的弘扬者,而这构成了哈耶克社会理论研究中意识形态的封闭性与其学术研究的开放性之间的高度紧张。长期以来,这种紧张因其意识形态的封闭性而对人们确切认识哈耶克社会理论在学术研究层面的贡献构成了一种障碍,而对于那些持非自由主义意识形态的论者平实地理解他的社会理论在知识上的贡献也构成了一种障碍①;更不能忽视的是,哈耶克在主张自由主义意识形态方面的封闭性,实际上还在相当大的程度上构成了那些自视为"自由主义者"的论者沉湎于意识形态脉络下的问题论辩而无视哈耶克社会理论的知识洞见的当然理由。需要强调的是,我并不主张社会理论应当或可能与意识形态截然两分,而毋宁在于指出我们不应当把哈耶克在意识形态方面的封闭性视作我们无视他的社会理论的意义的理由②。然而囿于篇幅,本文不打算对哈耶克意识形态的封闭性与其社会科学研究的开放性之间的紧张关系进行分析,也不旨在对那些因哈耶克意识形态的封闭性而被人们所忽视的知识洞见予以专门揭示,而是一如上述,直接对哈耶克社会理论的建构过程以及促使这种过程发生转换的核心概念进行厘定和分析。

哈耶克的自由主义社会理论极为繁复,除了我在此前的论文中所指出的哈耶克研究的跨学科"综合"性质③及其在长达60多年的学术生涯中对各种问

---

① 参见 Andrew Gamble, *Hayek: The Iron Cage of Liberty*, Westview Press, 1996, pp.1-5。Andrew Gamble 除了指出这一极为重要的观点以外,其至还根据哈耶克关于"每一种社会秩序都立基于一种意识形态之上"的观点,认为哈耶克意识形态的封闭性阻碍了他本人进一步发展其在社会科学方面的洞见,一如他所言,"本书的主要论点之一,乃是哈耶克的一些最为重要的洞见因其意识形态对其研究的封闭而在他的著述中未得到发展"(同上书,第3页)。
② 关于社会理论研究对某种意识形态的深层担当的问题,参见拙文(邓正来)《一谈学科的迷思》和《再谈学科的迷思》,载《读书》,三联书店1998年第二、三期;本文原名为《否思社会科学:学科的迷思》,全文请参阅《中国书评》1998年总第十二期。
③ 关于社会理论研究的跨学科的问题,哈耶克曾反复做了强调:例如他在1960年出版的《自由秩序原理》一书中指出,"我们必须把关于自由的哲学、法理学和经济学综合交融为一体,或者说为了增进我们对自由的洞见,我们必须把哲学、法理学和经济学综合起来对自由进行探究"(哈耶克:《自由秩序原理》,邓正来译,三联书店1997年版,"导论"第6—7页);他在1962年(转下页)

题所采取的"复合性"思考以外，就本文的研究视角而言，一个更为棘手的问题是哈耶克的观点在长期的发展过程中所呈现出来的那种重叠交叉的现象，以及他因不同学术思潮的偶然影响和生活史中的偶然事件而对自己观点所做的不断修正和发展甚至在更深的层面上所进行的研究进路的转换①。众所周知，自生自发秩序的理念以及与其相关的原理，亦即迈克·博兰尼所谓的"自由的逻辑"，在我看来，可以说是亚当·斯密经济社会秩序研究一脉的经济学家②的拉克托斯之"内核"定理，同时也是哈耶克自由主义社会理论的"核心观念"③，更是他的社会理论试图认识和解释的支配性问题，一如哈耶克本人所说，"社会理论的整个任务，乃在于这样一种努力，即重构"存在于社会世界中的各种自生自

（接上页）《经济学，科学和政治学》（"The Economy, Science and Politics"）的论文中也强调指出，"那种只是一个经济学家的人，不可能成为一个好的经济学家，因为几乎不存在仅依据某个单一特定的学科便能恰当回答的问题"（Hayek, *Studies in Philosophy, Politics and Economics*, London: Routledge & Kegan Paul, 1967, p. 267）；他在1973年时又指出，"尽管适当的社会经济秩序的问题，在今天乃是从经济学、法理学、政治科学、社会学和伦理学等不同角度加以研究的，但是只有把这个问题视作一个整体问题，方能得到成功的研究"（Hayek, *Law, Legislation and Liberty*, Vol. I, *Rules and Order*, Chicago: The University of Chicago Press, 1973, p. 4）。

我在《哈耶克的社会理论》一文的开篇中就指出，"从他1924年发表第一篇论文至1988年的最后一部论著《致命的自负》这一长达60多年的学术生涯中，哈耶克一直在追问各种不同的理论问题；因此，试图仅依据哈耶克的《自由秩序原理》一部著作来把握哈耶克的理论，显然不是一种确当的研究路径"。而且值得注意的是，哈耶克所关注的各种问题经常以交叉复合的方式出现，例如心理学的问题，他早在20年代就已经开始研究，然而此后就没有再涉及这个题域，而只是到了50年代才又进行了专门研究。

① 就这个问题而言，我想强调个人生活史与学术发展之间的某种关系，因为人们往往倾向于忽略甚至否认它们之间的关系，然而这种关系，尤其是它们之间的偶然关系，实际上常常会影响甚至改变一个人的学术发展方向。例如，哈耶克之所以能在1944年出版《通向奴役之路》一书，在很大的程度上是因为他最初是奥地利人的缘故：当时第二次世界大战已经爆发，他在伦敦经济学院的同事都被招入政府部门为赢得战争出谋策划，而哈耶克因原奥地利国籍的缘故只能留在学院，就是在这样的偶然因素影响下，哈耶克才得以将他的精力投入到对那些使西方世界走向崩溃的各种力量进行深刻的研究之中；再者，哈耶克当时并不想离开英国，但是战争一结束，哈耶克就开始迁往美国，其间的一小部分原因是《通向奴役之路》一书引起的争议，而起决定作用的原则是他的第二次婚姻，因为这次婚姻使他与当时的许多看不惯此事的经济学同事断绝关系，甚至与他的密友罗宾斯闹翻，近10年不再往来和说话，而这一切对他转而研究非纯粹经济学的问题也一定产生了某种影响。考虑到生活史研究本身所需要的材料问题，本文对此不进行探讨，但是，由此并不能消解这个问题，因此在这里特别提请读者注意这个问题。

② 参见 S. Fleetwood, *Hayek's Political Economy: The socio-economics of order*, London and New York: Routledge, 1995, p. 3；他指出，亚当·斯密的事业，亦即寻求对社会经济秩序的解释，一直延续至20世纪，就此人们可以界定出两大趋势：一是由社会政治理论家凸显的趋势，而另一是由可以被称为广义经济学家所呈现的趋势。社会政治理论家，由于相对忽视经济现象，而在某种意义上承续了由霍布斯和卢梭等人发动的事业，即对社会政治面向的秩序进行解释。在经济学家当中，承继斯密事业的思想学派主要有：马克思主义者、一般均衡理论家和奥地利学派（尤其是哈耶克）。

③ 参见拙文《哈耶克的社会理论》，《研究与反思：中国社会科学自主性的思考》，辽宁大学出版社1998年版，尤其是第二部分"哈耶克的社会理论：规则系统与行动结构"，第227—241页。

发的秩序①;而 G. C. Roche 则是更加明确地指出,"在很大程度上我们要感谢哈耶克的洞见,是他使我们现在认识到了自由与社会组织的密切关系以及自由与法治的密切关系",因为"'自生自发的秩序'概念是哈耶克最伟大的发现,亦是其法学和经济学的根本原理。这项发现可以追溯到亚当·斯密及其'看不见的手'的比喻,亦即认为'市场'是人类社会内的陀螺仪(gyroscope),它不断产生着自生自发的秩序"②。

据此,我们可以宣称,对个人自由与社会整体秩序间这种关系的认识和解释就是"哈耶克的终身问题"③,因为正是这个"哈耶克问题"反映了或支配着哈耶克整个社会理论建构的过程④,换言之,哈耶克社会理论的繁复建构过程乃是从这一问题中产生并围绕这一问题而展开的。正如哈耶克于 1966 年"朝圣山学社"东京会议上发表的《自由社会秩序的诸原则》("The Principles of a Liberal Social Order")一文中所指出的,"因此,自由主义源出于对社会事务中存在的一种自我生成的或自生自发的秩序的发现(这种发现会导致这样一种认识,即存在着一种为理论社会科学所研究的对象),这种秩序就是使所有社会成员的知识和技术比在任何由中央指导而创造的秩序中得到更加广泛的运用"⑤。值得我们注意的是,这个所谓的"哈耶克终身问题"并不是如这个术语所隐含的"遮全性"那般一次性确立的,或者说哈耶克的这一社会理论并不是一开始就确立的,因此我们绝不能以这种结果性术语去遮蔽或替代哈耶克型构这个理论问题以及由此而发展其社会理论的丰富和复杂的过程。然而,个人以为,我们却可以把这种作为结果形式的哈耶克问题或社会理论作为我们对其演化过程进行分析的参照构架,而依据此一构架,至少可以凸显出哈耶克在建构

---

① Hayek, "Kinds of Rationalism," in *Studies in Philosophy, Politics and Economy*, London: Routledge & Kegan Paul, 1967, p. 71.
② George C. Roche Ⅲ, "The Relevance of Friedrich A. Hayek," in F. Machlup, ed. *Essays on Hayek*, London, Routledge & Kegan Paul, 1977, p. 10.
③ 我之所以把这个自生自发秩序的问题视作"哈耶克的终身问题",实是因为有些论者认为哈耶克只是在 50 年代方从迈克·博兰尼的观点中征引了"自生自发秩序"的问题和观念。然而,这种观点并不确切,实际上,哈耶克早在 1933 年就具有了"自生自发"的观念,当时他在伦敦经济学院发表的教授就职演说中就对我们所承继的复杂的和非设计的社会机制给出了如下评论,"当我们开始理解它们的运作和作用时,我们一次又一次地发现,'自生自发'的制度发挥着必要的功用。如果我们试图依凭审慎设计的调整方式来运作该体制,那么我们就不得不发明这些制度,然而在我们乍见它们时,甚至还不理解它们"。
④ 参见哈耶克《致命的自负》,刘戟锋和张来举译,东方出版社 1991 年版,第 106 页。
⑤ Hayek, "The Principles of a Liberal Social Order," in *Studies in Philosophy, Politics and Economy*, London: Routledge & Kegan Paul, 1967, p. 162.

他的社会理论的过程中所存在的一些紧密相关但却处于不同层面的"紧张"问题，正如哈耶克本人所指出的：

> 我关于人在新的和不可预见的情形的生活中协调持续性行动需要抽象规则所做的论述，甚至更适用于具体情势中许多不同个人的行动的协调，这些情势只在部分上为每个个人所知道，而且也只有在它们出现的时候才能为他们所知道。这导使我达致，在我个人的学术发展中，我进行所有反思的出发点，而且它或许可以解释为什么我……从专门经济学转入了对所有那些常常被视为哲学的问题的探究。回顾这些变化，这似乎始于我将近30年前所发表的《经济学与知识》的论文；在这篇论文中，我考察了在我看来纯粹经济学理论所具有的一些核心困难。该文的主要结论是，经济学理论的任务乃在于解释一种经济活动的整体秩序（overall order）是如何实现的，而这个过程运用了并非集中于任何一个心智而只是作为无数不同的个人的独立的知识而存在的大量的知识。但是，从这一认识到获致下述恰当的洞见还有很远的路要走，即个人在其行动中遵循的抽象规则与作为个人回应（亦即在那些抽象规则加施于他的限度内对所遇到的具体而特定的情势所作的回应）的结果而形成的抽象的整体秩序之间关系的洞见。……我达致了我所认为的一幅关于自生自发秩序之性质的全新图景。①

显而易见，如果我们尚没有充分的理由把哈耶克在追问社会秩序问题方面表现出来的前后时期的差异，简单地化约为作为结果性成果的哈耶克的社会理论，那么我们就必须首先对如何认识哈耶克社会理论的建构过程这个问题进行追问，因为对这个问题的回答将直接关系到本文如何确定研究哈耶克社会理论建构过程的分析路径的问题。就我个人的阅读范围而言，西方论者在此一方面最为精彩的努力是由 S. Fleetwood 在其所著《哈耶克的政治经济学：社会经济秩序》（*Hayek's Political Economy: The socio-economics of order*）一书中做出的。他在该著作中指出，就哈耶克社会理论的研究而言，最为重要的是对哈耶克在不同时期

---

① Hayek, *Studies in Philosophy, Politics and Economy*, London: Routledge & Kegan Paul, 1967, pp. 91-92.

的哲学观进行分析①。从我个人的知识取向来讲,我对 Fleetwood 所主张的哲学分析是非常赞同的,而且对本文的研究也产生了很大影响,但是我对他把"哲学追究"转换成一种研究哈耶克理论的"哲学路径"却持保留态度,因为哈耶克在他的研究中并没有专门就其哲学观的问题进行过讨论,而且我们也没有充分的理由表明哈耶克是从哲学观入手展开其社会理论研究的,相反,哈耶克实际上是经由真实的社会研究过程而不断展示其哲学观的②,因此在我看来,这种在哈耶克那里"被展示"的哲学观本身,只能成为我们研究哈耶克社会理论的对象,而不能成为我们的研究路径。

---

① 参见 S. Fleetwood, *Hayek's Political Economy: The socio-economics of order*, London and New York: Routledge, 1995;除了 Fleetwood 所主张的这种哲学的研究进路以外,就我个人的阅读所涉,至少还可以指出另外两种努力:一是编年性的研究进路;二是问题归类的研究进路。就前者而言,关于究竟采取何种进路研究哈耶克自由主义思想发展进程的问题颇为复杂,一般论者大都为了回避这个问题而直接采取以哈耶克学术编年的时段为标准而确立的描述方式,其间最为典型的,在我看来,可能是 Andrew Gamble 在其所著 *Hayek: The Iron Cage of Liberty* 一书中所给出的以哈耶克所在国家和时间为标志的描述方式。尽管这种"非分析性"的个人思想编年史为研究者把握哈耶克的各个时段的思想关注点提供了某个向度的线索,但是显而易见,这种仅以非学术的个人性"时空"事件简单地切割哈耶克的社会理论建构过程却负面甚多,囿于篇幅,此处不赘。
    关于上述以问题为核心的第二种研究进路,最为明确地体现在 N. Bosanquet 把哈耶克思想划分为"三个主要阶段"的进路之中(参见 N. Bosanquet, *After the New Right*, London: Heinemann, 1983)。在他的分析框架中,他把哈耶克的自由主义思想理解为"从几个有关知识和行为的核心命题出发而形成的关于一系列问题的连续一贯的观念的发展,而其间似有三个主要阶段"(p.28):第一个阶段是从 1936 年至 1953 年的所谓的"主观主义"阶段,其间哈耶克所集中关注的乃是知识和心理学等问题;第二个阶段则从 1960 年至 70 年代初期,其间哈耶克所主要关注的是政治哲学和法学问题,而核心论题则是自由以及如何以最好的方式来维护自由的问题;第三个阶段则以哈耶克于 1973 年至 1979 年期间所撰写的《法律、立法与自由》为标志,而其间的论题则侧重于自生自发的秩序、社会行为规则、进化理性主义、立宪形式等问题。对于 Bosanquet 以 1936 年为其"三个阶段划分法"的时间起点,我是完全同意的。我之所以赞成这个时间起点,乃是因为 1936 年实际上是哈耶克发表《经济学与知识》演讲的一年,而这篇演讲稿则标志着他对当时的主流经济学的否弃和对实证主义的背离,正如哈耶克晚年所指出的,这篇以演讲为基础的论文的发表,"是我世界观改变的关键点"(S. Kresge & L. Wenar, *Hayek on Hayek*, London: Routledge, 1994, p.80)。然而,我也必须指出,我对 Bosanquet 以 1936 年为研究哈耶克社会理论的时间起点的赞成,并不意味着我也赞同他立基于此的"三阶段划分法"。因为,在我看来,Bosanquet 的划分法乃是以这样一个进路为基础的,即构成哈耶克研究的实质性三个阶段的各种问题,而这些问题却在较为一般的意义上遮蔽了哈耶克终身试图解决的一个支配性问题,亦即我在前文中指出的关于个人自由与社会整体秩序间关系的认识和解释的"哈耶克问题"。个人以为,哈耶克在不同时期对各种问题的关注,实际上都是哈耶克试图在更深刻的层面上洞识和解释这个"哈耶克问题"而逐步展开的,换言之,正是这个"哈耶克问题"支配着哈耶克整个社会理论建构的过程。基于上述考虑,本文也不准备采纳这两种研究进路。

② 参见哈耶克:《个人主义:真与伪》,载《个人主义与经济秩序》,贾湛等译,北京经济学院出版社 1989 年版,第 1—31 页,尤其是其间哈耶克对那种以个人孤立存在的虚构假设为基础的伪个人主义的批判以及对那种以个人作为社会存在为基础的真个人主义的主张。此外,即使 Fleetwood 所关注的哈耶克的哲学观具有前设作用,但是哲学本身的可能性乃至选择性还是需要依赖相关的概念工具作为先导。

我认为,要理解哈耶克社会理论的建构过程,关键之处在于把握哈耶克在不同时期设问自生自发秩序这个问题所依凭的知识观,因为在我看来,哈耶克关于这个问题的答案在一定程度上已隐含在他的相关的问式之中,而这些问式所涉及的范围和深度则又取决于他在不同时期所选择的知识观。然而,欲把握哈耶克不同时期的知识观,要害又在于对那些使这些知识观成为可能的核心概念进行探究和理解,因为归根结底,哈耶克在不同时期对知识观的选择及其可能性并不是通过哲学叙述完成的,而是通过核心概念的转换或发展来实现的——这些核心概念不仅反映了哈耶克的知识观及其思维方式,而且还在更深的层面上决定了哈耶克进一步提出理论问题的可能性和进一步发展或修正知识观的可能性;更为重要的是,这些核心概念的转换过程本身,标示出了哈耶克知识观的转换或发展过程,进而也展示了哈耶克立基于这一知识观发展过程之上的社会理论的建构过程。依据这个前提性判断,我们就必需依循哈耶克在此一过程中所采纳的核心概念以及其间所存有的理论发展脉络,以发现哈耶克在不同时期所设定的不同的具体理论问题,进而揭示出哈耶克社会理论的建构过程所依凭的知识观。因此,对那些支配了哈耶克知识观及其理论问题的核心概念进行爬梳和厘定,对构成这些概念之间的转换的逻辑脉络加以分析,进而认识和把握哈耶克社会理论的建构过程,便是本文所设定的基本分析进路;而透过这一分析进路并经由我所认为的哈耶克社会理论的核心概念,揭示出促成哈耶克实质性社会理论发生变化之背后的运思脉络和那些为人们熟视无睹的核心概念所开放出来的各种理论问题,则构成了本文所欲达到的目的。当然,哈耶克本人的反思性文字也足以表明本文所设定的分析路径的重要意义,一如他在 1988 年发表的最后一部论著《致命的自负》总结自己研究的结论性文字中所指出的,"理解信息(或者实践性知识)的传播所发挥的作用,为理解扩展的秩序打开了方便之门。……我坦率地承认,从我在《经济学与知识》这篇论文中实现的第一次突破,到对《作为发现过程的竞争》的承认,以及我的论文《知识的僭妄》,直到最后提出我的信息分散理论并从中导出我关于自发形成优于中央指令的结论,实在是花了相当长的一段时间"[①]。

---

① 哈耶克:《致命的自负》(原译《不幸的观念》),刘戟锋等译,东方出版社 1991 年版,第 124—125 页。

当然，从不同的追问目的或角度出发，我们可以在哈耶克社会理论中确立或发现不同的核心概念，然而具体到哈耶克社会理论的建构过程来讲，我认为最为重要的却是那些构成哈耶克知识观之基础的概念："分立的个人知识"、"知道如何"的默会知识和"无知"，因为正是经由这些核心概念的引入和转换，哈耶克实现了我所谓的从"知"到"无知"脉络上的知识观的转换，并在这个基础上提出了他关于自生自发秩序的不同的具体问题，而他在不同时期对这些不同问题的不同回答也恰恰成了他的社会理论建构过程的表征。正是立基于这三个核心概念，形成了本文的叙述架构：第一部分侧重于讨论"知"意义上的"分立的个人知识"，并由此指出哈耶克从"观念依赖"到"观念决定"的主观主义发展过程；第三部分则强调"无知"意义上的知识观的建构过程，并明确指出哈耶克由此发现的"一般性社会行为规则"对其真正建构社会理论的意义；而第二部分则通过对"默会知识"这个核心概念的分析而力图揭示出哈耶克知识观发生转换的承前继后的阶段。

哈耶克在早年追问社会整体秩序如何形成的问题时所强调的最为重要的论题之一乃是"知识"（knowledge），一如他在1936年发表的《经济学与知识》一文中所指出的，"我刚才讨论过的问题是关于人们可能获得必要知识的条件，以及获取这些知识所通过的途径；这些问题在过去的讨论中至少还得到一些重视。但是，还有一个更深刻的问题，我看起码与上述问题具有同等的重要性，可是却似乎根本没有引起人们的注意。这个问题是，不同的个体必须拥有多少知识以及何种知识，我们才能够谈及均衡"①。当然，哈耶克在20世纪60年代以后所强调的依旧是"知识"或"如何运用知识"的论题，然而值得我们注意的是，正是这里存在着哈耶克前后所依凭的知识观之间的差异：前者的"知识"是在"知"的知识观脉络上展开的理论建构；后者的"知识"则是在"无知"的知识观意义上进行的理论重塑和发展，因为哈耶克于20世纪50年代末和60年代初开始转而诉诸苏格拉底式的知识论，一如他在其所撰《自由秩序原理》一书中所宣称的："苏格拉底认为，承认我们的无知乃是开智启慧之母"②，并且在1964年又告诫我们说，"是我们更认真看待无知的时候了"③。正是在这种"无知"的知

---

① 哈耶克：《个人主义与经济秩序》，贾湛等译，北京经济学院出版社1989年版，第48页。
② 哈耶克：《自由秩序原理》，邓正来译，三联书店1997年版，第19页。
③ Hayek, "The Theory of Complex Phenomena," in *Studies in Philosophy, Politics and Economy*, London: Routledge & Kegan Paul, 1967, p. 39.

识观而非"知"的知识观的支配下,哈耶克在80年代初指出,"我渐渐相信,市场秩序的目标从而也是我们解释的对象……乃是如何应对每个人对大多数决定市场秩序的特殊事实所具有的不可避免的无知"①。当然,在1988年出版的《致命的自负》这本论著中,哈耶克更加明确地指出了这个问题:"我们早先的主张,即获得的传统服务于'对未知的适应',必须从严格的意义上予以对待。对未知的适应乃是一切进化的关键,现代市场秩序不断使自身与其相适应的事件总体,的确对任何人来说都是未知的东西"②。毋庸置疑,哈耶克透过设定"知识"或"如何运用知识"的论题而切入自生自发秩序问题所凭靠的知识观之间的差异极具关键意义,因为它首先导致了哈耶克在"自生自发秩序"这个一般性问题下前后所设定的具体问题本身之间的"紧张"。众所周知,哈耶克早在1936年《经济学与知识》的演讲中就指出,"存在于不同的心智之中的零星知识的结合,是如何可能导致这样的结果的,即如果人们要经由思虑而刻意导致这样的结果,那么它就要求指挥者的心智拥有一种任何单个个人所不可能拥有的知识"③?当哈耶克在60年代回顾其早年学术发展过程的时候,再次确认了这个问题,并指出他提出自生自发秩序观念最早就是为了解决这样一个具体的经济学难题,亦即为了"解释整个经济活动的秩序是如何实现的,这个过程运用了大量的知识,而这些知识并不是集中在任何单个人脑中的知识,而仅仅是作为不计其数的不同的个人的分立的知识而存在的"④。然而,需要我们注意的是,哈耶克在60年代的一系列著述中却提出了一个与此相关但却不尽相同的问题,亦即他在1965年发表的《理性主义的种类》一文中以比较明确的方式提出的问题:"个人在其行动中遵循的抽象规则与那种抽象的整体秩序之间的种种关系,那种抽象的秩序乃是个人在那些抽象的规则加施于他的限度内对所遇到的具体而特殊的情形所做出的反应的结果"⑤。

---

① Hayek, *Knowledge, Evolution and Society*, London: Adam Smith Institute, 1983, p. 19.
② 哈耶克:《致命的自负》(原译《不幸的观念》),刘戟锋等译,东方出版社1991年版,第106页。这里需要注意的是,哈耶克自60年代起所强调的是"无知"(ignorance),而在晚年却强调"未知"(unknowing),尽管这在知识观上未发生质的变化,但是毕竟牵涉到行动者对客观存在的社会行为规则的认识可能性的问题,所以意义极为丰富。囿于篇幅,本文无法给出详尽讨论。
③ 哈耶克:《个人主义与经济秩序》,贾湛等译,北京经济学院出版社1989年版,第52页(译文有所改动——作者注)。
④ Hayek, *Studies in Philosophy, Politics and Economy*, London: Routledge & Kegan Paul, 1967, p. 92.
⑤ Hayek, "Kinds of Rationalism," in *Studies in Philosophy, Politics and Economy*, London: Routledge & Kegan Paul, 1967, p. 92.

显而易见,哈耶克在 20 世纪 30 年代与 60 年代提出的具体问题之间存在着某种根本性的差异。一方面,我们可以通过把它们转换成命题的方式来揭示它们的差异:前者可以表述为这样一个命题,即整体社会秩序乃是经由个人行动者之间的互动而达致的;而后者则可以表述为又一个命题,即整体社会秩序不仅是由个人行动者间的互动达致的,而且更是由行动者与表现为一般性抽象结构的社会行为规则之间的互动而形成的。另一方面,我们还可以通过把它们转换成实质性问题的方式来指出它们间的差异,因为一如我们所知,这里的关键在于,社会秩序问题的设定所要求的远不止于对这种秩序所赖以为基的条件进行形式层面的描述,而是必须对置身于该社会秩序之中的行动者是如何始动其行动这个实质性问题进行追究:这样,前者可以转换成行动者是如何在"知"的情形下始动其行动并相互协调的;而后者又可以表述为行动者是如何在"无知"的情形下进行其行动并应对这种无知的。

哈耶克关于自生自发秩序两个实质性问题的设定以及他产生这两个问题的认识路径的不同,无疑还会导致他对这些问题的探究——亦即他的实质性社会理论——极具差异,因为对行动者如何根据沟通性知识以协调他们行动的问题进行探究是一回事,而对行动者在处于无知状态下协调他们行动的问题进行追究则是完全不同的另一回事。更为重要的是,这种最终可以表述为从自生自发秩序只是由人与人之间的互动构成的命题向自生自发秩序毋宁是由此基础上的人与其外部世界的互动关系构成的命题的转换,还在更深的层面上表现出 Fleetwood 所尖锐指出的哈耶克社会理论在哲学本体论层面的根本转换,亦即从早期的以行动者观念构成社会世界的主观主义本体论向社会行为规则乃是客观存在的实体性本体论的转换①。这是因为一旦哈耶克认识到了行动者能够在无知的状况下协调他们的行动并形成社会秩序,那么他实际上也就在更深的一个层面上预设了某种独立于行动者的知识但却切实影响或支配行动者之行动的社会行为规则亦即哈耶克所谓的"一般性的抽象规则"的存在,从而行动者并不知道的社会行为规则以及行动者与这些规则之间的互动也就成为哈耶克真正进入社会理论的途径并且还直接关涉到他的社会理论新的研究对象的建构。

---

① 参见 S. Fleetwood, *Hayek's Political Economy: The socio-economics of order*, London and New York: Routledge, 1995, pp. 1-20。

一、"知"意义上的分立知识观

影响哈耶克社会理论发展的知识观,最初是他在 20 世纪 30 年代参与"社会主义计划计算"大论战的过程中通过提出"分立的个人知识"这个核心概念而达致的。当时由他负责编辑并撰写导论的《集体主义经济计划》(*Collectivist Economic Planning*)这部批判 Lange 等人观点的论文集,就反映了他在这一方面的知识努力,因为哈耶克在批判这类"计算谬误"的过程中,正如 Andrew Gamble 在其所著 *Hayek: The Iron Cage of Liberty* 一书中所指出的,他"必须阐明奥地利学派反对新古典经济学各种假设的理由,并经由此一阐释而发展出了他关于知识的理论,而他的这一理论构成了他对社会科学的最为深远的贡献"①。的确,从思想渊源来讲,哈耶克不仅承继了由门格尔(Menger)②首创并由其导师 F. von Wieser 及其同事米塞斯(L. von Mises)所推进的奥地利经济学派,而且还在此一基础上原创性地深化并精化了奥地利学派的主观价值理论——该理论认为,价值是由行动者的主观偏好赋予资源之上的,且不能被解释为资源的一种内在固有的品质。正是这一深刻的洞见,终止了以李嘉图、穆勒和马克思等人为代表的那种认为价值须从客观角度加以分析的古典经济学理论传统的支配地位③。但是值得我们注意的是,哈耶克在主观论方向上走得

---

① Andrew Gamble, *Hayek: The Iron Cage of Liberty*, Westview Press, 1996, p. 67. 此外需要指出的是,《集体主义经济计划》一书由哈耶克编辑并于 1935 年出版,该书收入了米塞斯一篇新论文的译文和其他一些论者对米塞斯观点进行修正和补充的文章,同时由哈耶克作序并收入了他的两篇论文:一是《关于此一问题的历史和性质》("The Nature and History of the Problem"),二是《此次论战的状况》("The State of the Debate");当然,这两篇文章后来也被收入哈耶克《个人主义与经济秩序》的论文集中。在这些文字中,哈耶克对主流经济学关于人对所有相关基据拥有完全知识的假设进行了批判,认为这对于人而言,不仅是不可行的,而且也是不可能的。
② 卡尔·门格尔(1840—1921)从 1873 年至 1903 年退休一直是维也纳大学的教授,是奥地利主观价值论经济学派的创始人,也是最初激励哈耶克从事经济学研究的学者。1934 年,哈耶克欣然接受了由伦敦经济学院资助发起的重新编辑门格尔著述这一任务。在编辑工作的过程中,哈耶克对 Menger 关于社会科学方法论的著述给予了极为严肃的关注,这或许是他第一次如此关注门格尔的社会科学方法论思想。一如哈耶克在晚些时候所指出的,在门格尔的著述中,"有关制度自生自发的观念,比我阅读过的任何其他著作都阐述得更加精彩"(参见 S. Kresge & L. Wenar, *Hayek on Hayek*, London: Routledge, 1994, pp. 13–14);因此,我们可以将门格尔的思想视作哈耶克的一个重要的思想渊源。
③ 就此而言,我所指的主要是哈耶克对米塞斯观点的发展。米塞斯的努力主要在于表明理性计算在社会主义经济中的不可能性,因为他认为,在没有自由市场的情况下,就不会有价格机制,而且在没有价格机制的情况下,给定根据劳动而非货币的计算的缺陷,就不可能有经济计算。哈耶克在一般的意义上接受米塞斯的这一立场,但是哈耶克对集体主义的批判则在于(转下页)

更远,因为他在此后指出, 甚至连社会研究的基据本身也是主观现象。哈耶克把奥地利经济学派的主观价值理论扩展至整个社会客体的领域的立场,最为明确地见之于他在1936年发表的《经济学与知识》的著名演讲①。在这篇演讲中,哈耶克在批判主流经济学理论的一般均衡模式时强调了三个方面的问题:一是关于个人计划在经济活动中是不相一致的;二是被经济学界视为哈耶克立基于"劳动分工"之上提出的最具原创力的"知识分工"(division of knowledge)问题;三是关于市场经由价格机制传播知识而具有致使人们的计划相协调的作用的问题。正是通过对上述三个问题的强调,哈耶克显然已开始着手处理这样一个一般性的理论问题,即社会秩序是如何创造并维续自身的问题。当然,早在20年代,哈耶克在试图解释感觉如何转换成认知问题的心理学论文中就已然初步洞见到了这个问题;然而需要指出的是,在哈耶克的这篇早年的心理学论文中,这个有关秩序的问题乃是在人之生理学和心理学的运思脉络中加以讨论的,而在1936年的《经济学与知识》论文中,这个问题在很大程度上则是在人类社会组织的运思脉络中予以探究的②,并且由此形成了"自生自发秩序"问题的雏形——亦即侧重于市场的自生自发秩序的问题。

《经济学与知识》这篇论文的发表,可以说是哈耶克学术生涯中的一个重要的转折点,因为他由此建构起了"分立的个人知识"概念,进而确立了"知"意义上的主观知识观;这可以通过哈耶克在社会理论研究方面的两个向度上的主要发展线索而得到展示。第一条线索是哈耶克对处于支配地位的实证主义的否定,而这又表现在两个方面:

首先,哈耶克对他自己所接受的实证主义进行了否弃。在1936或1935年以前,一如我们所周知的,哈耶克大体上可以被视为一个实证主义者,他对"狭隘的专门经济学"的信奉实是因他采纳实证主义观点所致,进而也是因他

(接上页)表明,经济中的根本问题并不是计算的问题,而是一个知识论的问题。一如他在《知识在社会中的运用》一文中所解释的,当我们试图建构一"理性的经济秩序"时所要解决的问题,并不是一个如果我们拥有了所有有关偏好和生产因素的相关信息就能克服的逻辑问题,这是因为经济计算所始于的资料数据,绝不可能为任何个人心智所完全掌握。相反,一合理经济秩序的问题的性质,"完全是由这样一个事实决定的,即我们必须运用的关于各种情势的知识,从未以集中的或整合的形式存在过,而且是作为彼此独立的个人所掌握的不完全的和常常是相互矛盾的知识的分散的部分而存在的"(参见哈耶克:《个人主义与经济秩序》,贾湛等译,北京经济学院出版社1989年版,第74页)。

① 关于哈耶克《经济学与知识》一文对主观主义价值论的推进,请参见 S. Kresge & L. Wenar, *Hayek on Hayek*, London: Routledge, 1994, pp. 13-15。
② 同上。

在更深的层面上采纳了一种经验主义的本体论所致①。哈耶克本人于1942年在剑桥大学伦理科学俱乐部所作的著名演讲《社会科学的事实》中也承认,"我本人起初是满怀着对自然科学方法普遍有效的信心来开始详尽探讨自己的论题(即社会科学)的;不仅我最初的专门训练,在很大程度上乃是狭义的科学训练,而且在哲学或科学方法方面,我所受的少得可怜的训练,也完全是E·马赫学派式的训练,此后也只是逻辑实证主义式的训练"②。正是这样一种实证主义式的训练,在相当大的程度上规定了他只能对经验领域进行探究,这即是说,他必须把经验性质的事件作为他的研究对象并根据此一对象展开他的研究;因此,在1936年以前,哈耶克基本上与其他实证主义经济学家一样,也把均衡观念以及支撑此一观念的一系列知识假设视作社会经济活动的组织原则。

其次,哈耶克在意识到主流经济学关于知识的假设极端肤浅的基础上,对这种经济学所隐含的一系列观念展开了批判。正如一些研究哈耶克思想的西方论者所指出的,哈耶克《经济学与知识》一文"所具有的意涵,实际上乃是对那些构成实证主义经济学、计量经济学(econometrics)和任何试图建构'宏观经济学'的努力之基础的逻辑预设和经验假设的否弃"③,也即是对当时占支配地位的实证主义科学观的背离。哈耶克对主流实证主义经济学的背离,最主要地表现在他对那种含括了均衡理论的"经济人"(homo economons)观念的否定,并对其间所隐含的有关知识是客观的且可为行动者和经济学家依据科学方法获得这个支配性假设的彻底否弃,而这个假设就浓缩在"给定基据"(given data)这样一个概念之中。哈耶克明确指出,"合理的经济秩序问题之所以有这么一个独立的性质,是因为我们所必须利用的关于各种具体情况的知识,从未以集中的或完整的形式存在,而只是以不全面而且时常矛盾的形式为各自独立的个人所掌握。这样,如果'给定'在此意指给定一个能有意识地解决这些'数据'所构成的问题的单一心智,那么社会的经济问题就不只是如何分配'给定'的资源,而是如何确保充分利用每个社会成员所知道的资源,因为其相对重要性只有这些个人才知道。简而言之,它是一个如何利用并非整体地给定任何人的知识的

---

① 关于哈耶克的实证主义问题,请参见 T. Lawson, "Developments in Hayek's Social Theorising," in S. Frowen, ed. *Hayek the Economist and Social Philosopher: A Critical Retrospect*, London: Macmillan, 1995。
② 哈耶克:《个人主义与经济秩序》,贾湛等译,北京经济学院出版社1989年版,第54—55页(译文有所改动——作者注)。
③ S. Kresge & L. Wenar, *Hayek on Hayek*, London: Routledge, 1994, p. 13.

问题"①。于此,哈耶克还进一步强调指出,所谓"客观事实"的知识实际上并不是客观的,而是为行动者主观拥有的或者是主观解释的,它们是分散的或分立的且受制于持续的变化,为行动者以不同的量所拥有②。因此,诸如货币、资本和工具这类社会客体,实际上是由行动者的信念和观念构成的,更为确切地说,它们具有一种"观念依赖"(idea-dependent)的品格,因此人们绝不能以客观的或物理的方法对它们进行分析。

哈耶克这篇《经济学与知识》的论文所表现出来的不仅是从一个"否定"的向度推进了他对其个人此前的和主流的实证主义经济学研究的背离,而且同时也是从一个"肯定"的路向启动了标示着他此后为之持续不断发展的非实证主义的社会理论研究——这即是上述哈耶克理论研究发展的第二条主要线索;就此而言,哈耶克甚至指出,行动者之间经由时间而发现和传播"分立的个人知识"的方式,乃是社会理论理解经济行动如何得以协调或社会秩序如何得以自行创造和维续的关键之所在。毋庸置疑,哈耶克对实证主义的否弃以及其后对主观主义的采纳,必定与他关注知识的经济学思考紧密相关,一如 Weimer 所宣称的,"哈耶克自始至终都是一个知识论者,尤其当他处理专门经济学的时候"③;当然,哈耶克本人也明确指出,"这里显然存在着一个知识分工的问题,它与劳动分工问题非常相似,起码具有同等的重要性。但是,自从我们的科学诞生以来,后者就是研究的主要课题之一,而前者则完全被忽略了,尽管在我看来这个问题实际上是作为社会科学的经济学的中心问题。我们力图解决的问题是,每个仅拥有一点知识的许多人自发的相互活动,怎样导致了价格与成本相一致的状态,等等"④。显而易见,哈耶克经由"分立的个人知识"概念的引入而对知识或知识分工重要性的意识,一方面导致他的实质性社会经济理论发生了极大的变化,因为这一洞见开放了哈耶克社会理论研究的对象并且使其有可

---

① 哈耶克:《个人主义与经济秩序》,贾湛等译,北京经济学院出版社 1989 年版,第 74—75 页(译文有所改动——作者注)。
② 请参见哈耶克:《经济学与知识》,载《个人主义与经济秩序》,贾湛等译,北京经济学院出版社 1989 年版,第 32—53 页。
③ W. Weimer & D. Palermo, *Cognition and the Symbolic Process*, London: Lawrence Erlbaum, 1982, p. 263. 值得我们注意的是,我在这里之所以采用"关于知识的经济学思考"的说法,乃是为了区别于国内当下颇为流行的"知识经济学"的说法,因为后者所强调的与哈耶克的观点相差甚远,它所侧重的基本上是科学知识和科技知识在经济发展中的作用,尚未触及自生自发秩序以及相关的非唯理主义的知识观问题。
④ 哈耶克:《个人主义与经济秩序》,贾湛等译,北京经济学院出版社 1989 年版,第 48 页。

能在一个新的基础上重新建构研究对象:除了原有研究对象中的感觉经验中给定的事件和行动以外,还包括了为行动者所拥有的观念或理念;另一方面,哈耶克经由"分立的个人知识"概念的提出,也在一个更为深刻的层面上开放出了某种可能性,即他在知识观和本体论立场方面发生相应变化的可能性,因为一如上述,这一核心概念所隐含的深刻洞见开放出了一个比事件或行动更为深刻的题域——即行动者所拥有的观念或理念的题域,而正是这一变化促使哈耶克有可能在此一题域中不再把"基据"视作某种独立于行动者的识别的客观现象,而是作为一种与主观的行动者观念紧密勾连的东西。

值得我们注意的是,1942年以后,哈耶克立基于"分立的个人知识"而在社会理论的主观方面走得更远了,亦即从前述的"观念依赖"转向了此时的"观念决定"(idea-determined)立场——我所谓的"知识首位性"的立场,因为他在1942年发表的《科学主义与社会研究》("Scientism and the Study of Society")论文中将客观的、心智不涉的现象从社会理论的研究对象中彻底排除了出去,一如他所言,"就人之行动而言,事物乃是行动之人所认为之物"①;不仅如此,哈耶克甚至更加明确地指出,反思的或有意识的观念不仅构成了行动者采取行动的基础,进而也构成了社会科学研究的基据:"社会科学……所关注的乃是人之有意识的或反思的行动"②。指出这一点极为重要,因为这意味着哈耶克在这个时候还未能意识到"分立的工人知识"这个概念本身所具有的限度,也未能达及这样一种观点,即人之行动往往立基于其无意识拥有的观念或以默会(tacit)方式拥有的知识,尤其需要强调的是,行动者在"无知"的意义上以默会的方式遵循社会行为规则的问题尚未进入哈耶克的社会理论建构过程之中③。

上文关于哈耶克透过"分立的个人知识"这个概念而在批判实证主义经济学和转向主观主义知识论的过程中所形成的"知识首位性"的讨论,在一定的意义上揭示出了哈耶克形成关于知识首位性的认识途径以及经由这种意识的确立而必然导致的他对社会理论研究对象进行重新建构的脉络,然而,哈耶克立基于"分立的个人知识"之上的"知识首位性",乃是以"知识种类"的存在为前提的;而对这一前提的承认,又必然关涉到不同知识在地位上的相对重要性这个

---

① Hayek, "Scientism and the Study of Society," *Economica*, 9(1942), p. 278.
② 同上书,第277页。
③ 参见 S. Fleetwood, *Hayek's Political Economy: The socio-economics of order*, London and New York: Routledge, 1995, p. 44。

问题,当然,其间最为重要的乃是哈耶克对"理论知识"(theoretical knowledge)限度的深刻洞见。哈耶克在1945年发表的《知识在社会中的运用》论文中指出,"在这一点上,不同种类的知识,其地位显然是不同的。所以,回答我们问题的关键就在于不同种类知识的相对重要性:是那些更可能为特定个人所支配的知识重要呢?还是那些我们认为更为被经适当挑选的专家所组成的权威机构所掌握的知识重要?"①再者,在哈耶克那里,理论知识始终而且只能是有关抽象秩序或模式的知识,甚至往往只是人们据以理解这类秩序或模式的原理的知识,但是这种理论知识却是以巨大无边的"分立的个人知识"为背景和为依托的。实际上,恰恰是这种"分立的个人知识",亦即这种"不为他人所知的对一瞬即逝的情况的专门了解,在社会中起着重大的作用。奇怪的是,这种知识今天一般遭到蔑视,掌握这种知识的人如果胜过掌握更好的理论或技术知识的人,那么他几乎就会被认为是行为不端"②。

尽管哈耶克关于分立的个人知识与理论知识的界分及其关系本身不是本文所关注的重点,但是哈耶克的这一界分并非无关宏旨,因为这一界分至少具有如下的意义:第一,在人们日常的认识当中,"知识"这一术语的通常用法,往往趋于遮蔽这样一个重要的事实,即知识实际上并不是同质的(homogeneous);而哈耶克关于"知识种类"的深刻洞见,不仅为他界分"分立的个人知识"与"理论知识"提供了知识论基础,而且也为他此后在更为深刻的性质层面上界分"分立的个人知识"本身提供了知识论上的可能性,更为重要的是它还表明哈耶克有可能已然意识到了人们以不同的方式获得"知识"或以不同的方式"知道"的可能性。第二,正是"知识种类"这一前提的确立,隐含了哈耶克对理论知识限度的意识以及他于此后对那种在当时构成支配话语的"科学主义"的根本批判,一如哈耶克所反复强调指出的,"如果当前人们广泛地认为后者(即为专家和权威机构所支配的知识)更为重要,那只是因为一种叫科学知识的知识在公众的想象中占据了至高无上的地位,以致我们几乎忘记了这种知识并非绝无仅有"③。第三,哈耶克关于"理论知识"对"分立的个人知识"的依附性的命题所导致的一个最为重要的后果,即是哈耶克根据这个对理论知识的怀疑论认识而

---

① 哈耶克:《个人主义与经济秩序》,贾湛等译,北京经济学院出版社1989年版,第76页。
② 同上书,第77页。
③ 同上书,第76页。

得以把市场价格体系视作一种协调个人知识的机制,因为至少从理论上讲,非中央控制(decentralized)的市场允许个人运用他们自己特有的关于特定时空的知识,而且也只有市场"才能保证及时利用有关特定时间和地点之具体情势的知识"①。也因此,哈耶克在1962年任弗赖堡大学政治经济学教授时所发表的就职演讲《经济学,科学和政治学》("The Economy, Science, and Politics")中对经济学家提出了严肃的告诫,"并不是因为经济学家知道太多,而是因为他知道进行成功干预他必须知道多少东西,而且也是因为他知道他将永远不会知道所有相关的情势,所以他就应当尽量不建议采取一些孤立的干预措施,即使在理论告诉他这些措施有时会产生裨益的情形下也是如此"②。

毋庸置疑,阐明哈耶克在社会秩序研究过程中形成的"分立的个人知识"与"理论知识"的界分观,为我们进一步探究哈耶克的知识观设定了限度或路径,但是仅此尚不足以使我们洞见到哈耶克此时主张的"分立的个人知识"的特性,因此我们还需要对他的这个概念做进一步的厘定。

哈耶克所谓的"分立的个人知识",套用他本人的话来说,乃是一种为不同的个人分散拥有的关于"特定时空下的情势"的知识;当然,哈耶克在1936年时对此尚不明确,当时他把这种知识称之为与特定的人具有关系的"相关的知识"③,而只是在1945年的论文中才大量使用"特定时间和地点的知识"④或为"现场的人"所拥有的关于"特定时空下的情势的知识"⑤。显而易见,这种关于"特定时空下的情势的知识"实际上还隐含着各种不同种类的知识:第一,这种行动者关于"即时性环境的事实的知识"显然包括一种独立于"知道者"(knower)而隐含于一系列形式制度中的知识种类。这种知识隐存于教育、图书馆、传媒广告等这类形式制度中,并且具有相当高的时间性和地方性,任何行动者都可以经由学习而获得这种地方性知识并在社会活动中使用它和发展它;第二,这种关于"特定时空情势的知识"当然也包括那种为行动者以外的其他行动者所拥有的知识,亦即有一知道主体的知识种类,而这种知识也是可以为特定的行动者在社会互动中"发现的"。但是需要强调指出的是,这种关于"特定时

---

① 哈耶克:《个人主义与经济秩序》,贾湛等译,北京经济学院出版社1989年版,第79—80页。
② Hayek, "The Economy, Science, and Politics," in *Studies in Philosophy, Politics and Economics*, London: Routledge & Kegan Paul, 1967, p. 264.
③ 哈耶克:《个人主义与经济秩序》,贾湛等译,北京经济学院出版社1989年版,第48页。
④ 同上书,第77页。
⑤ 同上书,第78—79页。

空下的情势的知识"中的不同知识种类,尽管是哈耶克经由对"分立的个人知识"与"理论知识"界分的突破而在"分立的个人知识"题域中的拓展运用,然却并未涉及此一题域中知识的不同性质问题。

显而易见,哈耶克所言的这种知识,第一个特性就是它所具有的"分散性"或"分立性",这是因为哈耶克认为,并不存在一种整合了的社会知识,也不存在那种把全部知识都化约成"科学知识"的知识,所存在的只是无法加以组织的为无数个人所特有分立的知识:尽管在"今天,谁要是认为科学知识不是全部知识的概括,简直就是异端邪说。但是稍加思索就会知道,当然还存在许多非常重要但未组织起来的知识,即有关特定时间和地点的知识,它们在一般意义上甚至不可能被称为科学的知识。但正是在这方面,每个人实际上都对所有其他人来说具有某种优势,因为每个人都掌握着可以利用的独一无二的信息,而基于这种信息的决策只有由每个个人作出,或由他积极参与作出,这种信息才能被利用"①。这里需要再一次强调,知识的这种"分散特性"所关涉的还只是知识的一种存在状态,而未能涉及知识本身的内在性质,关于后者,我们将在下文讨论。

其次,上述那种关于"特定时间和空间的情势"的分立的个人知识,实际上是一种"可以发现的"或"可传播的"和"可以阐明的"知识,因为在哈耶克那里,这种知识主要是一种独立于"知道者"且常常隐含于各种形式制度之中或为其他行动者所拥有的知识,所以行动者本人未必一开始就拥有这种知识,但是他们却能够经由学习等手段而掌握这类知识;而这也就意味着,行动者对这类知识的把握和传播,实是以一种"知"或"有意识"的方式达致的,因为行动者知道他们所需要的知识和所知道的东西并且能够阐明它们。从这个意义上讲,哈耶克此时所宣称的关于"特定时空下的情势的知识"只是一种吉尔伯特·赖尔意义上的"知道那个"(know that)的知识,而非他所指出的那种"知道如何"(know how)的知识。值得我们注意的是,正是哈耶克宣称的这种知识具有"知道那个"的知识的品格,所以他在此一阶段的研究中也就更关注个人所拥有的实质性知识的问题②,进而在考虑如何协调分散的知识的过程中也只能强调对知识

---

① 哈耶克:《个人主义与经济秩序》,贾湛等译,北京经济学院出版社1989年版,第76—77页。
② 的确,正如 S. Kresge & L. Wenar 在 *Hayek on Hayek* 一书中所指出的,"他早先在经济学理论中的大多数研究工作都强调这样一个问题,即要将时间性因素(time factors)引入均衡过程之中极为困难。但是在大量的经济学理论中,人际关系中极为重要的时间性因素——(转下页)

的量的追究,哈耶克对此曾极为明确地指出:关于制度的效率问题,"主要取决于我们可望在哪一种制度下能够更为充分地利用现有的知识,而知识的充分利用又取决于我们怎样做才更有可能取得成功;是将所有应被利用的但原来分散在许多不同的个人间的知识交由一个单一的中央权威机构来处理呢,还是把每个人所需要的附加的知识都灌输给他们,以使他们的计划能与别人的计划相吻合"①?

从逻辑上讲,只要哈耶克经由"分立的个人知识"概念的提出而开始质疑主流经济学处理知识问题时所采用的实证主义的方法,只要哈耶克因此而采取主观主义的知识观和社会科学中方法论个人主义的进路,他就不仅会对社会的非同质性保有高度的警醒,进而考虑知识的构成问题,而且还必定会主张不同情形和环境中的不同行动者拥有着不同量的实质性知识,进而探究这些行动者发现和传播这类知识并增进这类知识的发现和传播所依凭的机制问题,而这个问题则实实在在与哈耶克所试图回答的有关社会秩序如何维续和发展自身的问题紧密相关。

实际上,哈耶克在1936年《经济学与知识》一文中就已经初步意识到了发现和传播这类知识的问题,一如他在当时所指出的,"所有社会科学的核心问题乃是,存在于不同的心智之中的零星知识的结合,是如何可能导致这样的结果的,即如果人们要经由思虑而刻意导致这样的结果,那么它就要求指挥者的心智拥有一种任何单个个人所不可能拥有的知识"②。但是,哈耶克于此时的论述虽说触及了这个问题并且还有可能开放出有关增进这种知识发现和传播的机制的问题,然而这毕竟还只是一个问题,因为哈耶克尚不具有相应的概念工具和理论对它进行审视。即使一如上述,哈耶克于1942年发表的《科学主义与

(接上页)什么时间发生了什么,以及原因与结果之间间隔了多长时间——却被那些关于预期、风险和产出等因素的漫不经心的讨论而切割掉了"(S. Kresge & L. Wenar, *Hayek on Hayek*, London: Routledge, 1994, p.21),但是在我看来,哈耶克当时在试图把时间引入对秩序问题的研究的过程中,所强调的仍然是"知道那个"的知识,而不是"知道如何"的默会知识;需要我们注意的是,哈耶克在1960年就时间进行的讨论,却显然发生了很大的变化,一如他所说,"当我们言及知识传承与知识传播(transmission and communication of knowledge)时,我们乃意指文明进程的两个方面:一是我们累积的知识在时间上的传承,二是同时代人之间就其行动所赖以为基础的信息所进行的传播。但是,这二者并不能够截然两分,因为同时代人之间用以传播知识的工具,乃是人们在追求其目的时常常使用的文化遗产的一部分"(哈耶克:《自由秩序原理》,邓正来译,三联书店1997年版,第25页)。

① 哈耶克:《个人主义与经济秩序》,贾湛等译,北京经济学院出版社1989年版,第76页。
② 同上书,第52页(译文有所改动——作者注)。

社会研究》和《社会科学的事实》这两篇论文虽说都明确发展了1936年论文中所提出的主观论题,但因论题的限制,也未能对知识的发现和传播的机制问题进行专门的探究。只是在1945年发表的《知识在社会中的运用》的论文中,哈耶克才真正开始对这个问题展开了讨论,据此,我们有必要对他在该文中所做的论述进行比较详尽的征引:

"如果我们可以同意社会经济问题主要是适应具体时间和地点情况的变化问题,那么我们似乎就由此推断出,最终的决策必须要由那些熟悉这些具体情况并直接了解有关变化以及立即可以弄到的应付这些变化的资源的人来作出。我们不能指望通过让此人首先把所有这些知识都传递给某一中央机构,然后该中央机构综合了全部知识再发出命令这样一种途径来解决这个问题,而只能以非集权化的方法来解决它。因为只有后者才能保证及时利用有关特定时间和地点之具体情况的知识,但是,'在场者'又不能光依据他有限然而又直接的对周围环境的了解来做出决策。所以,仍然存在如何向他传递他所需要的信息以使其决策符合更大范围经济体系的整个变化模式这样一个问题"①,或者"由此我们可以知道,根据统计资料制订的中央计划,由其本质决定,是无法直接考虑这些具体时间和地点的情况,因而中央计划者必须找出一种方法,让'在场者'来做这种基于具体情况的决策"②;因此,"人们赖以制订计划的知识传递给他们的各种途径,对任何解释经济过程的理论来说,都是至关重要的问题"③。

在哈耶克看来,能够解决这个问题的机制就是他所谓的市场"价格体系",甚至可以把它与传播信息的"电信系统"(telecom system)等而视之,因为"如果我们想理解价格体系的真正作用,就必须把它视作传播信息的这样一种机制。……价格体系的一个最为重要的事实是,它运作中的知识很经济。……把价格体系描述成一种……电信系统不只是一种隐喻"④;Samuel Brittan 在讨论哈耶克的社会理论时也指出,"哈耶克强调说,市场乃是传播分散于无数人之手

---

① 哈耶克:《个人主义与经济秩序》,贾湛等译,北京经济学院出版社1989年版,第79—80页。
② 同上书,第79页。
③ 同上书,第75页。
④ 同上书,第81—82页。

的信息的手段。……市场系统乃是一种'发现的技术',而非一种配置众所周知的资源的分式"①;这是因为"通过价格体系的作用,不但劳动分工成为可能,而且也有可能在平均分配知识的基础之上协调地利用资源……并因而能自由地利用其知识和技能的程度"②;而且从根本上来讲,"在一个关于相关事实的知识掌握在分散的许多人手中的体系中,价格能协调不同个人的单独行为,就像主观价值观念能帮助个人协调其计划的各部分那样"③。

哈耶克在型构他的知识观和发现和传播这种知识的机制以回答他所提出的"自生自发秩序"的问题的过程中所做的论述无疑要比人们想象得更繁复,我们在这里至少可以指出下述两点:第一,尽管哈耶克当时主要把"分立的个人知识"视作关于特定时空下的情势的那种实质性知识,但是我们由此并不能简单地认为他对其间可能存有不同性质的知识根本没有意识,因为早在《经济学与知识》一文中哈耶克实际上已经指出,"在这个意义上的知识比通常说成为技术的东西要广,并且我们这里所谈到的知识的分工比劳动分工的含义要多。简单地说,'技术'仅仅指一个人在他的行业中所使用的知识,而同时,为了能对社会变化的过程说出些道道,我们就必须懂得一些更深一层的知识,这些知识是人们不直接使用的有关行为选择可能性的知识。需要补充的是,在这里知识只在所有的知识都是预见的能力这一意义上,才与预见是一致的"④。哈耶克的这段论述显然表明他已经意识到了作为一种技术的知识与作为知道一系列事实的知识之间的区别,然而由于他所提出的"分立的个人知识"这个概念的特性,使他未能在社会理论的建构过程中运用这一区别,也因此,更为准确地说,作为技术的知识的含义在哈耶克当时的社会理论中不仅相当狭窄,而且在他的社会理论中的位置也相当低下。

第二,就哈耶克有关个人行动者之间发现和传播知识的机制的讨论而言,我们也同样不能因哈耶克对作为"电信系统"的价格体系的强调而简单地断定他对深隐于经济社会内部的发现和传播知识的其他机制毫无意识。在1945年发表的《知识在社会中的运用》论文中,哈耶克在强调价格体系的作用时实际上

---

① Samuel Brittan, *The Role and Limits of Government*, *Essays in Political Economy*, University of Minnesota Press, 1983, p.59.
② 哈耶克:《个人主义与经济秩序》,贾湛等译,北京经济学院出版社1989年版,第83页。
③ 同上书,第81页。
④ 同上书,第49页注释[1]。

也已经意识到了植根于规则、习惯和制度之中的知识,以及这种规则、习惯和制度在发现和传播知识方面的作用;就此而言,哈耶克甚至还征引了 Whitehead 的话来阐明他的观点,"所有的习字帖和大人物演说时反复引用的说法——我们应该养成思考我们在做什么的习惯,是一个大错特错的陈词滥调。事实恰恰相反,文明的进步,乃是通过增加我们无须考虑便能运作的重大活动的数量来实现的",并且进一步指出,"这在社会领域极为重要,我们不断地利用我们不理解的公式、符号和规则,并通过这种利用,使我们能够得到那些我们个人所未掌握的知识之帮助"①;即使在讨论价格体系的时候,哈耶克也敏锐地指出,价格体系本身也是人类的一种偶然发现,实是人类未经理解便学会运用的发现和传播知识的机制②。哈耶克的这些论述不仅表明他已经开始意识到了诸如"默会知识"(tacit knowledge)这样一种性质的知识的存在,而且还在一定的程度上触及了发现和传播这些知识的一般性社会行为规则。哈耶克指出,"他们关于可以选择的知识乃是各种情势在市场上发生的结果,亦即诸如广告等活动的结果,而且整个市场组织的主要任务就在于满足传播购买者行事所依凭的信息"③。哈耶克在这里所强调的"整个市场组织"极为重要,它不仅表明他意识到了有许多知识的发现和传播是无法由电信系统单独承担加以完成的,而且还表明他初步意识到了电信系统之外的一些其他机制也在促进知识的发现和传播。

当然,我们必须指出,大约从 1936 年至 1945 年的这段时间中,哈耶克经由"分立的个人知识"这个概念的提出而确立的"知"意义上的知识观所具有的限度——在结果的角度上可以说是他的极端主观主义知识观的限度,致使他于此一期间的论述只能关注到个人知识的主观性质和分散性质,或者说,致使他在意识到了技术知识与事实知识的区别、甚至触及了默会知识的状况下也只能在理论逻辑上把关于"特定时空下的情势"的分立的个人知识作为一种含括不同种类知识的总称并含混地将这些不同的知识种类放在一起进行处理,更是无力洞见到"默会知识"这种特殊性质的知识在解释自生自发秩序方面所具有的特殊意义,当然也无法运用这些知识间的差异去反思他自己原有的研究对象和

---

① 哈耶克:《个人主义与经济秩序》,贾湛等译,北京经济学院出版社 1989 年版,第 83 页。
② 同上书,第 83—84 页。
③ 同上书,第 91 页(译文有所改动——作者注)。

"知"意义上的知识观。只是到了1952年,哈耶克在回答"为什么行动者主观拥有的观点与客观世界相符合"或"为什么行动者以相同的方式认识客观世界"等问题时发表的理论心理学专著《感觉秩序》(Sensory Order)中,才第一次表明他意识到了吉尔伯特·赖尔关于"知道如何"的知识与"知道那个"的知识在性质上的区别以及这种区别所具有的重要意义①,甚至只是在1960年发表《自由秩序原理》一书时才论及迈克·博兰尼的"默会知识"观。

最为重要的是,从另一个角度看,哈耶克经由"分立的个人知识"概念的引入而确立的"知"意义上的主观知识观,只能允许他认识到那些为行动者"有意识"运用的增进知识的发现和传播的诸如电信系统、广告、人际关系等机制,但是却在知识论的基础上把那些为行动者并"非有意识"运用的大量的一般社会行为规则从研究对象中切割了出去,而这些机制本身不仅是发现和传播大量知识所必需的,而且还是电信系统这种机制本身得以植根于其间的社会网络基础;换言之,由于哈耶克提出的"分立的个人知识"这个概念以及由此确立的"知"意义上的知识观所存在的限度,一方面致使他在意识到个人知识首位性的同时只能把发现和传播知识的问题基本上归结于这样一个问题,即分散的个人知识是如何为他所认为的电信系统和其他形式制度所发现和传播的,并且在讨论的过程中只能一如当初那般对价格体系的作用做夸大的宣称,"我担心我们那种以几乎每个人的知识都几乎是完全的假设来处理问题的推理习惯,使我们看不清价格机制的真正作用,并使我们以错误的标准来判断其效力。……即使并非每个人都能在一个瞬息万变的世界中相处得如此融洽,以致他们的利润率总是保持相等或同样的'正常'水平,这仍不失为一个奇迹"②,而另一方面则致使他在初步意识到知识的复杂性质并开始认识到仅价格体系本身并不能充分增进复杂社会中不同行动者间进行协调所必需的知识发现和传播的所有要求的同时,也依旧无力对比价格体系更宽泛更基本的发现和传播知识的其他替代性机制(一般性社会行为规则)进行详尽的探讨。

二、默会知识与实践的意义

在50年代,准确地说是在60年代,哈耶克的社会理论建构发生了根本性

---

① Hayek, *The Sensory Order*, London: Routledge & Kegan Paul, 1952, p. 39.
② 哈耶克:《个人主义与经济秩序》,贾湛等译,北京经济学院出版社1989年版,第82页。

的变化,而就此点言之,最值得我们注意的是哈耶克从两个路向出发的一系列概念的转换,因为正是透过这些概念的转换,标示着哈耶克实质性社会理论的建构路径的变化,标示着哈耶克原有的自生自发秩序题域中的具体问题的变化,也在更深刻的层面上意味着哈耶克知识观和本体论的变化。当然,最显见的是从观念向规则的转换,正如 Lawson 所尖锐指出的,哈耶克在大约 60 年代建构其社会理论时所采用的术语发生了极大的变化,诸如"意见"(opinions)、"信念"(beliefs)、"理念"(ideas)、"态度"(attitudes)等术语开始为"支配行动的规则"(rules that govern action)、"人们所遵循的规则"(rules people obey)等术语所替代①。显而易见,这并不只是一种语义学上的简单变化,而是反映了哈耶克在解释社会世界时所使用的范畴和所依凭的知识观的转换,套用哈耶克本人的说法,这些概念的转换意味着在关于社会行为规则乃是客观存在这样一种洞识与不愿违背那些在行动中通常得到遵守的规则的倾向之间存在着某种内在关联,进而在关于事件遵循规律的信念与一种行动者"应当"在其行动中遵循社会行为规则的感觉之间也存有某种内在联系②。

从某种程度上来讲,我们必须承认 Lawson 在理论洞察方面的敏锐力,然而极为遗憾的是,Lawson 并没有由此而做进一步的深究;而我认为,哈耶克于此一层面的概念变化,恰恰是一种"表层的"或更确切地说是一种"结果性"的变化,因为这一路向上的变化实际上是由另一脉络的概念变化而引发的,而这就是我所谓的哈耶克经由"无知"这个核心概念的引入而表现出来的从"知"意义上的"分立的个人知识"观(在某种意义上也可以称为"明确知识")③到"无知"

---

① T. Lawson, "Realism and Hayek: a Case of Continuous Transformation," in M. Colona and Hageman, eds., *The Economics of Hayek*, Vol 1: *Money and Business Cycles*, Edward Elgar, 1994, p. 151.

② 参见 Hayek, "Notes on the Evolution of systems of Rules of Conduct," in *Studies in Philosophy, Politics and Economics*, London: Routledge & Kegan Paul, 1967, pp. 66 – 81。这里需要强调指出的是,"规则"(rules)也是哈耶克社会理论发展过程中起着关键作用的一个核心概念,因为在 60 年代以前,哈耶克因其"知"意义上的知识观的支配作用而无法在其实质性社会理论的研究中对"规则"的问题进行详尽探究,只是在他的知识观发生了转换以后才具有了这种可能性,在此基础上实现了从具体的"行动规则"(rules of action)到一般且抽象的"行为规则"(rules of conduct)的转换,并且一直沿用此一概念至他的最后一部论著。这个问题也同样繁复,然却不是本文所讨论的问题,但是我将在即将出版的《哈耶克学术思想评论》(暂定书名)专著中对这个问题进行探讨。

③ 尤其参见哈耶克《自由秩序原理》一书第二章中对各种理性知识[指"理论知识"(theoretical knowledge)、"有意识的知识"(conscious knowledge)和"明确的知识"(explicit knowledge)等]所做的专门讨论,他在这一章节中明确指出,"然而,就本书的讨论而言,上述对理性知识的不同种类进行界分的工作,并非很重要;而且在本书的分析中,笔者实际上是将这些不同种类的理性知识集合于一体而统称为明确知识的"(哈耶克:《自由秩序原理》,邓正来译,三联书店 1997 年版,第 24 页)。

意义上的"默会知识"观的直接转化：诸如"知识"、"意见"（opinions）、"信念"（beliefs）、"理念"（ideas）等术语开始为"无知"（ignorance）,"必然的无知"（necessary ignorance）,"不可避免的无知"（inevitable ignorance）等概念所替代。为此,同时也是出于逻辑的考虑,我以为有必要从哈耶克社会理论建构过程中此一更为深刻的核心概念变化层面入手,对构成哈耶克社会理论发生变化的运思脉络以及其间所含有的理论问题进行探究。

不容我们忽视的是,哈耶克从"知"到"无知"知识观的转换并不是一蹴而就的,其间还经历了一个极为重要的阶段,亦即构成哈耶克社会理论建构过程的承前启后的阶段,而最能够表现这个阶段特征的,便是哈耶克在受到吉尔伯特·赖尔和迈克·博兰尼的影响下所初步提出的"默会知识"（tacit knowledge）和"知道如何"（knowing how）的观点。一如上述,尽管哈耶克倾向于使用"关于特定时空下的情势"这种含括了不同种类的个人知识的总称而致使他未能明确洞见和阐明"默会知识"的重要意义,但是他在此一时期已然初步意识到的以"知识种类"为基础的作为一种技术的知识与作为一种事实的知识间的差异,却在一定意义上为他于此后真正洞见到"默会知识"和"知道如何"的知识的重要意义开放出了某种可能性。

根据我个人的研读,哈耶克乃是在1952年发表《感觉秩序》时第一次通过明确征引赖尔"知道如何"与"知道那个"的知识二分法而论及"默会知识"问题的,并且由此提出了他的社会理论中,在我看来,一个相当重要的命题,亦即默会知识相对于其他知识的首位性命题,一如约翰·格雷所指出的,"哈耶克的认识论在其整个学术生涯中都持之一贯。理解哈耶克知识论立场的核心著作,即《感觉秩序》（1952）,亦是认识其政治理论一以贯之论辩的一个不可或缺的渊源。哈耶克的认识论立场的最佳总结,可见之于他在著述中反复强调的一个命题：关于人之理性和知识的不证自明的命题,乃是哈耶克所意味的人之心智的结构性限度（constitutional limitation）,或者默会知识优位于理论知识"①。

在《感觉秩序》一书中,哈耶克透过此一命题试图达致的目的,始终在于阐

---

① 参见 John Gray, *Hayek on Liberty*, Oxford: Basil Blachwell, 1984, pp., 1-9；但是需要指出的是,我对格雷关于哈耶克认识论持之一贯的论点不敢苟同,因为从60年代开始,哈耶克的认识论实际上发生了很大的变化,详尽的分析请参见本文第三部分的讨论；此外,我个人认为,哈耶克的默会知识不仅只优位于理论知识,更重要的还优位于作为非理论知识的"知道那个"的分立的个人知识,而这也是 John Gray 所未能识见的。

明和界定理解世界的理性这种力量的性质和限度,而哈耶克对这个问题的论证则显见于他所提出的三种秩序的结构之中。哈耶克所谓的三种秩序:一是"物理秩序"(the physical order),亦即经由对客体之间关系的精确或数理陈述而得到表达的世界,套用哈耶克的话说,"外部世界的物理秩序,或物理刺激因素,就我们眼下的目的而言,我们必须假设它是已知的,尽管我们关于它的知识,当然是非全涉的(imperfect)";二是传导刺激的神经纤维的"神经秩序"(the neural order),它"尽管毋庸置疑是整个物理秩序的一部分,然而它的另一部分则不是能够直接为人所知的,而只能被重构";三是"感觉秩序"(the sensory order),亦即作为一种为人们所感知的世界;哈耶克认为,"感觉的思想或现象秩序(以及其他思想秩序)是可以直接为人所知的,尽管我们关于它的知识在很大程度只是一种'知道如何'而非一种'知道那个'的知识,而且尽管我们可能永远没有能力通过分析而揭示出决定那个秩序的所有关系"①。

当然,就哈耶克上述命题的关系而言,他在这些秩序结构中更为关注的乃是上述第二与第三种秩序间的关系,因为他论证说,思想或现象秩序乃是由大脑和神经系统回应刺激因素的生理过程而产生的,因此,神经秩序在很大程度上是一种"类分器官"(an apparatus of classification),它经由决定神经系统中关系系统或刺激因素的方式而产生感觉和其他思想秩序②。显而易见,上述秩序间的关系颇有助于哈耶克说明这种默会知识的性质:

首先,就这种默会知识而言,行动者并不需要"有意识"地去获致它,因为他们已经拥有了它:他们在生活和学习的过程中已然掌握了在社会中生活和遵循社会行为规则的技术,亦即已然掌握了知道"如何"这种默会的知识。正是默会知识与感觉秩序之间所具有的这种内在关系,导致哈耶克得出结论说,人之心智本身乃是一种社会和文化构成的产物,它无力使自身与那些使它进行分类的规则相分离,这即是说,心智的构成性规则始终高于对心智本身的理解,也因此它"绝不能充分解释其本身的运作"③。

其次,一如上述,每个个人所感知的秩序都与默会知识有着内在的关系,而这种作为无须明言阐释的知识的默会知识为人们在各种情形中行事提供了一

---

① 参见 Hayek, *The Sensory Order*, London: Routledge & Kegan Paul, 1952, p.39。
② 同上书,第53页。
③ 同上书,第185页。

种一以贯之的指导。这种知识乃是独立于理性,通过学习和阐释的经验、最基本的是通过那种由诸如家庭这类制度传承下来的文化传统所提供的。哈耶克经由把他此前所主张的理论知识以分立的个人知识为背景的观点与他此时从赖尔那里继承来的关于"知道那个"的知识源出于"知道如何"的知识的观点相结合,主张"明确"或"有意识"的知识植根于最初由文化传统形成的默会知识之中。他的这一洞见导使他认为这种"知道如何"的默会知识并不是由形式制度储存和传播的,而是隐含于社会的非正式的制度网络之中的(informal institutional network),而处于这种网络核心位置的便是人们遵循但并不知道其结果的一般社会行为规则。

最后,虽说这种"知道如何"的默会知识隐含于文化传统之中,但文化传统并不决定默会知识的具体内容,因为由个人拥有的默会知识乃是一种高度个人化的知识,或者说它是相当依附于"知道者"本人的;这种知识所反映的是作为一个人感觉的他个人所处的环境,而这种反映是独特的,从而也只在一个相当有限的程度上是可以传播的。因此,默会知识乃是一种实践性知识,是一种"能确使有机体持续存在"的知识,是与个人关于对事件的回应如何影响生存的感觉相关的,而且也是由这种感觉形成的①。哈耶克此一研究进路的意义在于,我们作为个人的所作所为乃是与我们关于生存之习惯性认知紧密相关的;再者,"知道如何"遵循社会行为规则的行动者,无须而且不用知道隐含于这些规则本身之中的一系列事实。在这里,我们又看到了吉尔伯特·赖尔对哈耶克的影响,因为赖尔在1945年亚里士多德哲学学会所发表的《知道如何与知道那个》("Knowing How and Knowing That")的主席演讲中指出,"知道一项规则……并不像拥有一些额外信息,而是能够践履某一智识上的作用(或运作)"②;这即是说,知道一项规则免除了增加"一些额外信息"的必要性,换言之,尽管遵循一项规则的行动者确实拥有了更多的知识(就他们是该项规则更富技术的运用者而言,他们在更深的层面上知道了"如何"),但是关键之处却在于他们并没有因此而增加任何关于"那个"的知识。当然,我们于此也发现了博兰尼在《个人知识》(*Personal Knowledge*)这一名著中所提出的关于"默会知识"

---

① 参见 Hayek, *The Sensory Order*, London: Routledge & Kegan Paul, 1952, p. 82。
② Gilbert Ryle, "Knowing How and Knowing That," in *Proceedings of the Aristotelian Society*, 46 (1945-6), p. 7.

的理论对哈耶克的影响,而最为明显的影响就表现在哈耶克对其原有观点的修正并得出知识在本质上是实践性的知识的论断,以及表现在哈耶克对博兰尼下述观点的明确运用,即我们所运用的大量知识都具有默会性质,所以我们知道的要比我们能用语言表达的多。

经由上述分析,我们可以发现,在关于默会知识首位性的命题中,哈耶克还经由宣称大多数知识必定储存或体现于那些支配行动和观念的社会行为规则之中而对实践在建构人类知识中的首要性做出了预设,这实是因为他认为,默会知识在根本上乃是一种实践性的知识,正如 W. Butos 对哈耶克的知识观所做的较为明确的总结:哈耶克头脑中的那种知识,要比那些被纳入主流经济学模式的典型知识宽泛得多:除了价格、数量和价格预期以外,它还意指可为个人所运用的各种各样的实践性知识,以及那些在很大程度上是关于行为的一般性规则、传统和社会习俗的默会知识①。当然,在我看来,格雷的评价更为确切:"我们可以说,哈耶克的著述表明他把吉尔伯特·赖尔所谓的'知道如何'、迈克·博兰尼所谓的默会知识、迈克·奥克萧特所谓的传统知识等都视作我们所有知识的渊源。正是在这个意义上——认为知识的品格在根本上是实践性的——我们可以说哈耶克赞同这样一个命题,即实践在人类知识的建构过程中具有首要性。这并不意味着哈耶克对理论建构事业的轻视,而是他把我们对实践性知识的理论重构视作必然不是全涉的。"②

尽管哈耶克经由"默会知识"这个核心概念的引入而提出的默会知识首位性的命题以及其间隐含的实践在知识建构中具有首要性的预设,都表明了他对默会知识的承认,但是我们必须指出,对于哈耶克的社会理论建构而言,他的这个命题还只是一个初步命题,因为他关于默会知识的洞识,在他为回答社会秩序如何创建并维续自身这个问题而必须展开的关于知识的发现和传播方面的讨论过程中并没有发生任何作用;再者,哈耶克于此还只是直接采纳博兰尼和赖尔的观点而未能在根本上超越他们关于知识的个人性质和知识型构的生理

---

① 参见 W. Butos, "Hayek and General Equilibrium Analysis," *Southern Economic Journal*, 52 (1985, October), p. 340。

② John Gray, *Hayek on Liberty*, Oxford: Basil Blachwell, 1984, p. 14;吉尔伯特·赖尔所谓的"知道如何"的知识,请参见 Gilbert Ryle, "Knowing How and Knowing That," *Proceedings of the Aristotelian Society*, 46 (1945-6), pp. 1-16;迈克·博兰尼所谓的"默会知识"的观点,请参见 M. Polanyi, *Personal Knowledge*, London: Routledge & Kegan Paul, 1958, 以及 *The Tacit Dimension*, London: Routledge & Kegan Paul, 1966;而迈克·奥克萧特所谓的"传统知识"的观点,请参见 M. Oakeshott, *Rationalism in Politics*, London: Methuen, 1962。

性质的观点,而这最为明确地表现在他未能洞穿默会知识的可能路径而对储存和传播甚至协调不同的个人知识的社会行为规则做出进一步探究。然而我们无论如何还是必须承认,哈耶克经由"知道如何"的默会知识这个概念的确立而提出的上述命题及其预设依旧为哈耶克社会理论的真正建构展开了一系列可能性:

首先,对"知道如何"与"知道那个"的知识进行区别的重要意义,乃在于哈耶克把"默会知识"这个概念变成了某种信念,进而确立了它在性质上与非默会知识的不同。正是在这里,哈耶克已然从知识的存在状态转向了对知识性质的审视:他从"知识种类"的可能性中探及了知识在性质上的区别而非仅仅在量或类上的区别,而这反过来又使他关于"知识种类"的主张具有了开放理论问题的实质性意义。与非默会的知识完全不同,"知道如何"的默会知识提出了这样一种可能性,即行动者或许以默会的方式知道事物并以默会的方式遵循规则。这里需要指出的是,"默会"这个术语通常所意指的是某些东西被理解而无须被陈述,因此这个术语所强调的毋宁是知道对象的方式,而不是陈述知道对象的能力。正如哈耶克征引赖尔的观点所指出的,"知道如何"乃存在于根据规则行事的方式之中,而就这些规则而言,人们虽说可能有能力发现它们,但却不用为了遵循它们而必须有能力去陈述它们①。

更为重要的是,这种默会知识还为哈耶克最终进入并确立他的"无知"立场提供了某种可能性:由于我们的知识在很大程度上是默会知识,由于我们知道的要比我们能陈述的多,而且由于调整我们行为和感觉的社会行为规则以及那些支配我们遵循规则的规则归根到底都处于阐释不及的状态,所以在某些情势下,我们就可能只拥有极为有限的知识甚或没有知识,也就是说我们有可能是无知的。一如前述,探究行动者如何根据沟通性知识来协调他们间的互动是一回事,而探究行动者如何在无知的状况下始动其行动并相互协调则完全是另一回事,因此,哈耶克就必须从"知"意义上的知识观向"无知"意义上的知识观进行转换。

其次,与上述进入"无知"意义上的知识观的可能性相关的是,哈耶克经由"默会知识"这一概念而确立的关于默会知识首位性的重要命题,还为他切实进

---

① 参见 Hayek, "Rules, Perception and Intelligibility," in *Studies in Philosophy, Politics and Economics*, London: Routledge & Kegan Paul, 1967, p. 44, fn. 4。

入社会理论更深层面的题域提供了某种可能性。一如上述,哈耶克所持有的"分立的个人知识"观和方法论上的个人主义进路不仅使他对社会的异质性保有着高度的警醒,而且还使他认识到不同的行动者在不同的情形和环境中会拥有不同量的知识。然而,在这些知识当中,重要的并不是"知道那个"的非默会知识而是"知道如何"的默会知识,而这种默会知识却显然不是哈耶克在此前所宣称的作为发现和传播知识的机制的电信系统(即价格体系)所能储存、发现和传播的,因此,如果在社会秩序自生自发过程中传播并发挥作用的大量默会知识并不能由电信系统作为传承中介,那么就会产生下述两个极具重要意义的可能性:第一,哈耶克的这一认识有可能否定他本人就电信系统之作用和效用所做的夸张性主张,因为大量的默会知识并不是由电信系统发现、传播和储存的;第二,哈耶克关于电信系统有限作用的这个可能的认识,有可能从肯定性的路向上激励他对其他增进这种知识发现、传播和储存的机制做出进一步的追究;一如我们所见,哈耶克此后的研究渐渐使他洞见到了承载集体智慧或知识的社会行为规则的重要意义并由此真正确立起了他的社会理论。

个人以为,理解哈耶克于20世纪50年代只是提出"默会知识首位性"的初步命题以及这一命题为哈耶克社会理论的发展开放出了一系列可能性这一点,极为重要,因为哈耶克关于默会知识首位性的命题的真正确立,实是与他在1960年发表的《自由秩序原理》著作中开始创建的"无知观"以及由此而引发的实质性社会理论的推进紧密勾连在一起的。众所周知,哈耶克只是到了1960年发表《自由秩序原理》一书①而且更为重要的是1962年发表《规则,认知和可知性》("Rules, Perception and Intelligibility")这篇著名论文的时候,才开始将博兰尼和赖尔关于"知道如何"的默会知识观引入进了他自己的社会理论发展脉络之中。哈耶克在《规则,认知和可知性》一文中以言说者、骑自行车者、手艺人、滑雪者等作为范例,以说明行动者在知道如何方面的"知"然却同时在知道那个方面的"无知",正如哈耶克所指出的,"我们将视作出发点的最为显著的现象事例,乃是小孩以符合语法规则和习惯语的方式运用语言的能力,然而这些语法规则和习惯语则是他们所完全不意识的"②;由此出发,哈耶克更为明确地

---

① 参见哈耶克:《自由秩序原理》,邓正来译,三联书店1997年版,第二章第23页以及相关注释[4](第326页)。
② Hayek, "Rules, Perception and Intelligibility," in *Studies in Philosophy, Politics and Economics*, London: Routledge & Kegan Paul, 1967, p.43.

指出,"上述现象乃是一种极为宽泛的现象,而且含括了我们所谓的所有的技艺。手艺人或运动员的技术——在英语中这种技术被称作'知道如何'——雕刻、骑自行车、滑雪或打绳结等,都属于这一范畴"①。哈耶克列举这些范例的深刻含义乃在于指出,在社会经济生活中,有许多现象是个人行动者无从阐明、并不知道也不可能知道的,正如他所言的,"这些技术的特征就是我们通常无力明确(以语言方式)陈述其间所隐含的行事方式"②。

然而值得我们注意的是,此一层面的"不知道"并不会防阻行动者采取行动,因为他们知道如何遵循社会行为规则和如何行事。哈耶克在《致命的自负》一书中对此一观点给出了总结性的评论:"遵守行为规则与知道一些东西,二者之间存在一种差异。这种差异已由各种各样的人物以各种各样的方式予以指出。例如,吉尔泊特·赖尔就曾在'知道如何'与'知道那个'之间作出区分。遵守行为准则的习惯,迥然不同于知道自己的行为将产生某种效果。应该根据它的本来面目来看待这种行为。事实上,它是一种技能,人们借此使自己与一种模式相适应乃至相融合。对于这种模式的存在,人们可能很少知晓;对于它的效果,人们可能也不得而知。尽管不能解释或者描述,多数的人毕竟可以认识几种不同的行为模式并使自己与之相适应。所以,一个人对已知的事件如何反应,决不必然地由关于自己行为效果的知识来决定,因为我们经常不具备而且也无法具备这种知识。既然我们无法具备这种知识,那就几乎不存在什么合理的理由要求我们拥有它;事实上,如果我们的所作所为真的全都只听命于我们就这种效果所拥有的有限知识,我们恐怕会变得更加贫穷"③。

显而易见,哈耶克在1960年以后关于知识论题的讨论中,不仅没有忽略知识的分散性质,而且还在社会理论强调社会行为规则的脉络上增加了知识的默会性质,因为哈耶克对默会知识和以默会方式遵循的社会行为规则的探究,并未停止在类似于骑自行车或言说一种语言这样一些物理性的行动(physical acts)层面。尽管哈耶克仍然认为"知识只会作为个人的知识而存在,所谓整个社会的知识,只是一种比喻而已。所有个人的知识(the knowledge of all the

---

① Hayek, "Rules, Perception and Intelligibility," in *Studies in Philosophy, Politics and Economics*, London: Routledge & Kegan Paul, 1967, p. 43.
② 同上。
③ 哈耶克:《致命的自负》(原译《不幸的观念》),刘戟锋等译,东方出版社1991年版,第109—110页。

individuals)的总和,绝不是作为一种整合过的整体知识(an integrated whole)而存在的"①,但是需要我们注意的是他又紧接着强调指出,"这种所有个人的知识的确存在,但却是以分散的、不完全的、有时甚至是彼此冲突的信念的形式散存于个人之间的,因此我们如何能够做到人人都从此种知识中获益,便成了一个我们必须正视的大问题"②。正是哈耶克于此处所说的"一个我们必须正视的大问题"以及他对这个问题的回答,表明哈耶克不仅超越了他自己在《感觉秩序》一书中的观点,而且也超越了像博兰尼和赖尔这样一些主要关注生理性行动或实践方式的思想家,因为哈耶克经由此而把探究的范围扩大到了诸如工作活动、文化传统、制度或社会行为规则等这样一些社会活动题域。因此,个人以为,哈耶克透过这个"大问题"的设定和回答而将默会知识扩展到这些社会题域之中,实是他的社会理论的真正原创性之所在。

三、无知观与社会理论的确立

根据上文的分析,我们可以发现,哈耶克主要在赖尔和博兰尼等论者的影响下③,经由"知道如何"这种默会知识概念的引入才有可能于 60 年代开始考虑一种允许他将知识、会知识、无知、规则和电信系统等论题结合进他对自生自发秩序发展过程的阐释之中的极为繁复的社会理论,进而才有可能使他原本受"知"意义上的知识观支配的社会理论发生实质性的变化。当然,一如上述,哈耶克于社会理论建构方面的变化,最主要的是通过确立"无知"这个核心概念,亦即通过确立那个被《时间与无知的经济学》(*The Economics of*

---

① 哈耶克:《自由秩序原理》,邓正来译,三联书店 1997 年版,第 22 页。
② 同上。
③ 尽管哈耶克当时在《自由秩序原理》一书中没有指出波普尔对他建构"无知观"的影响,但是根据我个人的研究,波普尔于同年(1960 年)发表的《论无知和知识的渊源》的论文实际上对哈耶克具有某种影响,因为这种影响可以见之于哈耶克对波普尔这篇论文的征引(Hayek, *Studies in Philosophy, Politics and Economics*, London: Routledge & Kegan Paul, 1967, p.40, fn. [33]),尽管这一征引只是在 1964 年才出现在哈耶克发表的 "The Theory of Complex Phenomena" 论文之中。实际上,哈耶克的"无知观"还受到了奥地利经济学派主观价值理论代表人物门格尔的影响,因为他早在《经济学和社会学诸问题》(*Problems of Economics and Sociology*)一书中就论及了行动者的无知问题;在该书中,门格尔表明了这样一种观点,即在某些情势中,行动者对行动非意图的结果的无知,要比有意识的计划能够更"有效地"趋向于某些可欲的目标(门格尔的这部著作,由 L. Schneider 撰写译本导论,由 F. J. Nock 翻译,并由 Urbana 于 1963 年出版),一如 Schneider 在该书的译序中所指出的,"正是哈耶克花费了最大力气运用了门格尔这一独特的洞见",并且解释了为什么在某些情势下"无知"比"知"更有效的问题(参见 p.16)。

Time and Ignorance)①一书的作者 Gerald P. O'Driscoll, Jr. 和 Mario J. Rizzo 看来极为重要的"不可知"(the unknowable)或"根本无知"(radical ignorance)的观点而予以实现的,因为正是"无知"这一概念的引入才有可能使所谓行动者理性有限的观念具有真实意义,并使真实的社会行为规则得以独立于行动者对它们的辨识而存在,而这种境况则是哈耶克于此前所采取的那种关于社会乃由行动者的观念构成的"知"意义上的知识观所无法理解的,也不可能触及的。J. Barry 对哈耶克的社会理论所做的下述评论颇为正确,即"构成哈耶克社会哲学之全部基础的,乃是一种关于知识的理论。此一理论最为重要的特征乃是哈耶克对人之无知的强调"②,当然,这一精彩的评论只是相对于哈耶克于1960年以后的研究才是确切的。

在1960年以前,尽管哈耶克意识到了"默会知识"的重要意义而且对这种"默会知识"的洞见还开放出了一系列颇具意义的可能性,但是哈耶克却并未明确讨论过无知问题;只是自1960年发表《自由秩序原理》以后③,哈耶克才愈来愈强调无知的重要意义,而在不同形式的无知当中,他所强调的最为重要的无知形式便是那种"必然无知",正如哈耶克在《自由秩序原理》第二章开篇所指出的,"苏格拉底认为,承认我们的无知(ignorance),乃是开智启慧之母。苏氏的此一名言对于我们理解和认识社会有着深刻的意义,甚至可以说是我们理解社会的首要条件;我们渐渐认识到,人对于诸多有助于实现其目标的力量往往处于必然的无知(necessary ignorance)状态。社会生活之所以能够给人以益处,大多基于如下的事实,即个人能从其所未认识到的其他人的知识中获益;这一状况在较为发达的社会中尤为明显。我们因此可以说,文明始于个人在追求其目标时能够使用较其本人所拥有的更多的知识,始于个人能够从其本人并不拥有的知识中获益并超越其无知的限度"④。到1964年,哈耶克在一篇纪念波普尔的著名论文《复杂现象的理论》("The Theory of Complex Phenomena")⑤中更加

---

① 参见 Gerald P. O'Driscoll, Jr. & Mario J. Rizzo, *The Economics of Time and Ignorance*, London: Routledge, 1996。
② N. Barry, *Hayek's Social and Political Philosophy*, London: Macmillan, 1979, p. 9.
③ 一如前述,哈耶克最早提出"无知"这个论题是在1960年《自由秩序原理》一书之中,此后他又在1973年出版的 *Law, Legislation and Liberty*, Vol. I, *Rules and Order* (Chicago: The University of Chicago Press, 1973)第一章以及其他论著中重申了这个问题。
④ 哈耶克:《自由秩序原理》,邓正来译,三联书店1997年版,第19页。
⑤ "The Theory of Complex Phenomena"一文先发表在纪念波普尔的论文集中: *The Critical Approach to Science and Philosophy: Essays in Honor of K. R. Poppe*, ed. M. Bunge, New York: The Free Press, 1964。

明确地指出,为了反对"科学主义"所产生的误导影响,人们应当更加认真地对待无知,一如他在此文专门讨论"无知的重要性"的第九部分中所指出的,"因科学的成功实现而产生的极大富足中,那些限制我们关于事实的知识的各种情势,以及由此形成的施加于理论知识运用的疆界,为人们在相当程度上忽略了,这或许是极自然的事情。然而,现在已完全是我们更加认真对待我们的无知的时候了。正如波普尔和其他人所指出的,'我们对这个世界了解得越多,我们习得的东西越多,我们对我们所不知道的东西的知识——亦即我们对我们无知的知识——也会更有意识,更加具体且越发明确'。在许多领域中,我们已学到了足够多的东西使我们知道我们无力知道我们在充分解释这些现象时所必须拥有的一切知识"①。

对于哈耶克来讲,知识在传统上一直是以标示人之理性的力量的方式而加以讨论的,而这一点在17世纪以笛卡儿等人为代表的法国唯理主义哲学中获得了最为充分的表达。哈耶克对此一过程中的一个事实极为不满,即一方面"明确知识"在数世纪中得到了无数学者的广泛关注,然而无知却只得到了极少论者的关注。哈耶克认为,正是这样一个以科学主义为标榜的"理性时代",通过掩盖无知的重要作用而误导了此后数代的社会科学思想家,并且导致了政治上和知识上的两重不幸。哈耶克指出:

> 人对于文明运行所赖以为基的诸多因素往往处于不可避免的无知状态,然而这一基本事实却始终未引起人们的关注。但是值得我们注意的是,尽管以完全知识(perfect knowledge)预设为基础而展开的关于道德问题或社会问题的讨论,作为一种初步的逻辑探究,偶尔也会起些作用,然而欲图用它们来解释真实世界,那么我们就必须承认,它们的作用实在是微乎其微。这里的根本问题乃在于这样一个"实际困难",即我们的知识在事实上远非完全。科学家倾向于强调我们确知的东西,这可能是极为自然的事情;但是在社会领域中,却往往是那些并不为我们所知的东西更具有重要意义,因此在研究社会的过程中采取科学家那种强调已知之物的取向,很可能会导致极具误导性的

---

① Hayek, *Studies in Philosophy, Politics and Economics*, London: Routledge & Kegan Paul, 1967, pp. 39-140.

结果。①

更为具体地说,按照哈耶克的观点,由这种"理性时代"导致的政治后果之所以是不幸的,乃是因为它致使一些人相信人之理性创造了社会,进而人也因此有能力依照其有意识的设计去改造和革新社会,甚至导引人们推行革命政治;而由它导致的知识后果之所以也是不幸的,乃是因为人因此而无法理解那些由无知作为其基础的社会行为规则和非正式制度的运作或者这些规则和制度植根于其间的社会文化网络结构,一如哈耶克所宣称的,"人往往会对其知识的增长感到自豪和得意。但是不容我们忽视的是,在知识增长的同时,作为人自身创造的结果,对于人有意识的行动会产生重要影响的人的有意识知识的局限,从而也是人的无知范围,亦会不断地增加和扩大。……人类的知识愈多,那么每一个个人的心智从中所能汲取的知识份额亦就愈小。……我们的文明程度愈高,那么每一个个人对文明运行所依凭的事实亦就一定知之愈少。知识的分立特性(division of knowledge)当会扩大个人的必然无知的范围,亦即使个人对这种知识中的大部分知识必然处于无知的状态"②。如果社会科学家不承认或不意识行动者所具有的这种"必然无知"类型,那么他们就会趋向于夸大他们的心智能力,试图在完全认识的基础上采取干预措施以"规范"社会经济秩序,或者在根本无视社会理论内在限度的前提下对这种知识完全不及的社会日常生活进行所谓的"文化批判",或者按照另一种经由审慎设计的社会经济秩序类型来改造既有的社会经济秩序。

从另一方面来看,哈耶克于20世纪60年代以后所提出的"无知"这一深刻概念,也为他的自由主义社会理论的发展提供了一个崭新的转折点,亦即哈耶克开始从行动者的无知角度主张自由,换言之,哈耶克对于自由正当性的主要论证所依据的是所有的行动者对于他们大多数目的和福利之实现所依凭的各种各样的因素都具有必然的无知。哈耶克在《自由秩序原理》一书中指出,"主张个人自由的依据,主要在于承认所有的人对于实现其目的及福利所赖以为基础的众多因素,都存有不可避免的无知。我们之所以需要自由,乃是因为我们经由学习而知道,我们可以从中期望获致实现我们诸多目标的

---

① 哈耶克:《自由秩序原理》,邓正来译,三联书店1997年版,第19—20页。
② 同上书,第25页。

机会"①;当然,哈耶克在1962年进一步指出,"我在晚近的一部著作中力图表明,个人自由(personal freedom)之所以如此重要的终极原因,乃是人们对于大多数决定所有其他人的行为的情势存在着不可避免的无知,而这些其他人的行为则是我们得以不断从中获得助益的渊源"②。

但是值得我们注意的是,从无知的角度主张自由的逻辑,并不意味着由于我们的知识极端有限,所以它支持一种允许人们在生活中进行各种尝试的自由社会秩序,而毋宁意味着一种自由的社会秩序允许我们运用我们并不知道(甚至永远不会知道)或无力陈述自己拥有的那种知识,因为自由的社会秩序在为不可预见者或不可预测者提供空间方面甚为重要,而任何中央集权的社会秩序由于只依赖于那种明确的知识而必然只能运用散存于社会之中的一小部分知识,因此,否弃个人自由和按照某种有意识的设计安排或改造社会,或许会给人们带来某些裨益,但是它们更可能被证明是一种灾难。

哈耶克所讲的"无知"的含义极为繁复,远非只是意指一般意义上的那种缺乏知识的状态,它实际上还包括着各种各样的复杂状态。当然,我们能够宣称行动者始终是有知的,因为在他们始终知道"如何"遵循社会行为规则的意义上讲,他们从来就不是无知的;而且根据哈耶克关于社会行为规则乃是社会集合智慧的体现的观点,我们也同样能够因社会行为规则允许行动者获致"如何"行事的知识而宣称他们始终是有知的,因为如果行动者不具有关于社会行为规则的知识,那么他们就将无从行事。因此,从上述两个意义上讲,我们都可以说行动者是有知的而从来不是无知的。然而,这只是事实的一部分,尚有许多方面尤其是无知的方面未能探及。就此而论,我们需要就行动者对什么东西是无知的问题进行追问,这即是所谓"无知的对象"问题,然而仅对行动者对什么东西是无知的问题进行追问,尚不能使我们探知行动者所处的无知状态的性质问题,因为一如我们所知,尽管一个行动者因并不拥有必需的知识而处于的那种无知状态能够在一合理的时间期限中以某种付出为代价而得到克服,但是一个行动者至少因对未来处于无知或对其行动的非意图后果处于无知的那种所谓的"必然无知"状态却是根本无从克服的,而只能应对。这也就是说,它们是两

---

① 哈耶克:《自由秩序原理》,邓正来译,三联书店1997年版,第28页。
② Hayek, "The Economy, Science, and Politics," *Studies in Philosophy, Politics and Economics*, Routledge & Kegan Paul, 1967, p. 265.

种截然不同性质的无知。

当然,上文所述的"无知对象"和"无知性质"的问题虽说意义不同,但却也是紧密勾连无法简单割裂的,因此我将把它们结合起来一起讨论,而侧重点则在于"无知性质"方面。与此同时,正如哈耶克所言,"我们必须承认,要对无知展开分析,实是一项极为棘手的工作"[1],但就本文的研究而言,在我个人看来,我们在理解哈耶克本人的无知观的方面将遭遇更大的困难,这不仅是因为对无知的分析相当棘手,而且更是因为哈耶克本人关于无知的论述相当繁复和分散。然而无论如何,只要我们欲对哈耶克所指出的那些能使行动者克服或应对这些无知状态的机制或制度进行理解,那么我们就必须首先对哈耶克所说的行动者力图应对或克服的"无知"这种东西做出进一步的厘定和解析。我个人以为,哈耶克关于行动者的无知性质问题的观点,一如前述可以被归纳为他对无知在性质上的两分观:一种无知被认为是可以克服的;另一种无知则被认为是无从克服而只能应对的。前者乃是一种"一般的无知";而后者则是哈耶克所谓的"必然无知"。对此,我们可以比较详尽地阐释如下:

一方面,行动者对于其开始某种特定行动所必需的知识范围是无知的,亦即他们对许多特定事实是无知的。显而易见,这种无知与哈耶克此前所主张的关于"特定时空下的情势的知识"的观点有着某种内在的发展关联,因为这种无知主要源出于那些开始某种特定行动所必需的关于事实的知识量,进而也更源出于行动者采取行动时所处的特定的时空位置,尽管这种无知与行动者对其行动的非意图后果的无知以及知识的默会性质紧密相关,但是它在基本的意义上仍须与其所必需的关于事实的知识量和特定时空位置相复合而成。正如哈耶克所明确指出的,"易言之,作为文明社会成员的人在追求个人目的方面,之所以比脱离了社会而独自生活的人更能成功,其部分原因是文明能使他们不断地从其作为个人并不拥有的知识中获益,而另一部分原因则是每一个个人对其特殊的知识的运用,本身就会对他人实现他们的目的有助益,尽管他并不认识这些人。所有的社会活动为了能向我们提供我们经由学习而不断期待的物事,就必须持续不断地与某些事实相调适,而正是这些特定的事实,我们知之甚少"[2]。然而需

---

[1] 哈耶克:《自由秩序原理》,邓正来译,三联书店1997年版,第20页。
[2] 同上书,第23页。

要指出的是,这种关于知识范围的无知或者"一般的无知",并不是不可超越和克服的,而是一如上述,是有可能为特定的行动者在一合理的期间以某种付出为代价而得到克服的;因此,在哈耶克的社会理论建构过程中,这种一般的无知并不具有根本的意义。

另一方面,行动者对于其开始行动时所遵循的社会行为规则处于"部分"的无知状态,而这种无知状态则是与下述两个事实紧密相关的:首先,哈耶克指出,"我们在行动中预设并运用的许多'纯粹习惯'(mere habits)和所谓'无意义的制度'(meaningless institutions),乃是我们实现目的的基本条件;当然,它们也是社会做出的成功调适的一部分,它们一方面经常为人们所改进,而另一方面它们又是人们能够实现多少成就所赖以为据的基本条件。……我们的发展一刻也不能不以它们为基础"①,但是,一般行动者对于因这些"纯粹习惯"和"无意义的制度"得到遵循而对其本人的目的的实现以及因此而给社会所带来的助益却是无知的;也正因为此,哈耶克反复强调说,我们尽管倾向于服从非设计的规则和约定惯例,而它们的重要性和意义却是我们在很大程度上并不理解的,而且"人对于其努力的成功在多大程度上决定于他所遵循的连他自己都没意识到的那种习惯,通常也是无知的"②。其次,一般行动者对于他们在行动时所选择遵循的社会行为规则中所隐含的大量知识也是无知的,亦即在"知道那个"方面的无知。一如前述,在哈耶克那里,存在于社会秩序中的知识整体,不仅无法被集合在一个地方,而且也无法为单个行动者所完全掌握,因为这种知识不只是分散的,更是一种为"社会"所知道的知识,"我们还拥有许多其他工具(tools,此处采该词的最宽泛的意义);这些工具乃是人类经悠久岁月而逐渐发展形成的产物,而且通过对它们的运用,我们才得以应对我们周遭的环境"③。可见,这里所言的知识已远远超越了个人意义上的劳动分工和知识分立的问题,因为它还意味着,这种知识乃是承载于那些个人并不意识到其价值甚至存在的表现为社会行为规则的某种特定时空的制度性结构之中的,而且也只在这个层面上被整合在一起。也正是在这个意义上,哈耶克指出,行动者既意识不到这种知识,也不宣传这种知识,而这不仅意味着其他人对这种知识仍处于无

---

① 哈耶克:《自由秩序原理》,邓正来译,三联书店1997年版,第35页。
② 同上书,第26页。
③ 同上。

知状态,而且还意味着不存在可以克服这种无知状态的手段,这是因为"文明是人的行动的产物,更准确地说,是数百代人的行动的产物。然而这并不意味着文明是人之设计(design)的产物,甚至更不意味着人知道文明功用或其生生不息之存续所依凭的所有基础性条件"①;这即是说,行动者因并不知道导使型构这些社会规则的整个进化历史而对这些以传统的形式传播下来的社会行为规则所承载的社会知识处于必然的无知状态。哈耶克在60年代对他自己的这一深刻洞见做了极为精彩的总结:

> 指导个人行动的有意识的知识(conscious knowledge),只是使其个人够达致其目标的诸多条件的一部分。对于这个问题,我们须从下述两个重要方面加以认识。首先,事实上,人的心智本身就是人生活成长于其间的文明的产物,而且人的心智对于构成其自身的大部分经验并不意识——这些经验通过将人的心智融合于文明之构成要素的习惯、习俗、语言和道德信念之中而对它发生影响。因此,其次,我们可以更进一步指出,任何为个人心智有意识把握的知识,都只是特定时间有助于其行动成功的知识的一小部分。如果我们对他人所拥有的知识在多大程度上构成了我们成功实现我们个人目标的基本条件这个问题进行反思,那么我们就会发现,我们对于我们行动的结果所赖以为基的环境极其无知,而且这种无知的程度甚至会使我们自己都感到惊诧。②

至此,我们的论辩完全是立基于下述不争的假设(assumption)之上的,即我们在事实上无力阐释全部支配我们观念和行动的规则。我们仍必须考虑这样一个问题,即人们是否可以想象我们当有能力以语言的方式描述所有(或者至少是我们喜欢的任何一项)规则,或者心智活动是否必须始终受某些我们在原则上无力阐释的规则的指导。如果结果表明人们基本上不可能陈述或传播支配我们行动的全部规则……那么这就意味着我们可能的明确知识的内在限度,而且尤其意味着充分解释我们自己的

---

① 哈耶克:《自由秩序原理》,邓正来译,三联书店1997年版,第21页。
② 同上书,第22页。

复杂心智的不可能性。①

或者说,有意识的明确知识必须被设定为受着"这样一些规则的调整或支配,但这些规则不能够反过来是有意识的——通过一种'超意识的机制',或者一如我有时倾向于称谓的一种'元意识的机制'(meta-conscious mechanism):它对意识的内容发生作用,但其本身却不是有意识的"。②

当然,哈耶克还进一步指出了行动者在选择遵循社会行为规则方面的无知,尽管这种无知在性质上与上述的无知并无差异,但却是哈耶克思想的研究者常常忽略的。我个人认为,正是这种无知,更能说明哈耶克所言的上述第二种无知的"必然"性质,以及他所说的这种必然无知只能应对而无从克服的含义所在。哈耶克指出,"这些由前人逐渐形成的并构成其适应其所处之环境之措施中重要内容的'工具',所含括的远远不止于物质性的器具。它们还存在于人们习惯于遵循但却不知其就里的大多数行为方式中。它们由我们所谓的'传统'(traditions)和'制度'(institutions)构成;人们之所以使用这些传统和制度,乃是因为它们对他们而言是一种可资运用的工具:它们是累积性发展的产物,而绝不是任何个人心智设计的产物。一般而言,人不仅对于自己为什么要使用某种形式之工具而不使用他种形式之工具是无知的,而且对于自己在多大程度上依赖于此一行动方式而不是他种行动方式亦是无知的。人对于其努力的成功在多大程度上决定于他所遵循的连他自己都没意识到的那种习惯,通常也是无知的"。③显而易见,哈耶克在这里所言的"无知"还至少包括:(1)行动者对于自己为什么要使用某种形式的工具是无知的;(2)行动者对于自己在多大程度上依赖于某一行动方式而不是他种行动方式亦是无知的。需要强调的是,我之所以把哈耶克所言的上述第二种无知称之为"部分"无知,实是因为这种无知本身并不含括行动者在"知道如何"方面那一部分的知识;当然,这种无知在性质上与前述第一种关于事实的知识范围的无知不同,因为它是一种人们在行动中只能加以应对而根本无从克服的无知。毋庸置疑,哈耶克透过把"默会知识"

---

① Hayek, *Studies in Philosophy, Politics and Economics*, London: Routledge & Kegan Paul, 1967, p. 60.
② 同上书,第61页。
③ 哈耶克:《自由秩序原理》,邓正来译,三联书店1997年版,第26页。

到"必然无知"等至关重要的概念引入到他的社会理论的建构过程之中以及从这一从知识观出发对无知的"必然"性质的承认而对行动者在社会经济活动中具有的无知状态的性质的追究,又为哈耶克真正确立他的社会理论奠定了基础。我们可以将哈耶克关于行动者必然无知这一知识论命题的重要意义简要分析如下:

首先,哈耶克从性质的角度对无知进行分疏厘定极为重要,因为正是这一努力揭示出了哈耶克的社会理论所侧重的关键之点:哈耶克所主要关注的显然不是行动者关于事实知识范围方面的那种"一般性无知",因为在哈耶克看来,这种一般性无知并不会妨碍知道"如何"遵循社会行为规则的行动者正常行事;相反,哈耶克所主要关注的毋宁是那种"必然的无知",因为从表层逻辑上看,必然无知意味着知识绝不能为行动者所获致,而且如果知识不能被行动者所获致,那么它也就不可能被交流、传播,并被用作行动者正常行动的指导。然而,正是在这里,我个人以为,里程碑似的标示着哈耶克在 1960 年以后对他前此设定的理论问题的转换,亦即从试图解答"行动者如何在'知'的状态下始动其行动和如何协调他们之间的行动进而维续社会秩序"的问题,向力图回答"行动者如何可能在'必然无知'的状态下依旧开始其行动和如何协调他们之间的行动而维续社会秩序"的问题的转换,正如哈耶克所明确强调的,"本书通篇贯穿着这样一个观点,即尽管我们通常不会意识到这一点,但是增进自由的所有制度都是适应无知这个基本事实的产物,这种适应旨在应对机遇和或然之事象,而非确然之事。在人类事务中,我们无力达致这种确然性,亦正是基于此一原因,为最佳地使用我们所拥有的知识,我们必须遵循那些为经验表明能在总体上产出最佳结果的规则,虽说我们并不知道在特定情势下遵循这些规则会产生何种后果"①;毋庸置疑,哈耶克关于行动者必然无知的原创性洞见还在另一方面更深刻地涉及了哈耶克理论问题的拓深,因为它不仅关涉到行动者如何最佳运用各种"分立的个人知识"的问题,而且还探及了为什么须由行动者个人运用以及行动者个人如何可能运用这些分立知识的原因,这个原因就是哈耶克所宣称的所有行动者都具有的必然无知。

与此同时,哈耶克对"必然无知"性质的分析还深刻地揭示了行动者于"必然无知"意义上的知识的限度,而这种限度在最为根本的方面就表现为这种意

---

① 哈耶克:《自由秩序原理》,邓正来译,三联书店 1997 年版,第 30 页。

义上的知识所侧重的乃是一种"知道如何"的知识,而非"知道那个"的知识。哈耶克经由确立"必然无知"的性质而达致的这种知识观,一方面维续了这样一种可能性,即尽管"知道如何"这种知识的存在并不能消除行动者所具有的必然无知,但是行动者在存有这种必然无知的情形下依旧能够凭靠这种知识而正常行动,因为一如上述,这种"知道如何"的默会知识能自然而然地引导个人行动者依循社会行为规则正常行事;换言之,哈耶克所主张的遵循社会行为规则的行动者知道"如何"而非"那个"的观点,实际上意味着承载着社会集合智慧的社会行为规则在消除了行动者把握"那个"知识的必要性(即如果一个人"知道如何",那么他也就未必要"知道那个")的情势下依旧能促成行动者正常行事。另一方面,哈耶克的这一努力还在根本的意义上致使他把从赖尔和博兰尼那里征引来的"知道如何"的默会知识观置于其社会理论的建构过程之中的首要地位,进而又使"实践性知识首要性"的主张具有了实质性意义,正如 Nyiri 所解释的那样,这种知识成了"一种无法被分解为某种命题性的知识(propositional sort)……是一种所有知识立基于其上的基石"[1]。

其次,哈耶克立基于"无知"意义上的默会知识观而引发的自生自发秩序问题的转换,从另一个角度也反映出了 Fleetwood 所尖锐指出的哈耶克社会理论的"哲学立场"的转换,其核心要点就在于那些原本为行动者所"知"的社会行为规则现在却在性质上转换成了独立于这些行动者对它们的辨识或"知"而存在的规则;这里需要强调的是,不仅行动者所遵循的社会行为规则,而且由这些社会行为规则所增进或促成的行动者的行动本身,也往往是他们本人所不知的。在这种情形下,如果行动者在语言上并不知道或不能恰当地概念化那些增进或促成他们正常行动的社会行为规则,那么显而易见,社会就不能仅从行动者的观念中综合出来,而这也就当然地导致了哈耶克对其理论研究对象的重构:原来根本不可能进入其研究对象的社会行为规则,现在也就当然地成了其研究对象的最为重要的组成部分;换言之,如果社会并不能够从极端主观主义的角度被简单地化约为只是行动者"有意识"形成的观念,那么那些并非源出于行动者主体观念的现象或结构也就当然被纳入进了哈耶克社会理论必须探究的题域之中。

---

[1] J. Nyiri, "Tradition and Practical Knowledge," in B. Smith and J. Nyiri, *Practical Knowledge: Outlines of a Theory of Traditions and Skills*, London: Croom Helm, 1988, p. 23.

哈耶克经由一系列核心概念的变化而形成的在社会理论研究对象方面的改变,在很大程度上还只是一种运思的内在理路所引发的结果,因此在我看来,真正具有意义的是哈耶克于此一基础之上所提出的认识社会自生自发秩序的又一个重要命题,即社会自生自发秩序不仅是由行动者与其他行动者发生互动而形成的,而且更重要的还是由行动者与那些并不为他们所知("知道那个"的知识)但却直接影响他们行动的社会行为规则发生互动而构成的。哈耶克于1962年指出,"这些我们无力陈述的规则,不仅只支配我们的行动,而且还支配我们的认知,尤其是我们对其他人的行动的认知"①,而恰恰是作为行动者的我们与这些规则间的互动关系构成了我们生活于其间的社会秩序的基础性结构:"我们之所以……能够成功地根据我们的计划行事,是因为在大多数的时间中,我们文明社会中的成员都遵循一些并非有意构建的行为模式,从而在他们的行动中表现出了某种常规性(regularity);这里需要强调指出的是,这种行动的常规性并不是命令或强制的结果,甚至常常也不是有意识地遵循众所周知的规则的结果,而是牢固确立的习惯和传统所导致的结果。对这类惯例的普遍遵守,乃是我们生存于其间的世界得以有序的必要条件,也是我们在这个世界上得以生存的必要条件,尽管我们并不知道这些惯例的重要性,甚或对这些惯例的存在亦可能不具有很明确的意识"②。哈耶克的此一洞见,显然"有助于我们对于下述状况获致一种较为真实的认识:在我们实现我们的智识所构设的目标这一有意识的努力与制度、传统及习惯所具有的功用之间,存在着持续不断的互动"③。简而言之,一旦哈耶克认识到行动者在没有社会行为规则框架的情形下无法采取任何社会行动,从而社会秩序也就无从型构,那么他的关注重点就不再会是行动者个人及其观念了,而变成了个人行动者与繁复的由历史文化进化传承下来的社会行为规则相互动的综合体,正如哈耶克本人所言,"一个群体中的整个行动秩序,远不只是个人行动中可遵循的常规性的总和,而且也不能化约成这些常规性"④,因为"对于整体之存在的至关重要的那些关系的存在,并不能由部分间的互动得到完全的说明,而只能由它们与个别部分和整体构成

---

① Hayek, "Rules, Perception and Intelligibility," in *Studies in Philosophy*, *Politics and Economics*, London: Routledge & Kegan Paul, 1967, p. 45.
② 哈耶克:《自由秩序原理》,邓正来译,三联书店1997年版,第71—72页。
③ 同上书,第22页。
④ Hayek, *Studies in Philosophy*, *Politics and Economics*, London: Routledge & Kegan Paul, 1967, p. 71.

的那个外部世界之间的互动给出说明"①。

此外,哈耶克通过把他关于行动者与社会行为规则进行互动的命题成功地整合进了他的社会理论分析之中而发展出了另一个与此相关的重要命题,即人在本质上乃是一种遵循规则的动物②,"人的社会生活,甚或社会动物的群体生活,之所以可能,乃是因为个体依照某些规则行事"③。哈耶克的这个命题的关键之处,乃在于行动者在很大的程度上是通过遵循社会行为规则而把握他们在社会经济世界中的行事方式的,并且是通过这种方式而在与其他行动者的互动过程中维续和扩展社会秩序的,因为在哈耶克看来,遵循社会行为规则,"把我们从这样一种麻烦中解救了出来,即在某些问题每次发生时都对它们进行思考的那种麻烦"④,或者说社会行为规则有助于把我们在特定情势中所需要考虑的各种情势缩略化,"因此,我们别无他择,只有遵循那些我们往往不知道其存在之理由的规则,而且不论我们是否能够确知在特定场合对这些规则的遵循所能达致的具体成就,我们亦只有遵循这些规则"⑤。与此相关的是,我们也可以说这一发展是哈耶克研究知识发现和传播的机制方面的一个转折点,因为这些规则超越了作为电信系统的价格体系所具有的作用:在哈耶克的社会理论中,这些社会行为规则不仅能够使行动者在拥有知识的时候交流或传播这些知识,而且还能够使他们在并不拥有必需的知识的时候应对无知,一如哈耶克所言,这些社会行为规则乃是"社会的集合知识的体现"。更为具体地说,如果一个行动者成功地遵循了一项社会行为规则,那么这个行动者就通过此项规则具有了实施某一行动的能力。一如前述,行动者因知道如何遵循社会行为规则而消除了切实知道"那个"的必要性,进而也可能不会增加他关于"那个"的知识储存,但是这里的要害则在于这个行动者经由成功地遵循社会行为规则而成了一个具有更高技巧的操纵"如何"这种知识的行动者⑥。

---

① Hayek, *Studies in Philosophy, Politics and Economics*, London: Routledge & Kegan Paul, 1967, p. 71.
② Hayek, *Law, Legislation and Liberty*, Vol. Ⅰ, *Rules and Order*, Chicago: The University of Chicago Press, 1973, p. 11.
③ 哈耶克:《自由秩序原理》,邓正来译,三联书店1997年版,第184页。
④ 参见 Hayek, *Studies in Philosophy, Politics and Economics*, London: Routledge & Kegan Paul, 1967, pp. 90-91。这里需要补充指出的是,哈耶克还认为,人们之所以遵循社会行为规则,更主要地是因为只有这样,人们才能生产出某种像一个理性整体的东西。
⑤ 哈耶克:《自由秩序原理》,邓正来译,三联书店1997年版,第77—78页。
⑥ 关于这个问题,我们可以"学骑自行车"为例:尽管我们不知道自行车在运行时不倒的力学规律,亦即关于自行车不倒的"那个"知识,但是我们只要遵循骑自行车的规则,比如上车后要立刻用力踩车等规则这类"如何"的知识,我们在骑车的实践中就能应付自如。

最后,当作为自生自发秩序基础性结构的社会行为规则在哈耶克那里不再被化约为行动者的观念而成为客观实体这样一种洞见与行动者在"无知"观的前设下以默会的方式知道这些社会行为规则(亦即他们知道"如何"遵循这些规则)的观点结合在一起时,显而易见,哈耶克的社会理论在回答自生自发秩序如何创造和维续自身的方面也就获得了我在《哈耶克的社会理论》一文中所讨论的哈耶克对"行动结构"与"规则系统"的界分①,并在此基础上进一步确立了他所反复强调的文化"进化与秩序的自发形构这一对孪生观念"②的重要意义③,而其间有关社会行为规则系统"文化进化"的深刻识见则更是为他奠定一种新的解释路径提供了可能性,即这些社会行为规则不仅引导着那些以默会的方式遵循它们但对为什么遵循它们或对它们的"那个"并不知道的行动者如何采取行动,而且还在更深的层面上设定了社会秩序的自生自发性质,亦即通过行动者对他们所遵循的社会行为规则的"文化进化"选择而达致的自生自发进程;在这个进程中,作为社会行为规则的"一些惯例一开始被采纳是为了其他的原因,甚或完全是出于偶然,尔后这些惯例之所以得到维续,乃是因为它们使它

---

① 我在《哈耶克的社会理论》一文中指出,"我们无论如何还是不能混淆两种不同类型的自发社会秩序:一是作为进行个人调适和遵循规则的无数参与者之间互动网络的秩序(或称为行动结构);二是作为一业已确立的规则或规范系统的秩序。哈耶克对此明确指出,'个人行为的规则系统与从个人依据它们行事而产生的行动的秩序,并不是同一事情;这个问题一经得到陈述,就应当是显而易见的,即使这两种秩序在事实上经常被混淆'。在这些文字中,他实际上明确表达了这样一种观念,即自发社会秩序乃是经由参与其间的个人遵循一般性规则并进行个人调适而展现出来的作为一种结果的状态,而这就意味着,这些行为规则系统早已存在并业已有效了一段时间。显而易见,自发社会秩序在这里并不意指为规则系统本身。在市场中生成的经济秩序,亦即哈耶克自发社会秩序的一个范式个案,便充分阐明了这一要点。哈耶克解释说,自发的经济秩序'产生于市场,并通过在财产、侵权和契约法的规则范围内行事的人'"(参见拙文,载《研究与反思:中国社会科学自主性的思考》,辽宁大学出版社1998年版,第233—234页)。
② Hayek, *Law, Legislation and Liberty*, Vol. I, *Rules and Order*, Chicago: The University of Chicago Press, 1973, p. 23.
③ 参见拙文《哈耶克的社会理论》(《研究与反思:中国社会科学自主性的思考》,辽宁大学出版社1998年版,第234页):"通过这一类分,能使我们洞见两种不同类型的自发社会秩序所依赖的不同进化进程以及哈耶克社会理论对这两种类型所确立的不同的解释逻辑。行动的有序结构与其所依据的那些规则系统,在哈耶克看来,都是'人之行动而非人之设计的结果',然而他同时又强调指出,这些相似性并不能做无限的扩大,因为行动结构的生成依据规则,而规则的文化进化则否。哈耶克的这一论式向我们揭示了两种不同的'看不见的手'的进化过程:一种进化方式乃是在一规定的环境中展开的,或者说,这种进化过程的结果乃是在受到制约的意义上被决定的。这就是作为自发社会秩序的行动结构的进化方式;因此这一方式的一个特征在于它是在明确可辨的规则基础限制下发生的,而且是一永久循环的过程,而它的另一个特征则在于它是否定性的:它规定了何者不能存在,而不是何者能存在。另一种进化方式乃是在非规定的环境中发生的,或者说,这种进化过程的结果由于不存在规定的条件而在很大程度上是不确定的。这就是作为自发社会秩序的道德、法律以及其他规则系统的进化发展方式;这一方式的特征在于它不遵循任何'进化之法则'"。

们产生于其间的群体能够胜过其他群体"①。毋庸置疑,正是在对社会行为规则这一系统的文化解释过程中,哈耶克最终形成了他的社会理论中的另一个命题,即"相互竞争的传统的自然选择命题"(在这里,"传统"也就是本文前述的社会行为或认知规则的整个复合体),一如他所指出的,自生自发社会的规则系统乃是"一个缓慢进化过程的产物,而在这个进化的过程中,更多的经验和知识被纳入它们之中,其程度远远超过了任何一个人能完全知道者"②;在他看来,这些规则系统"乃是对一种事实上的常规性的调适,而对于这种常规性,我们一方面依赖于其上,但同时我们只是部分地知道它们,而且只要我们遵循这些规则,那么我们就能对它们有所信赖"③,这是"因为它们有助于我们应对某些类型的情形"④,而这即是哈耶克著名的关于社会行为规则系统的"文化进化理论"⑤。

一如我在开篇所交代的,本文设定的乃是一种对那些支配了哈耶克社会理论建构过程的核心概念进行爬梳和厘定以及对构成这些概念之间的转换的逻辑脉络加以审视的分析进路。依据此一进路并借助我认为的哈耶克社会理论建构过程中的核心概念,本文对哈耶克从"分立的个人知识"经"知道如何"的默会知识再到"无知"概念的转换过程进行了探究和分析,由此指出了哈耶克从"知"意义上的主观知识观向"无知"意义上的超验知识观的转化——可以典型地表述为从"观念依赖"到"观念决定"再转向"必然无知"的发展过程,并在过程分析的基础上揭示出了哈耶克为回答那个关于个人自由与社会整体秩序间繁杂关系的"哈耶克终身问题"而展开的社会理论建构过程,揭示出了那些促成哈耶克实质性社会理论发生变化之背后的运思脉络和那些为人们熟视无睹的观

---

① Hayek, *Law, Legislation and Liberty*, Vol. I, *Rules and Order*, Chicago: The University of Chicago Press, 1973, p. 9. 我在《哈耶克的社会理论》一文中还指出:"更加具体地说,这些规则之所以得到发展,一是'因为实施它们的群体更为成功并取代了其他群体';二是因为这些群体'比其他群体更繁荣并发展起来',三是'因为它们使那些实施它们的群体能够繁衍生殖更成功并包容群体外的人'。因此,对较为有效的规则的采纳,并不产生于人的理性选择,而是'通过选择的过程演化生成于他们所生活的社会之中……'(第237页)哈耶克甚至指出,"我们几乎不能被认为是选择了它们;毋宁说,是这些约束选择了我们。它们使我们能够得以生存"(哈耶克:《致命的自负》(原译《不幸的观念》),刘戟锋等译,东方出版社1991年版,第12—13页)。
② Hayek, *Studies in Philosophy, Politics and Economics*, London: Routledge & Kegan Paul, 1967, p. 92.
③ 同上书,第80页。
④ Hayek, *Law, Legislation and Liberty*, Vol. II, *The Mirage of Social Justice*, Chicago: The University of Chicago Press, 1976, p. 4.
⑤ 参见拙文:《哈耶克的社会理论》,载《研究与反思:中国社会科学自主性的思考》,辽宁大学出版社1998年版,第233—241页。

念所开放来的各种理论问题,实际上也揭示出了哈耶克经由社会行为规则进入社会理论研究的过程①。显而易见,对哈耶克自由主义社会理论这一繁复的发展过程的分析,使我们获致了哈耶克社会理论中许多极具启示意义的识见,然而个人以为,至此我们还是有必要对我的一个重要观点做进一步的重申,即哈耶克的自由主义社会理论实际上是在不断的发展过程中丰富而形成的,因此我们绝不能用一个简单的称谓"标签"来指称哈耶克的社会理论。这个重要观点的意义乃在于它从一个重要的方面为我们认真反思汉语学界在当下公共话语建构的过程中征用"哈耶克的社会理论"——包括其他西方重要学术理论——时所隐含的各自理论立场和意识形态担当提供了一种"位置"的知识基础,并使我们有可能进入世界性的知识生产结构之中反思我们进行知识生产的结构性规定因素。当然,这也可以转换为另外一个需要我们大家都以严肃态度进行追究的大问题,即我们所引进和援用的西方社会理论与我们所处的"位置"和我们的各自主张之间究竟存有何种关系,而这种关系又在多大的程度上左右或支配了我们对自己所引进和援用的各种理论的认识?

---

① 限于篇幅,本文将不讨论哈耶克由此建构的实质性社会理论以及其间所存在的问题。当然,有兴趣的读者可以参见拙文《哈耶克的社会理论》,载《研究与反思:中国社会科学自主性的思考》,辽宁大学出版社1998年版,第213—278页。

哈耶克方法论个人主义的研究
——《个人主义与经济秩序》代译序*

一、引论：问题的提出与论述步骤

哈耶克于1945年出版的《个人主义与经济秩序》(*Individualism and Economic Order*)论文集有着极为重要的意义①，因为根据我对哈耶克50年代以后论著的研究发现，哈耶克这部论著中的许多观点都构成了他此后观点的出发点，尽管他在此后的讨论中对它们做出了重大的修正②。在这些重要的观点

---

* 本文最早发表在中国社会科学院法学所《环球法律评论》2002年第2和3期。
① 当然，与此部论著之论题紧密相关的并且有着同等重要意义的另一本论著乃是哈耶克于1952年出版的《对唯科学主义的反动》(*The Counter-Revolution of Science: Studies on the Abuse of Reason*, 1952, Glencoe, Ⅲ)，因此请读者在关注哈耶克方法论个人主义问题的时候参见他反对唯科学主义的观点。
② 正如哈耶克本人在一篇论文中所给出的提示一般，"抽象规则对于协调人们在那些不可预见的新情势中所采取的持续性行动来说乃是不可或缺的；然而需要指出的是，抽象规则在下述情形中就更是不可或缺的了：协调众多不同的个人在那些只是部分上为每个个人所知道而且也只有在发生的时候才能为他们所知道的具体情势中所采取的行动。这不仅导使我达致了我在自己的学术发展过程中进行所有思考的出发点，也许还解释了为什么我——尽管我一度只是一个极为纯粹且所涉范围狭窄的经济学理论家——从专门经济学的研究转入了对所有那些常常被视为哲学的问题进行探究的原因。回顾这些变化，这似乎始于我将近30年前所发表的那篇题为《经济学与知识》的论文。在那篇论文中，我考察了在我看来是纯粹经济学理论所涉及的一些核心问题。我在那篇论文中得出了这样一个主要的结论，即经济学理论的任务乃在于解释一种整体性的经济活动秩序是如何实现的，而在这个秩序中，人们运用了并非集中在任何一个心智之中而只是作为无数不同的个人的分立知识而存在的大量知识。但是需要指出的是，从这一认识到获致下述恰当的洞见还有很远的路要走，而这个洞见就是个人在其行动中遵循的抽象规则与作为个人应对具体而特定的情势（亦即在那些抽象规则施加于他的限度内他对所遇到的具体而特定的情势所作的应对）的结果而形成的那种抽象的整体性秩序之间存在着一种关系。当时，正是通过对'法律下的自由'这个古老概念（亦即传统自由主义的基本观念）以及由这个概念所引发的那些法律哲学问题的重新探究，我才就自生自发秩序的性质获致了一幅我现在认为还算比较清晰的图景——而众所周知，自由主义经济学家长期以来一直在讨论这个问题"（哈耶克：《理性主义的种类》，载《哈耶克论文集》，邓正来选编/译，首都经济贸易大学出版社2001年版，第215—217页）。

中,一如哈耶克这部论文集的书名所示,"个人主义"可以说是其间最为重要的观点之一,因为它不仅构成了哈耶克自由主义理论的方法论手段,而且还在一定程度上标示出了其自由主义的基本要义。然而颇为遗憾的是,尽管我在此前的研究中已经对哈耶克的自由主义社会理论和法律理论做出了详尽的研究①,但是我却一直未能对作为哈耶克自由主义理论基础之一的方法论个人主义进行专门的讨论②。因此,我将借此次"翻译性"研究哈耶克《个人主义与经济秩序》这部论著的机会而对他所主张的方法论个人主义中的相关问题做出若干评论。

首先需要指出的是,西方论者在研究哈耶克"个人主义"的时候,一般都是把它置于"方法论个人主义"(methodological individualism)这个题域中加以讨论的③,但是根据我的研究,哈耶克的"个人主义",尤其是他在《个人主义:真与伪》这篇著名论文中所主张的"个人主义",并不仅仅具有方法论的含义,而且还具有"规范个人主义"(normative individualism)的含义;这是因为第一,哈耶克本人在该文中宣称,他所主张的"个人主义"可以与"自由主义"互换使用④,而

---

① 参见拙文:《哈耶克社会理论的研究:〈自由秩序原理〉代译序》、《知与无知的知识观:哈耶克社会理论的再研究》、《法律与立法的二元观:哈耶克法律理论的研究》,载拙著:《邓正来自选集》,广西师范大学出版社 2000 年版,第 179—360 页;《关于哈耶克理论脉络的若干评注:〈哈耶克论文集〉编译者序》,载《哈耶克论文集》,邓正来选编/译,首都经济贸易大学出版社 2001 年版,第 1—79 页;《普通法法治国的建构:哈耶克法律理论的再研究》,载《中国社会科学评论》2002 年第一卷第一期,第 113—154 页;另请参见我接受政治学教授张小劲的学术访谈:《关于哈耶克自由主义思想的若干讨论》,载《法大评论》第一卷第一期,方流芳主编,中国政法大学出版社 2001 年版,第 281—335 页。
② 当然,我曾经在对哈耶克自由主义理论中的其他问题进行讨论的过程中偶尔也涉到个人主义这个问题,请参见拙文:《哈耶克普通法法治国的建构:哈耶克法律理论的再研究》,载《中国社会科学评论》2002 年第一卷第一期,第 113—154 页。必须承认,我本人并没有对哈耶克方法论个人主义这个问题做过专门的讨论,然而自哈耶克《个人主义与经济秩序》这部论文集最早于 1989 年节译成中文出版以来(贾湛等译,北京经济学院出版社 1989 年版),中国学术界也未有其他论者对这个问题做过相应的讨论。
③ 值得我们注意的是,"个人主义"的含义实际上极为繁复,但是考虑到本文的主旨,我不可能在这里对这个问题做详尽的讨论;相对简要但比较完整的概括,请参见戴维·米勒和韦农·波格丹诺:《布莱克维尔政治学百科全书》"个人主义"条目以及参考文献,邓正来主编(中译本),中国政法大学出版社 1992 年版,第 353—354 页。
④ 参见哈耶克:《个人主义:真与伪》,载《个人主义与经济秩序》,邓正来译,三联书店 2002 年版,第 20 页;哈耶克的这个观点应当足以表明,"个人主义"这个术语对于哈耶克来说有着一种特殊的意义,而与主张放任自由的现代自由至上观的原子论个人主义毫无关系,因为后者对于哈耶克来说也是伪个人主义的一个范例。
　　此外,所谓"规范个人主义",在这里主要是指 A. P. Hamlin 所说的那种以方法论个人主义原则为基础并加之于某种特定"善"概念的个人主义(A. P. Hamlin, "Procedural Individualism and Outcome Liberalism," in J. C. Wood and R. N. Woods, ed. *F. A. Hayek: Critical Assessments* (Ⅳ), London and New York: Routledge, 1991, p.19)。就此而言,(转下页)

这意味着哈耶克的"个人主义"还是一种以方法论个人主义原则为基础并主张某种特定"善"的规范个人主义；因此，我们可以经由他对"个人主义"的讨论而大体洞见到他所主张的自由主义的要义；第二，为了拯救和捍卫自由的社会秩序，哈耶克认为还需要一种能够超越宗教或道德所提供的那些基本且一般的原则的政治哲学，而他为《个人主义：真与伪》一文所选定的题目则表明，"我们的社会中仍然存在着这样一种表现为一套原则的哲学：这些原则实际上就隐含在大多数西方国家或基督教国家的政治传统当中，只是眼下任何易于人们理解的术语都不再能够对它们做出明确无误的描述罢了。因此，在我们确定这些原则能否继续作为我们的实践指南以前，我们有必要先对它们做一番详尽的重述。"①

然而，一方面考虑到我已经对作为哈耶克自由主义理论基础之上的规范个人主义给出了比较详尽的阐释，而另一方面则考虑到哈耶克所主张的"方法论"个人主义不仅在西方学术界中有着悠久的学术瓜葛，而且还在当下引发了相当大的争论，其间比较著名的有两例：一是布坎南和范伯格认为哈耶克所提出的"文化进化"理论中的"群体选择"在根本上背离了他所主张的"方法论个人主义"②，进而导致了"范伯格与哈奇森"

（接上页）Buchanan也许提供了一个构成规范个人主义之基础的有关"善"概念的最简洁明确的定义："大约这样一种情形（即它们允许个人获得他们想获得的东西——而不论那是什么东西，只以彼此同意这项原则为限）就可以被判断是一种'善'的情形"(J. M. Buchanan, *The Limits of Liberty: Between Anarchy and Leviathan*, The University of Chicago Press, 1975, p. 2)。

① 哈耶克：《个人主义：真与伪》，载《个人主义与经济秩序》，邓正来译，三联书店2002年版，第3页。

② 比如说，布坎南认为，哈耶克所提出的自生自发秩序观念乃是经济学的唯一原则，此外，他还把自生自发秩序与个人利益追求相勾连，认为哈耶克的自生自发秩序原则还可以在更广大的社会领域中得到适用，但是值得我们注意的是，他却不同意将其扩张适用于制度和法律结构的层面，因为这会导致"群体选择"替代"个人选择"，进而"群体"替代"个人"（参见布坎南：《自由、市场与国家》，平新乔等译，上海三联书店1989年版，第116—117页）；他在该书中还明确指出，"在一篇早期的论文里，我批评哈耶克将自然秩序原理延伸至制度和法律结构。在那篇论文中，我只是指出了哈耶克的论点存在内在矛盾；我没有做出任何努力去排除或解决这个矛盾"（同上书，第110页）。布坎南在这里所谓的"早期"的"批评"，是指他在"Law and the Invisible Hand"一文中对哈耶克观点的批评；他的这一批评也可见之于他在 *The Limits of Liberty: Between Anarchy and Leviathan* (The University of Chicago Press, 1975, p. 194)一书第十章注释[1]中所做的阐释，"我对于哈耶克对现代史的深刻解释及其对改善人类福祉的诊断的基本批评，在于他对社会进化将在事实上确保有效的制度形式生存下来的笃信不疑。哈耶克对人类改革制度的有意识努力极不信任，以致他毫无批判地接受了进化论的观点。我们可以在很大程度上赞同哈耶克对社会改革和制度改革所持的怀疑主义态度，然却无须把进化过程提升至具有理想作用的地步。的确，改革有可能是艰难的，但此一事实却不构成我们将进化过程提升至理想地位的理由。"

在这个方面，范伯格也曾专门撰文指出了哈耶克所提出的"文化进化观"从"个人"向"群体"的"论式转换"问题；他指出，哈耶克的论述表明，事实上他在回答那些能被期望自发（转下页）

之争①;二是A. P. Hamlin从认定哈耶克方法论个人主义的过程性质及其自由主义的结果性质出发,断定哈耶克的自由主义理论内部存在着无从消解的紧张或矛盾②。因此,在本文的讨论中,我拟把关注点集中在哈耶克"个人主义"的方法论一面,亦即学术界统称的"方法论个人主义"问题上。

这里需要强调指出的是,哈耶克所主张的方法论个人主义并不是简单地在"整体主义"与"唯个人主义"这两极之中所做的任何一极选择,而是试图通过同时否定这两种方法论而开出一种能够使社会现象得到真正理解的方法论。一方面,哈耶克乃是最早呼吁经济学研究回归到微观基础的经济学家之一:一如我们所知,早在1931年,哈耶克就经由批判宏观经济学而力主经济学家应当

(接上页)生成的规则为什么会增进整个群体的效率的问题时并没有系统地阐述过、也没有一贯地追求过一种个人主义的进化论观点;相反,这里毋宁存在的是哈耶克式的转换,即从行为规则系统因有助益于实施它们的"个人"而得到发展和支配的观念,转换成了一个颇为不同的观念,即行为规则系统因有助益于"群体"而渐渐得到了遵守(参见 V. Vanberg, "Spontaneous Market Order and Social Rules: A Critical Examination of F. A. Hayek's Theory of Cultural Evolution," in J. C. Wood and R. N. Woods, ed. *F. A. Hayek: Critical Assessments* (Ⅲ), London and New York: Routledge, 1991, pp. 177 - 201)。

当然,约翰·格雷也承认哈耶克文化进化理论与方法论个人主义之间存在着是否一致的问题;他指出,对不同的行动规则和认知规则所做的自然选择在哈耶克那里乃是文化进化机制,理性选择乃是伴随自然选择过程而在的,因而前者无法解释后者。于是,这里即刻产生了一个问题,即对社会进化或文化进化所做的这种说明是否与方法论个人主义相一致。毋庸置疑,当哈耶克论及不同的群体通过它们不同的规则和惯例所做的选择而发生的文化进化时,他实际上认为,这种群体选择有着一种方法论上的个人主义特征。这就是说,群体只是被看成了一种启发性的手段(an heuristic device),而不是该理论中的基本单位。与此同时,如果说把这种自然选择理论适用于社会解释的做法与方法论个人主义完全相符合,那也不是完全显而易见的。自然选择进路的问题在于:在通过参照个人的生存价值而阐释个人之特性和倾向时,它消除了个人选择和个人目的在社会解释这一最终水平上的地位。自然选择理论似乎通过把行动者的选择变成生存机会中的一种从属性变量而使它们丧失了它们在解释中的核心地位(John Gray, *Hayek on Liberty*, Oxford: Basil Blackwell, 1984, pp. 52 ff)。

① 关于"范伯格与哈奇森"之争,参见 D. G. Whitman, "Hayek contra Pangloss on Evolutionary System," in Peter J. Boettke, ed. *The legacy of Friedrich von Hayek* (Ⅰ: Politics), Edward Elgar Publishing Limited, 1999, pp. 156 - 177。具体而言:一方面,范伯格认为,"群体选择"与哈耶克所主张的方法论个人主义相冲突;由于群体选择从理论上讲乃是含混的,而且也是与哈耶克个人主义进路的基本主张不相一致的,所以范伯格主张,为了拯救方法论主义,我们就必须放弃群体选择。另一方面,哈奇森(Geoffrey Hodgson)也赞同范伯格的观点,并且认为这里确实存在着"方法论个人主义"与"群体选择"这两种理论之间的冲突,但是哈奇森却明确主张,为了保有群体选择,应当放弃方法论个人主义,至少也应当对它做出修正(参见 Geoffrey Hodgson, "Hayek's Theory of Cultural Evolution: An Evaluation in the Light of Vanberg's Critique," in *Economics and Philosophy*, 7(1991), pp. 67 - 82)。此外,关于这个问题,N. Moldofsky 也从另一个角度对范伯格的观点做出了回应(参见他的著作: *Order: with or without Design?* The Centre for Research into Communist Economic, 1989, p. 31)。关于对"范伯格与哈奇森"之争的回应,也请参见 D. G. Whitman 在上文中的观点。

② 参见 A. P. Hamlin, "Procedural Individualism and Outcome liberalism," in J. C. Wood and R. N. Woods, ed. *F. A. Hayek: Critical Assessments* (Ⅳ), London and New York: Routledge, 1991, pp. 16 - 29;关于 Hamlin 的观点,我将在本文的"结语"中略加讨论。

根据个人行动去解释经济过程的结果①。在这个过程中,就像所有自认为是方法论个人主义者的论者一样,哈耶克对那种从一种被假设成自成一体的社会结构的理解中推论出个人行动的"社会理论"或"集体主义"——亦即所谓的"方法论整体主义"(methodological wholism)——进行了持之一贯的批判;然而另一方面,哈耶克则对那种原子论的化约论的社会理论(atomistic and reductionist theory of society)——亦即哈耶克所谓的"唯个人主义理论"(individualistic theory)或"伪个人主义"(false individualism)——做出了尖锐的批判。显而易见,这里涉及两个基本问题:第一,哈耶克是如何通过他的方法论个人主义既反对笛卡儿式的化约论个人主义又反对传统马克思主义式的整体主义的"社会理论"的? 第二,哈耶克究竟是通过何种方式而达致了一种能够同时否弃上述两种方法论的既非化约的又非本质主义的方法论个人主义的②? 当然,我们也可以把这两个问题归为一个问题进行追问,而这个问题就是"何谓哈耶克的方法论个人主义"? 考虑到这个问题所含涉到的具体方面,本文在试图回答这个问题的时候将主要遵循这样两项论述步骤:一是对 Michael Simon(一定程度上也包括 Steven Lukes)以及当代"社群主义"论者对方法论个人主义所提出的批判观点进行讨论;二是从哈耶克反对"伪个人主义"和"集体主义"这两个方面出发对他的方法论个人主义观点进行比较详尽的阐释。最后,本文将经由上述讨论而达致下述两项相应的结论:第一,Simon 和 Lukes 的批判,就哈耶克的方法论个人主义而言,可以说是完全误置了对象,这是因为这类批判未能对方法论个人主义的不同解释做出仔细的辨识,进而也不可能洞见到哈耶克方法论个人主义独有的特性;而当代"社群主义"论者对方法论个人主义所做出的批判则根本无法适用于哈耶克的方法论个人主义。第二,哈耶克所主张的方法论个人主义乃是一种既反对"整体主义"方法论又在本质上区别于"原子论"个人主义的阐释性的非化约论的方法论个人主义。

---

① Hayek, *Prices and Production*, London: Routledge and Sons, 1931, p. 4.
② 关于这个问题,值得我们注意的是,除了其他论者的研究以外,后现代哲学家对哈耶克方法论个人主义的解释对于我们认识和理解这个问题也有着较大的启示意义,请参见 Theodore A. Burczak, "The Postmodern Moments of F. A. Hayek's Economics," (pp. 81 - 108)以及 G. B. Madison, "How Individualistic is Methodological Individualism?" (pp. 130 - 149), in Peter J. Boettke, ed. *The Legacy of Friedrich von Hayek* (Ⅱ: Philosophy), Edward Elgar Publishing Limited, 1999. 同时需要承认的是,本文对哈耶克方法论个人主义的讨论也在一定程度上受到了 Theodore A. Burczak 和 G. B. Madison 两位论者的研究的影响。

二、方法论个人主义及其遭遇的批判

(一) 个人主义与整体主义的论战沿革

一如前述,方法论个人主义在哈耶克的自由主义理论中占据着极为重要的地位,但是更值得我们注意的是,方法论个人主义在学术研究领域中始终占据着一个极为重要的地位,换言之,自从相关论者提出粗具雏形的方法论个人主义观点始,这个论题便一直是学术界主要关注的论题之一,而且由此引发的学术论战也始终不断。众所周知,现代的自然科学和社会科学在很大程度上可以被视作是"唯个人主义的"(individualistic),因为它们所具有的一个典型特征便是它们都采取了一种化约的或分析的原子论形式。这意味着在现代主义方案中,"整体"应当可以通过回归分析手段(regressive analysis)而得到人们的理解。这种分析手段的具体步骤是:首先把整体分解成假设的基本的构成性"部分",然后再试图仅仅根据那些只具有原子性质的和只具有外部关系的部分之间的互动关系为这些整体提供一种理论的重构。这一知识论担当所具有的一项基本的形而上假设或前设宣称:部分、原子或个人具有根本的真实性或客观性,因而也享有着本体论上的首位性。G. B. Madison 甚至认为,现代(亦即后笛卡儿的)机械物理学乃是这种思维方式的典范[1]。

就社会研究领域而言,S. Lukes 指出[2],最早阐明这项原则的乃是霍布斯,因为霍布斯认为,"在我们可能知道整个混合体之前,我们有必要知道那些将被混合在一起的事物",因为"每一样东西都可以经由它的各种构成性原因而得到最佳的理解"[3]。此后,这项原则又为启蒙时代的众多思想家所采纳,当然维科和孟德斯鸠是这个方面的例外;正是在这些思想家的努力下,一种个人主义的

---

[1] 参见 G. B. Madison, "How Individualistic is Methodological Individualism?" in Peter J. Boettke, ed. *The Legacy of Friedrich von Hayek* (Ⅱ: Philosophy), Edward Elgar Publishing Limited, 1999, p.131。
[2] 参见 Steven Lukes, "Methodological Individualism Reconsidered," in Peter J. Boettke, ed. *The Legacy of Friedrich von Hayek* (Ⅱ: Philosophy), Edward Elgar Publishing Limited, 1999, p.162。
[3] Sir W. Molesworth, ed. *The English Works of Thomas Hobbes*, London: John Bohn, 1839-1844, Vol. Ⅰ, p.67; Vol. Ⅱ, p. xiv, p.109,转引自 Steven Lukes, "Methodological individualism Reconsidered," in Peter J. Boettke, ed. *The Legacy of Friedrich von Hayek* (Ⅱ: Philosophy), Edward Elgar Publishing Limited, 1999, p.162。

解释模式开始凸显出来了,尽管他们就界定这种解释模式具有哪些要素以及包括多少要素的问题仍存有很大的分歧。套用 David L. Prychitko 的话来说,"方法论个人主义的原则在于这样一种信念,即个人构成了人之科学中分析的终极单位。根据这项原则,所有的社会现象,在不考虑有目的的行动者个人的计划和决策的情况下,是不可能得到理解的。方法论个人主义的倡导者论辩道,根据超个人构成物(superindividual constructs)去分析社会现象,如果不是一种十足谬误的话,那也是极具误导性的"①。Hamlin 则以一种较为具体的方式概括了方法论个人主义的三项基本命题:第一,人之个体乃是社会、政治和经济生活中唯一积极主动的参与者;第二,个人在进行决策的时候将为了自己的利益行事,除非受到强制;第三,没有人能够像利益者个人那样了解他自身的利益②。

具体到社会学领域,这种思维方式或论证方式被称之为"社会学个人主义"(Sociological individualism),比如说穆勒和一些功利主义者就认为,"社会现象的法则只是而且也只能是人的感情和行动"③;再者,Ginsberg 也把这种思维方式称之为"这样一种理论,即社会应当被认为是一种个人的集合,而这些个人彼此之间的关系则纯粹是外部的关系"④;因此,在这些论者看来,相对于个人而言,社会制度和政治制度只具有一种次位的实在性或本体论地位。然而需要指出的是,在 19 世纪初叶,这种方法论个人主义的思维方式或论证方式却遭到了许多思想家的反对和批判。在这个过程中,这些思想家为理解和解释社会生活

---

① David L. Prychitko, "Methodological Individualism and the Austrian School: A Note on its Crities," in Peter J. Boettke, ed. *The Legacy of Friedrich von Hayek* (II: Philosophy), Edward Elgar Publishing Limited, 1999, p. 121.
② 参见 A. P. Hamlin, "Procedural Individualism and Outcome Liberalism," in J. C. Wood and R. N. Woods, ed. *F. A. Hayek: Critical Assessments* (IV), London and New York: Routledge, 1991, p. 19. 关于方法论个人主义更为详尽的陈述,也可参见 A. Downs, *An Economic Theory of Democracy*, Harper & Row, 1957; J. M. Buchanan and G. Tullock, *The Calculus of Consent*, University of Michigan Press, 1962; John O'Neill, ed. *Modes of Individualism and Collectivism*, London: Heinemawn, 1973; J. M. Buchanan, *The Limits of Liberty: Between Anarchy and Leviathan*, The University of Chicago Press, 1975。
③ J. S. Mill, *A System of Logic*, 9th edn., London: Longmans, Green and Co., 1875, Vol. II, p. 469, 转引自 Steven Lukes, "Methodological Individualism Reconsidered," in Peter J. Boettke, ed. *The Legacy of Friedrich von Hayek* (II: Philosophy), Edward Elgar Publishing Limited, 1999, p. 162.
④ M. Ginsberg, *On the Diversity of Morals*, London: 1956, p. 151, 转引自 G. B. Madison, "How Individualistic is Methodological Individualism?" in Peter J. Boettke, ed. *The Legacy of Friedrich von Hayek* (II: Philosophy), Edward Elgar Publishing Limited, 1999, p. 140 [1]。

提供了另一种新的视角,其核心要点在于人们应当在解释的过程中赋予集体现象以本体论上的首位性,因为一如孔德所言,一个社会"同几何面不可分解成线条或线条不可分解成点一样,也不可以分解成个人"①。当然,这场以方法论个人主义为一方而以整体主义为另一方的论战还在诸多不同的题域中反复出现,比如说,经济学中的"历史"学派与古典经济学"抽象"理论之间的论争、历史哲学家之间无休无止的论争、社会学家与心理学家之间的论争——其间最重要的论战之一是涂尔干(Durkheim)与塔德(Gabriel Tarde)之间的论争——以及现象学社会学家在应对帕森斯及其追随者的宏大理论叙事时而引发的重大论战②。对于社会学领域中的这场论战,亦即 J·亚历山大所称之为的"个体论的秩序理论"与"集体论的秩序理论"之争,我认为我们可以征引他在较为晚近的时候所给出的一个相当精妙的概括:

> 社会学家之所以是社会学家,是因为他们相信社会模型的存在,社会模型是由个人构成但又独立于个人的社会结构。然而,尽管所有的社会学家都相信这一点,但是,他们在有关秩序的实际产生问题上却常常迥然不同。我称他们是个体论的秩序理论与集体论的秩序理论之争。如果思想家们预先假设一种集体主义的立场,那么,他们就会把社会模型视为先于任何具体个人行动的存在,在一定程度上把社会模型看作是历史的产物。社会秩序对于新生的个体来说,是"外在"于他的既定事实。如果集体主义者描写成人,那么,他们或许会承认社会秩序既存在于个体内部又存在于个体外部。实际上,这是我们将要讨论的一个重要观点。然而,这里讲的这种观点,无论社会秩序被概括为行动者内在的或外在的,在集体主义观点看来,它都不能被视为纯粹的此时此刻思考的产物。根据集体主义理论,任何个体行动都受到先前存在的结构导向力量的作用,尽管这种导向在那些承认行动有自主因素的集体主义者看来仅仅是一种可能性。因而,对集体主义理论而言,经济决定个体行动者的经济行为的方向,而不

---

① A. Comte, *Systeme de Politique Positive*, Paris: L. Mathias, 1951, Vol. II, p. 181, 转引自 Steven Lukes, "Methodological Individualism Reconsidered," in Peter J. Boettke, ed. *The Legacy of Friedrich von Hayek* (II: Philosophy), Edward Elgar Publishing Limited, 1999, p. 162.
② 参见 Steven Lukes, "Methodological Individualism Reconsidered," in Peter J. Boettke, ed. *The Legacy of Friedrich von Hayek*(II: Philosophy), Edward Elgar Publishing Limited, 1999, p. 171 [6].

是企业家创造了经济;宗教制度决定个体信仰者的行为,而不是赋予个人信仰的教会;政党组织创造了政治家,而不是政治家创造了政党。个人主义虽然常常承认在社会中的确存在超越个体的结构,并且也的确认知到有某种可理解的模型的存在,但与此同时,他们却又坚持认为这些模型是个体协商和选择的结果。他们相信,结构不是简单地被个体所传递而实际上是依靠行动者在个体不断的实际交往中创造出来的。对他们来说,个体不仅仅具有自由成分,而且能够在连续不断的历史时期的每一历史阶段改变社会秩序的基础。基于这种观点,个体并非在其内部传递秩序,而是根据个人的主观意愿遵从或违反社会秩序。①

在哲学领域中,一如我在《哈耶克社会理论的研究》一文中所指出的,一些论者对自由主义所主张的政治秩序观大加批判并主张个人的利益与政治共同体之间的紧密和谐,进而试图用这种具有较高一致性的社会秩序之"群体"或"整体"理想去替代那种方法论个人主义的观念。正是在这种"群体"或"整体"观念的支配下,卢梭对霍布斯所谓自然状态中的个人观念进行了批判、黑格尔对康德有关个人之自主性的理想进行了批判、马克思则对资本主义社会中的个人主义观念进行了批判,而自由主义的当代批判论者(亦即"社群主义"论者)则把批判矛头指向了较为晚出的罗尔斯和诺齐克等人自由主义哲学中的个人主义观念②。

---

① 杰弗里·亚历山大:《社会学二十讲》,贾春增等译,华夏出版社2000年版,第8—9页;同时请参见J·亚历山大对原子论个人主义与集体主义间论战的看法,"个人主义理论之所以如此诱人和强有力,是因为它们以一种公开的、明确的和彻底的方式维护个人的自由。无论他们的预先假设认为个人是理性的或是道德的,他们都承认,行动者不受被称之为物质强制的情景或道德影响的约束。然而,在我看来,个人主义立场的自由是以巨大的理论代价换来的。它为社会行动者提供了一个非现实的或虚构的唯意志论。从这个意义上说,个人主义理论没有使自由成为现实。它忽视了社会结构对自由的实际威胁,同样也忽视了社会结构对自由可能提供的巨大支持。我认为,个人主义理论的道德设计鼓励了那种认为个人不需要他人或社会的幻想。另一方面,集体主义理论承认社会控制的存在,并认为这样就能够对社会控制进行明确的分析。从这个意义上讲,集体论在道德和理论上都优于个体论思想。当然,问题在于这种利益是否只有以一种难以接受的代价才能获得。又是什么使集体主义理论有所失呢?它所假设的集体力量与个人意志、唯意志论和自我控制又是何种关系呢?我们在试图回答这些问题之前,必须了解一个重要事实:有关秩序的假设并不需要任何有关行动的特殊假设"(同上书,第10页)。
② 参见拙文:《哈耶克社会理论的研究:〈自由秩序原理〉代译序》,载拙著:《邓正来自选集》,广西师范大学出版社2000年版,第210页。值得我们注意的是,"社群主义"者对当代个人主义论辩的批判,一方面揭示出了当代自由主义的共同理论预设,另一方面则透过它的批判本身而凸显出了它的批判论式与某些为人们久已熟悉的对个人主义的早期批判论式之间的相似性。因此,我们可以说,"社群主义"者对个人主义的批判在某种意义上只是对早期个人主义(转下页)

这里需要强调指出的是,在这些论战中,最值得我们注意的乃是一种经由本体论向方法论的转换而形成的一种界分两种个人主义的方法论进路。实际上,从历史上看,有关两种"个人主义"的问题早在托克维尔时代就已经以一种颇为隐秘的方式存在了,而且还引起了一些人士的关注:这可以在托克维尔所趋近的斯密式的个人主义与他在《民主在美国》(Democracy in America)一书中反对的"个人主义"之间的对照中见出①。但是,真正使这个问题凸显出来并最早对之进行追问或探究的论者却是马克斯·韦伯和哈耶克等论者。社会学家Joseph Agassi 在一篇分析制度个人主义(institutional individualism)与心理个人主义(psychologistic individualism)间区别的论文中,比较详尽地讨论了"方法论"个人主义这个术语的渊源及其主旨②。他在该文中指出,"方法论的"(methodological)这个术语可以用来形容"个人主义"、"心理主义"(psychologism)、"集体主义或整体主义"及"制度主义"等术语。众所周知,"方法论的"这个术语乃是与"本体论的"(ontological)这个术语相对的——因为前者与其说是一项命题,不如说是一种论证模式:当我们用那些从科学方法领域中得出的论辩去捍卫一项命题(即论证它的成效性或有效性)的时候,我们就可以用"方法论的"这个术语来形容这项命题。韦伯就在他的研究中对他自己的

(接上页)批判者的观点的一种重复,或者说是对那种源出于卢梭、黑格尔和马克思的社会思想传统的一种变异性延续。当然,Amy Gutmann 的观点更为准确地分梳了这些批判观点的理论渊源脉络,"像本世纪 60 年代的批判者一样,80 年代的那些批判者也指责自由主义,因为它是一种错误的且不可挽救的唯个人主义。但是,这一新的批判浪潮并不只是对旧的批判的重复。早些时候的批判者为马克思所激励,而当下的批判者则为亚里士多德和黑格尔所激励"(Amy Gutmann, "Communitarian Critics of Liberalism," in *Philosophy and Public Affairs*, 14: 308 - 322, 1985, p. 308,转引自 B. M. Rowland, *Ordered Liberty and the Constitutional Framework: The Political Thought of F. A. Hayek*, Greenwood Press, 1987, pp. 116 - 117)。此外,对于这种浪复一浪的批判思潮,C. Larmore 也做出了极为严厉的批评,他甚至指出:"这种反自由主义思想的模式的反复重现和陈腐,正表现出了它的贫困"(C. Larmore, *Patterns of Moral Complexity*, Cambridge, 1987, p. 93)。关于这个问题的讨论,也请参见 C. Kukathas, *Hayek and Modern Liberalism*, Oxford: Oxford University Press, 1989, pp. 105 - 124。

① 参见哈耶克:《个人主义:真与伪》,载《个人主义与经济秩序》,邓正来译,三联书店 2002 年版,第 5—6 页。哈耶克具体指出,"'个人主义'这个术语本身只是在人们把真个人主义的另一位伟大的代表人物(即托克维尔)的一本著作翻译成英语的时候才引入英语之中的,然而托克维尔在此后出版的《民主在美国》(Democracy in America)这部著作中却用'个人主义'这个术语描述了一种他所痛恨且坚决反对的态度。但是毋庸置疑的是,无论是伯克还是托克维尔,却在所有的基本问题上都更接近于亚当·斯密的立场——而关于亚当·斯密,我相信任何人都不会否认他是一个真个人主义者;更值得我们注意的是,伯克和托克维尔所反对的那种'个人主义'也是与斯密所主张的个人主义截然不同的"(同上)。

② 参见 Joseph Agassi, "Institutional Individualism," in Peter J. Boettke, ed. *The Legacy of Friedrich von Hayek* (Ⅱ: Philosophy), Edward Elgar Publishing Limited, 1999, pp. 150 - 161。

关于方法的个人主义(individualism of method)与出现在其历史研究中的个人主义做出了明确的区分。需要指出的是,韦伯乃是同米塞斯一起共同发明了"方法论个人主义"这个术语的,因为正是米塞斯把韦伯所采用的"关于方法的个人主义"或"个人主义方法论"(individualistic methodology)这个术语转述成了其当下的形式即"方法论个人主义"——哈耶克、波普尔和哲学家华特金斯(J. W. N. Warkins)则使这个用法得到了普及和深化;最为重要的是,一如 Agaasi 所犀利指出的,韦伯和哈耶克等人还发起并推动了哲学从本体论向方法论的转换,而这一转换"乃是 20 世纪哲学实践中最重大的变化之一"①。从另一个角度讲,Jeremy Shearmur 也相当正确地指出,哈耶克通过指出任何捍卫特定分配制度的理论必须考虑个人的社会性质以及个人理性有限的观点,而对那些因认为自由主义是一种立基于虚构的人性和社会的理论而对之大加批判的社会思想家,给出了自韦伯以降最为持久且最为全面的回应②。实际上,正是在这个过程中,哈耶克阐明了他所主张的方法论个人主义与那种原子论的个人主义间的明确区分。

(二) 方法论个人主义遭到的批判

一如前述,方法论个人主义观点自提出以来便遭到了来自各个方面的批判,而我认为,其间与本文讨论紧密相关的有这样两种批判:一是 M. Simon 和 S. Lukes 对方法论个人主义所做的批判;二是当代"社群主义"者对方法论个人主义所做的批判③。我之所以选择并强调这两种批判,其原因乃在于前者将批判的矛头直接指向了奥地利学派,尤其是哈耶克的方法论个人主义;套用 David L. Prychitko 的话来说,哈耶克、米塞斯和奥地利经济学派的其他成员,长期以来一直在捍卫方法论个人主义的这种用法,"但是这种用法并不是没有批判者的。事实上,在过去几十年中,当代科学哲学家始终在对整个方法论个人主义进行着尖锐的批评"④;而后者乃是在方法论个人主义颇为盛行的情势下通过

---

① Joseph Agassi, "Institutional Individualism," in Peter J. Boettke, ed. *The Legacy of Friedrich von Hayek* (Ⅱ: Philosophy), Edward Elgar Publishing Limited, 1999, p. 151.
② 需要指出的是,"社群主义"者的批判并不只局限于方法论个人主义,而且还含括到了规范个人主义的层面;但是考虑到本文的主旨,我的讨论将主要局限于前者。
③ 参见 Jeremy Shearmur, "Hayek and the Wisdom of the Age," in Arthur Seldon, ed. *Hayek's Serfdom Revisited*, London: Institute of Economic Affairs, pp. 67 – 85。
④ David L. Prychitko, "Methodological Individualism and the Austrian School: A Note on its Crities," in Peter J. Boettke, ed. *The Legacy of Friedrich von Hayek* (Ⅱ: Philosophy), Edward Elgar Publishing Limited, 1999, p. 121.

批判当代自由主义的方式而凸显其对方法论个人主义的批判的,因此透过对这场新一轮批判观点的讨论,我们不仅可以间接地洞见到哈耶克自由主义与当代自由主义间的区别,而且还可以认识到哈耶克的方法论个人主义与当代自由主义者所主张的那种原子论的个人主义间的区别。

1. Simon 和 Lukes 对方法论个人主义的批判

美国哲学家 Michael A. Simon 在 1982 年发表的一部题为《理解人的行动:社会解释与社会科学观》(Understanding Human Action: Social Explanation and the Vision of Social Science)的著作中对方法论个人主义在经济学中的价值进行了质疑[1]。然而值得我们注意的是,Simon 的批判乃是以 S. Lukes 于 1968 年发表的一篇题为《方法论个人主义重考》("Methodological Individualism Reconsidered")的论文中所提出的对方法论个人主义的批判观点为基础的。Lukes 在这篇论文中指出[2],他的主要目的就是要阐明方法论个人主义是不可行的。在论证的过程中,他首先指出,人们一直信以为真地认为,社会是由人构成的、群体是由人构成的、制度是由人加规则和角色构成的:规则是人遵循的或不为人所遵循,而角色则是由人承担的;传统、习惯、意识形态、亲属关系和语言都是个人行事、思考和交谈的方式。所有类似于此的关于世界的所谓命题,在他看来,实际上都是陈腐之词,亦即他所说的"陈腐的社会原子论"(Truistic Social Atomism)。

然而 Lukes 进一步指出,方法论个人主义原则也同样是陈腐之词,因为作为对解释或论证的一种规定,方法论个人主义明确宣称任何被视作社会现象或个人现象的解释都不应当被视作是解释,除非它们是完全根据有关个人的事实做出的解释;这种方法论个人主义在原则上认为,在社会世界中只有个人具有本体论上的实在地位,而社会现象只是心智的构造之物,因而不具有实在的地位。更为紧要的是,在 Lukes 看来,哈耶克所主张的有关社会事实和社会现象唯有根据个人事实才能得到解释的观点,也是这种陈腐的方法论个人主

---

[1] Michael A. Simon, *Understanding Human Action Social Explanation and the Vision of Social Science*, State University of New York Press, 1982. 关于 Simon 对哈耶克方法论个人主义的批判,请主要参见其论著中的第 45—50 页。

[2] 参见 Steven Lukes, "Methodological Individualism Reconsidered," in Peter J. Boettke, ed. *The Legacy of Friedrich von Hayek* (Ⅱ: Philosophy), Edward Elgar Publishing Limited, 1999, pp. 162 – 172。

义原则①。因此,Lukes得出结论认为:第一,哈耶克所提出的方法论个人主义毫无贡献可言,充其量只是引发了一场"大混战"而已;第二,哈耶克所赞成的方法论个人主义——亦即他在《个人主义:真与伪》一文和《对唯科学主义的反动》(The Counter-Revolution of Science)一书中所提出的那种方法论个人主义——乃是一种伪装的个人主义,因为它企图通过只关注有关个人的事实而从根本上质疑个人有可能就社会现象给出类似于法则的陈述的能力,同时以一种暗渡陈仓的方式去实践、证明政治自由主义正当性的谋划②。

与Lukes一样,Simon也倾向于把哈耶克所主张的方法论个人主义观点仅仅视作是一种伪装成方法论论证模式的意识形态诉求。Simon认为,"经济学乃是一门关于集体行动之结果的科学,而不是一门关于行动本身的科学"③。在Simon看来,在实现这项任务的过程中存在着两股主要的知识努力:一种是简单的制度主义(institutionalism),而另一种则是方法论个人主义。在简单的制度主义观点中,个人行动者存知识论上被降到了一个极为次要的地位,如果不是毫无地位的话;与之相对,社会制度则被理论化成了一种真实的实体,亦即具有自身生命的集体物,因此一种"群体心智"或某种其他的超个人实体被确认为是一种推动制度发展的力量。所谓方法论个人主义,乃是占据主流地位的新古典经济学所主张的那种以原子论的个人为核心的方法论个人主义。Simon认为,那种简单的制度主义观点存在着极大的谬误,因此现在唯一可以替代这种幼稚的制度主义的方法乃是方法论个人主义。此外,他还认为,正如David L. Prychitko所确当概括的那样,作为方法论个人主义者,哈耶克的论著也对那些赞同社会实体的制度主义观点表现出了一种强烈的敌意;更具体地说,哈耶克所反对的乃是这样一种观点:第一,社会整体构成了一系列对于人们来说

---

① Steven Lukes, "Methodological Individualism Reconsidered," in Peter J. Boettke, ed. *The Legacy of Friedrich von Hayek* (Ⅱ: Philosophy), Edward Elgar Publishing Limited, 1999, p. 163. Lukes的这个观点所指的是哈耶克的这样一个观点,即"我们唯有理解那些指向其他人并受其预期行为所指导的个人行动,方能达致对社会现象的理解";当然他也是在指沃特金斯的对"方法论个人主义的原则"所做的如下说明,即"按照这项原则,社会世界的最终构成者乃是个人,他们多少恰当地是根据他们的倾向和他们对其情形的理解行事的。每一种复杂的社会情形、制度或事件,都是个人、其倾向、情形、信念、物理资源和环境的某种特定组合的结果。"

② 参见 Steven Lukes, "Methodological Individualism Reconsidered," in Peter J. Boettke, ed. *The Legacy of Friedrich von Hayek* (Ⅱ: Philosophy), Edward Elgar Publishing Limited, 1999, pp. 164-165。

③ Michael A. Simon, *Understanding Human Action: Social Explanation and the Vision of Social Science*, State University of New York Press, 1982, p. 187.

乃是给定的客体;第二,这些社会整体乃是由那些无从化约的社会学意义上的法则所支配的;第三,制度和社会代表了独立于个人的力量。但是值得我们注意的是,Simon提出上述主张却"并不是为了捍卫方法论个人主义以反对幼稚的整体主义,而毋宁是要指出,方法论个人主义也是一种不可欲的、哲学上极为糟糕的解释社会现象的手段"①。这是因为Simon认为,第一,存在着不可以被化约至个人层面的社会事实;第二,制度虽说不是独立于个人而存在的,但是它们仍有着自身的生命;第三,那种因此而认为集体仅仅是心智建构者的观点乃是错误的;第四,从理论上假设一个超个人的实体以解释社会现象的做法,应当根据实用的考虑而非本体论的考虑加以判断②。正是立基于上述观点,Simon进一步指出,在努力通过仅仅根据个人行动者而对社会制度进行解释时,方法论个人主义者实际上把复杂的社会现象解释成了原子计算单位的结果,而这无异于把个人成分从他们研究的社会现象中切割掉。这就是说,如果社会科学家的目标就是要把社会制度当作人之行动的集合结果(既不是某种超个人实体的结果也不是孤立个人最大化的结果)加以理解的话,那么上述形式的方法论个人主义进路就是无法成立的。最后,Simon经由这种论证方式而得出结论认为,哈耶克方法论个人主义的目的与其说是一种本体论上的企图,毋宁说是一种自由主义意识形态的谋划③。

显而易见,Simon和Lukes的批判实际上都是指向那种幼稚的原子论的方法论个人主义的,但是他们却把哈耶克所主张的方法论个人主义也误解成了这

---

① 参见David L. Prychitko, "Methodological Individualism and the Austrian School: A Note on its Crities," in Peter J. Boettke, ed. *The Legacy of Friedrich von Hayek* (Ⅱ: Philosophy), Edward Elgar Publishing Limited, 1999, p. 122.
② 同上书, pp. 123ff. 这里值得我们注意的是,Simon和Lukes还对方法论个人主义提出了另一项批判,他们所采用的论证方式是:如果社会事实可以通过一种对个人的分析而得到解释,这就是说,如果将社会事实化约至个人的层面是必要的,那么社会科学家为什么就必须止步于个人意识的层面呢?Lukes据此认为,当人们提出"什么是关于个人的事实?……可以把什么特性适用于个人?"这类问题的时候,人们应当去考虑一种个人的遗传性构造及其头脑的物理状况(参见Steven Lukes, "Methodological Individualism Reconsidered," in Peter J. Boettke, ed. *The Legacy of Friedrich von Hayek* (Ⅱ: Philosophy), Edward Elgar Publishing Limited, 1999, p. 166)。在较为晚近的时候,诺齐克也提出过类似的问题,即如果社会制度必须根据个人目的的结果得到解释,那么社会科学家为什么就不应当去解释个人目的的物理起源呢(参见David L. Prychitko, " Methodological Individualism and the Austrian School: A Note on its Crities," in Peter J. Boettke, ed. *The Legacy of Friedrich von Hayek* (Ⅱ: Philosophy), Edward Elgar Publishing Limited, 1999, p. 125)?
③ 参见David L. Prychitko, "Methodological Individualism and the Austrian School: A Note on its Crities," in Peter J. Boettke, ed. *The Legacy of Friedrich von Hayek* (Ⅱ: Philosophy), Edward Elgar Publishing Limited, 1999, p. 123.

种方法论个人主义。关于 Simon 和 Lukes 误解哈耶克方法论个人主义的问题，我将在下文中进行讨论，然而在这里，我认为有必要先借用 Prychitko 的话对这个问题做一扼要的概括："Simon 和 Lukes 并不理解，奥地利学派对方法论个人主义的解释显然区别于那种为诸多主流新古典经济学家所拥护的个人主义"①。

2. 社群主义者对方法论个人主义的批判

众所周知，自罗尔斯于 1971 年出版《正义论》始，英美现代自由主义政治理论便基本上为他的论题和他的研究范式所支配，正如 Barry 所指出的，"当代关于正义的讨论一直集中在约翰·罗尔斯《正义论》这部书上，而且任何关于正义的阐释也都无法完全不论涉到这部著作。"②从研究论题的角度来看，甚至诺齐克的重要著作《无政府、国家与乌托邦》也未能脱离罗尔斯的论题范围，一如他在该书中所坦率承认的，"《正义论》是自约翰·穆勒的著作以来所仅见的一部有力的、深刻的、精巧的、论述广泛和系统的政治和道德哲学著作。……政治哲学家们现在必须要么在罗尔斯的理论框架内工作，要么必须解释不这样做的理由"③。从研究范式的角度来看，我们则可以说英美政治哲学的发展因罗尔斯《正义论》重新确立起了义务论伦理学而步入了一个"罗尔斯时代"或"以罗尔斯为轴心的时代"，一如 Kelly 所指出的，"约翰·罗尔斯《正义论》一书于 1971 年发表以后，这样的道德论证便迅速成了讨论政治哲学所有问题的支配性范式"④，而这个范式的主要特征便是英语世界的自由主义从功利主义走出而步入了"以个人权利为基础"的支配性话语之中⑤。值得我们注意的是，在这个过

---

① David L. Prychitko, "Methodological Individualism and the Austrian School: A Note on its Crities," in Peter J. Boettke, ed. *The Legacy of Friedrich von Hayek* (Ⅱ: Philosophy), Edward Elgar Publishing Limited, 1999, p. 123.
② N. Barry, *Hayek's Social and Economic Philosophy*, London: Macmillan, 1979, p. 126.
③ 诺齐克：《无政府、国家与乌托邦》，何怀宏等译，中国社会科学出版社 1991 年版，第 187 页。
④ R Kley, *Hayek's Social and Political Thought*, Oxford, Clarendon Press, 1994, p. 11.
⑤ 在哲学家以赛亚·伯林纪念文集《自由的理念》(*The Idea of Freedom*) 一书中，法律哲学家 H·L·哈特从西方自由主义发展的角度出发特别撰文确证了这一政治哲学转向的趋势，"我认为，任何熟悉过去十年来在英美两国出版的关于政治哲学的论著的人，都不可能怀疑这个论题——即道德哲学、政治哲学和法律哲学的汇合点——正在经历着重大的变化。我认为，我们当下正在目睹从一个曾经被广为接受的旧信念中转换出来的过程，这个旧信念便是某种形式的功利主义（如果我们能够发现它的恰当形式的话）必定能够把握政治道德的实质。然而新的信念则认为，真理一定不在于那种视集合或平均的一般福利的最大化为其目的的原则，而在于一种关于基本人权（亦即保护个人的具体的基本自由和利益）的原则，如果我们能够为这些权利发现某种足以坚固的基础，以应对那些久以为人们所熟悉的批评观点"(H. L. A. Hart, "Between Utility and Rights," in Alan Ryan, ed. *The Idea of Freedom*, Oxford: Oxford University Press, 1979, p. 77)。

程中,论者们一般都倾向于认为,"诸如约翰·罗尔斯(他本人乃是康德传统中的一个理论家)理论那样的有关正义的模式化说明与罗伯特·诺齐克以资格或权利为基础的理论(道德权利在该理论中被认为对所有其他的价值都构成了基本的约束)之间的对峙,乃是一种穷尽了所有似乎可能的阐释性说明的对峙"①。

罗尔斯经由承继和发展康德的道德义务伦理学而指出,个人在政治思想和信念等方面的基本自由和权利乃是不能以任何名义牺牲的,但在社会和经济利益分配的领域内,却可以奉行一种最大限度地改善境况最差者地位的原则;正是立基于这一洞见,罗尔斯确立了正义伦理学的两项著名基本原则:一是个人基本自由优先和基本权利平等的"第一自由正义原则";二是机会均等和改善最少数境况最差者地位的"差别原则"②。然而,诺齐克则承继了17世纪洛克等古典自由主义哲学家的"个人权利至上"理论以及蕴含于其间的有关个人和个人权利之正当性乃是先定的道德假设,一如他所言,"个人拥有权利。……这些权利如此强有力和广泛,以致引出了国家及其官员能做些什么事情的问题"③;诺齐克在这一理论假设的基础上进而确立起了国家的正当性原则,即正义的国家乃是最少干预个人事务、最能保障个人权利之充分实现的国家;而这也就是诺齐克提出的极为著名的"最小国家"(the minimal state)原则。因此,从逻辑上讲,在"最小国家"原则下,个人行为应当且唯一能够遵循的道德准则,只能是立基于"个人权利至上"这项道德原则的"权利"原则④。显而易见,无论是罗尔斯还是诺齐克,他们的道德哲学论辩方式基本上都是一种以"个人权利"(或个人自由)为核心概念、以制定社会公共道德规范为理论宗旨的"社会契约论式"的伦理学论式。在他们的论式中,个人权利的正当性及其社会保障是首位的:在罗尔斯的理论中,作为一个理性的和自利的道德个体,个人引发了一种必须尊重他在公平的情势下会同意的那些正义规则的义务;然而在诺齐克的

---

① John Gray, *Hayek on Liberty*, Oxford: Basil Blachwell, 1984, p.7.
② 参见约翰·罗尔斯,《正义论》,何怀宏等译,中国社会科学出版社1988年版,第56—79页。
③ 罗伯特·诺齐克,《无政府、国家与乌托邦》,何怀宏等译,中国社会科学出版社1991年版,第1页。
④ 诺齐克的这一权利原则包括三个最基本的要求:一是"获取的正义原则",即任何人都必须通过其自身的能力和劳动去获取财产;二是"转让的正义原则",即任何财产的转让与分配都必须立基于个人的自愿而不得以任何方式侵损个人的权利;三是"矫正的正义原则",即以正义的方式矫正分配过程中发生的一切侵损个人权利的行为和后果。请参见罗伯特·诺齐克:《无政府、国家与乌托邦》,何怀宏等译,中国社会科学出版社1991年版,第156—159页。

理论中,个人则引发了一种必须服从法律(亦即在任何阶段都不会对作为一个道德个体的个人的当然权利加以侵犯的那种法律)的义务。

然而,当代自由主义者所主张的个人主义观念却遭到了"社群主义"者的猛烈抨击,而在这些批判者当中,则以 A·麦金泰尔,Michael Walzer,Benjamin Barber,桑德尔、R·P·沃尔夫(Wolff)和查尔斯·泰勒等人为主要代表。"社群主义"者的努力主要集中在下述两个方面:一是全力阐明这样一种观点,即自由的个人主义在根本上误解了个人与其社会存在之间的关系;二是努力揭示当下社会的社群观,而这个观点的首要原则便是强调道德共同体的价值高于道德个体的价值,并强调社会、历史、整体和关系等非个人性因素在人类道德生活中的基础性和必然性意义①。但是,社群主义者对当代自由主义的批判与本文讨论紧密相关且最为重要的方面之一,却是当代自由主义只关注"社会的基本结构"对于自由个人之权利的维护与实现的正当意义,而不关注个人权利和行为的社会实践限制及其对于社会共同体价值目的所承诺的责任。更进一步看,这一批判还从另一个角度揭示了社群主义者与当代自由主义者所论争的最重要的实质性问题之一,即伦理学的价值本源究竟是个体我,还是作为社群的我们? 社群主义者就此指出,当代自由主义者以个人权利的正当性为当然的基点,所寻求的乃是一种正义规则伦理和自由义务伦理,但是他们却完全忽视了社群的价值以及由此而对一种以社群善为价值目标的价值伦理或以个人内在品格为基点的德性伦理的探求,正如桑德尔所指出的,"如果说,功利主义没有严肃地对待我们的独特性(distinctness),那么,作为公平的正义则没有严肃地对待我们的共同性(commonality)。由于它把我们的约束看作是优先的、已曾固定的和普遍适用的,所以它把我们的共同性降归为善的一个方面,并把善降归为一种纯粹的偶然、一种无差别需求和欲望的产物,与道德立场毫

---

① 例如,麦金泰尔立基于亚里士多德和托马斯·阿奎那的政治伦理学与德性理论,主张把人视为生活于社会政治生活和文化传统之中而同时又具有自由德性追求的人类群体;泰勒凭借黑格尔的历史哲学原则,反驳当代自由主义的"原子论"的个人主义,主张给予人的社会历史情景以更高的理论地位;桑德尔则运用后现象学哲学运动中产生的"后个体主义"观念反驳罗尔斯等当代自由主义者的"无限制"、"无约束"的个人主义,主张共同体的善必须得到尊重、个人的权利必须得到限制,甚至认为人们的共同性、关系性和交互性优于个人的自我性和唯一性。关于这个问题,请参见万俊人:《关于美德伦理的传统叙述、重述和辩述(译者序言)》,载麦金泰尔:《谁之正义? 何种合理性?》,万俊人等译,当代中国出版社 1996 年版;又请参见万俊人所撰写的一篇论题相关的论文:《美国当代社会伦理学的新发展》,载《中国社会科学》1995 年第 3 期,第 144—160 页。

不相关"①。

与桑德尔的批判相类似,其他一些社群主义者也从上述两个方面对当代自由主义提出了尖锐的批判。麦金泰尔甚至得出结论说,当代自由主义不过是18世纪启蒙运动道德哲学家们的现代性伦理谋划意图的继续,因而也必定与它们的先驱理论一样难逃失败的命运。这一方面是因为它试图按照其所设计的人性概念为道德或道德规则提供合理性的论证;另一方面则是因为它所竭力论证的那套道德规则甚至其论证本身与它所确信的那种人性概念存在着深刻的不相容性:一种完全缺乏社会历史情景解释的、自然化的或"未经教化的人性"如何能认识自身的真实目的呢?一个只享有此种人性而又不能认识其真实目的的个人又如何去认同、接受和实践非人格性的客观道德规则呢②?因此,麦金泰尔认定,这是启蒙运动以降的自由主义道德哲学家们所一直面临且未能真正解决的问题。通过上述对当代自由主义的批判,社群主义者宣称,一个社会不只是经由某种契约联系在一起的个人间的结合,它毋宁是一个人们因共享一些相同的习俗和信念而结合在一起的社群。因此,政治哲学并不只是一种关注保护或增进个人权利的学说,而是一种确保一种共同善或共同目的的学说③。从更深的层面来看,社群主义者认为,当代自由主义之所以无助于那些关于善社会之性质以及个人在社会秩序中的地位这类问题的讨论,根本原因乃在于当代自由主义是一种不具有任何社会理论的政治哲学。当然,他们并不认为当代自由主义的这个谬误是当代自由主义者个人的知识问题,相反他们认为这实是自由的个人主义传统所特有的缺陷,一如 R·P·沃尔夫在批判罗尔斯的正义论的时候所尖锐指出的,当代自由主义的真正问题乃是"那个整个政治哲学传统的内在缺陷所致"④。

---

① M. Sandel, *Liberalism and the Limits of Justice*, Cambridge: Cambridge University Press, 1982, p. 174. 转引自并参见万俊人:《美国当代社会伦理学的新发展》,载《中国社会科学》1995 年第 3 期,第 148—150 页。
② 同上。
③ 同上。
④ R. P. Wolff, *Understanding Rawls: A Reconstruction and Critique of A Theory of Justice*, Priceton: Princeton University Press, 1977, p. 210. 当然,罗尔斯和德沃金等自由主义论者也对这些批判做出了积极的回应。鉴于本文论题的设定,我不可能在这里对他们所做的回应进行讨论。关于他们的观点,请主要参阅约翰·罗尔斯:"Justice as Fairness: Political not Metaphysical," in *Philosophy and Public Affairs*, 14, 1985, pp. 223 - 251; Dworkin, *A Matter of Principle*, Cambridge, Mass.: Harvard University Press, 1986。但是值得我们注意的是,在捍卫自由主义和对自由主义做理论阐释的过程中,当代自由主义者并没有也不可能(转下页)

沃尔夫所说的自由主义政治哲学传统的内在缺陷，实际上就是最深层地植根于不同自由主义学派所共同始于的那个理论假设，即个人乃是一种孤立的、非社会的造物和一种只关注个人一己私利的造物，而所谓社会和政体只是个人与个人联合的结果而已；因此，在他们看来，个人才是道德和政治义务的真正本源。社群主义者指出，这种"原子式"的个人主义理论正是从这样一幅虚构的人性图景出发，建构起了他们对社会的解释，即社会契约只有在以下情形中——亦即调整个人间关系的诸原则必须与那些达成"社会契约"的"个人"所自愿接受的原则相一致的情形中——方可得到正当性的证明，但是他们却完全忽略了个人作为社会存在的性质。换言之，自由主义传统赖以为基础的上述个人主义假设，未能而且也不可能对支配社会互动的经济、政治和历史过程给出真切且充分的解释，但是在社群主义者看来，这样一种解释却是一种哲学试图成为一种关于人的哲学的必要前提。

根据上述批判，社群主义者得出结论认为，在这个自由的个人主义传统中，最彻底否定任何诉诸人性或人的社会环境者乃是康德，因为那些必须接受的正义规则，乃是那些适用于所有理性存在（rational being）的规则，进而在他那里，社会理论与界定正义规则的问题毫无关联。罗尔斯的自由个人主义亦是如此，他与康德一样，只有一个理性的理论，而没有一个人性的理论；诺齐克尽管批判罗尔斯的观点，然而由于他关于社会世界的性质或人性的解释对于他的个人权利的性质毫无影响，从而使他不可能界定出作为社会存在的真实的个人，所以他的解释在很大程度上也只是一种对自由个人主义的社会解释架构的延续而已。归根结底，这种个人主义的自由传统无法给人们提供一个具有社会理论的政治哲学，因为个人的社会性质与他们的论证不涉。

三、哈耶克的方法论个人主义

正如我在本文引论的讨论中所指出的，本文的结论之一是"Simon 和 Lukes

（接上页）对这些批判做出根本的回答，这是因为他们依据对人性和社会性质的虚构性解释而建构起来的善社会的模式，依旧无力解释人类是如何型构各种社会秩序的；即使是罗尔斯也只解释了一种无知之幕下的自由状态中的社会正义原则，而未能在特定的人性和社会性质的前提下对这些社会正义原则在某种社会秩序中能否被证明为可行的问题做出解释。关于这个问题，请参见拙文：《哈耶克社会理论的研究：〈自由秩序原理〉代译序》，载《邓正来自选集》，广西师范大学出版社 2000 年版，第 179—236 页。

的批判,就哈耶克的方法论个人主义而言,可以说是完全误置了对象……而当代'社群主义'论者对方法论个人主义所做出的批判则根本无法适用于哈耶克的方法论个人主义"。当然,在我对这个观点进行论证之前,它还只是一项假设而已;而这意味着,我们在得出这项结论之前,必须首先回答"何谓哈耶克的方法论个人主义"这个问题。依循此一逻辑,同时考虑到哈耶克的方法论个人主义(下文的讨论将直接采用哈耶克本人的术语"真个人主义")乃是在对他所谓的"伪个人主义"与"集体主义"(亦即我们在上文所说的"整体主义")的批判过程中得到确立的,因此我将在下文中结合哈耶克对"伪个人主义"和"集体主义"的批判来阐明哈耶克的真个人主义。

毋庸置疑,哈耶克在讨论这个问题的过程中所采用的一个最为关键的术语乃是"个人主义"。但是首先值得我们注意的是,哈耶克本人并不像人们想象的那样喜欢"个人主义"这个术语,甚至还对采用这个术语感到一定程度的担忧,一如他所指出的,"的确,我在准备撰写本文的过程中考察了一些有关'个人主义'的标准描述;然而,这项考察工作的结果却使我感到后悔不已,因为连我自己都不明白,我在此之前怎么会把自己信奉的那些理想与这样一个被如此滥用和如此蒙遭误解的术语联系在一起呢?"①当然,哈耶克之所以在这个问题上深感困扰,实是因为下述两个事实所致:第一,当下广为人们采用的政治术语在含义上极其含混不清,甚至同一个术语对于不同的群体来说都往往意味着几乎相反的意思;第二,同一个政治术语还常常会把那些实际上信奉彼此对立且不可调和的理想的人捆绑在一起,并且把这些理想间的根本区别给遮蔽了。"像'自由主义'或'民主'、'资本主义'或'社会主义'这样的术语,今天都已经不再能够意指内在一致的思想体系了。它们形成所描述的不过是一堆在性质上颇为不同的原则和事实的大杂烩,而这些原则和事实之所以同这些术语发生了某种联系,则纯属历史上的偶然事件使然;更需要指出的是,除了同样一些人在不同的时候甚或只是在同样的名目下主张这些原则和阐述这些事实以外,这些原则和事实实际上几乎没有共同之处可言。在这个方面,受害最大的政治术语莫过于'个人主义'这个术语了。"②

---

① 哈耶克:《个人主义:真与伪》,载《个人主义与经济秩序》,邓正来译,三联书店 2002 年版,第 4 页。
② 同上书,第 3 页。关于这些政治术语以及其他一些政治术语之所以含混不清的缘由,请参见哈耶克为辨析政治术语之含义而撰学的专论:《政治思想中的语言混淆》,载《哈耶克论文集》,邓正来编/译,首都经济贸易大学出版社 2001 年版,第 3—47 页。

于是,我们需要追问的是,既然"个人主义"这个术语的含义如此含混不清,那么哈耶克为什么还要继续采用这个术语呢? 当然,从哈耶克的论述来看,他继续采用"个人主义"这个术语,主要是出于这样两个基本的原因:一是因为"个人主义"这个术语在思想史中一直被用来指涉哈耶克所力图捍卫的那种自由主义理想,但是需要预先强调的是,这绝不能被误解成是因为"个人"在哈耶克的理路中占据着本体论上的先于社会等集合体的地位;二是因为"个人主义"这个术语在哈耶克那里还有一个更为重要的意义,即它可以被用来反对"集体主义"或"社会主义"这个术语;正如哈耶克本人所指出的,"不论'个人主义'这个术语——除了意指我所信奉的那些理想以外——还意指其他什么东西,仍有两个比较充分的理由使我继续使用这个术语来指称我所旨在捍卫的那个观点:第一,我所旨在捍卫的那个观点始终是经由'个人主义'这个术语而为世人所知道的,而不论这个术语在不同的时候还可能意指其他什么东西;第二,这个术语的特性可以表明,'社会主义'这个术语乃是一些论者刻意杜撰出来用以反对个人主义观点的。我们在本文中所关注的正是这种可以取代社会主义的制度。"①

(一) 哈耶克对"伪个人主义"②的批判

一如前述,"个人主义"这个术语不仅被反对它的人歪曲得面目全非了,而且还一直被人们用来描述各种对社会的不同看法,其区别的程度甚至还达到了它们与传统上被视作是其对立面的观点之间的那种区别程度③;换言之,尽管方法论个人主义在总体上讲都试图根据个人行动去描述或者解释社会现象,尽管哈耶克所界分的苏格兰思想传统与欧洲大陆的笛卡儿思想传统基本上都是

---

① 哈耶克:《个人主义:真与伪》,载《个人主义与经济秩序》,邓正来译,三联书店2002年版,第4页。值得我们注意的是,尽管哈耶克依据正文中所给出的理由而在早期的论述中仍采用了"个人主义"这个术语,但是根据我个人的研究,此后哈耶克不曾再使用过这个术语,即使在他为了甄别政治学术语而专门撰写的《政治思想中的语言混淆》的论文中,他也未曾论及"个人主义"这个术语。参见哈耶克:《政治思想中的语言混淆》,载《哈耶克论文集》,邓正来编/译,首都经济贸易大学出版社2001年版,第3—47页。
② Madison颇具想象力地把这种"伪个人主义"论证模式称之为"鲁滨孙范式"(The Robinson Crusoe Paradigm),参见G. B. Madison, "How Individualistic is Methodological Individualism?" in Peter J. Boettke, ed. *The Legacy of Friedrich von Hayek* (Ⅱ: Philosophy), Edward Elgar Publishing Limited, 1999, p. 134.
③ 参见哈耶克:《个人主义:真与伪》,载《个人主义与经济秩序》,邓正来译,三联书店2002年版,第3—4页。

以"个人主义"之名而为世人所知的①。尽管哈耶克的方法论也是一种个人主义的方法论，但是不容忽视的是，在哈耶克那里，真个人主义与伪个人主义所依凭的原则却是根本冲突的，而这种冲突则明显表现在下述两个关键方面：首先，伪个人主义的观点认为，"对于任何把个人视作出发点并且假定个人乃是经由一种形式契约的方式把自己的特定意志与其他人的意志统合在一起而形成社会的哲学家来说，信奉自生自发的社会产物的做法从逻辑上讲乃是不可能的"②，而真个人主义则是唯一一种旨在阐明自生自发社会产物之形成的现象并使之得到人们理解的理论；其次，伪个人主义必定会达致这样一种结论，即只有当社会过程受个人理性控制的时候，它们才能够有效地服务于个人的目的，而真个人主义则与此相反，因为它坚信，如果让个人享有自由，那么他们取得的成就往往会大于个人理性所能设计或预见到的成就。

的确，哈耶克的真个人主义所意指的就是这种试图使社会现象得到人们理解的个人主义的社会理论，而且也是他"在任何情况下都愿意捍卫的唯一的一种个人主义，而且我坚信，它也是人们能够持之一贯捍卫的唯一的一种个人主义"③。正是在这个意义上，哈耶克强调对作为社会存在的个人或个人行动的社会性质进行阐释的必要性，并在此基础上为自由政治秩序提供一种基本的政治原理。从总体上讲，哈耶克在这个方面做出的最大贡献乃是这样一个洞见，即个人主义所提供的乃是一种社会理论，而不是一套有关孤立个人的权利主张或者任何一套有关个人性质为一理性体的假设④。从哈耶克提出的这个洞见来看，其间显然涉及"个人"这个核心观念中两个紧密相关且最为基本的构成要素：一是"个人行动及其客体"；二是"个人理性"。据此，当然也是为了论述的方便，我拟在这里把讨论的范围主要限定在这两个基本方面并且结合哈耶克对"伪个人主义"的批判来阐明他所主张的真个人主义。

---

① 哈耶克明确指出，伪个人主义"虽说也以个人主义之名而著称于世，却主要是以法国论者和其他欧洲大陆国家的论者为代表的——而情势之所以如此，我认为其原因就在于笛卡儿式的唯理主义(Cartesian rationalism)在这个思想流派的形成过程中一直起着支配作用"(哈耶克：《个人主义：真与伪》，载《个人主义与经济秩序》，邓正来译，三联书店 2002 年版，第 5 页)。
② James Bonar, *Philosophy and Political Economy*, 1983, p. 85. 转引自哈耶克：《个人主义：真与伪》，载《个人主义与经济秩序》，邓正来译，三联书店 2002 年版，第 9 页。
③ 哈耶克：《个人主义：真与伪》，载《个人主义与经济秩序》，邓正来译，三联书店 2002 年版，第 32 页。
④ 参见哈耶克：《自由秩序原理》，邓正来译，三联书店 1997 年版，第一章有关自由状态与自由权项的讨论，第 3—18 页。

1. 哈耶克对"个人行动及其客体"的认识

哈耶克指出,在各种误解方法论个人主义的观点中,"伪个人主义"乃是"最为愚蠢"的一种误解,因为这种观点把作为个人主义基设的"个人"竟然理解成了在事实上自足于社会并且从形而上的角度把它假设成了在本体论上先于社会或者先于其在社会中的成员身份的那种孤立的个体实在,亦即"那种认为个人主义乃是一种以孤立的或自足的个人的存在为预设的(或者是以这样一项假设为基础的)观点,而不是一种以人的整个性质和特征都取决于他们存在于社会之中这样一个事实作为出发点的观点"①。实际上,哈耶克所理解的"个人",一如亚里士多德的理解,在性质上乃是一种社会动物或政治动物(zoon politikon);因此,具体到社会政治秩序层面来看,哈耶克所认识的"个人",只能当他作为并非由若干个人按照刻意的方式集中控制并计划的社会共同体(而是由个人经由自由互动而自生自发形成的且在成就方面远远大于个人"心智"纯粹之总合的未意图的社会共同体)的成员时才能作为个人而存在。关于这个问题,哈耶克进一步指出:第一,如果"伪个人主义"所信奉的这种"个人观"是正确的,那么方法论个人主义对于人们理解社会现象来说也就毫无助益可言了;第二,也是更为紧要的,如果人们只是从"唯个人主义的"角度去认识社会,亦即按照原子论的方式完全从个人本身的角度去认识社会,那么作为一种对解释的规定,方法论个人主义就不仅对人们认识和理解社会政治秩序或社会经济秩序毫无助益,甚至还会使个人行动以及个人间的社会互动本身无法得到人们的理解,因为在哈耶克看来,既然个人或个人行动在性质上乃是社会的,那么社会现象就绝不能被化约至孤立个人或孤立个人行动的层面。这里值得我们注意的是,"伪个人主义"之所以会忽视"个人"所具有的这种社会特性,实是因为它经由一种完全错误的"方法论具体化"(methodological reification)②的思维方式而把它所做的方法论上的抽象误作成了形而上的实在;这就是说,通过这种错误的置换,"伪个人主义"不仅把"个人"看成了某种由物理特性决定的"给定之物",甚至还把"个人"假定成了有着一种先于社会的本

---

① 哈耶克:《个人主义:真与伪》,载《个人主义与经济秩序》,邓正来译,三联书店2002年版,第6页。
② 参见 G. B. Madison, "How Individualistic is Methodological Individualism?" in Peter J. Boettke, ed. *The Legacy of Friedrich von Hayek* (II: Philosophy), Edward Elgar Publishing Limited, 1999, p. 140。

体论实在地位。

为了更好地洞见哈耶克真个人主义所主张的上述具有社会性的"个人观",我认为我们必须理解和把握哈耶克论述中的这样三个要点:

首先,作为"个人"构成要素的"个人行动"及其"客体"实际上都不具有本体论上的实在地位,因为这些构成要素并不是由所谓的物理特性或某一终极原因决定的,而是由种种不确定的主观因素所导致的结果。哈耶克曾经在研究社会科学的事实的时候明确指出,"我之所以把某个行动者在不同情形中制造某个产品(比方说一个纱锭)的不同方法视作同一种生产活动的事例,并不是因为这些不同的制造方法之间存有着任何客观的或物理的相似性,而是因为(我们认为)该行动者有着相同的意图"①。哈耶克进而认为,无论是在日常生活中还是在社会科学研究中,当我们谈论其他人的可理解的行动及其客体的时候,任何人都无法列举出——而且任何一门科学至今都无力告诉我们——我们据以认识这些行动及其客体之存在的所有不同的物理特性,因为任何这些类型中的成分所拥有的共同特性并不是物理特性,而必定是某种其他东西②。为此,哈耶克还在《社会科学的事实》一文中列举了许多日常生活中的事例来说明他的这个观点,比如说,他指出:

> 只要我的活动是在与我自己同样的人当中展开的,那么我就极可能根据银行支票或左轮手枪所具有的物理特性而得出结论说,对于持有者来说,它们是货币或是武器。当我看到一个拿着一个贝壳或一根细长管子的土著人的时候,这件东西的物理特性很可能无法告诉我任何东西。但是,当有关的观察告诉我贝壳之于他是货币、而细长管子之于他则是武器的时候,这就会使这个客体明确地显现出来——如果我对这些货币观念或装器观念不熟悉的话,那么对于我来讲,类似的观察很难使这些客体较为明确地表现出来。正是在认识这些东西的过程中,我开始理解这些人的行为。我之所以能够理解并适应一种"有意义"的行动方案,就是因为我渐渐地不再把它视作是一种具有某些物理特性的东西,而是把它视作是一种与我自己有目的的行动之模

---

① 哈耶克:《社会科学的事实》,载《个人主义与经济秩序》,邓正来译,三联书店 2002 年版,第 76 页。
② 同上书,第 76—77 页。

式相符合的东西。①

需要指出的是,尽管哈耶克宣称,无论是在个人活动的客体方面,还是在个人行动本身的方面,致使我们认识它们的并不是它们所具有的物理特性,但是这却并不意味着哈耶克认为它们的物理特性不会进入我们对它们的分类过程之中,而仅仅意指"任何物理特性都不可能出现在我们对任何这些类型所做的明确的定义当中,因为这些类型中的各个成分未必具有共同的物理特性,而且更有甚者,我们甚至不可能有意识地或明确地知道这样一项标准,即一个客体至少具有各种物理特性当中的哪一项特性才能够成为某一类型中的一个成分。"②

其次,哈耶克进一步主张,在我们认识或理解个人行动及其客体的时候,起关键作用的实是作为认识者的我们与被认识者所具有的意见或意图,因此社会科学家不应当而且也不能只关注孤立个人行动的"事实"或者仅仅关注个人行动之客体的"物理特性"。具体言之,从一个方面来看,就我们试图认识的个人行动之"客体"而言,它们"都不是根据它们所具有的'实在的'特性加以界定的,而是根据人们对它们的看法进行定义的。简而言之,在社会科学中,事物乃是人们认为的事物。钱之所以是钱,语词之所以是语词,化妆品之所以是化妆品,只是因为某人认为它们是钱、语词和化妆品"③;再从另一个方面来看,就我们试图认识的"个人行动"而言,"只要我们把人之行动解释成有目的的行动或者有意义的行动——无论我们是在日常生活中做出了这样的解释还是我们在社会科学研究过程中做出了这样的解释,那么我们就必须对……不同种类的行动本身做出界定,而这种界定所依凭的并不是什么物理特性,而是行动者的意见或意图。这个事实导致了一些极为重要的后果,比如说,……当我们说某人有食物或钱的

---

① 哈耶克:《社会科学的事实》,载《个人主义与经济秩序》,邓正来译,三联书店2002年版,第81页。
② 同上书,第76页。哈耶克还用一种扼要的方式描述了他在正文中所说的情形,"客体甲、乙、丙……可能在物理上截然不同,而且我们也绝不可能用列举的方式穷尽它们,但是这些客体却因某人对它们持有相同的看法而成了同一种类的客体。然而需要指出的是,某人对它们持有相似看法这个事实,也唯有经由这样一个说法才能够得到界定:该人将通过采取A,B,C……中的任何一种行动来对待这些客体——与前述相同,这些行动也可能在物理上不尽相同,而且我们也无力用列举的方式去穷尽它们,但是我们却切实地知道所有这些行动都是'意指'同一个东西的"(同上)。
③ 同上书,第74页。

时候,或者当我们说他讲了某个语词的时候,我们这种说法当中肯定还包含有这样的意思:他知道食物能吃、钱可以用来买东西、语词则能够为人们所理解——当然,这种说法当中也许还包含有许多其他的意思"①。这显然意味着,社会科学家在努力使诸如上述"个人行动"或"客体"这样的社会现象得到理解的过程中必须诉诸在性质上完全属于互动意义的领域,因为一如哈耶克所言,如果人们只是从"钱"的物理特性去理解,那么"钱"就只能被认为是一个"圆金属片"而已②;与此同理,如果人们只是从个人言说这个"事实"去探究,那么"语词"本身也无法得到恰当的理解;更为重要的是,如果按照这种"伪个人主义"的方式去理解,那么不同的个人对这些客体所采取的相应行动也会表现为完全任意的和毫无意义的行动。

正是因为如此,哈耶克的真个人主义认为,"我们唯有通过理解那些指向其他人并受其预期行为所指导的个人行动,方能达致对社会现象的理解"③。显而易见,哈耶克的这段文字表明,个人之间所存在的并不只是"伪个人主义"所断言的那种外部关系,而更是在心智模式的方面存在着内在的关联,正如 Chris Sciabarra 所恰当指出的,"立基于社会学的探究,哈耶克……揭示了一种有关内部关系之哲学的诸要素。对于哈耶克来说,个人是不可能独立存在的,因为个人只是某个具体的历史环境和文化环境中的行动者"④。当然,这也是哈耶克在他的一系列论著中始终坚持下述观点的原因之所在,即"真个人主义的基本主张认为,通过对个人行动之综合影响的探究,我们发现:第一,人类赖以取得成就的许多制度乃是在心智未加设计和指导的情况下逐渐形成并正在发挥作用的;第二,套用亚当·弗格森的话来说,'民族或国家乃是因偶然缘故而形成的,但是它们的制度则实实在在是人之行动的结果,而非人之设计的结果';第三,自由人经由自生自发的合作而创造的成就,往往要比他们个人的心智所能

---

① 哈耶克:《社会科学的事实》,载《个人主义与经济秩序》,邓正来译,三联书店 2002 年版,第 77 页。
② 参见同上书,第 68 页[18]。
③ 哈耶克:《个人主义:真与伪》,载《个人主义与经济秩序》,邓正来译,三联书店 2002 年版,第 6 页。
④ Chris Sciabarra, "The Crisis of Libertarian Dualism," in *Critical Review*, I, no. 4, Fall, 1987, p. 90. 转引自 G. B. Madison, "How Individualistic is Methodological Individualism?" in Peter J. Boettke, ed. *The Legacy of Friedrich von Hayek* (II: Philosophy), Edward Elgar Publishing Limited, 1999, p. 133.

充分理解的东西更伟大。这就是乔希亚·塔克、亚当·斯密、亚当·弗格森和埃德蒙·伯克所阐发的伟大论题,亦即古典政治经济学做出的一项伟大发现:它不仅构成了我们理解经济生活的基础,而且也为我们理解大多数真正的社会现象奠定了一个基础"①。当然,我们也可以借用 G. B. Madsion 立基于阐释学的角度对哈耶克这段文字的阐释:"这段文字彻底否弃了任何形式的原子论个人主义,而且也否定了所有下述形式的方法论个人主义,亦即霍布斯传统中的那样的主张:只要对社会现象的说明,不是完全根据有关个人的事实加以表述的话,那么它们就是无法接受的。"②

再其次,哈耶克真个人主义还认为,社会科学家对社会政治秩序或社会经济秩序(包括它们的构成方式和作用方式)的认识或理解必须经由对个人行动及其客体施以"类推"认识的方式而得到实现;这即是说,"当我们讨论那些被我们视作其他人有意识采取的行动的时候,我们一般都会采用类推的方法,亦即根据自己的理解去解释他们的行动;这就是说,我们会把其他人的行动以及他们行动的客体归入到我们只是根据我们自己的知识而知道的那些类型或范畴中去。我们假定其他人对某种目的或某种工具、某种武器或某种食品的认识与我们的认识是一样的,正如我们假定其他人就像我们一样也能够知道不同颜色或不同形状之间的差别一般"③。换言之,当我们在认识和理解个人行动及其客体的时候,我们总是会把我们所知道的那种客体分类系统投射到该行动者的身上,并且依据这种方式对我们实际上看到的行动添附其他意义;但是值得我们注意的是,我们把我们所知道的那种客体分类系统投射到某个行动者的身上,所依据的并不是我们对该行动者的观察,而毋宁是因为我们就是根据这些类型来认识

---

① 哈耶克:《个人主义:真与伪》,载《个人主义与经济秩序》,邓正来译,三联书店 2002 年版,第 7 页。
② G. B. Madison, "How Individualistic is Methodological Individualism?" in Peter J. Boettke, ed. *The Legacy of Friedrich von Hayek* (Ⅱ: Philosophy), Edward Elgar Publishing Limited, 1999, p. 134. 当然, David L. Prychitko 也指出, 那些批判哈耶克方法论个人主义的论者忽视了这样一个事实, 即哈耶克实际上是把经济学看成是一种现象学科学(phenomenological science)。这种哲学立场与实证主义的方法论(the positivist methodology)乃是颇为不同的, 而后者则被认为是一种标准理论。与这种标准理论不同, 哈耶克的观点对生活世界之于理解个人行动及其产生的集合结果的意义所具有的必要性予以了极大的关注, 因为承认人们彼此理解之意义的重要性始终是哈耶克研究范式的主要依凭(参见 David L. Prychitko, "Methodological Individualism and the Austrian School: A Note on its Crities," in Peter J. Boettke, ed. *The Legacy of Friedrich von Hayek* (Ⅱ: Philosophy), Edward Elgar Publishing Limited, 1999, pp. 124 - 125)。
③ 哈耶克:《社会科学的事实》,载《个人主义与经济秩序》,邓正来译,三联书店 2002 年版,第 78 页。

我们自己的①。更进一步说,这些类型或这些概念"所意指的乃是我们'以直觉方式'认识到的一种事态;此外,我们在日常生活中不仅会毫不犹豫地使用这些概念,而且所有的社会交往亦即人们之间所有的交流也都是以这些概念为基础的"②。因此在一定程度上讲,哈耶克所主张的这种"类推"认识方式确实表现出了一些后现代论者在讨论哈耶克方法论个人主义时所说的那种"主体间"性质③。

---

① 参见哈耶克:《社会科学的事实》,载《个人主义与经济秩序》,邓正来译,三联书店2002年版,第78页;关于这个问题,哈耶克还举例指出,"如果我们看到一个人穿过一个交通拥挤的广场,不停地躲闪某些车辆并且不时地停下来让其他的车辆先走,那么我们所知道的(或者我们相信我们所知道的)肯定要比我们用肉眼看到的东西多得多。实际上,即使我们看到一个人在某种与我们在此前所看到的截然不同的自然环境中行事,以上所述也是同样有道理的。比如说,如果我第一次看到一块大石头或大雪块正从山上滚下来压向一个人并且看到他正在撒腿逃命,那么我当然知道他所采取的这种行动的意义,因为我知道在类似的环境中我自己会采取什么行动或者完全有可能采取什么行动"(同上书,第78—79页)。当然,哈耶克还举了其他的例子,比如说,"毋庸置疑,我们大家通常都是依凭这样一种假设行事的,即我们能够用这种方法根据我们自己的理解去解释其他人的行动;而且在绝大多数情形中,这种做法也是极为可行的。但是这里的麻烦却在于:我们对于这种做法永远都不可能有彻底的把握。我们只要看一个人做几件事情或者听他说几句话,我们即刻就可以确定此人是精神健全的而不是神经错乱的,从而也排除了他会做出无数'古怪'事情的可能性;这些'古怪'的事情乃是任何人都无力用列举的方式予以穷尽的,而且也是无法被归入我们所知道的理性行为这个范畴之中的——当然这仅仅意味着,那些行动是无法根据我们自己的理解而得到解释的。我们既不可能确切地解释我们在实践中是如何知道一个人是神经正常而不是精神错乱的,也不可能排除我们万一犯错误的可能性。与此同理,我实际上只需要经过一些观察就能够即刻得出这样一个结论,即一个男人正在向某个人示意或者正在追求某个人,或者正在向某个人表示爱情或者正在惩罚某个人,尽管我在过去很可能从来没有见过其他人是以这种特别的方式来做这些事情。然而,我所得出的上述结论,从实际生活的角度上来看,已是足够确定了"(同上书,第79页)。

② 同上书,第79—80页。

③ 这个术语乃是我从Madision那里借用来的;他就这个问题还进一步指出,哈耶克真个人主义所具有的这种非本质主义的性质乃是方法论个人主义的确要义之所在。这种一般性进路的经典范例乃是胡塞尔在其 *Cartesian Meditations* 的第五卷中所采纳的,在这里,他试图对主体间性的"构成"给出某种说明(参见 G. B. Madison, "How Individualistic is Methodological Individualism?" in Peter J. Boettke, ed. *The Legacy of Friedrich von Hayek*(II:Philosophy), Edward Elgar Publishing Limited, 1999, p. 137)。当然,我们也确实可以从哈耶克的论述中探及到这种"主体间性"的意蕴,比如说他曾经指出,"对社会科学研究来说,人之活动的客体是属于同一种类还是属于不同的种类,或者是属于相同的类型还是属于不同的类型,所依据的并不是作为观察者的我们所拥有的关于这些客体的知识,而是我们认为被观察者所拥有的有关这些客体的知识"(哈耶克:《社会科学的事实》,载《个人主义与经济秩序》,邓正来译,三联书店2002年版,第75页);此外,他还指出,社会科学"所研究的乃是一个我们从我们的立场出发必定会用一种不同于我们观察自然世界的方法去观察的世界。我们可以用一种颇具助益的比喻说法来描述这种情形:我们从外部观察自然世界,但是却从内部观察社会世界;就自然世界而言,我们的概念是关于事实的概念,因而必须与事实相符合,然而在社会世界中,至少有一部分为人们最为熟知的概念乃是社会世界得以形成的要素。正如我们之间存在着一种共同的思想结构的事实乃是我们彼此有可能进行交流或进行沟通以及你们有可能理解我所说的意思的条件一样,这种共同的思想结构也是我们大家据以解释诸如我们在经济生活或法律中、在语言中以及在风俗习惯中所发现的那些复杂的社会结构的基础"(同上书,第93页)。值得我们注意的是,保罗·利科(Paul Ricoeur)也曾经对哈耶克的"方法论个人主义"与胡塞尔的"本我论"(egology)做了一番颇有意义的比较,参见他的著作: *Main Trends in Philosophy*, New York: Holmes and Meier, 1979, p. 138。

立基于上述讨论,我们可以认为,哈耶克真个人主义的核心要点存于:个人行动及其客体在本体论或在经验上并不先于社会而存在;换言之,个人在实在序列上并不优先于社会,而只是在意义序列上优先于社会。正如 Madison 所指出的,哈耶克真个人主义中的"个人"所具有的首位性乃是道德论的而非本体论的,而这意味着哈耶克的真个人主义必须从知识论的角度而不能从形而上的角度加以理解,因为一种"形而上的"个人主义(a metaphysical individualism)乃是一种断言个人与社会相比有着一种本体论上的首位性,而社会只具有一种次位的实在地位;与之相反,一种"知识论的"个人主义(an epistemological individualism)则主张,个人并不先于社会而存在或者社会绝不能被化约成个人①。显而易见,一方面,通过对"个人行动"及其"客体"的上述理解,哈耶克在批判伪个人主义的过程中主张一种真正试图使社会政治秩序和社会经济秩序得到理解的非本质主义的和非化约论的方法论个人主义②;它不仅认为社会不能被化约至那些只具有外部关系的孤立的个人层面,而且还认为伪个人主义所始于的那种由孤立个人形成社会的理论假设也不能成立;而另一方面,哈耶克则试图经由对个人间心智和行动互动的"类推"认识而使社会秩序得到人们的认识和理解,并在此一认识的基础上做如下的追问:如果社会秩序要得到维续和个人的安全或自由要得到维护,那么人们必须确立什么样的权利和义务,进而通过这样的追问而形成维护个人权利的政治准则,套用哈耶克本人在探究真个人主义特征时的话来说,"真个人主义首先是一种社会理论,亦即一种旨在理解各种决定着人类社会生活的力量的努力;其次,它才是一套从这种社会观念中衍生出来的政治准则"③。

---

① 参见 G. B. Madison, "How Individualistic is Methodological Individualism?" in Peter J. Boettke, ed. *The Legacy of Friedrich von Hayek* (Ⅱ: Philosophy), Edward Elgar Publishing Limited, 1999, pp. 137-139。
② 关于"真个人主义"不是本质主义的问题,哈耶克明确指出,"正如 Karl Pribram 业已阐明的那样,个人主义乃是哲学唯名论(philosophical nominalism)所导致的一个必然结果,而各种集体主义理论的根源则是'唯实论'传统(the "realist" tradition)或(一如卡尔·波普尔现在所采纳的一个更适当的称谓那样)'本质主义'传统("essentialist" tradition)(Pribram, *Die Entstehung der individualistischen Sozialphilosophie*, Leipzig: Hirschfeld, 1912)。但是,这种'唯名论'认识进路只是真个人主义所具有的特征,而卢梭和重农学派的伪个人主义,与笛卡儿主义一脉相承,则属于极端的'唯实论'或'本质主义'"(哈耶克:《个人主义:真与伪》,载《个人主义与经济秩序》,邓正来译,三联书店 2002 年版,第 34—35 页注释[7])。
③ 哈耶克:《个人主义:真与伪》,载《个人主义与经济秩序》,邓正来译,三联书店 2002 年版,第 6 页。

2. 哈耶克对"个人理性"的认识

实际上,哈耶克不仅明确指出了伪个人主义试图根据孤立且自足于社会的个人理解社会现象的谬误,而且更是揭露了伪个人主义试图根据有能力通过运用"个人理性"的力量设计最优制度并取得最优结果的个人去理解社会现象的那种企图所具有的危害。从哈耶克的真个人主义来看,伪个人主义经由错误地解释作为"个人"基本构成要素之一的"个人理性"而导致的危害主要表现在这样两个方面:一是它实际上构成了"集体主义"的思想渊源,一如哈耶克所说的,"这种唯理主义的个人主义(this rationalistic individualism)还始终隐含有一种演变成个人主义敌对面的趋向,比如说,社会主义或集体主义";因此,它"必须被视作是现代社会主义的一个思想渊源——就此而言,这种唯理主义的个人主义可以说与某些彻头彻尾的集体主义理论有着同样的重要性"①。二是它在社会实践中还导向了"集体主义"的制度性安排,因为哈耶克认为,"对社会做个人主义的分析的……目的就在于反对唯理主义的伪个人主义(rationalistic pseudo—individualism),因为这种伪个人主义在实践中会导向集体主义"②。

的确,哈耶克乃是在批判伪个人主义所宣扬的上述"个人理性"观的过程中确立起他自己的"个人理性"观的;我认为,我们可以从下述三个方面来探讨和理解哈耶克的这一观点。

首先,哈耶克始终认为,能够反映伪个人主义这种"个人理性"观点的乃是这样一个极具误导性的著名假定,即每个人都最清楚地知道自己的利益之所在。一如我们所知,类似于此的假定在当代福利经济学中可以说是比比皆是,而其间最为人们熟知的便是"经济人"(homo economicus)假设,因为在这个领域中,论者们首要关注的乃是对均衡状态的分析以求评估出整个社会的功利,于是他们只能按照一种极端的方式把社会制度或社会现象化约至孤立个人的层面,进而又把这种孤立的个人化约成一个具有充分理性的"经济人"。哈耶克指出,伪个人主义经由化约论的手段而达致的这类假设对于真个人主义所得出的理论结论来说既是站不住脚的,也是毫无必要的,因为伪个人主义根本就没

---

① 哈耶克:《个人主义:真与伪》,载《个人主义与经济秩序》,邓正来译,三联书店2002年版,第5页。除此之外,哈耶克还明确认为,"唯理主义"的伪个人主义还具有这样两种危害:"第一,笛卡儿式唯理主义始终是人们理解历史现象的一个重大障碍;第二,笛卡儿式唯理主义在很大程度上要对人们信奉历史发展之必然规律以及经由此一信念而产生的现代宿命论负责"(同上书,第9页)。

② 同上书,第7页。

有认识到,真个人主义赖以为凭的真正基础是:"第一,任何人都不可能知道谁知道得最清楚;第二,我们能够据以发现这一点的唯一途径便是一种社会过程,而在这个过程中,每个人都可以自由地去尝试和发现他自己所能够做的事情。"①这意味着,在哈耶克那里,真个人主义所依凭的乃是这样一项基本假设:"人之天赋和技艺乃是千差万别的,因此从整体上讲,任何一个个人对于所有其他社会成员所知道的绝大多数事情都处于一种无知的状态之中。如果我们用另一种方式来表达这个基本的主张,那么它就意味着,人之理性(即大写的'理性')并不像唯理主义者所认为的那样是以单数形式存在的,亦即对于任何特定的人来讲都是给定的或者说是可资获得的,而必须被理解成一种人与人之间相互作用的过程(an interpersonal process);在这个过程中,任何人的贡献都要受到其他人的检测和纠正"②。

显而易见,哈耶克的这种"个人理性"观实际上就是他一贯主张的"个人有限理性"观。哈耶克之所以强调这种"个人有限理性"观,主要原因之一是他试图揭示这样一个事实,即伪个人主义完全误解了"理性"这个核心概念。一如我们所知,哈耶克遵循洛克的观点认为,"所谓理性,我并不认为它在此处的含义是指那种构成了思想之链以及推论证据的领悟能力,而是指一些明确的行动原则,正是在这些原则的基础上,产生了所有的德性以及对于确当养育道德所必需的一切东西"③。由此可见,哈耶克所提出的这种"个人理性"观的实质在于,任何人都没有资格对另一个人所具有的利益或被允许实施的能力做出最终的判断。当然,我们也可以把哈耶克的这种"个人有限理性"观表述为这样一种主张,即个人理性受制于特定的社会生活进程,而这一植根于人之社会性的主张又至少从两个方面揭示了哈耶克真个人主义的内核:一方面,个人理性在理解它自身运作的能力方面有着一种逻辑上的局限,这是因为它永远无法离开它自身而检视它自身的运作;而另一方面,个人理性在认识社会生活的作用方面也存在着极大的限度,这是因为个人理性乃是一种植根于由行为规则构成的社会结构之中的系统,或者说个人理性并不能独立于其赖以存在和发展的社会制度和文化环境,所以它也无法脱离生成和发展它的传统和社会而达致一种能够自

---

① 哈耶克:《个人主义:真与伪》,载《个人主义与经济秩序》,邓正来译,三联书店 2002 年版,第 14 页。
② 同上书,第 14—15 页。
③ John Locke, *Essays on the Law of Nature* (W. von Leyden, ed. Oxford: Clarendon Press, 1954), p. Ⅲ.

上而下地审视它们并对它们做出评价的地位①。

值得我们注意的是,这里有一个如何理解个人"理性行动"的问题,因为我们知道,哈耶克在讨论的过程中确实承认个人"有目的的行动"所具有的意义,比如说,他曾明确地指出,"人不仅是一种追求目的的动物,而且在很大程度上也是一种遵循规则的动物"②。这个问题的重要性在于:如果我们将"理性行动"与"有目的的行动"等而视之,那么我们就有可能将哈耶克真个人主义所主张的"有目的的行动"或者个人"有限理性的行动"与伪个人主义所主张的个人"理性行动"或者个人"无限理性的行动"混为一谈。一如我们所知,哈耶克及奥地利学派所提出的方法论个人主义的核心命题之一是:"每个个人都是根据一己的目的进行选择并行事的,这就是说,每个个人乃是在追求其目的的过程中并根据其对实现这些目的的选择方案的认知进行选择和行事的。"③当然,对认

---

① 当然,我们并不能由此得出结论认为,哈耶克所主张的进化论理性主义认为理性毫无作用;关于这个问题,请参见拙文:《哈耶克社会理论的研究:〈自由秩序原理〉代译序》,载《邓正来自选集》,广西师范大学出版社 2000 年版,第 185—188 页。需要强调指出的是,哈耶克并不认为理性毫无作用,而是认为:第一,如果有必要对理性之用途寻求适当的限度,那么发现这些限度本身就是一项极为重要的且极为棘手的运用理性的工作,哈耶克坦率地指出,"毋庸置疑,理性乃是人类所拥有的最为珍贵的禀赋。我们的论辩只是旨在表明理性并非万能,而且那种认为理性能够成为其自身的主宰并能控制其自身的发展的信念,却有可能摧毁理性"(哈耶克:《自由秩序原理》,邓正来译,三联书店 1997 年版,第 80 页)。第二,如果说进化论的理性主义的侧重点始终在于理性的限度方面,那么它的意思就一定不是说理性根本不具有任何重要的建设性使命,例如哈耶克指出,个人理性是一种"工具",一种"抽象思想的能力",因此它服务于个人的方式,乃是引导个人在一个他无力充分理解的复杂环境中进行行动,并使他能够把复杂现象抽象成一系列可把握的一般性规则,进而引导他的决策(参见哈耶克:《法律、立法与自由》第一卷《规则与秩序》,邓正来等译,中国大百科全书出版社 2000 年版,第 37—39 页)。正是立基于此,哈耶克确立了他关于理性的立场:"我们所努力为之的乃是对理性的捍卫,以防理性被那些并不知道理性得以有效发挥作用且得以持续发展的条件的人滥用。这就要求我们真正地做到明智地运用理性,而且为了做到这一点,我们必须维护那个不受控制的、理性不及的领域;这是一个不可或缺的领域,因为正是这个领域,才是理性据以发展和据以有效发挥作用的唯一环境"(哈耶克:《自由秩序原理》,邓正来译,三联书店 1997 年版,第 80—81 页)。
② 哈耶克:《法律、立法与自由》第一卷《规则与秩序》,邓正来等译,中国大百科全书出版社 2000 年版,第 7 页。关于这个问题,Theodore A. Burczak 指出,尽管有论者认为,哈耶克从来没有强调过有目的的行动,而且在当代奥地利人把有目的的选择强调为其经济学的基础的时候,他们所遵循的乃是米塞斯的观点而不是哈耶克的观点,但是 Burczak 指出,哈耶克把私有财产权当作一种确受保障的领域加以捍卫的事实却显然设定了这样一项预设:至少在某些情势中,人们是有意识行事的。因此,他明确指出,哈耶克关于"有目的的行动"的观念并不简单地等同于"理性行动"(请参见 Theodore A. Burczak, "The Postmodern Moments of F. A. Hayek's Economics," in Peter J. Boettke, ed. *The Legacy of Friedrich von Hayek* (Ⅱ: Philosophy), Edward Elgar Publishing Limited, 1999, p. 89)。当然,我也在一定程度上赞同 Barczak 的观点。
③ L. H. White, *Methodology of the Austrian School*: Ludwig von Mises Institute, 1984, p. 4. 转引自 Theodore A. Burczak, "The Postmodern Moments of F. A. Hayek's Economics," in Peter J. Boettke, ed. *The Legacy of Friedrich von Hayek* (Ⅱ: Philosophy), Edward Elgar Publishing Limited, 1999, p. 89。

知的强调乃是与另一个相关的命题紧密联系在一起的,即"心智的内容,从而决策的内容,并不是刻板地由外部事件决定的"①。Theodore A. Barczak 确当地指出,由于心智的内容并不是由外部事件决定的,所以哈耶克对"有目的的行动"的理解并不是与"理性行动"等而视之的,因为理性行动不仅涉及对一种最优行动方案的追求,而且更是隐含着一种"存在着有关机会的客观知识"的假定。显而易见,根据这种假定,个人只能根据客观世界的情势行事,但是至为关键的是,个人行动的意义在这里却被忽略了,因为在这种情形中,个人根本就不是按照其目的行事的,而是被化约成了一个被动的反应者。与伪个人主义的这种假定相反对,哈耶克认为,个人乃是根据他们对机会的主观认知行事的;正是由于对个人认知的理解对于阐发一种适当的个人行动概念来说乃是不可或缺的,所以作为个人行动的构成要素之一,认知确实是哈耶克真个人主义的一个主要关注点。这里的关键在于:作为对个人行动的一种指导,认知乃是不可化约的,而且更为重要的是,由于认知能力既不是由社会结构决定的,也不是由一种无所不包的理性决定的,所以认知始终是作为社会存在的个人所采取的一种主观行为。据此我们可以说,哈耶克的这种真个人主义所强调的乃是作为个人有目的的行动之一部分的个人认知所具有的社会性②。

其次,经由上文的分析,哈耶克还对真个人主义与伪个人主义在"个人理性"观上的区别做出了明确的概括:"一种观点在一般意义上认为,理性在人类事务中只具有相当小的作用;这就是说,这种观点主张,尽管人类事实上只在部分上受理性的指导,尽管个人理性是极其有限的而且也是不完全的,但是人类还是达致了他所拥有的一切成就;另一种观点则认为:第一,所有的人都始终可以平等且充分地拥有理性(Reason:亦即用大写字母开头的'理性');第二,人类所达致的每一项成就都是个人理性控制的直接结果,因而也受着个人理性的控制。我们甚至还可以这么说:前一种观点乃是人们敏锐地意识到个人心智之局限性的产物,因此它促使人们对那些有助于个人创造出远比他们所知道者更伟大的成就的非人格的且无人格特征的社会过程(the impersonal and

---

① G. P. O'Driseoll and M. Rizzo, *The Economic of Time and Ignorance*, New York and Oxford: Basil Blackwell, 1985, p. 1.
② 参见 Theodore A. Burczak, "The Postmodern Moments of F. A. Hayek's Economics," in Peter J. Boettke, ed. *The Legacy of Friedrich von Hayek* (Ⅱ: Philosophy), Edward Elgar Publishing Limited, 1999, p. 88。

anonymous social processes)采取一种谦卑的态度;而后一种观点则是人们过分相信个人理性之力量的产物,因而也是他们蔑视任何并非理性刻意设计之物或任何为理性无法充分理解之物的产物。"①

然而需要强调指出的是,哈耶克的"个人有限理性"观的要旨并不只在于揭示伪个人主义者误解"理性"这个核心概念的事实,尽管他们对"个人理性"这个核心概念所持的立场确实构成了他们所提出的基本命题的知识论预设。在我看来,哈耶克这一论辩的目的更在于阐明并批判伪个人主义经由它所主张的这种错误的"个人理性"观而形成的那种"建构论唯理主义",因为一如他本人所指出的,那种把所有可发现的秩序都归之于刻意设计的"建构论唯理主义"与一种认为我们在人类事务中所发现的绝大多数秩序都是个人行动所产生的先前未预见的结果的真个人主义之间的区别②,虽说只是上述两种观点之间所存在的更广泛区别当中的一个方面,但却是二者之间所具有的最大区别之所在。

众所周知,伪个人主义通过主张无限理性和理性至上的观点而宣称,个人凭借理性足以知道并能根据社会成员的偏好而考虑到型构社会制度所必需的条件的所有细节,但是这在哈耶克看来却是一种彻头彻尾的"致命自负"③,并且与真个人主义完全相违背④。哈耶克指出,伪个人主义所主张的这种"建构论唯理主义"的盛行,导致人们不再愿意容忍甚或尊重任何无法被视作是理性设计之产物的社会力量;而正是这样一种普遍倾向,在当下构成了人们欲求全

---

① 哈耶克:《个人主义:真与伪》,载《个人主义与经济秩序》,邓正来译,三联书店2002年版,第7—8页。
② 参见同上。正如哈耶克在另一个场合所指出的,"18世纪社会哲学家所取得的一项伟大成就,就是用一种批判的和进化论的理性主义(a critical and evolutionary rationalism)取代此前便已存在的那种幼稚的建构论唯理主义(the naive constructivistic rationalism);前者所探究的乃是有效运用有意识的理性的条件和限度,而后者则把所有的制度都解释成了人们为了实现一个可预见的目的而刻意设计出来的产物"(哈耶克:《政治思想中的语言混淆》,载《哈耶克论文集》,邓正来选编/译,首都经济贸易大学出版社2001年版,第5—6页)。
③ 参见哈耶克所著一书的书名:《致命的自负》(原译《不幸的观念》,刘戟锋等译,东方出版社1991年版)。
④ 真个人主义乃是一种反唯理主义的认识进路(the antirationalistic approach);关于这个问题,哈耶克指出,它"很可能是英国个人主义所具有的一个最为典型的特征。这种反唯理主义的认识进路认为,人类并不是一种具有极高理性和智性的存在,而是一种十分缺乏理性且极易犯错误的存在,而且人类所犯的具体错误也唯有在一种社会过程之中才能够得到纠正;此外,这种认识进路的目的还在于使一种极具缺陷的理性得到最充分的利用。我认为,这种认识进路之所以能够在英国人的思想中占据支配地位,在很大程度上是伯纳德·孟德维尔的思想所产生的深远影响所致,因为正是孟德维尔第一个以一种极为明确的方式阐发了这一认识进路中的核心理念"(哈耶克:《个人主义:真与伪》,载《个人主义与经济秩序》,邓正来译,三联书店2002年版,第8页)。

面经济计划的一个极为重要的原因。但是值得我们注意的是,人们对全面经济计划的诉求还只是一场更广泛运动当中的一个方面而已,因为"在道德规则和惯例的领域中,在人们试图用一种人为杜撰的语言去替代现存的各种语言的方面,以及在现代人对那些支配着知识增长的进程所持的态度当中,我们都可以看到与此相同的倾向。眼下,人们一般都相信,在科学的时代,唯有一种人造的道德制度、一种人为杜撰的语言,甚或一种人造的社会,才能够被证明是正当合理的;此外,人们也越来越不愿意遵循他们无法经由理性证明其功效的任何道德规则,或者越来越不愿意遵循他们并不知道其理据的那些惯例。显而易见,人们所持的上述信念和倾向,实际上只是同一个基本观点的不同表现而已——而这个基本观点就是:所有的社会活动都必须成为一个设计严密的且得到人们公认的计划中的一部分。它们都是唯理主义的'个人主义'的产物,因为这种伪个人主义想让所有的事情都变成有意识的个人理性的产物。"①

再次,哈耶克立基于上文的分析进一步指出,伪个人主义所主张的这种"建构论唯理主义"乃是与真个人主义所主张的"进化论理性主义"完全不同的,而这种不同则可以见之于下述两个方面②:一方面,它们之间的区别表现为它们在基本命题方面的冲突。建构论唯理主义传统所提出的命题之一是人生而具有智识的和道德的禀赋,而这种禀赋能够使人根据审慎的思考而型构文明或重构社会,并宣称"所有的社会制度都是,而且应当是,审慎思考之设计的产物"③;然而,进化论理性主义者则明确指出,文明乃是经由不断试错、日益积累而艰难获致的结果,甚至可以说是未意图的经验总和。因此,他们的命题可以表述为,文明于偶然之中获致的种种成就,实乃是人之行动的非意图的结果,而非一般人所想象的条理井然的智识或理性设计的产物④。另一方面,上述两种

---

① 哈耶克:《个人主义:真与伪》,载《个人主义与经济秩序》,邓正来译,三联书店2002年版,第24—25页。
② 参见拙文:《哈耶克社会理论的研究:〈自由秩序原理〉代译序》,载《邓正来自选集》,广西师范大学出版社2000年版,第179—236页。
③ 参见哈耶克:《法律、立法与自由》第一卷《规则与秩序》,邓正来等译,中国大百科全书出版社2000年版,第8页。
④ 参见哈耶克:《自生自发秩序与第三范畴:人之行动而非人之时间的结果》,载《哈耶克论文集》,邓正来选编/译,首都经济贸易大学出版社2001年版,第362—380页。正如亚当·斯密及其同时代思想家的直接传人所指出的,这一传统"解决了这样一个问题,即被人们认为极有作用的种种实在制度,乃是某些显而易见的原则经由自生自发且不可抗拒的发展而形成的结果,——并且表明,即使那些最为复杂、表面上看似出于人为设计的政策规划,亦几乎不是人为设计或政治智慧的结果"(哈耶克:《自由秩序原理》,邓正来译,三联书店1997年版,第65页)。

传统之间的最大区别还表现为它们对各种传统的作用的不同认识以及它们对所有在漫长岁月中并非有意识发展起来的成果之价值的不同判定：显而易见，建构论唯理主义在证明制度安排的效力方面确立了一种谬误的条件，即所有"并不明显服务于共同同意的目的的制度……都应当被否弃"①；然而，进化论理性主义的观点则认为，各种使我们得以适应世界的规则系统，乃是一种进化的成就，因此与上述个人有限理性的主张相关联，这些规则系统在某种程度上具有一种理性不及的性质。就此而论，进化论理性主义所提出的乃是这样一个极为重要的洞见，即历经数代人的实验和尝试而达致的传统或成就，包含着超过了任何个人所能拥有的丰富经验或任何个人理性所能预见的情形，因此关于这些规则系统的重要意义，人们或许可以通过分析而发现，但是即使人们没有透彻认识和把握这些规则系统，亦不会妨碍它们有助于个人目的的实现②。

不容我们忽视的是，根据对个人有限理性的认识以及根据任何个人或任何一些人都无法知道为某个其他人所知道的特定事情这个事实，哈耶克的真个人主义还得出了一个极具实践意义的重要结论，即"它要求对所有的强制性权力或一切排他性权力都施以严格的限制"③。当然，哈耶克在这里所旨在反对的只是那种运用强制手段以形成组织或实现结社的做法，而绝非结社本身，因为真个人主义"根本就不反对自愿结社，相反，他们的论辩所依据的乃是这样一项主张，即在很多人看来唯有经由刻意决策才能做到的众多事情，实际上可以通过个人之间自生自发和自愿达成的合作而做得更好。因此，坚定的个人主义者应当是一个热心主张自愿合作的人士，因为无论何时何地，这种自愿的合作都不会蜕变为对其他人的强制或导向对排他性权力的僭取"④。

针对真个人主义的上述实践性结论，哈耶克还做出了下述两项重要的推

---

① 参见哈耶克：《建构主义的谬误》，载《哈耶克论文集》，邓正来选编/译，首都经济贸易大学出版社2001年版，第239—240页。实际上，哈耶克早就指出，"唯理主义进路在这一点上几乎与自由的所有独特成果相反对，并几乎与所有赋予自由以价值的观点或制度相背离"（哈耶克：《自由秩序原理》，邓正来译，三联书店1997年版，第70页）。

② 当然，关于这些基本命题之间的冲突，哈耶克也曾借用 J. L. Talmon 的重要论断对此做过一般性总结："一方认为自生自发及强制的不存在乃是自由的本质，而另一方则认为自由只有在追求和获致一绝对的集体目的的过程中方能实现"；一派"主张有机的、缓进的和并不完全意识的发展，而另一派则主张教条式的周全规划；前者主张试错程序，后者主张一种只有经强制方能有效的模式"(J. L. Talmon, *The Origins of Totalitarian Democracy*, London: Secker & Warburg, 1952, p.71. 转引自哈耶克：《自由秩序原理》，邓正来译，三联书店1997年版，第64页)。

③ 哈耶克：《个人主义：真与伪》，载《个人主义与经济秩序》，邓正来译，三联书店2002年版，第15页。

④ 同上书，第15—16页。

论,而透过这两项推论,我们则可以在一个更深的层面上洞见到真个人主义与唯理主义的伪个人主义之间的尖锐对立:"首先,法国大革命所旨在实现的那种目标主张,应当用刻意的方式压制所有的居间性安排和结社,并且把刻意组织起来的国家视作一方而把个人视作另一方,但是真个人主义却认为,这根本就不是现实世界中的全部真实情况,因为社会交往过程中的非强制性惯例或约定也是维续人类社会有序运行的基本要素。其次,个人在参与社会进程的时候必须做好准备并自愿根据日益发生的变化调整自己的行动,而且还必须做好准备并自愿遵循那些并非智性设计之结果的惯例或约定,尽管这些惯例或约定的正当性在特定的情形中很可能是无法辨识的,而且这些惯例或约定对于个人来说也常常是难以理解的和理性不及的"①,但是伪个人主义却"把所有上述较小的群体全都分解成了一些不存在任何内在凝聚力而只有国家强行设定的强制性规则对其适用的孤立的原子,……并且试图对所有的社会交往关系都作出规定,而不是把国家主要当作一种保护个人的手段以防较小的群体僭越强制性权力"②。

(二) 哈耶克对集体主义的批判

一如前述,真个人主义所提供的乃是一种试图使社会经济现象和社会政治现象得到人们理解的社会理论,而不是一套有关孤立个人的权利主张或者任何一套有关个人性质为一理性体的假设,但是值得我们注意的是,哈耶克却并没有因此而转向采纳一种与伪个人主义同属谬误的方法论"集体主义",亦即我在本文开篇所论及的那种方法论"整体主义"。尽管哈耶克认为,各种社会环境和文化框架始终会对个人行动产生影响,因而个人从内在的角度来看乃是一种社会存在,但是他却依旧坚持主张,真个人主义"这一论辩的首要目的乃在于反对那些不折不扣的集体主义的社会理论"③。据此我们可以说,哈耶克对伪个人主义的批判,在某种程度上也就是对那种主张"伪社会理论"的集体主义的批判,因为正如前述,伪个人主义也会在实践中导向集体主义。关于这个问题,哈

---

① 哈耶克:《个人主义:真与伪》,载《个人主义与经济秩序》,邓正来译,三联书店2002年版,第22页。关于这个问题,哈耶克指出了真个人主义所主张的下述三种观点:"一、真个人主义肯定家庭的价值及小群体之共同努力的价值;二、真个人主义信奉地方自治和自愿结社;三、真个人主义的理据在很大程度上乃是以这样一种观点为基础的,即人们通常诉诸国家强制性行动的许多事情,实际上可以经由自愿合作的方式而做得更好"(同上)。
② 同上书,第23页。
③ 同上书,第6页。

耶克曾经举例指出,"伯克首先抨击了卢梭所主张的极端'个人主义',随后又抨击了卢梭所主张的极端'集体主义';这个判断在逻辑上并不是矛盾的,而只是因为这样一个事实所致,即卢梭的情形与其他人的情形一样,他们所宣扬的唯理主义的个人主义必定会导向集体主义"①。此外,还值得引起我们注意的是,哈耶克主张真个人主义的重要目的之一,便是要对他所谓的"现代心智"(modem mind)进行批判,而这种"现代心智"也就是他所说的那种既为"伪个人主义"也为"集体主义"所共同信奉的"不尊重不受个人理性有意识控制的任何事物"②的唯理主义思维方式③。立基于上述因素,当然更是考虑到哈耶克对方法论集体主义的批判也是以他所主张的真个人主义为依凭的,因此我拟在下文讨论哈耶克这个观点的时候采取一种概述的方式。

众所周知,哈耶克在《对唯科学主义的反动》一书中论辩道,社会科学中有两类观念:一是构成性观念(constitutive ideas);二是解释性观念(explanatory ideas)④。前者意指这样一些观念,即我们试图做出解释的社会现象乃是由个人的行动、信念和意见构成的,而后者则意指另外一些观念,亦即我们在理解或解释社会现象的时候所使用的那些概念。哈耶克认为,方法论集体主义就是以诸如"社会"或"阶级"这类颇为盛行的解释性观念的有效性为基础的⑤,因为"那些社会理论谎称它们有能力直接把类似于社会这样的社会整体理解成自成一类的实体(entities suigeneris):这就是说,这类实体乃是独立于构成它们的个人而存在的"⑥。因此,对于"集体主义"来说,诸如社会、国家、无产阶级或诸如此类的概念,与行动者个人相比较,不仅具有首位的实在性,而且也有着更大的

---

① 参见 A. M. Osborn 在她所著 *Rousseau and Burke*(Oxford,1940,p.23)一书中的讨论;同时参见哈耶克:《个人主义:真与伪》,载《个人主义与经济秩序》,邓正来译,三联书店 2002 年版,第33—34页注释[4]。
② 哈耶克:《个人主义:真与伪》,载《个人主义与经济秩序》,邓正来译,三联书店 2002 年版,第32页。
③ 正如哈耶克本人在《个人主义:真与伪》一文的结论中所指出的,"个人主义教导我们:只有当社会是自由的时候,社会才会比个人更伟大;换言之,只要社会受到控制或指导,那么社会的发展就会受到控制或指导它的个人心智所具有的力量的限制。如果现代心智妄自尊大,不尊重不受个人理性有意识控制的任何事物,而且也不知道在哪里及何时止步,那么我们就完全可以断言说,一如埃德蒙·伯克(Edmund Burke)告诫我们的那样,'我们的视域及我们周遭的一切都将不断地萎缩,直至把我们的所思所虑最终限制在我们的心智所及的范围之内'"(同上书,第32—33页)。
④ 参见 Hayek, *The Counter-Revolution of Science*, Ⅱ, Glencoe: Free Press, 1952, pp.37-38。
⑤ 同上书,第53页。
⑥ 哈耶克:《个人主义:真与伪》,载《个人主义与经济秩序》,邓正来译,三联书店 2002 年版,第6—7页。

价值。更应当引起我们重视的是,这种"集体主义"还经由将一般性的"理性"观念和"意志"观念偷偷转换成特定的"群体心智"、"集体意志"或"主权者意志"这种方式,不仅赋予了那些概念以整体性,甚至还赋予了隐藏在"群体心智"、"集体意志"或"主权者意志"背后的某个特定个人意志以正当性①。由此可见,这种"集体主义"的实质在于:一方面否定任何并非直接出于理性设计甚或理性不及的各种社会力量,另一方面则试图仅根据唯理主义的理性观并且以极端的方式从政治上、经济上和道德上重构社会秩序。

但是需要指出的是,哈耶克的真个人主义却在根本上认为,诸如社会或阶级这样的集合体在特定意义上讲并不存在,因为众所周知,社会或阶级并不会实施诸如储蓄或消费这样的行为,而唯有个人才会如此行事;因此哈耶克指出,把社会这样的集合体理解成自成一体并且独立于个人而存在的观点以及把任何价值或任何重要性赋予有关集合体的陈述或有关经济集合体的行为的统计性概括的做法都是极其谬误的。一如前文所指出的,"伪个人主义"之所以忽视"个人"所具有的社会特性,实是因为它经由一种错误的"方法论具体化"的思维方式而把它所做的方法论上的抽象误作成了形而上的实在,并且通过这种置换而把"个人"假定成了有着一种先于社会的本体论实在地位;与此相同,这种错误的思维方式实际上也是所有形式的集体主义所犯的错误:方法论"集体主义"之所以不意识"社会"这类集合体根本不可能独立于个人而存在的事实,就是因为它经由这种完全错误的"方法论具体化"思维方式而把它所做的方法论上的抽象误解成了一种先于个人的本体论实在。据此我们可以再一次重申,哈耶克通过真个人主义观念的阐发,既是为了否定孤立个人决定社会存在的有效性,也是为了否定所谓前定的社会结构决定个人存在的有效性。

关于哈耶克的这个观点,我认为我们还有必要对其间的两个要点做进一步的强调:

首先,诸如社会这样的集合体并非人们想象的那样是客观事实。哈耶克指出,人们自现代以来普遍认为,当我们从观察个人行为转向观察社会集合体的时候,我们实际上是从含混且主观推测的王国转向了客观事实的王国,而这

---

① 就此而言,哈耶克对这种转换过程做过详尽的批判,尤可见之于他对法律实证主义的批判;关于这个问题的讨论,请参见拙文《哈耶克普通法法治国的建构:哈耶克法律理论的再研究》第二节"哈耶克对法律实证主义的批判",载《中国社会科学评论》2002年第一卷第一期,第113—154页。限于篇幅,本文不赘述。

正是那些认为他们可以通过模仿自然科学模式而使社会科学变得更加"科学"的人所持有的信念①。当然,最明确阐释这种信念之知识基础的论者之一乃是"社会学"的创始人奥古斯特·孔德(Auguste Comte),因为孔德曾经在一段著名文字中宣称,在社会现象领域中,就像在生物学的领域中一样,"客体的整体",与它的组成部分相比较,"肯定能够更好地为人们所了解,而且也肯定能够更快地为人们所掌握"②;因此,孔德所试图创建的那种社会学在很大程度上就是以上述信念或与此类似的信念为基础的③。立基于此一认识,哈耶克尖锐地指出,那种认为诸如"社会"或"国家"(乃至任何特定的社会制度或社会现象)等社会集合体是客观事实的观点纯属谬误,甚至还是幻想;此外,人们称之为"社会事实"的东西,从"事实"这个术语在自然科学中使用的特殊意义上看,与个人行动或者它们的客体一样都不是什么事实,因为"经验告诉我们,任何特定种类的结构都不可能具有一些并非出自于其定义(或者我们解释它的方法)的特性。这是因为这些集合体或这些社会结构对于我们来说从来就不像自然单位那样是给定的,而且它们对于观察来说也不是给定的确定的客体;换言之,我们所讨论的根本就不是整个实体,而始终只是我们借助于我们的模式从该实体中选择出来的某个部分"④。

其次,"社会"这类集合体不仅不是给定的客观事实,而且还是人的心智建构。按照哈耶克的真个人主义观点,我们可以讨论社会集合体,但是只能在一种特殊的意义上进行讨论,因为社会集合体在事实的意义上并不存在,而只是经由个人的行动、意见和态度而得到建构的。哈耶克进而指出,这些所谓的社会集合体"恰恰与我们在理论社会科学中所建构的那些模式一样,毋宁是一些我们根据我们在自己心智中发现的那些要素建构起来的心智模式;因此,我们在理论社会科学中所做的事情,从逻辑的意义上讲,恰恰与我们在谈论一个国家或一个共同体、一种语言或一个市场时始终做的事情一样,因为在理论社会科学中,我们只不过是把日常言说中所遮蔽的和含混不清的东西阐释清楚而已"⑤。显而易见,哈耶克真个人主义所主张的这个要点并不是要把整体化约

---

① 参见哈耶克:《社会科学的事实》,载《个人主义与经济秩序》,邓正来译,三联书店2002年版,第85页。
② 同上。
③ 同上。
④ 同上书,第91页。
⑤ 同上书,第86页。

成其部分的总合,而毋宁在于告诫我们诸如社会这样的不可化约的"社会集合体"并不是那种能够从科学的意义上解释个人行动的本体论实体,而毋宁是一些意义客体;这意味着,如果没有个人之理解和能动作用这类范畴的支持,亦即离开了"个人",那么这些意义客体便是无法得到人们理解的①。这里需要注意的是,尽管哈耶克所主张的真个人主义宣称,所有关于集合体的陈述从逻辑上讲都是从有关个人的陈述中推论出来的,但是他却并不试图经由这个主张而把社会的存在建立在那种所谓"先行存在"的孤立个人的基础之上,也不是为了从纯粹孤立个人的范畴中或者从个人的心理中推论出社会范畴,因为他明确认为,社会科学绝不能被化约成心理学,因为心理学所关注的只是个人有意识的行为,而社会科学主要关注的却是个人行动所导致的种种理性不及和未意图的社会后果,一如他明确指出的,"人们错误地认为:第一,社会科学的目的在于解释个人行为;尤其是第二,我们所使用的那种精致的分类方法或者是对个人行为的解释,或者有助于这样一种解释。事实上,社会科学根本就不承担这样的任务,更不可能成为这项任务本身。如果说有意识的行动可以得到'解释',那么这也是心理学的任务,而不是经济学或语言学、法理学或任何其他社会科学部门的任务"②。

众所周知,哈耶克对"集体主义"在诸多学科部门中的实例都做过比较具体且详尽的批判,本文虽说不可能一一列举,但是我还是试图征引一个事例来说明哈耶克的这个观点。考虑到方法论集体主义把方法论上的抽象误解成本体论实存的错误乃是与历史科学论者所主张的那种把集合概念宣称为具体实体的错误极其相似的③,又考虑到哈耶克本人在分析时所坚持的一个观点——即"如果我在这样做的时候尽力将这个问题与社会领域中那个既是描述性的也是(在某种意义上)经验性的学科即历史学联系起来加以解释,那么这也许更具有助益。对'历史事实'(historical facts)的性质进行考虑乃是非常恰当的,因为那

---

① 参见 G. B. Madison, "How Individualistic is Methodological Individualism?" in Peter J. Boettke, ed. *The Legacy of Friedrich von Hayek* (Ⅱ: Philosophy), Edward Elgar Publishing Limited, 1999, pp. 138 - 139。
② 哈耶克:《社会科学的事实》,载《个人主义与经济秩序》,邓正来译,三联书店 2002 年版,第 83 页;也请参见 Hayek, *The Counter-Revolution of Science*, Ⅱ, Glencoe: Free Press, 1952, p. 39。
③ N. Barry 也指出,"方法论集体主义所犯的基本错误乃是与历史循环论者(historicists)在宣称集合字词意味着具体实体时所犯的那些错误极为相似的。这种观念乃是方法论集体主义的一个系统特征,而且也确实构成了社会科学中那种知识理论的实质"(N. Barry, *Hayek's Social and Economic Philosophy*, London: Macmillan, 1979, p. 35)。

些想使社会科学变得更加'科学'的人不断地劝告社会科学家从历史中寻求他们的事实,并用'历史方法'(historical method)来代替那种经验方法"①——对于我们理解他的真个人主义观点所具有的重要意义,本文拟采用哈耶克对所谓历史"事实"所做的分析作为我们说明他所主张的这种观点的事例。

哈耶克指出,他所理解的社会理论在逻辑上要先于历史学,因为它阐明了历史学所必须使用的那些术语。此外,历史学家所论述的不仅是特定民族的个人行动,而且在某种意义上也包括被人们称之为社会现象的东西,但是唯有根据一种讨论历史要素如何组合在一起的理论,历史学家的事实才能够被当作某种特定种类的事实加以解释②。这是因为社会科学理论并不会把社会现象或社会集合体当作整体去讨论,也不会谎称自己能够经由经验观察而发现这些社会现象或社会集合体之运作或变化的规律。与此相反,社会科学理论的任务恰恰在于组合它们的各种要素,也就是提供由结构性关系构成的各种组合方案,而历史学家在把他实际发现的那些历史要素组合起来成为一个有意义的整体的时候则必须诉诸这些组合方案③。

关于历史"事实",哈耶克首先提出了这样一组问题:人们所说的历史"事实"究竟是什么意思?人类历史所涉及的那些事实对我们而言是否像物理性事实一样重要,还是有着什么其他意义?滑铁卢战役究竟是什么东西?当然,哈耶克提出这些问题的目的并不是为了直接对它们进行回答,而是要对人们如何确定其所拥有的某则特定信息是否构成了"滑铁卢战役"这个"事实"的一部分进行追问:那些并不是拿破仑极端卫士的犁田者是否是滑铁卢战役的一部分呢④?哈耶克通过对这个问题的追问,至少向我们表明了这样几个要点:

第一,历史"事实"并不是"给定的",而只是我们经由努力才能加以重构的。哈耶克明确指出,"任何试图定义它们的尝试都必须采取某种心智重构的形式,亦即某种模式的形式,而构成这种形式的要素则是可理解的个人态度"⑤。当然,哈耶克承认,在大多数情形中,这种模式是极其简单的,因此它的组成部分

---

① 参见哈耶克:《社会科学的事实》,载《个人主义与经济秩序》,邓正来译,三联书店2002年版,第86页。
② 同上书,第88—89页。哈耶克还指出,"当然,这也是与这样一个事实相符合的,即历史研究常常会迫使理论家去修正他们建构的解释或理论,或者迫使理论家去提出他能够据以整理或安排他所发现的信息的新解释或新理论"(同上书,第88页)。
③ 同上书,第89页。
④ 同上书,第86—87页。
⑤ 同上书,第87页。

之间的相互联系也是十分显而易见的,因此也就没有理由把这种模式称之为一种"理论"。但是哈耶克紧接着指出,如果我们的历史事实就像一种语言或一个市场、一种社会制度或一种土地耕种方式那般复杂,那么我们称之为事实的东西就会是一种周期性和经常性发生的过程,或者是一种持久关系的复杂模式;因此最为重要的是,"对我们的观察而言,它们并不是'给定的',而是我们唯有通过努力才能加以重构的;而我们之所以能够重构它们,完全是因为它们的组成部分(亦即我们据以建立结构的那些关系)是我们所熟悉的,也是我们可以理解的"①。

第二,人们并不能根据时空的坐标来定义某个历史事实。哈耶克尖锐地指出,人们之所以产生了有关历史事实是"给定的"幻想,实是"因为人们持有这样一种信念所致,即我们能够根据某个历史事实在时空上的坐标而从物理特性上对这个历史事实做出定义"②。但是这在他看来却是十足的谬误,因为并不是在同一个时间和同一个地点所发生的每一件事情都是同一个历史事实中的一部分,而且同一个历史事实的所有部分也未必都是在同一个时间和同一个地点发生的;再者,这个特定的时段,或者任何其他时段,根本就不是什么确定的"历史事实",也不是单个的历史客体,因此人们不可能根据时空的坐标来定义一个历史事实。相反,根据每个历史研究者的旨趣,他们可以就这个时段提出无数不同的问题,而且相应地,他们也只能对这些问题给出不同的解答并建构起由相互联系的事件构成的不同解释模式。一言以蔽之,"这正是历史学家在不同时代做的事情,因为他们感兴趣的问题是不尽相同的。"③

第三,所谓的历史事实实际上是一些解释模式或"理论"。哈耶克经由上述的分析而宣称,所谓我们必须先研究"给定的"历史事实,然后才有可能对它们做出一般性的概括,并非实情。真实的情形毋宁是这样的:当我们从我们所拥有的关于某个时期的知识中选择出某些特定的部分并把它们视作是与同一个历史事实有着明确关系的组成部分的时候,我们实际上是在使用一种理论。我们绝不能把国家或政府、战争或商业活动、或一个民族当作一个整体来观察,因为当我们使用这些术语中的任何一个术语时,我们始终是在意指一种根据可理

---

① 参见哈耶克:《社会科学的事实》,载《个人主义与经济秩序》,邓正来译,三联书店2002年版,第87页。
② 同上书,第92页。
③ 同上。

解的关系而把个人活动联系起来的组合；这意味着，我们乃是在使用一种能够告诉我们什么是和什么不是我们论题的组成部分的理论。因此哈耶克明确指出，社会集合体，亦即历史学家所讨论的社会集合体，与有机体（动物或植物）世界中的恒定结构不同，从来都不是给定的，而是由历史学家经由阐释或解释而创造出来的；换言之，我们称之为"事实"的东西实际上就是一些理论，而从方法论的意义上讲，这些理论所具有的特征恰恰与理论社会科学所建构的那些较为抽象或较为一般的模式相同①。

第四，哈耶克得出结论认为，历史现象对于我们来说之所以是可以理解的，完全是因为我们能够理解其他人告诉我们的东西；而且也唯有通过解释其他人的意图和计划，历史现象才能够为我们所理解。"历史现象并不是物理性事实，因为我们据以重构历史现象的那些要素始终是我们自己的心智所熟知的范畴。当我们不再能够通过我们自己心智的类推去解释我们所知道的有关其他人的事情的时候，历史也就不再是人类的历史了；换言之，历史也就变成了一种纯行为主义意义上的历史，正如我们有可能就一个蚂蚁堆所书写的那种历史一般，或者正如一个来自火星的观察者有可能就人类所书写的那种历史一般。"②

四、结语：哈耶克真个人主义的意义及其遗存的问题

经由上文的分析，我们至少可以得出结论认为：

第一，Simon 和 Lukes 对方法论个人主义的批判，就哈耶克所主张的真个人主义而言，可以说是完全误置了批判对象，因为他们的批判以及与其类似的批判未能对方法论个人主义中的真个人主义与伪个人主义之间的区别做出认真且仔细的辨识，因此它们也就根本无法理解哈耶克真个人主义独有的特性；而当代"社群主义"论者对"原子论"的方法论个人主义所做出的批判虽说有效，但是却显然无法适用于哈耶克所主张的个人主义社会理论。正如我在另一个场合所指出的，"当自由主义的批判者把他们的批判矛头在更大的范围内适用

---

① 参见哈耶克：《社会科学的事实》，载《个人主义与经济秩序》，邓正来译，三联书店 2002 年版，第87—88页。此外，哈耶克还明确指出，"所谓'国家'或'城镇'这样的术语是不能根据物理特性加以定义的；这些术语所意指的乃是一种由种种关系构成的复合体，而当这些关系得以明确阐释的时候，它们也就构成了该论题的一种'理论'"（同上书，第88页）。

② 同上书，第90页。

于自由主义的时候,他们的批判却失去了原本具有的效力。因为正是在这里,哈耶克透过对自由主义社会理论的重述和建构而做出了他的最大贡献:尽管他的政治哲学还存在着各种缺陷……但是他的研究却表明存在着一个长期以来一直被忽略的以亚当·福格森、孟德斯鸠、休谟、亚当·斯密、麦迪逊和托克维尔等古典自由主义思想家的洞见为基础的自由主义的社会理论传统,而且这一传统也正是通过他的研究而得到了推进和发展"①。

第二,经由上文的讨论,我们还可以发现,哈耶克主要是通过下述三个基本步骤而主张一种既反对方法论"集体主义"又在本质上区别于"原子论"个人主义的非化约论和非本质主义的个人主义社会理论的:一是通过主张个人的社会性质和社会的个人互动性质而批判了"伪个人主义"所主张的那种自足于社会的并且具有充分理性的孤立个人观以及"集体主义"所宣称的那种独立于作为其构成要素的个人的社会观;二是通过强调"个人"和"社会"并非本体论上的实在而是意义客体的观点而揭示出了"伪个人主义"和"集体主义"视方法论上的抽象为本体论上的实在这种"方法论具体化"思维方式的致命谬误;三是通过主张本体论向方法论的转换和强调个人主观解释或理解的能动作用而批判了"伪个人主义"和"集体主义"中所隐含的"一对一"的客观主义和把自然科学的方法论扩展适用于社会科学的唯科学主义②。姑且不论后现代主义论者对哈耶克的真个人主义社会理论所做的后现代评价——比如说哈耶克理论的"后现代时刻"以及哈耶克理论的"阐释性转换"——是否确切③,我个人依旧认为,哈耶克所做的努力无论如何都给我们开放出了一种截然不同于"伪个人主义"

---

① 参见拙文:《哈耶克社会理论的研究:〈自由秩序原理〉代译序》,载《邓正来自选集》,广西师范大学出版社2000年版,第211页。

② Madison在《哈耶克与阐释性转换》("Hayek and the Interpretive Turn")一文中指出,"哈耶克对唯科学主义的批判,肯定具有重大的历史意义,因为他所做的批判乃是英语世界中对唯科学主义所做的最早的批判之一"(参见 C. B. Madison, "Hayek and the Interpretive Turn," in Peter J. Boettke, ed. *The Legacy of Friedrich von Hayek* (II: Philosophy), Edward Elgar Publishing Limited, 1999, p. 65)。另请参见 G. B. Madison 的另外一篇论文: "How Individualistic is Methodological Individualism?" in Peter J. Boettke, ed. *The Legacy of Friedrich von Hayek* (II: Philosophy), Edward Elgar Publishing Limited, 1999, pp. 130 – 149; N. Barry, *Hayek's Social and Economic Philosophy*, London: Macmillan, 1979, pp. 35 ff。

③ 参见 Theodore A. Burczak, "The Postmodern Moments of F. A. Hayek's Economics," in Peter J. Boettke, ed. *The Legacy of Friedrich von Hayek* (II: Philosophy), Edward Elgar Publishing Limited, 1999, pp. 81 – 108; G. B. Madison, "How Individualistic is Methodological Individualism?" in Peter J. Boettke, ed. *The Legacy of Friedrich von Hayek* (II: Philosophy), Edward Elgar Publishing Limited, 1999, pp. 64 – 80。

或方法论"集体主义"的认识和理解复杂社会现象的方法论视角。正如 Barry 所说的,哈耶克在反对方法论集体主义的时候、在捍卫方法论个人主义的时候,"开辟了现代社会科学中最具支配性的理论之一"①。

尽管如此,我们还是必须指出,哈耶克所主张的真个人主义,正如任何其他论者提出的理论一般,不可能是完全正确的,而且一些西方论者也对他的观点提出了质疑和批判。根据我个人对这些文献的研究,我认为最值得我们重视的乃是下述两项质疑:一是 R. F. Harrod 提出的批评,二是 Hamlin 做出的更具实质意义的批判。尽管我本人并不完全赞同他们的批判观点,但是我还是相信,他们的观点在帮助我们认识和理解哈耶克方法论个人主义甚或哈耶克自由主义这个问题上仍有着一定的参考价值②。

一如我们所知,哈耶克在讨论真个人主义与伪个人主义的时候,明确讨论了它们各自所属的知识传统。就"真个人主义"的知识渊源而言,哈耶克指出,"我所努力捍卫的真个人主义在现代的发展,始于约翰·洛克、尤其是伯纳德·孟德维尔和大卫·休谟,后又经由乔赛亚·塔克、亚当·弗格森和亚当·斯密以及他们伟大的同时代人埃德蒙·伯克的努力而首次达致了其鼎盛时期。……我认为,在 19 世纪最伟大的历史学家和政治哲学家当中,有两位人物的论著对真个人主义做出了极为精彩的阐释:他们是阿列克赛·德·托克维尔和阿克顿勋爵"③。关于"伪个人主义"的知识传统,哈耶克则认为,"19 世纪的古典经济学家,或者至少是他们中间的边沁主义者或哲学激进分子,却日益

---

① N. Banjo, *Hayek's Social and Economic Philosophy*, London: Macmillan, 1979, p. 35.
② 需要强调指出的是,我在这里列举这两位论者对哈耶克观点的质疑,并不表示我完全赞同他们的观点。对于 R. F. Harrod 提出的批评,我认为虽说对我们认识"个人主义"极具启示意义,而且也有助于我们在阐明个人主义原理的时候诉求确当的理据,但是他却没有明确辨析哈耶克方法论个人主义与规范个人主义原理之间的区别;对于 Hamlin 提出的批评,我认为他为我们认识自由主义提供了一个极为重要的视角,而且也确实指出了哈耶克未阐明"目的—手段"关系这个关键问题,但是这里的核心问题却在于:即使 Hamlin 关于"过程个人主义"与"结果自由主义"不相融合的观点在逻辑上是能够成立的,然而当我们试图把这一逻辑适用于哈耶克的观点的时候,我们需要首先证明哈耶克的个人主义观就是 Hamlin 所说的"过程个人主义"这种观点。颇为遗憾的是,Hamlin 在这个问题上却没有对哈耶克的个人主义观进行任何论证,只是先就方法论个人主义给出一个极为一般性的概括,然后再将这个一般性的概括宣称为"过程个人主义",最后因哈耶克主张个人主义而断言哈耶克的个人主义观也是"过程个人主义"。这里的问题是显而易见的,如果哈耶克的个人主义观与"过程个人主义"不同,那么 Hamlin 至多只能说哈耶克的个人主义观有问题,但是他关于"过程个人主义"与"结果自由主义"不相融合的观点即使能够成立,它也无法适用于哈耶克的观点。
③ 哈耶克:《个人主义:真与伪》,载《个人主义与经济秩序》,邓正来译,三联书店 2002 年版,第 4—5 页。

受着另一种具有不同起源的个人主义的影响。上述……与真个人主义全然不同的思想流派,虽说也以个人主义之名著称于世,却主要是以法国论者和其他欧洲大陆国家的论者为代表的——而情势之所以如此,我认为其原因就在于笛卡儿式的唯理主义在这个思想流派的形成过程中一直起着支配作用。这一传统的著名代表人物有'百科全书'派成员、卢梭和重农主义者"①。

然而,Harrod 在《哈耶克教授论个人主义》("Professor Hayek on Individualism")一文中则根据哈耶克对真个人主义与伪个人主义的知识传统的阐释而对他的个人主义标准提出了明确的质疑。他认为,在讨论个人主义的时候,最为重要的是讨论的标准必须正确,但是哈耶克的《个人主义:真与伪》这篇论文的标题本身却隐含着一种教条主义。为此,Harrod 给出了他自己的六项标准,尽管他认为它们并没有穷尽其含义。第一是历史标准:人们可以根据那些业已获得个人主义解释者资格的大师的观点来检测其他论者的观点是否与前者相符合。第二是词源学标准:人们可以通过设定个人主义这个术语本身必定强调个人的重要意义而对其他论者的理论是否做到这一点进行判断。第三是科学标准:真个人主义可以被认为是与真"个人主义"的命题相符合的理论,而与伪命题相符的理论则是伪个人主义。第四是价值目的标准:个人主义可以被认为是对目的或价值的一种陈述,因此,如果个人主义确立的目标或价值乃是人们实际上所珍视的东西,那么这种个人主义就是真的。第五是实现价值的手段标准:在这里,个人主义并不确定终极价值,而只确定那些实现人类共同接受的较为基本目标的手段,因此,如果个人主义规定了一套事实上有助于实现这些目标的准则或手段,那么这种个人主义就是真的。第六是道德标准:真个人主义可以被认为是陈述了人们应当努力实现的那些价值,而不论人们是否实际上做出了这样的努力②。

Harrod 据此指出,首先,哈耶克对某些论者的征引肯定可以把他的标准视作是上文所述的第一项标准(即历史标准),而这意味着,哈耶克把自己严格归属到了伯克、斯密、托克维尔、阿克顿、洛克和休谟这个脉络之中。但是,Harrod 指出,根据这项历史标准,他却不能被认为确立了他的理据,因为在 Harrod 看

---

① 哈耶克:《个人主义:真与伪》,载《个人主义与经济秩序》,邓正来译,三联书店 2002 年版,第 5 页。
② 参见 R. F. Harrod, "Professor Hayek on Individualism," in J. C. Wood and R. N. Woods, ed. *F. A. Hayek: Critical Assessments* (Ⅱ), London and New York: Routledge, 1991, p.70.

来,洛克必须明确无误地被排除在这项标准之外,当然哈耶克本人也确实没有阐明他把洛克纳入这个标准之下的理据①。此外,哈耶克最欣赏的那些论者,除了斯密以外,实际上都不是研究首要原则或第一原理(first principles)的道德哲学家。其次,Harrod 还认为,当哈耶克论证说个人主义应当意指某种与集体主义或社会主义相反对的理论的时候,他显然是在意指上述第二项词源学标准;而在论述的过程中,当哈耶克强调指出"真个人主义首先是一种社会理论,亦即一种旨在理解各种决定着人类社会生活的力量的努力"的时候,他似乎是在意指上述第三项科学标准并背离了上述第四项价值目的标准和第六项道德标准;而且哈耶克论辩的展开还表明,他所主张的个人主义还意味着上述第五项实现价值的手段标准。因此,Harrod 得出结论认为,哈耶克教授不仅没有搞清楚他自己所说的个人主义指的是哪些含义或者他所选择的究竟是上述标准中的哪些组合及其赖以为凭的理据,而且还在他的分析中凸显出了他的观点的专断性②。

当然,A. P. Hamlin 在《过程个人主义与结果自由主义》("Procedural Individualism and Outcome Liberalism")一文中对哈耶克的自由主义提出了更具实质性的质疑③。Hamlin 首先论证道,个人主义论辩的主线之一乃是过程个人主义(Procedural Individualism)④,它通过关注"把个人追求其自身利益的

---

① 参见 R. F. Harrod, "Professor Hayek on Individualism," in J. C. Wood and R. N. Woods, ed. *F. A. Hayek: Critical Assessments* (Ⅱ), London and New York: Routledge, 1991, pp. 70 – 71;比如说,他指出,当我们考察哈耶克教授所阐释的原则的时候,我们必须把洛克和边沁归入"伪"个人主义者,尽管从政治思想中的权威论著来看,这个定论并不一定是终结性的。
② 有关这方面的具体分析,请参阅 R. F. Harrod, "Professor Hayek on Individualism," in J. C. Wood and R. N. Woods, ed. *F. A. Hayek: Critical Assessments* (Ⅱ), London and New York: Routledge, 1991, pp. 69 – 75。
③ 参见 A. P. Hamlin, "Procedural Individualism and Outcome Liberalism," in J. C. Wood and R. N. Woods, ed. *F. A. Hayek: Critical Assessments* (Ⅳ), London and New York: Routledge, 1991, pp. 16 – 29。
④ 规范个人主义论辩的另一条主线,在 Hamlin 看来,可以被称之自由市场的个人主义立场。这个立场既可以是主观的,亦可以是客观的。他指出,那种试图根据纯粹个人主义的理据来支持自由市场的过程制度乃是错误的,因为它们都犯了一个混淆"手段与目的"的错误;再者,仅从规范个人主义诸原则中也无法推论出任何支持自由市场的一般性理据,或者任何特定的制度结构。Hamlin 论证道,一旦过程被视作是个人主义的目的和手段,那么就会产生下述两种可能的情况:要么所有的个人都同意,在自由市场过程与所有其他可能的过程之间,应当赞同前者;要么他们都不同意这个主张。如果存在着一致同意,那么显然存在着支持创造和维续自由市场的理据,但是这种理据在性质上却完全是过程性质的;如果他们都不同意,那么人们就不可能提出任何支持特定自由市场之制度过程的纯粹个人主义的理据了(参见 A. P. Hamlin, "Procedural Individualism and Outcome Liberalism," in J. C. Wood and R. N. Woods, ed. *F. A. Hayek: Critical Assessments* (Ⅳ), London and New York: Routledge, 1991, pp. 20 – 21)。

自由界定为一种目的本身"这种善的定义而得出了一个直接的结论,即一致同意或一致性的要求(a unanimity requirement)乃是确使个人的利益行为产生"善"的一项必要且充分的条件。由于采纳了这种"善"的定义,所以过程个人主义强调的乃是行动或政策得到选择的那种过程,而不是选择的结果或具体内容。正是一致和自愿同意这种过程,才是过程个人主义的唯一的伦理标准,而且也证明了过程个人主义这个术语的正当①。于是,他指出,假定方法论个人主义原则和上述特定的"善"之概念是成立的,那么过程个人主义就必须遵循最低的伦理立场,亦即由一致和自愿同意这项标准所提供的那种伦理立场;最后,他宣称,"个人主义乃是一种纯粹关注过程标准的原则",而且也只有过程个人主义才是能够被证明为正当的②。

在论证了过程个人主义以后,Hamlin 又紧接着从"目的—手段"的角度出发对自由主义的问题进行了讨论。他论证道,关于自由主义,可以得到确认的乃是下述三种彼此不同的观点。第一种自由主义观认为个人自由只是一种目的本身,因此它在任何重要的方面都与过程个人主义无甚区别。第二种自由主义观认为自由只是一种手段,亦即 Hamlin 所说的结果自由主义,因为它强调结果标准的确定问题③;再者,他还认为,这种结果自由主义在一般意义上乃是与过程个人主义不相融合的,因为如果自由被认为是一种手段,那么自由主义就必须被视作是与一系列特定且严格限定的社会结果而不是与一种过程等而视之的。第三种自由主义观则认为自由既是一种手段又是一种目的,并力图把前两种自由主义观点的要素融合在一起。Hamlin 论证说,在没有详尽讨论构成自由主义之基础的"目的—手段"关系的情况下,第三种自由主义观是无法成立

---

① 参见 A. P. Hamlin, "Procedural Individualism and Outcome Liberalism," in J. C. Wood and R. N. Woods, ed. *F. A. Hayek: Critical Assessments* (Ⅳ), London and New York: Routledge, 1991, p.20。在这一点上,我们应当注意 Hamlin 所强调的这样一个观点,即"一致同意"或"一致性"原则本身并不是一项可以通过一致同意加以改变的社会规则或制度。毋宁说,一致同意原则乃是一项为了满足过程个人主义的"善"之标准而必须达到的条件。因此,人们必须仔细地辨识下述二者间的区别:一是作为制定规则的一项制度性决策的一致性;二是作为过程的"善"之标准的一致性。这意味着,个人可以选择决策规则而非一致性,而且这样一种非一致性的决策规则也的确可以在宪法阶段上得到一致性支持。在这种情形中,这种宪法本身可以被视之为是"善"的——亦即过程意义上的"善",但是生存于该宪法之下的社会却不能被证明或假设为是"善"的,因为仅一项过程标准还不足够。因此,他进而推论并认为,一种过程性质的宪法未必甚或在假设上都不能被认为会产生一种过程性质的社会。
② 同上书,第21页。
③ 同上书,第23—24页。Hamlin 还明确指出,"正是这种自由主义观点(亦即自由被视作是为了达到某些特定结果一种纯粹的手段的观点),我称之为结果自由主义"(同上书,第23页)。

的,而且也是不自恰的。因此,主张自由既是目的又是手段的自由主义论者必须首先完成这样一项论证,即对各种目的之间的相互关系做出详尽的分析,进而为自由与各个目的之间所存在的"目的—手段"关系给出准确的形式①。

Hamlin 据此宣称哈耶克的个人主义乃是一种过程个人主义,并且认为哈耶克的自由主义观基本上是一种视自由为一种手段的观点,因为把自由主义视之为一套社会结果的观点在哈耶克的论述中是显见不争的。比如说哈耶克认为:第一,"自由主义乃是一种关于法律应当为何的原则,而民主则是一种关于确定法律内容的方式的原则"②;第二,"我们对自由的坚信,并不是以我们可以预见其在特定情势中的结果为依据的,而是以这样一个信念为基础的,即从总体观之,自由将释放出更多的力量,而其所达致的结果一定是利大于弊"③。

最后,Hamlin 得出结论认为,过程标准与结果标准之间的紧张、个人主义与自由主义之间的紧张、作为目的的自由与作为手段的自由之间的紧张,都深深地植根于哈耶克的论著之中,并且还产生了许多棘手的难题和潜在的混淆。此外,他还认为,哈耶克论著中所存在的那种紧张可以说是过程个人主义与结果自由主义间真正紧张的一个范例。更为重要的是,无论从形式上讲还是从内容上看,哈耶克的自由主义观也不是视自由为手段这种自由主义观与视自由为目的本身那种自由主义观之间的一种妥切的融合④;这是因为哈耶克虽说在另一个场合确实把自由确立成了目的本身:"[自由与法治的目的乃在于]整体的抽象秩序;这种抽象秩序的目的并不在于实现已知且特定的结果,而是作为一

---

① 参见 P. Hamlin, "Procedural Individualism and Outcome Liberalism," in J. C. Wood and R. N. Woods, ed. *F. A. Hayek: Critical Assessments* (Ⅳ), London and New York: Routledge, 1991, p. 17。
② 哈耶克:《自由秩序原理》,邓正来译,三联书店 1997 年版,第 126 页;Hamlin 还指出,"我早先论证道,正如结果自由主义在一般意义上讲必定与多数民主制不相符合一样,它也必定与过程个人主义不相融合"(P. Hamlin, "Procedural Individualism and Outcome Liberalism," in J. C. Wood and R. N. Woods, ed. *F. A. Hayek: Critical Assessments* (Ⅳ), London and New York: Routledge, 1991, p. 23)。
③ 哈耶克:《自由秩序原理》,邓正来译,三联书店 1997 年版,第 31 页;关于 Hamlin 对哈耶克这段文字以及这段文字的内容所做的具体讨论,请参见 P. Hamlin, "Procedural Individualism and Outcome Liberalism," in J. C. Wood and R. N. Woods, ed. *F. A. Hayek: Critical Assessments* (Ⅳ), London and New York: Routledge, 1991, pp. 25-26。
④ 参见 P. Hamlin, "Procedural Individualism and Outcome Liberalism," in J. C. Wood and R. N. Woods, ed. *F. A. Hayek: Critical Assessments* (Ⅳ), London and New York: Routledge, 1991, p. 17。

种有助于人们追求各种个人目的的工具而被维续下来的"①,但是由于他在讨论的过程中并没有对各种目的之间的相互关系做出详尽的分析和论证,所以他也就不可能为自由与各个目的之间所存在的"目的—手段"关系提供准确的形式。

---

① 哈耶克:《法律、立法与自由》第二卷《社会正义的幻象》,邓正来等译,中国大百科全书出版社2000年版,第7页;关于Hamlin对哈耶克这段文字以及这段文字的内容所做的具体讨论,请参见 P. Hamlin, "Procedural Individualism and Outcome Liberalism," in J. C. Wood and R. N. Woods, ed. *F. A. Hayek: Critical Assessments* (Ⅳ), London and New York: Routledge, 1991, pp. 25-26。

"社会正义"的拟人化谬误及其危害
——哈耶克正义理论的研究*

引论：论题的设定与论述框架

（一）本文论题的设定

立基于进化论理性主义以及与其相应的自生自发秩序社会理论，哈耶克主张一种自由主义的道德进化论，而这种道德进化论所达致的最重要的成就便是它所提出的有关人类制度（包括道德规则系统）生成发展的理论①。从一般意义上讲，哈耶克所主张的这种道德进化论有两个紧密相关的特征：首先，根据个人理性无力脱离社会进化进程因而无力判断它的作用方式这个前提性认识，哈耶克认为，人们也同样无力为自己提供任何证明以说明我们遵循或采纳某些正当行为规则的理由；因此，正当行为规则绝不是建构的而是发现的。其次，就行为规则是否正义的问题而言，人们由此达致的只能是自由主义所信奉的客观的"否定性正义"观。

哈耶克指出，"否定性正义"观的关键要点有如下述：第一，如果正义要具有意义，那么它就不能被用来指称并非人们刻意造成的或根本就无力刻意造成的事态，而只能被用来指称人的行动；第二，正当行为规则从本质上讲具有禁令

---

* 本文最早发表在《中国社会科学评论》2003年第二卷第1期。
① 值得我们注意的是，哈耶克有关人类制度生成发展的道德进化理论渊源于休谟式的理论，因为它不仅构成了休谟赞同自由的理据，而且也是亚当·弗格森、亚当·斯密和斯图沃特这些伟大的苏格兰道德哲学家当时进行研究的基础。关于这个问题的讨论，请参见拙文：《普通法法治国的建构：哈耶克法律理论的再研究》，载拙著：《哈耶克法律哲学的研究》，法律出版社2002年版，第119—121页。

的性质,因而这些行为规则的目的在于防阻不正义的行动;第三,应予防阻的不正义行动乃是指对任何其他人确受保护的领域的侵犯;第四,这些正当行为规则本身就是否定性的(negative),因此它们只能够通过持之一贯地把那项同属否定性的普遍适用之检测标准(negative test of universal applicability)适用于一个社会继受来的任何这类规则而得到发展①。

在我看来,哈耶克"否定性正义"观的第一关键要点具有前提性的重要意义,因为一方面,这个要点构成了自由主义正义观与其他正义观的区别,一如哈耶克本人所说,"自由主义的正义观念在下述……方面与人们现在广泛持有的那种正义观念相区别……这种正义观念只关注人之行为的正义问题或调整人之行为的规则的正义问题,而不关注这种行为对不同个人或不同群体的地位所造成的特定影响的问题。特别是与社会主义相对照,我们可以说自由主义只关注交换正义(commutative justice),而不关注所谓的分配正义(distributive justice)或现在更为盛行的'社会'正义(social justice)。"②另一方面,这个要点因此而关涉到了哈耶克探究正义的分析进路及其理据的问题。众所周知,就探究正义而言,大体上存有三种分析进路:一是目的状态的或模式化的正义,亦即以功利主义和当下盛行的"社会正义"为代表的正义;这种正义观在集体福利的基础上强调一种救济贫困者的集体义务,并且试图追问结果是否正义的问题。二是极端的法律实证主义;这种探究正义的进路认为,在实在法以外不存在任何理性的正义观念,因为正义乃是实在法的一种产物;这意味着任何"客观的"正义是不存在的,而且所有根据外部道德标准来评价实在法的正义陈述,在根本上讲也都是主观的和形而上学的。三是程序正义或过程正义;这种正义观在个人权利的基础上强调一种尊重所有个人权利(特别是财产权)的普遍义务,并且力图追问结果是否是以正义的方式达致的问题或者主张只要行为或行为方式是正义的、其结果就是正义的观点。

的确,西方论者一般都把哈耶克的"否定性正义观"视作是上述第三种探究正义的程序正义进路,因此考虑到哈耶克在建构"否定性正义"观念的过程中不仅批判了法律实证主义,而且也批判了社会正义观念,我们暂且接受西方论者

---

① 哈耶克:《自由社会秩序的若干原则》,载《哈耶克论文集》,邓正来选/译,首都经济贸易大学出版社2001年版,第131页。关于这个问题更为详尽的阐释,请参见本文第五部分的讨论。
② 哈耶克:《自由主义》,载《哈耶克论文集》,邓正来选编/译,首都经济贸易大学出版社2001年版,第81—82页。

视他的正义观为程序正义的判断①。与此同时，又由于我在此前的研究中已经详尽讨论了哈耶克批判法律实证主义认识进路的观点②，所以我们可以说，妥

---

① 的确，西方论者一般都认为哈耶克的正义观是一种程序正义的理论。比如说，戴维·米勒(David Miller)指出，在哈耶克那里，"正义是过程性的或程序性的而非结果性的。假如获取和转移利益所采取的程序是正确的，那么把由此产生的资源分配说成是正义的或不正义的，实是毫无意义的"(戴维·米勒："正义"，载《布莱克维尔政治学百科全书》〔中译本〕，邓正来主编，中国政法大学出版社2002年修订版，第409页)。Eric Mack在回应A. M. Macleod批判哈耶克正义观的时候指出，哈耶克的正义观乃是一种非常接近"契约论"策略的程序正义观(参见Eric Mack, "Hayek on Justice and the Market: A Reply to Macleod," 载Peter J. Boettke, ed. *The Legacy of Friedrich von Hayek*, Vol. II, *Philosophy*, Edward Elgar Publishing, Inc, 1999, pp. 333-334)。John Gray也持同样的观点："在对当代再分配欲求进行的强有力的批判中，哈耶克以一种类似于诺齐克所尝试的方式阐明了那种模式化的正义分配与自由不相符合的特性。然而，与诺齐克不同，哈耶克所依凭的是一种程序正义的理论(a theory of procedural justice)，而不是对一系列根本权利的主张"(John Gray, *Hayek on Liberty*, Oxford: Basil Blackwell, 1984, pp. 74-75)。的确，哈耶克在研究自由主义正义观的过程中，既批判了极端的法律实证主义，而且也尖锐地批判了功利主义和"社会正义"这样的模式化正义观，但是他的正义观是否可以因此或者一如西方论者所述的理由而被归入"程序正义"的范畴呢？我认为，这是一个极为重要的问题，因为它所关涉到的并不是一个定义的问题，而毋宁是我们如何看待以不同知识论为依凭的自由主义的问题。囿于篇幅，我无法在这里对这个问题展开讨论，但是我认为提出这个问题本身就是有意义的。

程序正义的理论，就其最简单的形式来讲，并不关注社会正义或分配正义。实际上，大多数程序正义理论都宣称，任何试图强制推行一种经由中央经济计划而推行的特定的分配模式的努力都不可避免地会违背保障个人获得程序正义的原则，因为这些理论一般认为，社会情势并不是根据诸如品行、应得、需要等外部标准进行评价的，而是根据规则和程序进行评价的——这在根本上意味着：只要规则和程序得到了严格的遵守，那么由此达致的结果就是正义的或者没有必要再对这种结果正义与否的问题做进一步的追问了。从一般的角度上讲，"程序正义"理论通常都认为正义乃是个人行为的一种特性，并且把正义概念的适用主要局限在"正当行为规则"的方面。在社会和经济实践中，这些规则的内容基本上是由禁止在缔结契约过程中使用强力或欺诈的禁令以及保护个人财产的规则和制度构成的。这便是"程序正义"进路的实质之所在。当然，值得我们注意的是，"程序正义"与"社会正义"之间的争论，至少可以回溯至现代社会早期。一如我们所知，自人类步入现代社会始，正义这个题域中也始终存在着两个学派之争的状况：一个思想学派乃是由约翰·洛克在17世纪创建的，而该学派的论者所追问的是这样一个问题，即"有关财产和权力的这种分配是如何产生的？"他们认为，如果不首先追问财富模式是如何出现的，那么人们就无法认识该模式，进而也就无法判断它是否是正义的。只要人们遵循那些可以从个人所享有的最基本的权利当中推演出来的占有和转让财产的正义规则，那么财产分配的正义也就实现了。另一个思想学派主要经由边沁和穆勒所主张的功利主义而传承至今。这个学派的论者所关注的并不是人们如何达致这种状况的问题，而是任何特定分配的功利问题。在他们看来，社会的目标就是或者应当是所有人的更大利益。简而言之，一种正义的分配就是那种能够推动这个目标之实现的分配，而且也是人们唯一需要知道的分配。当然，为了有助于这个宏大目标的实现，人们可以创造和认可一些"权利"，但是这些权利却并不是洛克学派所主张的那种基本权利，因为功利主义学派认为，权利只是用以达到某个目的的手段。显而易见，功利主义的进路为大政府扫清了道路，因为国家认为社会需要的东西或者社会应当需要的东西优位于个人为自己所做的选择。毋庸置疑，这两个学派的争论在当下的类似形式主要是"社会正义"与"程序正义"之间的争论。

② 关于哈耶克批判法律实证主义的观点，请参见拙文：《普通法法治国的建构：哈耶克法律理论的再研究》，载拙著：《哈耶克法律哲学的研究》，法律出版社2002年版，第86—107页。关于法律实证主义的基本观点，我认为，我们可以从哈耶克所揭示的法律实证主义的基本命题中洞见到它所必然具有的两项基本内容：第一，法律乃是一种表达了主权者意志的具有（转下页）

切地理解哈耶克批判"社会正义"的观点,对于我们把握他建构其"否定性正义"观念的理路以及这种观念的实质性内涵来说,有着特别重要的意义。当然,更为重要的是,哈耶克认为,在当代社会中,对自由市场秩序构成最大威胁的并不是法律实证主义,而是"社会正义"观念,正如 John Gray 所说的,对自由市场秩序和法治的"最大威胁,在晚近这些年中,与其说是来自法律实证主义或多数民主制,不如说是来自当下的分配正义或社会正义观念。因此,哈耶克将其对现代思想所做的一些最强有力的和最尖锐的批判矛头直接指向了这些分配正义或社会正义观念"①。正是在这个意义上,我们可以相应地把上述判断转换成这样一个问题加以追问,即哈耶克在建构其"否定性正义"观的过程中究竟是在何种意义上或者是如何批判社会正义这种观念的? 显而易见,对这个问题的回答,不仅确定了本文的题域,实际上也设定了本文讨论的论题。

然而需要强调指出的是,在我看来,对这个论题的讨论,不仅仅会有助于我们理解哈耶克的"否定性正义"观,而且更为重要的是,它还可以为我们探究有

(接上页)自上而下的强制命令,而违者将受到强制性的制裁;第二,立基于法律的这种"实证"品格,实证法的"实然"必须严格区分于无法实证的"应然",因此法律也就具有了道德不涉的品格,甚至恶法亦法。一如法理学家博登海默所言,"法律实证主义者认为,只有实证法才是法律,而所谓实证法,在他们看来,就是国家确立的法律规范。套用匈牙利法学家朱利叶斯·穆尔(Julius Moor)的话说,'法律实证主义认为,法律是在社会发展的历史过程中由统治者制定的。这种观点认为,法律仅仅是统治者所命令的东西,从而基于这种条件,统治者所命令的任何东西,也就都是法律。'法律实证主义者还坚持严格区分实证法与伦理和社会关系,并倾向于认为正义就是形式合法性,亦即服从国家所制定的规则"(埃德加·博登海默:《法理学:法律哲学与法律方法》,邓正来译,中国政法大学出版社 1999 年版,第 110 页)。由此可见,法律实证主义把法律定义为立法者意志之产物的观点,无异于把立法者意志的所有表示(而不论其内容为何)都纳入了"法律"之中,因为立法者可以决定法律的任何内容。然而,这个观点却只是法律实证主义有关人(或主权者)之意志刻意创造或设计了所有的法律这个核心命题中的一个方面,因为这个核心命题还包含有另一个重要的方面。我们可以把这个方面具体表述如下:第一,在被称之为法律的不尽相同的陈述之间,其内容的确当性并不构成界分它们的重要尺度;第二,尤为重要的是,正义在任何意义上都不能成为决定何者在事实上是法律的一个因素;而这就是法律实证主义者所谓的"实然"的法律必须与"应然"相区分的观点;第三,也是最为根本的,实证法决定何谓正义者,因此制定实证法的立法者也就成了正义的创造者。哈耶克指出,与那个视正义先于法律并至少认为部分法律受正义观念之限制的古老传统相反对,上述有关立法者是正义创造者的观点确实构成了法律实证主义的最为核心的教条。从霍布斯的"任何法律都不可能是不正义的"观点到凯尔森的"正义者只是合法条者或形式合法者的另一种说法",法律实证主义者的努力显然都旨在否定这样一种观点,即正义乃是决定何者为法律的一种指导。针对法律实证主义核心命题的这个方面,亦即他们所主张的"法律与道德不涉"的方面,哈耶克对其间几个最为重要且紧密勾连的论点进行了彻底的批判。就此而言,哈耶克论证说,如果法律实证主义这个观点占据了支配地位,那么它所导致的一个最为严重的后果便是它必定会摧毁人们所信奉的这样一种正义信念,即立法者并不能够通过立法手段界定正义,而只能发现正义并为这种正义所制约;再者,所有阐明的法律所要达致的也只是实现正义而非创造正义,因为任何阐明的法律都无法成功地取代任何为人们所普遍接受或承认的正义规则。

① John Gray, *Hayek on Liberty*, Oxford: Basil Blackwell, 1984, p. 72.

关如何认识中国市场经济过程所导致的结果是否正义的问题提供一种具有重要参照意义的思想资源。众所周知,中国正处在一场巨大的向开放社会变迁和向市场制度转型的过程之中,而伴随着这一过程,中国的论者也不断经由关注经验或实践的问题而提出了各种旨在推进或纠正当下进程的方案和策略。在这些理论主张当中,"社会正义"的主张——亦即一些论者所称谓的"社会公正"的主张——因其直指市场经济建构或运行过程中凸显出来的制度或政策意义上的不平等、地区或行业层面的不平等、财富或收入方面的不平等而成了当下中国学界中最为强势的主张之一。在我看来,中国论者提出的各种"社会正义"主张之于中国学术界的重要意义乃在于它们向我们开放出了一个我们必须从理论上进行思考的基本问题,即我们应当如何认识中国市场经济过程所导致的结果是否正义的问题;而这个问题又与另外两个问题紧密相关:一是它因其本身的论涉题域而引发的有关中国社会变迁和制度转型之过程的性质问题;二是由前者开放出来的针对中国的社会发展我们应当建构何种理想图景或确定何种正义判准的问题。然而不容我们忽视的是,"社会正义"主张向我们开放出了上述重要问题的事实,并不当然地意味着中国学术界在主张"社会正义"的过程中已然给予了它们以应有的关注。实际上,我们在理论讨论中所缺失的正是这一维度。更为重要的是,虽说论者们主张根据"社会正义"之判准来审视或批判中国社会变迁和制度转型的进程,但是却甚少有论者就他们所主张的"社会正义"本身的问题做过实质性的讨论或检视①。因此,我认为,经由讨论哈耶克批判"社会正

---

① 关于中国论者在讨论"社会正义"或"社会公正"时未能对其作出实质性讨论或检视的情形,可以说比比皆是;在我看来,他们大多是在把它当作一种口号加以使用。这个方面的典型事例可以用一本论文集《社会正义是如何可能的:政治哲学在中国》(韩水法主编,广州出版社2000年版)来说明。这本论文集的主编选录了汪晖、甘阳、刘小枫、秦晖、崔之元、邓正来和林毓生撰写的七篇论文,而且从所选的论文来看,的确如韩水法所说,反映了"中国各种最具代表性的政治哲学观点与研究成果"。但是我们必须指出,这些论文当中却没有一篇是讨论"社会正义"的,当然该书主编对此也没有交代。与此相关的还有另外一种情况。比如说,秦晖在主张"社会正义"或"社会公正"的时候确实阐明了它的实质性内容,亦即他主要诉诸的诺齐克三项正义原则中的第三项原则——"矫正正义"原则(参见《秦晖文选:问题与主义》,长春出版社1999年版)。但是一如我们所知,在当代政治哲学的讨论中,诺齐克乃是以主张人之"资格理论"为基础的"权利取向正义观"(right-oriented conception of justice)而著称的,而这种正义观所直接反对的便是他所谓的目的状态或模式化的"社会正义"观;因此将诺齐克批判"社会正义"的正义观与"社会正义"或"社会公正"这个称谓联系起来,乃是在理论脉络上站不住脚的,而且也显然会引发讨论上的困难。当然,更值得我们注意的是,秦晖在采纳诺齐克批判"社会正义"的"矫正正义"观的时候为什么要给它安上一个"社会正义"或"社会公正"的名称呢?不过,需要强调指出的是,我之所以在这里指出这些现象,仅仅是为了说明中国论者在主张"社会正义"时普遍没有对它作出实质性的讨论或检视,而不涉及我对上述提及的论文中的观点的看法。

义"的观点而对"社会正义"本身的问题做一番探究,显然可以有助于我们比较确切地洞见到中国论者们据以为准的"社会正义"之实质,进而还可能有助于我们比较清楚地洞识到这种"社会正义"观念会把我们引向何种性质的社会秩序。

(二) 哈耶克批判"社会正义"之观点的限定

当然,在对哈耶克批判"社会正义"的观点进行分析之前,我们还有必要先对他的观点作出下述前提性限定。

第一,哈耶克并不是笼而统之地反对"社会正义"观念的,正如他本人所明确指出的那样:"人们通常所说的'社会'正义或'分配'正义观念……只能在一种受目的支配的组织当中得到实现"①,甚至在自生自发秩序的组织中也同样具有意义。换言之,"在一个指令性或'命令性'的经济体中(比如说在军队中),个人是按照命令行事的;因此,'社会正义'只有在这样一种经济体中才能获得某种意义;而且也只有在这样一种由中央指导计划的制度中,某种特定的'社会正义'观念才可能得到实现"②。由此可见,哈耶克所反对的毋宁是在自由市场秩序中毫无意义的"社会正义"在自由市场秩序中的实施,因为这种实施不仅会摧毁自由市场秩序,而且还会摧毁这种秩序赖以为凭的正当行为规则系统。

第二,的确,尽管一些论者已经认识到,人们如此热衷于使用的"社会正义"的概念,从知识的角度来看乃是一个非常糟糕的概念,"但是没有料到,甚至这种情况也导致了一个不幸的结果:由于'社会的'正义乃是他们所考虑到的唯一一种正义,所以他们也就得出了这样一个结论,即所有使用正义这个术语的说法都是空洞无义的"③。然而需要强调指出的是,哈耶克却并没有因为批判"社会正义"而反对正义,一如他所指出的,"认识到'正义'一术语在诸如'社会'正义、'经济'正义、'分配'正义或'酬报'正义等合成术语中会变得完全空洞无物这个问题,决不应当构成我们把'正义'这个婴儿与那些洗澡水一起倒掉的理由"④,因为一方面,正当行为规则意义上的正义乃是所有法律不可或缺的基础

---

① 哈耶克:《自由社会秩序的若干原则》,载《哈耶克论文集》,邓正来选编/译,首都经济贸易大学出版社2001年版,第137页。
② 哈耶克:《法律、立法与自由》(第二卷),邓正来等译,中国大百科全书出版社2000年版,第126页。
③ 哈耶克:《社会正义的返祖性质》,载《哈耶克论文集》,邓正来选编/译,首都经济贸易大学出版社2001年版,第178—179页。
④ 哈耶克:《法律、立法与自由》(第二卷),邓正来等译,中国大百科全书出版社2000年版,第168页。

和限度,而只是对它的滥用才有可能摧毁那种使正义成为个人自由之保障的法律观念;另一方面,正义观念乃是"构成自由人社会得以运转之基础的基本道德观念。……正当行为规则意义上的那种正义乃是自由人进行交往所不可或缺的一项条件"①。

第三,上述两项前提性限定的内在逻辑表明,哈耶克对"社会正义"的批判并不是一种概念式的分析,而是一种以他的自由主义社会理论为依凭的系统分析。这个问题之所以极为重要,不仅是因为这种系统分析乃是哈耶克对"社会正义"展开批判的基本理路——这里凸显出了哈耶克以无知或"理性不及"为知识论依凭的进化论理性主义与建构论唯理主义之间的根本冲突,而且也是因为这实是一些西方论者在批判哈耶克正义观的时候所忽视的要害之所在②。哈耶克的社会理论认为,所有社会型构的秩序不是生成的就是建构的:前者是指"自生自发的秩序"(我在本文中将它简称为"自由市场秩序"),而后者则是指"组织"秩序。组织秩序乃是以确定或实现具体目的为核心特征的,与此相反,自由市场秩序的特征则在于它不具有置于其上的任何一种共同的目的序列,也不存在任何规定这种目的序列或为了实现这种目的而建构秩序的设计者,所具有的只是每个个人的目的;因此,自由市场秩序比组织秩序更复杂③。与此紧密相关的是,自由市场秩序受制于正当行为规则——它们决定这种秩序的一般特性,但却不决定这种秩序中任何个体要素的特定位置,而组织秩序则受制于命令。所谓正当行为规则,乃是指社会在长期的文化进化过程中自发形成的那些规则,亦即那些"在它们所规定的客观情势中适用于无数未来事例和平等适用于所有的人的普遍的正义行为规则,而不论个人在一特定情形中遵循此一

---

① 哈耶克:《法律、立法与自由》(第二卷),邓正来等译,中国大百科全书出版社2000年版,第165页。
② 关于这个问题,根据我的阅读范围,最为典型的事例便是 A. M. Macleod 于1983年所撰写的 "Justice and the Market" 一文(载 *The Legacy of Friedrich von Hayek*, Vol. II, Philosophy, ed. Peter J. Boettke, Edward Elgar Publishing, Inc, 1999, pp. 313 - 323)。他在该文中讨论哈耶克正义观的时候不仅忽视了哈耶克正义观所植根于其间的自由主义社会理论,更是置哈耶克正义观所依凭的知识理论于不顾,而哈耶克社会理论和知识理论对于其正义观的重要性,请参见我在正文中的讨论。
③ 主要参见哈耶克:《政治思想中的语言混淆》,载《哈耶克论文集》,邓正来选编/译,首都经济贸易大学出版社2001年版,第7—13页;当然,为了更为确切地指称"自生自发秩序"和"组织秩序"这两种社会秩序,哈耶克在该文中以及此后的讨论中开始采用两个希腊术语以强调它们之间的区别:他用 cosmos(即"内部秩序")这个术语来指称自生自发的社会秩序,而把"组织秩序"称之为 taxis(即"外部秩序")。另请参见拙文:《哈耶克社会理论的研究》和《知与无知的知识观:哈耶克社会理论的再研究》,载《邓正来自选集》,广西师范大学出版社2000年版,第179—296页。

规则所会导致的后果。这些规则经由使每个人或有组织的群体能够知道他们在追求他们目的时可以动用什么手段进而能够防止不同人的行动发生冲突而界分出了个人确获保障的领域。"①所谓命令或"外部规则",乃意指那种只适用于特定之人或服务于统治者的目的的规则,其核心特征主要表现为:一是这种规则设定了组织者以命令的方式把特定的任务、目标或职责分派给该组织中的个人的预设;二是大多数外部规则只能经由依附具体命令而适用于那些仅承担了特定任务或职责的个人或服务于组织之治理者的目的②。就这两种性质截然不同的规则与正义的关系而言,哈耶克明确指出,"自由主义乃是以这样一种正义观念为前提的,亦即那种可以使我们对这类正当的个人行为规则与权力机构发布的所有的特定命令作出明确界分的正义观念:前者是那些隐含在'法治'观念中的规则,同时也是自生自发秩序的型构所要求的规则;而后者则是权力机构为了组织的目的而发布的特别命令。"③

值得我们注意的是,这里的关键之处在于,哈耶克对"社会正义"的批判乃是以一种由正当行为规则所支配的自由市场秩序要比任何一种由命令支配的组织型社会都更可欲这样一项基本的前设为依凭的④,因此我们必须指出,任何无视这一基本前设的讨论,都不可能妥切地理解哈耶克的"否定性正义"观以及他对"社会正义"的批判。简而言之,哈耶克经由把自由作为一种有助益的手段这个洞识与他视自由与自由市场秩序相容合的论辩结合在一起,而赋予了自由市场秩序以一种比组织秩序"更有助益"或"更可欲"的规定性⑤。就此而言,

---

① 哈耶克:《政治思想中的语言混淆》,载《哈耶克论文集》,邓正来选编/译,首都经济贸易大学出版社2001年版,第14—15页。
② 同上书,第15页。
③ 哈耶克:《自由社会秩序的若干原则》,载《哈耶克论文集》,邓正来选编/译,首都经济贸易大学出版社2001年版,第130页。
④ 的确,从理论上讲,哈耶克对"社会正义"的批判是建立在自生自发秩序比组织秩序更可欲这个前设之上的,但是这却并不意味着哈耶克的这个前设在知识上就是正确的。实际上,只要我们不承认这一前设是一种必然性的规律,那么我们就可以从知识的角度出发对这个前设性问题做进一步的追问。不过,这项任务却超出了本文的讨论范围。
⑤ 关于自由,哈耶克征引托克维尔的话说,"我相信,在任何时代我都一定会珍爱自由,但是在我们生活的这个时代,我却准备崇拜自由"(Hayek, *The Road to Serfdom*, London and Chicago, 1944, 题页引文)。哈耶克在1960年《自由秩序原理》出版的1年后所发表的一篇论文中更是明确指出,他在为该书德文版所做的序言草稿中是这样描述自由的,即"自由不只是许多价值中的一个价值,而且是大多数其他价值的渊源和条件",然而经过考虑以后他却对这个观点做出了重大的修正,并将自由的重要性推至了极限:"自由不只是诸多其他价值中的一个价值,……而且还是所有其他个人价值的渊源和必要的条件"(Hayek, "Die Ursachen der standigen Gefanrdung der Freiheit," in Franz Bohm, F. Lutz, F. Meyer, eds., *Ordo*, Ⅷ, 1961, pp. 105, 107-109; 转引自G. Dietze, "Hayek on the Rule of Law," in F. Machlup, ed. *Essays on Hayek*, London: Routledge & Kegan Paul, 1977, p. 111)。

哈耶克指出：一方面，如果一种社会秩序能够较好地服务于涉于其间的个人利益和较好地运用参与其间的个人的默会或明确知识并使个人在追求各自目的时达致彼此知识的协调，那么在一般意义上讲，这种社会秩序就是有助益的或可欲的；而另一方面，如果自由的主要价值之一在于它能够促进个人知识的协调并提供"机会和激励去确保个人所能获得的知识的最大化运用"①，那么唯有目的独立的正当行为规则系统才可能与法治旨在保障的这种法律下的自由相符合。因此，在哈耶克那里，以保障个人自由和减少强制的正当行为规则系统为依凭的自由市场秩序要比组织社会更可欲②。

（三）本文的论述安排

正是立基于上述三项前提性的限定，也考虑到哈耶克乃是从建构和批判这两个维度出发阐释其"否定性正义"观的，我拟对本文的论述做这样的安排。除了设定本文之论题及其相关限定的引论以外，我拟在本文的第一部分中首先对"社会正义"的基本诉求做一番简要的讨论，而其间着重强调"社会正义"通过对"社会"的实体化建构以及将"正义"的适用范围扩展至自由市场秩序所产生的事态或结果而形成的这样一项诉求，即应当由权力机构根据一种特定的模式化正义标准把整个社会产品的特定份额分派给不同的个人或不同的群体。在此之后，我将依据自己对哈耶克自由主义社会理论的研究而把哈耶克批判"社会正义"的主要观点概括为下述两个核心命题：一是"人们不可能在拥有自由市场秩序的同时又以一种符合社会正义原则的方法去分配财富"；二是"社会正义在自由市场秩序中的实施只会摧毁这种秩序及其赖以为凭的正当行为规则系统"。因此，在本文的第二部分中，我将围绕着哈耶克的"命题一"讨论他有关"社会正义"在自由市场秩序中毫无意义的基本观点及其理据，亦即我所称之为的哈耶克对自由市场秩序所引发的事态或报酬结果所主张的"去道德化"论辩。在本文的第三部分，我将围绕着哈耶克的"命题二"讨论他有关"社会正义"必定摧毁自由市场秩序的主要观点，并且侧重探讨他从个人责任感、平等、个人自由、价格功能和特权等五个方面给出的理据。在本文的第四部分中，我将首先

---

① 哈耶克：《自由秩序原理》，邓正来译，三联书店1997年版，第81页。
② 参见拙文：《法律与立法的二元观：哈耶克法律理论的研究》，载拙著：《哈耶克法律哲学的研究》，法律出版社2002年版，第16—18页。

对哈耶克据以批判"社会正义"的知识论理据做一番简要的讨论,尔后根据哈耶克的理论对来自社会正义与自由主义两个路向反驳其为自由市场秩序"去道德化"论辩的观点作出回应。当然,我还将在本文第五部分的结语中对前述四个部分的讨论作出总结,并且对哈耶克在批判法律实证主义和"社会正义"观念的基础上建构起来的"否定性正义"观进行阐释。

一、社会正义的基本诉求

众所周知,在19世纪中叶的时候,亦即在人们开始普遍关注由强调个人行为的交换正义所支配的自由市场秩序在机会或力量或财富等方面所产生的各种不平等现象的时候,一些论者提出了各种社会主张和批判。毋庸否认,他们提出这些"社会"主张和批判的目的,最初乃是为了求诸于统治阶级的良心,进而使其认识到自己对社会中没有得到充分关注或被忽视的那部分人的利益所负有的责任。一方面,这些"社会"主张和批判经由当时盛行的社会主义运动而与实体性"社会"勾连在一起——更为重要的是,当时绝大多数进步和善良之人都因为关注这些问题而使得"社会的"这个术语一步一步地取代了诸如"伦理的"(ethical)甚或"善的"(good)这样的术语。另一方面,这些主张和批判又通过承继此前同样关注目的状态或结果的分配正义而获取了"正义"的内涵,进而产生了一种与交换正义截然不同的新的正义观念,亦即此后人所皆知且为人们普遍使用的"社会正义"或"分配正义"观念(social or distributive justice)。

自第二次世界大战始,由于西方诸多信奉进步的社会思想家经由诉诸西方自由民主国家一般框架内部的社会正义去证明某些极端的社会政策和经济政策的正当性,又由于这些论者主要欲图根除的是市场机制在机会或力量或财富等方面所产生的诸多不平等现象,所以"社会正义"与适当分配财富和收入的问题直接联系在了一起①。我们必须承认,对"社会正义"的这种诉求在20世纪中叶不仅成了一种占据支配地位的道德价值和政治价值,而且还成了政治讨论中一种得到最为广泛使用的论辩,套用哈耶克的话来说,"要求政府为了特定群体的利益而采取行动的绝大多数主张,都是以社会正义的名义提出的,而且

---

① 参见戴维·米勒:"正义",载《布莱克维尔政治学百科全书》(修订版),邓正来(中译本主编),中国政法大学出版社2002年版,第408—409页。

如果论者有办法把某个这样的主张弄得好像是'社会正义'所要求采取的一种措施,那么反对这种主张的意见即刻就会变得软弱无力、不堪一击。"①

值得我们注意的是,上述努力的始作俑者乃是约翰·斯图尔特·穆勒,因为正是他把"社会正义"与"分配正义"这两个观念明确等而视之的论述才使得"社会正义"这一观念普遍流行开来了。在《功利主义》一书中,穆勒在界分正义所具有的五种含义时对其中的一种含义做了这样的描述:"社会应当平等地对

---

① 哈耶克:《法律、立法与自由》(第二卷),邓正来等译,中国大百科全书出版社 2000 年版,第 120 页。面对这样一种强势的"社会正义"诉求,西方论者从不同的角度进行了回应,哈耶克就明确指出,坚定的自由主义者必须拒斥这种主张,"主要原因有二:第一,根本就不存在为人们所公认的或能够被人们发现的有关分配正义的普遍原则;第二,即使人们能够普遍认同这样的分配正义原则,这些所谓的分配正义原则在一个生产力取决于个人自由地运用自己的知识和能力去追求自己目的的社会中也是不可能付诸实施的"(哈耶克:《自由主义》,载《哈耶克论文集》,邓正来选编/译,首都经济贸易大学出版社 2001 年版,第 83 页)。就一般情况而言,西方论者回应的方式主要有三种(参见 Macleod, "Justice and the Market," in Peter J. Boettke, ed. *The Legacy of Friedrich von Hayek*, Vol. II, *Philosophy*, Edward Elgar Publishing, Inc, 1999, pp. 315 - 317)。第一种回应方式认为,自由市场秩序所导致的结果虽说是不正义的,但是人们却依旧可以主张,自由市场秩序的益处极其重大,以至于它所导致的不正义结果并非一种很高昂的代价。然而,这种回应相当无力,因为在经济繁荣的社会中,社会正义的重要性很可能超过了市场机制所增进的经济积效的重要性。第二种回应方式对"社会正义"有关自由市场秩序会对力量或财富或机会作出不正义分配这样一项判断的真实性提出了直接的质疑。这种回应方式主要具有这样几种形式:(1) 它宣称任何作为法律允许的市场交易之结果的分配都是"正义的"或"不是不正义的",但是这种回应的基本缺陷却在于它经由把正义问题置于法律问题的隶属地位上而试图把正义问题化约成法律问题的做法乃是无法得到实施的:一是因为一些最为重要的正义问题乃是与法律安排本身是否正义的问题紧密相关的;二是因为人们很难发现任何在法律背景中做出正义判断的事例可以在不诉诸超法律的正义原则而仅根据现行的法律标准便给出全部的正当性证明。(2) 它认为正义问题在根本上是与市场交易所引发的契约和准契约的权利义务紧密勾连在一起的。市场交易的结果并不是"不正义的",因为它产生于自由达成的契约安排。但是有关义务与权利或利益与负担的分配是否正义的问题却并不能够经由诉诸参与者所达成的条件而得到解决,因为这里还会产生这些条件本身是否正义的问题。(3) 它认为由自由市场秩序导致的对力量或机会或财富的分配乃是与社会成员的"应得者"(desert)或"品行"(merit)(哈耶克乃是在交换使用的意义使用这两个术语的)相符合的,因此是"正义的"或"公平的",但是这种回应的基本缺陷却在于不论人们所倾向的"应得者"标准是什么,在那些成功人士在市场中所取得的成就与他们拥有的"品行"之间在程度上并不存在任何必然的关系,因为在决定个人的成败的过程中,机遇或运气实是极其重要且不可或缺的因素。第三种回应方式,一如戴维·米勒在《布莱克维尔政治学百科全书》所说,乃是哈耶克和诺齐克经由主张"程序正义"观而作出的最为彻底的回应。一方面,他们明确指出,正义乃是程序性的而非结果性的,因此,只要获取和转移财产所遵循的程序或规则是正义的,那么把由此导致的对力量或机会或财富的分配就不是不正义的。另一方面,他们经由彻底否弃"社会正义"的观点而主张回归到把正义理解成尊重法治或既有权利这一传统认识上去。尽管哈耶克和诺齐克的主张源出于不同的哲学观点,但是这两种主张都包含了下述三个主要的论点:第一,"社会正义"假定社会必须对各种利益的分配负责,而事实上这种分配却是通过众多的行动者所进行的不尽相同的活动产生的,而且这些活动也都不旨在某种整体的结果;第二,追求"社会正义"便是试图以一种无效的官僚科层体制取代市场经济并且控制资源;第三,追求"社会正义"还在根本上干涉了个人自由,因为只要维护某种受到某人或某权力机构所偏好的分配模式,那么就必须禁止实施个人认为合适的市场资源配置(参见戴维·米勒:"正义",载《布莱克维尔政治学百科全书》〔中译本〕,邓正来主编,中国政法大学出版社 2002 年修订版,第 409 页)。

待所有应当平等地获得这种平等待遇的人,也就是说,社会应当平等地对待所有应当绝对平等地获得这种平等待遇的人。这就是社会的和分配的正义所具有的最高的抽象标准;应当使所有的社会制度以及所有有道德的公民的努力在最大限度上聚合在一起,以达致这一标准";或者说:"每个人都应当得到他所应当获得的东西(而不论是善果还是恶果),被人们普遍认为是正义的;然而,每个人应当得到他所不应得的善果,或者被迫承受他所不应蒙遭的恶果,则被人们普遍认为是不正义的。这也许是一般人的心智所能设想出的正义理念最为清晰且最为有力的形式。由于它关涉到'应得者'(desert)这个理念,所以它也就产生了究竟是什么构成了'应得者'的问题。"①

显而易见,穆勒的上述陈述不仅把"社会正义"与"分配正义"等而视之,而且还把"社会的和分配的正义"与社会按照个人的"应得者"而给予他们的"待遇"勾连在了一起。更为重要的是,他的这些陈述还极其明确地凸显出了"社会正义"与交换正义之间的区别。首先,一如我们所知,自由市场秩序始终只能够实现交换正义,亦即一种根据个人提供的服务所具有的实际价值而给予回报的正义;当然,这种实际价值乃是对于那些接受了他所提供的服务的人而言的,而且也是通过他们愿意支付的价格表现出来的。因此,交换正义认为,这种价值既与道德品行没有什么必然的联系,也与个人的或主观的情势以及个人的需要或善意不存在任何必然的关联。但是,社会正义的主张者却认为,根据服务的价值进行酬报的结果有可能是极不正义的,因为这种酬报方式的结果很难与其所认为的某一行为所具有的主观品行相符合,也很难与其所认为的某一个人的应得者或需要相符合②。其次,众所周知,支配自由市场秩序的"正当行为规

---

① H. Plamenatz, ed. *The English Utilitarians*, Oxford: Basil Blackwell, 1949, p. 225, 208, 转引自哈耶克《法律、立法与自由》(第二卷),邓正来等译,中国大百科全书出版社 2000 年版,第 170 页。关于穆勒的这两段文字,哈耶克给出了这样的评注,即"上述两段引文中的第一段文字,乃是穆勒在界分正义所具有的五个含义时对其中的 个含义所做的描述;当然,在这五种含义中,有四种含义关涉到正当的个人行为规则,而只有这个含义所界定的是一种事实性的事态——这种事态可以是但却未必是由人之刻意决策所促成的。然而,穆勒好像完全没有意识到这样一个问题,即这个意义上的正义所指涉的情势与其余四种正义含义所指涉的那些情势完全不同,或者说,这样一种'社会正义'观念将直接导向彻头彻尾的社会主义"(同上书,第 118—119 页)。
② 作为社会正义的主要倡导者,Brian Barry 在批判休谟捍卫传统的以规则为基础的观点并驳斥极端且改革主义的正义观的观点的时候就指出,"尽管休谟用'正义规则'这个表达法来涵盖诸如财产规则这样的东西,但是'正义'现在却是在分析上与'应得'和'需要'联系在一起的,因此人们可以相当确定地说,休谟所谓的一些'正义规则'乃是不正义的"(Brian Barry, "Justice and the Common Good," in A. Quinton, ed. *Political Philosophy*, Oxford: Oxford University Press, 1967, p. 193)。

则"乃是在社会进化的过程中作为个人行动的一种惯例而演化发展起来的,而且作为一种必须与政府机器严格区别的自由市场社会也是不可能为了某个具体且特定的目的而采取行动的。但是论者们所提出的"社会正义"诉求却不是向个人而是向主观建构起来的实体性社会提出的,更有甚者,"社会正义"所依凭的诸如"应得者"、"需要"或"更平等"这样的标准也不是社会过程内生的产物,而是一种从外部强加在社会之上的观念①。

的确,"社会正义"的倡导者在阐明"社会正义"据以允许某些纠正市场之结果的分配政策之标准的过程中提出了不尽相同的模式,而且在强调应得者、需要或更加平等这些评价标准的过程中也各有偏重,甚至还常常彼此冲突②。但是不容我们忽视的是,他们在下述两个方面却是相当一致的:一是他们都信奉一种极端的唯理主义建构论的正义观念,因为他们认为,社会进程在很大程度上讲是受人类发现的法则支配的,因而刻意重构社会是有意义的;二是他们都要求代表社会的特定个人或权力机构强行设定某种可欲的分配模式,亦即那种区别于由一般性法律框架中自由交易过程所产生的分配模式,因为他们认为,人们有可能在权力机构中发现足以用来重构社会的权力。当然,真正促使上述"社会正义"的诉求得到不断强化的乃是这样一种具有根本性的认识:第一,把同样的或平等的规则适用于那些在事实上存在着许多重大差别的个人的行为,不可避免地会对不同的个人产生极为不同的结果;第二,为了公正地对待个人,社会就应当确立一种具有道德意义的分配模式以便在社会成员中进行财富的分配;第三,为了切实减少或根除不同的个人在物质地位方面所存在的上述非意图的但却确实存在的差异或不平等,社会就必须按照那种分配模式的不同规则而非相同的规则去对待不同的个人。

由此可见,上述社会正义的诉求在面对自由市场秩序所产生的各种不平等现象的时候,不仅旨在为特定的个人或群体谋取特定的结果,而且还意在为社会确立关注目的状态或结果的新正义原则,以替代既有的正当行为规则。这

---

① 关于"社会正义"的讨论,请主要参见如下文献: R. W. Baldwin, *Social Justice*, New York: Pergamon Press, 1966; A. Quinton, ed. *Political Philosophy*, Oxford: Oxford University Press, 1967; Daniel Bell and Irving Kristol, ed. *Capitalism Today*, Basic Books Inc, 1971; Nicholas Rescher, *Distributive Justice: A Constructive Critique of the Utilitarian Theory of Distribution*, The Bobbs-Merrill Company, Inc, 1966; R. W. Baldwin, *Social Justice*, New York: Pergamon Press, 1966; David Miller, *Social Justice*, Oxford: Clarendon Press, 1976。

② 参见戴维·米勒:"正义",载《布莱克维尔政治学百科全书》(中译本),邓正来主编,中国政法大学出版社2002年修订版,第408页。

里的关键在于"社会正义"把原本作为个人行为之一种特性的正义扩展适用于作为自由市场秩序所产生的"结果"或"事态";套用诺齐克在《无政府、国家和乌托邦》一书中的观点来说,这种关注"目的状态"或"模式化"的正义理论的核心特征在于它认为正义并不是个人行为的一种特性,而是某些"事态"或社会过程的"结果"的一种特性①。

需要强调指出的是,支配自由市场秩序的正当行为规则也关注事态或结果,不过前提条件却是这种事态或结果必须是相关个人所意图或可预见的;但是社会正义在关注事态或结果时却不以这项条件为前设。当然,社会正义的主张者之所以主张不按照这种方式去关注事态或结果,从一般的角度上讲,至少可以说是出于下述两项考虑:第一,自由主义所确立的"意图"或"预见"这一有关判断事态或结果之正义的前提条件,并不足以使它把人们有关市场结果之正义的判断排除在外,因为社会正义的主张者认为,自由市场秩序所导致的对益处和不益处的不平等分配,乃是任何试图选择、确立或维继一种自由市场制度的政府决策所具有的一个虽非意图但却极易预见的结果,也是任何试图对自由市场制度持一般性支持态度的特定个人所极易预见到的一个结果。因此,一个刻意选择、确立或维继这样一种自由市场制度的政府或支持这种制度的个人就必须为其作出的决策以及这种市场秩序所产生的事态或结果承担责任。第二,更为重要的是,即使当人们接受自由主义的观点而把有关判断事态之正义的前提条件所允许的那些有关事态的判断与那些有关产生这些事态的行动的判断加以比照的时候,从逻辑上讲,后者也不是更为根本的判断。"社会正义"主张者认为,事实恰恰相反,因为在这种情形中,正是前者而不是后者必须被认为是逻辑上更为根本的判断。这意味着,尽管那些旨在产生正义事态的行动和政策——或者旨在根除不正义事态的行动和政策——可以据此而被称为是正义的,但是这种行动和政策所旨在产生的事态之正义可以从这种行动和政策本身之正义中派生出来的论点,却是一种很难成立的观点,因为人们在没有对一项行动或政策所旨在引发的事态或结果作出评价的情况下不可能把该项行动或政策评价为正义的或不正义的②。

---

① 参见罗伯特·诺齐克:《无政府、国家与乌托邦》,何怀宏等译,中国社会科学出版社1991年版。
② 参见 A. M. Macleod (1983), "Justice and the Market," in *The Legacy of Friedrich von Hayek*, Vol. II, Philosophy, ed. Peter J. Boettke, Edward Elgar Publishing, Inc, 1999, pp. 318-321。

经由上文的讨论，我们可以对"社会正义"的诉求作出如下初步的概括。正如 Barry 所指出的，"社会正义"这种观点远不只是一种政策宣言或者对一套实质性的价值的证明，而是旨在赋予正义之含义以一种极端的观点①。实际上，"社会正义"的主张通过对"社会"的实体化建构以及将"正义"的适用范围扩展至自由市场秩序所产生的事态或结果而变成了这样一项诉求，即社会成员应当按照一种特定的方式组织起来，进而由代表它的权力机构根据一种特定的模式化正义标准把整个社会产品的特定份额分派给不同的个人或不同的群体。当然，这项诉求乃是以存在着这样一种道德义务为基设的，即它要求人们必须服从那种能够把社会成员的各种努力与实现一种被视为是正义的特定分配模式的目标统合起来的"社会"或权力机构。

二、哈耶克对"社会正义"的批判（一）

一如我们所知，哈耶克在 1976 年出版的《法律、立法与自由》第二卷《社会正义的幻象》中对普遍盛行的"社会正义"主张进行了极其尖锐的实质性批判，并在该书第二卷的"序言"中明确指出，"在我早年致力于对社会正义这个概念进行批判的研究过程中，我始终都有一种无的放矢的感觉；最后，我试图像每个人在遇到这种情况时所应当采取的做法那样，先想方设法把支撑'社会正义'这个理想的理据视作是正确的。只是在如此尝试以后，我才真正地意识到'社会正义'这个皇帝原来没有穿衣服；这就是说，'社会正义'根本就是一个空洞无物、毫无意义的术语。就像汉斯·克里斯琴·安徒生童话中的那个男孩所说的那样，我'什么也没有看到，因为那里什么也没有'"②。

在我看来，哈耶克批判"社会正义"的核心目的之一便是旨在阐明这样一个问题，即"社会正义"这个观念在自由市场秩序内部毫无任何意义；换言之，从"社会正义"角度对市场秩序所产生的结果或事态所做的判断既不是真的也不是伪的，既不是正义的也不是不正义的，而是毫无意义的——正如哈耶克本人所公开承认的："我认为，仅仅指出那些试图实现'社会正义'的特定努力不会奏

---

① 参见 Norman P. Barry, *Hayek's Social and Economic Philosophy*, The Macmillan Press LTD., 1979, pp. 124 - 125。
② 哈耶克：《法律、立法与自由》（第二卷），邓正来等译，中国大百科全书出版社 2000 年版，第 2 页。

效这一点是远远不够的,所以我还必须对这样一个问题作出解释,即社会正义这个说法本身就是毫无任何意义的,而且使用这种说法的人,如果不是愚昧,那就肯定是在欺骗。"①当然,我们也可以把哈耶克关于这个问题的讨论概括为这样一项独立的命题,即人们不可能在拥有市场经济的同时又以一种符合社会正义原则的方法去分配财富。毋庸置疑,对这项命题的阐释极具重要意义,因为哈耶克明确指出,正是人们普遍相信"社会正义"观念的有效性,才致使几乎所有的当代社会都日趋努力把某种报酬或分配模式强加给各自的市场秩序。更值得我们注意的是,对"社会正义"有效性的这种笃信还必定会产生一种自我加速或自我强化的取向:个人或群体的地位越是变得依附于政府的行动,他们就越会坚持要求政府去实现某种可以得到他们认可的分配正义方案;而政府越是竭尽全力去实现某种前定的分配模式,它们就越会把不同的个人和群体的地位置于它们的掌控之下。因此,如果人们对"社会正义"有效性的这种笃信支配了政治行动,那么这一过程就必定会以一种渐进的方式越来越趋近于一种全权性的体制②。

当然,我认为,哈耶克围绕着这个命题的讨论乃是从下述两个方面展开的:一是通过讨论自由主义的个人行为正义观而明确指出正义的适用范围和条件;二是通过讨论社会正义的拟人化社会观而揭示出社会正义扩展正义之适用范围的谬误。

(1)哈耶克有关正义之适用范围和条件的阐释乃是以他所提出的自由主义正义观为依凭的,而这种正义观念明显区别于人们普遍信奉的"社会正义"观念,因为一如上述,前者只关注人之行为的正义问题或调整人之行为的规则的正义问题,而不关注这种行为对不同个人或不同群体的地位所造成的特定影响的问题。就正义在适用范围方面的限度而言,哈耶克所主张的这种自由主义正义观明确指出,在自由市场秩序(区别于任何强制性的组织秩序)中,唯有人之行为才能被称之为是正义的或不正义的。当然,所谓"人之行为",在这里不仅意指个人的行动,而且也包括了许多个人的联合行动或组织所采取的行动。在组织的事例中,政府就是一例,而这意味着,政府向个人提出的要求是否正义的问题必须根据正当行为规则来判定,而不能根据这些要求被适用于某一个别情势所产生的特定结果来判定。但是不容忽视的是,"社会正义"中的"社会"却不

---

① 哈耶克:《法律、立法与自由》(第二卷),邓正来等译,中国大百科全书出版社2000年版,第2页。
② 同上书,第124—125页。

是这样的组织或个体,因此,只有那些能够由正当行为规则予以调整的人之行动的方面,才会产生有关正义的问题①。这里的关键要点在于:所谓正义,始终意味着某个人或某些人"应当"或不应当采取某种行动,而所谓"应当",反过来又预设了对某些界定了一系列主要禁止或偶尔要求采取某种特定行为之情势的正当行为规则的承认。就此而言,我们可以说,哈耶克的自由主义正义观乃是一种以正当行为规则为基础的正义观②。

经由上述对正义之适用范围的严格限定,哈耶克进一步得出结论认为,在自由市场秩序中,"社会正义"关于这种秩序所引发的事态之正义的判断乃是毫无任何意义的。众所周知,在哈耶克看来,自由市场秩序这种过程乃是以下述两项基本原则为依凭的:"第一,不同的个人和群体在一个力图运用多于任何一个人或机构所能掌握的信息的过程中所获得的那些结果,其本身就必定是不可预测的,而且也必定常常会与那些决定着他们努力的方向和强度的希望和意图相违背;第二,只有当我们允许负反馈原则(the principle of negative feedback)发挥作用——这意味着某些人肯定会蒙遭不该遭受的失望——的时候,我们才能够有效地运用那种广泛分散的知识。"③这意味着,自由市场秩序就像一种混合了技艺和机遇的竞赛,而在这种竞赛中,如果一个人有技艺、运气或精力等,那么他就可能会有一种较好的机遇,但是这些特性却并不能确使他获得成功。因此,如果一个人承认市场经济秩序,那么他就必须接受这样一个事实:某些应当富有的人有可能会在其努力的过程中受挫,某些根据任何"应得者"标准而将富有的人有可能变得相对贫困,甚至某些被认为没有作出努力的人却仅凭靠运气而有可能变得极其富有。

关于这个问题,哈耶克指出,一方面,把"正义"或"不正义"这两个术语适用于人之行动或支配人之行动的正当行为规则以外的事态或情势,乃是一种范畴性的错误,因为一个纯粹的事实,或者一种任何人都无力加以改变的事态,有可

---

① 参见哈耶克:《法律、立法与自由》(第二卷),邓正来等译,中国大百科全书出版社2000年版,第49—53页。
② 当然,这里还涉及特定行为规则是否正义的问题以及检测特定行为规则是否正义的标准问题。在哈耶克那里,这些问题主要是通过文化进化的"普通法法治国"的建构而加以解决的。由于哈耶克关于这些问题的讨论极其繁复,因此有兴趣的论者请参见拙文:《普通法法治国的建构:哈耶克法律理论的再研究》以及《普通法法治国的建构过程:哈耶克法律理论研究的补论》,载拙著:《哈耶克法律哲学的研究》,法律出版社2002年版,第75—174页以及第175—220页。
③ 哈耶克:《法律、立法与自由》(第二卷),邓正来等译,中国大百科全书出版社2000年版,第129页。

能是好的或坏的,但却不可能是正义的或不正义的。比如说,在自由市场秩序中,价格乃是经由无数个人之间的互动作用而确定的,而不是由某个人或某个群体所能够决定的。如果真的有人确定了价格,那么人们就可以向他要求正义。但是这里的问题在于,在没有具体的人确定价格的情况下,"谁又能被认为是不正义的呢?"因此,在自由市场秩序中,由于每个分立的个人所获得的结果既不是其他人所刻意安排的,也不是其他人所能预见的,所以把个人在这种秩序中获得的结果称之为正义的或不正义的便是毫无意义的。

另一方面,哈耶克明确指出,只有当某一事态是某个行为人所意图或可预见的结果的时候,把"正义"这个术语适用于这一事态才能够具有意义。我认为,这乃是哈耶克在讨论"正义"适用问题时所提出的著名的"意图和预见"条件:"如果'甲所得的多而乙所得的少'这种状况并不是某个人的行动所意图的或可预见的结果,那么这种结果就不能被称作是正义的或不正义的"①。实际上,"正义"在适用方面的这项条件乃是以"正义"这个术语本身所具有的这样一项预设为依凭的,即那些被认为有责任促使或允许该种事态发生的人不仅有能力切实地做到这一点,而且还包括他们在如此行事时所凭借的手段也必须是正义的或合乎道德的。这意味着,正当行为规则要求个人在进行决策的时候只需要考虑那些他本人能够预见到的他的行动的后果或者他本人所意图的结果,而不能要求个人对并非其刻意造成的或根本就无力刻意造成的那些事态负责。因此,"正义"这个术语只能够适用于个人行动中他自己有能力决定的行动所导致的那些后果。

就此而言,还有一个颇为重要且紧密相关的问题需要我们加以关注。一如前述,"社会正义"的主张者认为,哈耶克所确立的"意图或预见"这一有关事态或结果之正义的判断条件并不足以使它把人们有关市场结果之正义的判断排除在外②。但是在哈耶克看来,"社会正义"的这项主张却是极其荒谬的。的确,哈耶克承认,人们完全有理由追问这样一个问题,即刻意把自由市场秩序当作指导经济活动的方法加以选择、确立或维护的做法是否是一项正义的决策,但是他却即刻指出,一旦人们决定用自由市场秩序来达到这个目的,那么他们也就肯定不再有理由进一步追问它对特定的人所产生的特定结果是否是正义

---

① 哈耶克:《法律、立法与自由》(第二卷),邓正来等译,中国大百科全书出版社2000年版,第53页。
② 关于这个问题,请参见本文第一部分的相关讨论。

的这个问题了。当然,哈耶克就这个问题给出的理据颇为繁复,同时也考虑到我将在本文第四部分中对此进行较为详尽的讨论,因此我在这里只打算对其间的一个核心理据做些许简要的说明。哈耶克认为,自由市场秩序所导致的那些事态乃是一个过程的结果,而这些结果对于特定人的影响则是任何人或权力机构在其最初选择这种制度的时候或在这种制度最初出现的时候所无法欲求或无力预见的;因此,要求这样一个过程提供正义,显然是荒谬的。

通过上文的讨论,我们可以发现,哈耶克经由阐释正义的适用范围和条件而指出了正义只能适用于个人行为而不能有意义地适用于个人未意图或无力预见的结果或事态,进而还阐明了关注结果或事态的"社会正义"不能有意义地扩展适用于自由市场秩序这个问题。这便是我所认为的哈耶克对自由市场秩序所引发的事态或报酬结果所主张的"去道德化"论辩,而这在一定程度上意味着一种日益进化的自由市场秩序的规则毋需对任何特定事态或结果设定任何先定的道德目的,除了维续该种秩序本身。

(2)的确,由于正义只能适用于个人行为而不能有意义地适用于自由市场秩序所导致的结果或事态,所以我们便可以颇有理由地认为,自由市场秩序中各种过程对不同个人或不同群体之命运所产生的特定影响并不是按照某种公认的正义原则进行分配的结果,尽管自由市场秩序实是以正当行为规则为依凭的。哈耶克指出,这个观点显然没错,但是当人们经由这个观点得出结论认为这些特定影响是不正义的因而"社会"应当或必须受到谴责并对此负责的时候,他们的观点就大错特错了①。的确,哈耶克在不同的场合反复指出,"'社会的'这个术语当然有一个明晰的含义(与'民族的'、'部落的'或'组织的'这样一些构造物相似),意指那种与社会结构和社会活动相称的东西或特征"②;再者,从"社会的"所具有的那种"属于社会"的原初含义来看,它也可能是一个极有意义的概念③。但是他同时也认为,当"社会正义"的主张者把"社会的"这个术语与"正义"组合在一起使用的时候,或者当他们把我们的社会义务与道德义务区别开来的时候,"社会的"这个术语也就变成了一种累赘之词,因为人们原本就认

---

① 参见哈耶克:《法律、立法与自由》(第二卷),邓正来等译,中国大百科全书出版社2000年版,第127页。
② 同上书,第139页。
③ 哈耶克:《理性主义的种类》,载《哈耶克论文集》,邓正来选编/译,首都经济贸易大学出版社2001年版,第201页。

为正义是一种社会现象,因此再为"正义"这个名词加上"社会的"定语,也就只能成为一种累赘之举了,就像人们说"社会的语言"一般累赘①。

值得我们注意的是,哈耶克的上述观点虽说从常识意义上讲颇具意义,但是我们却不能据此认为他就是从这个角度来讨论"人们不可能在拥有市场经济的同时又以一种符合社会正义原则的方法去分配财富"这个核心命题的,因为我认为,他的这个观点并不能够揭示出"社会正义"的主张者将"社会的"与"正义"这两个术语勾连在一起的深层原因及其赖以实现的手段。实际上,哈耶克本人也清楚地意识到了这个问题,正如他所认为的那样,"社会的"这个术语之所以毫无意义,不仅是因为它本身是一个累赘之词,更是因为它还可以被赋予一个人所喜欢的任何专断义涵并且使所有与它组合在一起的术语都丢失它们原本具有的明确清晰的含义,进而演变成一种具有无限弹性的术语②。正是对这个问题的认识,使我们进入了本文所确定的哈耶克讨论"命题一"的第二个方面,亦即他经由讨论社会正义的"拟人化社会观"而对社会正义扩展正义之适用范围的谬误所进行的批判。根据哈耶克的批判理路,我们可以说,"社会正义"之所以有可能被扩展适用于自由市场秩序的结果,实是因为"社会正义"的主张者对"社会"所做的人格化设定所致,因为唯有通过把"社会"设定成一个具有人格的责任承担者,他们把"正义"扩展适用于自由市场秩序的事态或结果才可能具有实质性的意义。因此,哈耶克将他的批判矛头集中在了"社会正义"主张者所建构的"拟人化社会观"的方面。

第一,"社会正义"主张者宣称,如果"社会"不兑现由它所产生的各种预期,那么人们就有理由向它抱怨并强烈要求它对此进行救济③。显而易见,"社

---

① 参见哈耶克:《法律、立法与自由》(第二卷),邓正来等译,中国大百科全书出版社,2000年版,第139页。就此而言,哈耶克还指出,"在探寻'社会正义'之含义的过程中,人们也许会指望经由检视'社会的'这个定语的含义而得到某种帮助;但是,这样的尝试即刻就会使人们陷入混淆的困境之中而无力自拔,因为这种困境与困扰着'社会正义'本身的困境一样糟糕得不堪收拾"(同上)。
② 哈耶克:《什么是社会的——它究竟意味着什么?》,载《哈耶克论文集》,邓正来选编/译,首都经济贸易大学出版社2001年版,第164页。
③ 关于这个问题,哈耶克已然意识到了"社会正义"主张者会做此宣称,即"由于我们是从'社会'中获得这些好处的,所以'社会'也就应当有资格把这些好处分派给那些它认为应当得到这些好处的人。"但是哈耶克却回应说,这种宣称"是毫无意义的。我们需要再一次强调指出,社会并不是一个行动着的人,而是经由其成员遵循某些抽象规则而形成的一种有序的行动结构。我们从这个行动结构中获得的好处并不是任何人刻意给予我们的,而是社会成员在追求他们各自利益的过程中普遍遵循某些特定规则的结果。当然,在这些规则中包含有这样一项规则,即任何人都不得为了确使自己(或第三人)得到某种特定的收入而向其他人施以强制。因此,这项规则也就给我们设定了一项义务,即当市场的结果对我们不利的时候,我们必须接受这些结果"(哈耶克:《法律、立法与自由》〔第二卷〕,邓正来等译,中国大百科全书出版社2000年版,第161页)。

会"这个术语在这里具有一种双重人格：首先，它是一个有思想的集合体；它有着自己的愿望，而且这些愿望不同于组成它的个人所具有的那些愿望；其次，通过把社会与人等而视之，社会也就变成了对某些自称有着较深刻洞见或较强道德意识的个人根据这些社会愿望所持有的观点的人格化体现①。套用哈耶克本人的话来说，"社会正义"主张者要求人们"经由对社会的人格化思考而把社会认作是一个拥有意识心智并能够在行动中受道德原则指导的主体"②。

需要强调指出的是，"社会正义"主张者对"社会"所做的这种人格化设定，实是通过隐含于其后的那种拟人化建构手段而达致的，因为哈耶克明确指出，"人们之所以动不动就把正义的概念套用于收入的分配，完全是因为他们用那种错误的拟人化方式(an erroneous anthropomorphic)把社会解释成了组织而非自生自发秩序所致。"③但是，根据哈耶克的社会理论，"社会正义"主张者据以建构人格化"社会"观的那种拟人化手段却是一种极其幼稚的原始思维方式，而这种幼稚的原始思维方式乃是人类社会从小群体的熟人社会向开放且非人格的大社会进化的过程中未能根除的那种思维方式，因为正如古人依凭这种原始思维在最初认识某些常规性过程的时候通常想象的那样，无论是现代史初期的唯理主义者还是晚近的"社会正义"主张者都对自由市场秩序有序化过程的结果作出过类似的解释：一方面好像有某个智能者刻意指导或操纵着这些结果似的；而另一方面则好像不同的个人从这些结果中所获得的特定益处或蒙遭的特定损害乃是刻意的意志行为所决定的，并因此而能够作出正义或不正义的判断。哈耶克据此指出，尽管人类所具有的那种以泛灵论或拟人化的方式解释物理世界的根深蒂固的幼稚习惯常常会致使我们按照这种方式滥用语词并诱使我们去寻找某个代理者来对所有与我们相关的事务进行负责，但是除非我们相

---

① 哈耶克：《什么是社会的——它究竟意味着什么?》，载《哈耶克论文集》，邓正来选编/译，首都经济贸易大学出版社2001年版，第170页。就此而言，在我看来，"分配正义"中的人格化含义可以说更为显见，因为一方面，"分配"这个术语意味着把事实上是自生自发有序化力量的结果视作是刻意行动的结果；而另一方面，"分配"这个术语必定意味着一个有人格的负责分配的机构的存在，而正是这个分配者的意志或抉择决定着不同的个人或群体的相对地位(参见拙文：《关于哈耶克理论脉络的若干评注》，载《哈耶克论文集》，邓正来选编/译，首都经济贸易大学出版社2001年版，第35—36页)。

② 哈耶克：《法律、立法与自由》(第二卷)，邓正来等译，中国大百科全书出版社2000年版，第140页。

③ 哈耶克：《自由社会秩序的若干原则》，载《哈耶克论文集》，邓正来选编/译，首都经济贸易大学出版社2001年版，第138页。

信某人原本能够并应当以不同的其他方式安排事务,否则把一种事实性情势或事态描述为正义的或不正义的便是毫无意义可言的①。

第二,哈耶克指出,"社会正义"主张者所建构的这种拟人化"社会观",不仅致使社会这个术语的原初含义发生了一种根本的改变、甚或一种彻底的颠倒,进而还遮蔽了个人独立活动所形成的各种社会力量与大量自称是"社会的"东西之间的本质区别。就此而言,这里真正重要的乃是这样两个问题:

首先,"社会正义"主张者所建构的"社会"以及所有与"社会的"一词组合而成的术语都与社会力量的具体特性无甚关系。的确,只要人们对200多年以前"社会"这个概念最初被发现的那个时代——或者至少在这个概念最初成为社会科学讨论的对象的那个时代——的情形进行追问并且对这个术语究竟具有何种确切含义进行探究,那么上述情形即刻就会凸显出来。在哈耶克看来,人们在当初之所以引入"社会"这个术语,实是为了用它来描述那种与刻意创建并受刻意指导的国家组织相区别的以自生自发的方式发展起来的人际关系秩序,因为人们在当时认识到:一是有一些力量确实是在独立于人类意愿的情况下发挥作用的;二是这些力量的聚合产生了一些能够推进个人作出进一步努力的结构,尽管这些结构并不是人们为了这个目的而专门设计出来的。当我们论及"社会的力量"或"社会的结构"——比如说语言、风俗或者与那些刻意赋予的权利有着明显区别的逐渐得到人们承认的权利——的时候,我们确实是在"社会"或"社会的"这个术语的原初意义上使用该词的,因为我们的目的在于表明,这些社会的力量或社会的结构并不是一种个人意志的产物,而是世世代代无数个人进行的各自活动所产生的无从预见的结果。在这个意义上讲,所谓真正的社会,并不是逻辑建构的产物,而在本质上是一种无名氏的(anonymous)、理性不及的(non-rational)和超个人的进化与选择的过程;换言之,所谓真正的社会,并不是一个有思想、有行动、有能力进行分配财富的实体,而只是一个每个人都对它作出过一己贡献的日渐演化的过程,而且这个过程的组成部分也不是任何单个个人之智识或意志所能够控制的。但是,"社会正义"意义下的"社会"或"社会的"这个术语在绝大多数情形中却仅仅意指那些与社会共同体有关而与

---

① 参见哈耶克:《社会正义的返祖性质》,载《哈耶克论文集》,邓正来选编/译,首都经济贸易大学出版社2001年版,第177—195页。

社会力量之特性无关的东西①。

其次,"社会正义"意义下的"社会"或"社会的"这个术语的普遍使用,还会完全遮蔽个人独立活动所形成的各种社会力量(即真正的社会)与国家刻意组织起来的东西之间的本质区别。一如我们所知,个人自由的理想乃是现代社会形成之时得到普遍认可的那些道德行为规则中最为重要的一项规则,因为正是个人自由力量的培育才真正有助益于逐渐形成而非刻意创制的社会,而且还有助益于进一步强化社会过程中的各种创造性力量。但是,那些根据所谓"社会正义"标准行事的人以不断升级的方式猛烈抨击的却正是这种个人自由的理想,并且代之以一种人为建构且由理性控制的社会理想。于是,在"社会正义"意义下的"社会观"的支配下,人们所经验到的便是从有助益于社会到要求完全控制社会的转变,亦即从要求国家从属于自由的社会力量到要求各种社会力量从属于国家的转变。因此,从一个方面来看,如果我们承认人的智识足以把一种先行确定的模式强加给社会,又如果我们认为人的理性足以垄断人的创造性努力(因而只承认那些可以预见的结果),那么社会本身作为一种创造性力量也就不可能再发挥什么作用了。从另一个方面来看,如果我们不只是满足于把个人在社会中的自由活动所形成的各种协调力量视作是社会的,而且还想把只要与社会共同体有任何联系的所有其他东西都视作是社会的,那么它们之间的本质区别也就被彻底遮蔽了,因为在这种情况下,生活中原本不是"社会的"东西也就所剩无几或者根本就没有了。哈耶克甚至宣称说,"大量在今天自称是社会的东西,从'社会的'这个词所具有的更为深层且更为真实的含义来看,实际上是一些彻头彻尾反社会的东西"②。

第三,"社会正义"主张者所建构的这种拟人化社会观,对于哈耶克的社会理论来说,更为关键的乃是这样一个问题,即这种拟人化的社会观还预设了一个社会共同体的活动背后存在着一些人所皆知且共同的目的。就此而言,拟人化社会观实际上是以下述两项假设为依凭的:一是"社会"有着某些所有的人

---

① 哈耶克:《什么是社会的——它究竟意味着什么?》,载《哈耶克论文集》,邓正来选编/译,首都经济贸易大学出版社2001年版,第168页。关于这个问题,哈耶克还指出:"只要我们考虑一下这个词在人们经常使用的术语'社会秩序'(social order)中所意指的含义,那么其含义变化之快直至转变到其原初含义的反面这个事实也就变得显见无遗了。"(同上书,第169页)此外,关于"秩序"一词中的拟人化和专断控制之含义,另请参见哈耶克:《政治思想中的语言混淆》,载《哈耶克论文集》,邓正来选编/译,首都经济贸易大学出版社2001年版,第9—10页。

② 哈耶克:《什么是社会的——它究竟意味着什么?》,载《哈耶克论文集》,邓正来选编/译,首都经济贸易大学出版社2001年版,第176页。

都知道并认可的具体任务;二是"社会"应当指导它的个体成员去努力实现这些任务。当然,这个问题之所以极为关键,在我看来主要是因为对"社会"这个术语的拟人化建构使得"社会"与"社会图景"之间确立起了一种明确的关系。一如我们所知,拟人化社会观隐含着这样一项要求,即人们不仅应当有意识地去考虑其行动的直接后果,而且还必须去考虑其行动的间接后果并相应地调整其行动。根据这项要求,人们又极易作出这样一项推论,即下述情形乃是可欲的:有关个人在任何特定的情势中应当或者能够做什么事情的问题应当由某个比他具有更多知识和更佳判断力的人加以规定。据此,拟人化社会观便与一种企图根据一个统一且有序的计划去描绘一幅整个社会的详尽图景并据此图景确立一部有关社会行为的法典的欲求建立起了一种紧密的关系;而在这种关系中,它又产生了这样一种欲求,即努力确使所有的个人活动都指向明确规定的"社会"目标和"社会"任务,并且努力确使所有的个人活动都服从于整个"社会共同体"的利益。更为重要的是,人们还可以根据这种社会图景"正确地"质疑自由市场秩序所产生的结果的正义性,因为依照上述逻辑,反映这种社会图景的某种模式化的或目的状况的正义标准肯定是正确的。通过上述分析,哈耶克极其尖锐地指出,一种具有从外部强加给社会的共同目的的组织秩序将最终渐渐地侵吞那种只具有个人目的的自由市场秩序。

显而易见,"社会正义"对"社会"的上述拟人化建构凸显出了它与自由主义之间的两大区别。一是它所趋于达致的那种社会秩序与自由主义所旨在实现并捍卫的那种社会秩序之间的区别:前者旨在满足人们对"社会正义"的诉求,而后者则受正当行为规则的支配;换言之,前者主张把正义之责置于那些有权命令人们做事情的权力机构的手中,而后者却要求个人根据正当行为规则行事。二是它所主张的那种肯定性正义观(positive conception of justice)与自由主义所主张的否定性正义观(negative conception of justice)之间的重要区别。按照哈耶克的正义理论,否定性正义观乃是由正当个人行为规则界定的,而正当行为规则从本质上讲则具有禁令的性质——换言之,"不正义"是真正的首要概念,因而正当行为规则的目的也就在于防阻不正义的行动。如果人之特定行动没有一个旨在达到的具体目的,那么任何这类特定行动就是无法完全裁定的;因此,那些被允许运用他们自己的手段和他们自己的知识去实现他们各自目的的自由人,在一般情形中就决不能受那些告知他们必须做什么事情的规则的约束,而只能受那些告知他们不得做什么事情的规则的约束。但是,肯定性正义观却要求"社会"负有责任并确使个人获得特定的东西①。关于这一点,哈耶克指出,在福利制度中出生和成长起来的一代人似乎养成了这样一种意识,即他们有正当的理由要求"社会"向他们提供它负有责任提供的那些特定东西。

　　经由上文对哈耶克关于正义的适用范围及条件与有关社会正义的拟人化社会观的讨论,我们可以发现,根据哈耶克的观点,任何一种调整个人在市场经济中彼此提供商品和服务之行为的正当行为规则系统都不可能产生符合任何社会正义之原则的结果或者某种可以被有意义地描述为正义或不正义的结果,因而任何个人的自由行动也都不可能产生这样的结果。据此逻辑,我们可以说,给定自由市场秩序的非意图或非设计性质,那么无论人们做什么都不可能彻底根除所谓的"社会"不正义。因此,那些既主张自由市场秩序又倡导以一种社会正义方式分配物质财富的经济的人,乃是在倡导一种不可能之事或在主张一种毫无意义之事。的确,正如哈耶克本人所指出的那样,"十多年以来,努力探寻所谓的'社会正义'的含义,一直是我主要关注的一个问题。然而,我的这项努力已告失败——或者更为准确地说,我最终得出了这样一个结论,即对于一个由自由人构成的社会来说,'社会正义'这个说法实是毫无意义可言的。"②

三、哈耶克对"社会正义"的批判(二)

　　一如上述,只要我们承认"社会正义"主张者在把正义观念扩展适用于自由市场秩序中个人分享物质利益的方式或结果方面缺乏基本的前提条件,那么把"社会正义"在这种秩序中付诸实施的努力也就会成为多余之举或毫无意义之事。但是我们必须强调指出的是,哈耶克对有关"人们不可能在拥有自由市场秩序的同时又以一种符合社会正义原则的方法去分配财富"这项独立命题的阐明,只是他批判社会正义的一个部分,因为正如他本人所指出的,"如果它只是

---

① 参见哈耶克:《自由社会秩序的若干原则》,载《哈耶克论文集》,邓正来选编/译,首都经济贸易大学出版社 2001 年版,第 129—136 页。当然,哈耶克还指出,从否定性的正义观念到肯定性正义观念的转换,"常常是经由对个人**权利**(the rights of the individual)的强调而得到实现的"(哈耶克:《法律、立法与自由》(第二卷),邓正来等译,中国大百科全书出版社 2000 年版,第 180 页)。
② 哈耶克:《社会正义的返祖性质》,载《哈耶克论文集》,邓正来选编/译,首都经济贸易大学出版社 2001 年版,第 177 页。

使那些信奉它的人感到幸福,那么我们就会对它敬而远之,不去打扰它;但是,如果它变成了强制他人的借口,那么我们就必须与它作斗争。再者,当下社会对'社会正义'的普遍信奉,很可能还对自由文明所具有的大多数其他价值构成了最严重的威胁。……我相信,……就像大多数追求某种无法达到的目标的努力一样,追求'社会正义'的努力也同样会产生极不可欲的后果;尤其需要指出的是,这种努力还趋于把传统道德价值赖以演化扩展的不可或缺的环境给摧毁掉;而这个不可或缺的环境便是人身自由。"①

正是在这个基础上,哈耶克提出了这样一个重要的问题,即人们在"社会正义"的名义下把某种分配模式强加给自由市场秩序的同时是否还有可能维护这种秩序? 当然,根据我的研究,我们也可以把哈耶克关于这个问题的讨论概括为一个与上述第一个命题紧密相关的命题,即"社会正义"在自由市场秩序中的实施只会摧毁这种行动结构及其赖以为凭的正当行为规则系统。

一如我在本文"引论"中所指出的,哈耶克对"社会正义"的批判乃是在他所阐发的自由主义社会理论的脉络中展开的,而他围绕着"命题二"而对"社会正义"的批判则更是凸显出了这一点。因此,我们有必要根据这里的讨论再一次强调指出哈耶克社会理论中的相关观点。哈耶克根据社会秩序分类学指出,在所有社会型构的秩序中都存在着自由市场秩序和"组织"秩序这两种类型,前者受制于"正当行为规则",而后者则受制于"命令"。在这里,极为重要的是哈耶克在此基础上所确立的"行动结构与规则系统"的框架②,而这一框架之所以极为重要,部分原因是它明确指出了自由市场秩序"不仅是由行动者与其他行动者发生互动而形成的,而且更重要的还是由行动者与那些并不为他们所知('知道那个'的知识)但却直接影响他们行动的社会行为规则发生互动而构成的"③;另一部分原因则是它阐发了"人不仅是一种追求目的(purpose-seeking)的动物,而且在很大程度上也是一种遵循规则(rule-following)的动物"

---

① 哈耶克:《法律、立法与自由》(第二卷),邓正来等译,中国大百科全书出版社 2000 年版,第 123—124 页。
② 关于"行动结构与规则系统"框架,在哈耶克那里,意味着自生自发秩序中存在着两种无论如何不能被混淆的秩序类型:一是在彼此进行调适和遵循行为规则的无数参与者之间形成的互动网络的秩序,亦即行动结构;二是作为一种经由文化进化而确立的行为规则或规范系统的秩序。关于这个问题,请参见拙文:《哈耶克社会理论的研究》,载《邓正来自选集》,广西师范大学出版社 2000 年版,第 191—203 页。
③ 拙文:《知与无知的知识观:哈耶克社会理论的再研究》,载《邓正来自选集》,广西师范大学出版社 2000 年版,第 278 页。

的命题①。当然，在我看来，与我们这里的具体论题紧密相关的是，哈耶克正是从这个框架的两个维度出发对"社会正义"在自由市场秩序中的实施所具有的具体危害进行详尽分析的：一是从"社会正义"摧毁正当行为规则系统的角度出发所做的分析；二是从"社会正义"进而摧毁根据这些规则而存在的自由市场秩序的角度出发所做的讨论。不过，考虑到本文论述的便利性，我们拟着重从哈耶克分析这个问题的理据出发对他有关批判"社会正义"的观点进行阐释或概括，尽管这样的阐释或概括仍是在哈耶克确立的上述框架中展开的。

第一，人们最初之所以诉诸"社会正义"，不仅是因为前文所述的人们要求统治阶级给予贫困者的利益以更多的关注，而且也是因为他们期望这种做法能够促使人们更为广泛地承担起个人的责任。但是，"社会正义"对人们一直称之为"道德的"正当行为规则的替代，却正是致使构成正当行为规则之基础的个人责任这种道德意识普遍沦丧的主要原因之一。哈耶克依据他的社会理论对"社会正义"替代正当行为规则的做法提出了严苛的追问："当我们在我们的祖先只会说一个人是好人或一个人的行为是道德的情形中去谈论什么'社会的'情感或行为的时候，这种说法究竟意味着什么呢？"再者，"这种新觉醒的'社会良知'向我们提出的并且致使我们对'纯粹的'道德与一种'社会'感进行明确界分的那种新要求又意味着什么呢？"②哈耶克的这一追问极为重要，因为在我看来，它一方面在实质上规定了我们必须在自由主义社会理论的脉络中去认识"社会正义"观念所具有的作用，而另一方面更是通过将自由市场秩序中的正当行为

---

① 哈耶克：《法律、立法与自由》（第一卷），邓正来等译，中国大百科全书出版社1999年版，第7页。哈耶克的这个命题的关键之处，在于行动者在很大的程度上是通过遵循社会行为规则而把握他们在社会世界中的行事方式的，并且是通过这种方式而在与其他行动者的互动过程中维续和扩展社会秩序的。与此相关的是，我们也可以说这一发展是哈耶克研究知识发现和传播的机制方面的一个转折点，因为这些社会行为规则不仅能够使行动者在拥有知识的时候交流或传播这些知识，而且还能使他们在并不拥有必需的知识的时候应对无知。显而易见，哈耶克在这个过程中获得了最为重要的一项成就，我将之概括成他为其社会理论所建构的认识和解释社会的"规则"研究范式，而这也从内在理路上为他建构他的法律理论开放出了最为重要的途径之一。它不仅意味着人之事件/行动受着作为深层结构的社会行为规则的支配，进而还意味着对人之行为的解释或者对社会现象的认识乃是一种阐释某种独立于行动者的知识但却切实影响或支配行动者之行动的社会行为规则的问题，而不是一种简单考察某些刻意的和具体的行动或事件的问题（参见拙文：《关于哈耶克理论脉络的若干评注》，载《哈耶克论文集》，邓正来选编/译，首都经济贸易大学出版社2001年版，第15页）。
② 哈耶克：《什么是社会的——它究竟意味着什么？》，载《哈耶克论文集》，邓正来选编/译，首都经济贸易大学出版社2001年版，第165页。

规则与空洞无义的"社会正义"感勾连在一起而凸显出了它们之间的紧张或不相容合性。

哈耶克明确指出,以"社会正义"替代正当行为规则的过程,实际上是一种混淆过程,因为它在个人应当期望的更为远大的目标之间造成了混淆、在对社会的考虑与社会行为(即集体社会)之间产生了混淆,而且还在个人对社会共同体的道德义务与个人对社会共同体的要求之间产生了混淆。值得我们注意的是,从实质意义上讲,这个过程更是一种完全混淆个人责任问题的过程,亦即一方面免除个人对其周遭之物或亲近之人的所有责任,而另一方面又把一些所指不明的模糊且不确定的所谓"社会"责任强加给个人的那种过程。正是这样一种混淆过程,在哈耶克看来,必定会一点一点地摧毁个人责任感,因为我们知道,如果根据"社会正义"而强设给个人的新"社会"责任不是个人必须凭其个人努力加以实现的那些明确的责任,那么这种做法就肯定会模糊所有责任的界限,进而还会致使人们不断地提出进一步的要求甚或去做一些损人利己的事情①。

第二,众所周知,"社会正义"在自由市场秩序中的实施主要针对的是其间所存在的各种不平等现象,尤其是其间的报酬不平等现象。人们在支持如此实施"社会正义"的时候所诉诸的最为通常的理据便是物质平等并且还据此论辩说,在物质平等方面所发生的任何偏差都必须得到这种偏差为之服务的某种可以辨识的共同利益的支撑。一如前述,"社会正义"的主张者之所以认为这类不平等是不正义的,实是因为他们预设了某个权力机构必须按照某种报酬模式负责分配财富——当然,这里所说的报酬模式,乃是以掌握着实施此种模式之权力的机构对不同的个人或群体的表现或需求所做的评估为基础的。但是哈耶克却认为,那种试图按照"社会正义"并运用权力机构的强制性力量去根除自由市场秩序中的不平等情形或消除贫富差距的努力必定会导致一些极不可欲的经济后果和政治后果。就经济后果而言,权力机构的确可以经由刻意人为地分配报酬或收入的方式而在一段时间内暂时缓解贫困问题,但是从长远来看,这种做法却必定会减缓整个社会的物质进步,进而侵损包括贫者和富者在内的所有的人的利益。当然,我们在这里更为关注的乃是"社会正义"在自由市场秩序

---

① 参见哈耶克:《什么是社会的——它究竟意味着什么?》,载《哈耶克论文集》,邓正来选编/译,首都经济贸易大学出版社2001年版,第173—174页。

中的实施所导致的政治后果。

值得我们注意的是,就不平等而言,自由市场经济与计划经济的唯一区别就在于:在自由市场经济中,不平等并不是个人行动所意图或可预见的,而是由目的独立的和"无名氏的"经济过程所决定的;在计划经济中,不平等并不是由个人技艺在一种非人格的市场过程中的互动所形成的,而是由政治决定的,亦即由权力机构刻意作出的那种不容置疑的决策所决定的。与此相应,在哈耶克那里,也存在着两类泾渭分明的平等:一是法律面前人人平等,另一是物质平等,正如他所说的,"需要指出的是,尽管通过自由主义的方式所能够达致的物质平等(material equality)的程度受到了严格的限制,但是为了争取形式平等(formal equality)而展开的斗争,亦即反对基于出身背景、国籍、种族、信仰、性别等而实施的各种歧视性措施的斗争,却始终是自由主义传统所具有的最为鲜明的特征之一。"①毋庸置疑,在法律面前人人平等与物质平等或实质平等之间必定存在着冲突,套用哈耶克本人的话来说,"这里存在着一个重大的问题,即对平等提出的这项新的诉求,是否就不会与政府在自由社会中必须以平等的方式对所有的人实施行为规则的那种'法律面前人人平等'的原则构成冲突。当然,在政府为了实现其他目的而从事的所有的活动中都必须根据同样的规则对待所有公民的情形,与政府为了把不同的公民置于平等(或者较少不平等)的物质地位之中而采取必要的行动之间,存在着很大的差异。"②

我认为,哈耶克有关正当行为规则的理论实是以"普通法法治国"③为最终诉求的,而这种法治的基本原则之一便是贯穿于正当行为规则所具有的否定性、目的独立性和抽象性特征之中的"法律面前人人平等"的形式平等原则。不过,就这里的具体论题而言,这项法治原则的具体形式则可以被概括为哈耶克

---

① 关于这个问题,哈耶克指出,"尽管自由主义认为物质地位上的巨大差别是不可能避免的,但是它却仍然希望通过逐渐增加社会成员上下流动的可能性来减少这种差别的有害影响。在当时,确使社会成员得以上下流动的主要手段,就是确立一种普遍的教育制度(这当然需要公共基金的帮助),因为确立这样一种教育制度的做法至少可以使所有的年轻人都处在社会阶梯的底端,并且在日后根据自身的能力经由这个阶梯向上攀登。此外,通过向那些无力维续生计的人提供某些服务的方式,自由主义者至少还努力铲除了部分社会性障碍或藩篱,而我们知道,这些社会性的障碍或藩篱会把个人束缚在他们出生时便处在的那个阶层之中而无法进入社会成员上下流动的过程"(哈耶克:《自由主义》,载《哈耶克论文集》,邓正来选编/译,首都经济贸易大学出版社2001年版,第85—86页)。
② 哈耶克:《法律、立法与自由》(第二卷),邓正来等译,中国大百科全书出版社2000年版,第144页。
③ 参见拙文:《普通法法治国的建构:哈耶克法律理论的再研究》,载拙著:《哈耶克法律哲学的研究》,法律出版社2002年版,第114—132页。

在《法律、立法与自由》第二卷中最终阐明的有关法治在按无名氏方式和平等方式对待公民的时候无须关注人们在初始特性和物质财富方面的不平等情形的原则。哈耶克指出,作为法治原则的法律面前人人平等不仅有助于阻止政府以专断方式对个人实施差别待遇,而且还可以使个人获得法律下的自由,然而"要求物质地位平等的主张却唯有经由一个拥有极权的政府方能得到满足"①。需要强调指出的是,由于个人在力量、智力、技艺、知识、毅力以及自然环境与社会环境等方面存在着权力机构根本就无力加以改变的重大差异,所以如果权力机构试图按照"社会正义"的报酬模式去根除市场秩序中的不平等情形并旨在使人们得到平等对待,那么事实上它就必须按照不同的规则和按照不平等的方式去区别对待人们,因而不可避免地会造成许多严重的不平等现象②;正如哈耶克本人所言,"由于政府在不拥有具体强制性权力的情况下只能够控制一小部分决定不同个人之命运的条件,又由于这些个人必定在他们各自的能力和知识以及他们所处的特定(自然的和社会的)环境这两个方面极不相同,所以根据相同的一般性法律来平等地对待所有的人,就必定会使不同的人获得不同的地位。因此,为了确使不同的个人能够获得平等的地位或平等的机会,政府就必须以不同的方式来对待不同的个人"③。由此可见,"社会正义"经由权力机构而强制实施的那种物质平等必定会摧毁法律面前人人平等的原则,进而摧毁法治。

第三,众所周知,支配组织秩序的"命令"的存在必定是以这样两项预设为依凭的:一是存在着一个发布此项命令的人或机构;二是每个个人在一确定的结构中的地位乃是由特定的组织所发布的命令所决定的,而且每个个人所必须遵循的规则也取决于那个决定他的地位和发布命令的组织对他所规定的特定目的。因此,这种命令式的规则在意图上就不可能是普遍的或是目的独立的,而只能始终依附于组织所发布的相关的具体命令;再者,组织发布的具体命令也"无一例外地对应当采取的行动作出了规定,……因此,根据这类命令所采取的行动,只服务于发布该命令的人的目的"④。但是哈耶克却认为,将"社会正

---

① 哈耶克:《法律、立法与自由》(第二卷),邓正来等译,中国大百科全书出版社2000年版,第146页。
② 同上书,第142—147页。
③ 哈耶克:《自由主义》,载《哈耶克论文集》,邓正来选编/译,首都经济贸易大学出版社2001年版,第84页。
④ 哈耶克:《自由秩序原理》,邓正来译,三联书店1997年版,第186页。

义"及其赖以为凭的命令在自由市场秩序中加以实施,不仅会使这种命令所指向的个人根本丧失运用自己的知识或遵从自己的愿望的机会,而且还会在根本上摧毁那些支配自由市场秩序的正当行为规则为之存在的基本价值,即对个人自由的捍卫。因此,"用政府的强制性权力去实现'肯定性的'(即社会的或分配的)正义(positive justice)这种理想,肯定会摧毁个人自由"①。

就个人自由而言,关键的要点乃在于不确定性和正确预测的不可能性乃是社会进程的主要特征,而正是在这样一个变动不居的社会中,个人自由具有根本的重要意义,因为唯有当个人可以在不受强制的情势下自由地与这种变动不居的环境相调适的时候,他们才可能与这种环境相适应。这里需要注意的是,这绝不是因为自由市场秩序中的个人因此而有可能发展出更正确的预测能力,而实是因为个人自由能够使他的行动与特定的情势相调适②。就此而言,个人自由表示个人能够根据自己的决定和运用自己的知识去追求自己的目的,而不自由则意味着个人受制于其他人或权力机构的专断意志③。再者,个人自由不仅因为它能使个人享受到唯有自由市场秩序所能提供的各种助益而成为个人获致幸福的必要条件,而且也是个人拥有或把握一种默会的能力或默会的知识的前提条件。这意味着,唯有当个人有自由运用他们所拥有的知识并与其环境或其他人的知识相调适以实现自己的目的的时候,社会进步才可能发生;也正是在这个意义上,哈耶克明确指出,个人自由赋予了文明以一种"创造力"并赋予了社会以进步的能力④。

然而在哈耶克看来,将"社会正义"及其赖以为凭的命令在自由市场秩序中加以实施,必定会从下述几个方面摧毁这种个人自由。首先,众所周知,不断扩展的市场秩序所具有的最大益处之一就是它规定任何人都无法享有那种只能以专断方式加以行使的权力,并且在最大限度上削弱了此前业已达到极致的专断权力。但是"社会正义"的实施却必定会造成人们对那种以专断方式加以行使的权力的普遍依赖,而这将再次构成把人们经由个人自由而取得的这项重大成果夺走的威胁。其次,透过"社会正义"而力图重构社会秩序和设计社会分配

---

① 哈耶克:《自由社会秩序的若干原则》,载《哈耶克论文集》,邓正来选编/译,首都经济贸易大学出版社2001年版,第139页。
② 参见哈耶克:《自由秩序原理》,邓正来译,三联书店1997年版,第30、32—33页。
③ 同上书,第4页。
④ 同上书,第2—3章。

模式的做法显然忽视了这样一个事实,即通过使个人服从命令的方式并不能实现任何一种具体的分配模式,因为要达到这种特定且预定的结果还要求根据特定时空中的具体情势对所有不尽相同的活动作出刻意的安排或协调。由此可见,"社会正义"的实施不仅否定了这样一个事实,即在自由市场秩序中,不同的个人乃是根据自己的知识而达到与特定的情势相调适的——这一点正是个人自由的精髓之所在,而且还必定会扼杀隐含于市场秩序中的种种理性不及的自由力量。再次,用"社会正义"取代支配自由市场秩序的交换正义,一如我们所知,在根本上意味着用"社会正义"赖以为凭的命令取代体现交换正义的正当行为规则。就此而言,唯有当"社会正义"主张者把法律理解成不仅是由正当行为规则构成的,而且也包括了由权力机构发布的任何命令的时候,那些旨在实现社会正义的"命令性"规则才有可能被认为是与法治相容合的。但是,按这样理解的法律却只能意指唯主权者意志为终极标准的纯粹合法条性,而不再能够为个人自由提供切实的保护了,但是对个人自由施以保护却正是法律的根本目的之所在①。

第四,一如前述,试图正义地或更为平等地分配物品的诉求,实是"社会正义"的核心诉求②。当然,在人们将"社会正义"适用于自由市场秩序之结果的情形中,个人所期望得到的报酬并不是与他们的服务对其他人所具有的实际价值相符合的,而是与他们被认为业已获得的应得者相符合的。再者,由于应得者本身并不能按照个人成就加以衡量,而只能够按照公认的伦理规则被遵守的

---

① 关于以主权者意志为终极标准的"法律命令学派"的问题,请参见拙文:《普通法法治国的建构:哈耶克法律理论的再研究》,载拙著:《哈耶克法律哲学的研究》,法律出版社2002年版,第86—107页。

② 关于这个问题,哈耶克还明确指出,"当然,一种'正义价格'的概念、一种'正义报酬'的概念或者一种'正义收入分配'的概念,都是非常古老的概念。然而值得我们注意的是,在哲学家努力思考这些概念之含义的大约两千年的岁月中,他们根本就没有发现任何一项能够有助于我们确定他们所谓的'正义'在市场秩序中所具有的意义的规则,的确,一些坚持不懈追问这个问题的学者,亦即中世纪晚期和现代早期的那些经院哲学家,最后不得不把正义的价格或正义的工资定义为那种在没有欺诈、暴力或特权的情形下市场中自发形成的价格或工资——因此,这种定义不仅重新指向了正当行为规则,而且还主张把所有相关个人的正当行为所促成的任何情势都当作一种正义的结果接受下来。一如我们所见,他们对所有有关'社会'正义或'分配'正义的思考所作出的结论之所以必定是否定性的,实是因为一种正义的报酬或正义的分配只有在一个组织中才具有意义——在这种组织中,组织成员只是按照那种服务于一种共同的目的系统(a common system of ends)的命令来行事。但是在一个不可能拥有这种共同目的系统的耦合秩序或自生自发秩序中,这种所谓的正义报酬或正义分配却是毫无意义可言的"(哈耶克:《自由社会秩序的若干原则》,载《哈耶克论文集》,邓正来选编/译,首都经济贸易大学出版社2001年版,第137页)。

程度来衡量,所以根据应得者给予酬报的做法实是以人们知道所有导向某种特定行为的情势为前设的。

尽管哈耶克承认在经济领域以外的道德语境中,"应得者"一术语有着完全合理的用途,但是他却指出,在收入分配的问题上,自由市场秩序中的收入模式不应当反映(而且在许多情形中也确实不反映)"应得者"。即使这种秩序中的收入差距偶尔也会反映"应得者"的情形,那也只是一种经验的巧合而已[1]。这是因为哈耶克认为:(1)并不是所有的需要或应得者都是可以彼此通约的或相应的。比如说,一种涉及解除痛苦的医疗需要并不是可以根据一种关涉到维护生命的需要而轻易作出等级评价的,而且在这样的需要就稀缺资源展开实际竞争的情况下,也是没有一种理性的原则可以被用来解决这种冲突的。(2)我们不可能知道决定应得者的所有情势,而且也不可能知道确定个人成就中应得者多少的所有情势。(3)"除非我们对不同个人的相对'品行'或相对'需要'确立某种统一的观念,否则我们就不可能发现一项可供我们用以确定每个人'应当'获得多少东西的规则。因为我们知道,对于这种相对'品行'或相对'需要'来说,根本就不可能有一种客观的评价尺度,换言之,中央在分配所有商品和服务时所依凭的那种所谓的客观基础乃是根本不存在的。"[2]

值得我们注意的是,自由市场秩序之所以能够致使那些进行并参与这种秩序的社会得到发展和繁荣,一方面是因为这种秩序增进了所有人的机会,另一方面则是因为它对个人提供的服务所做的酬报乃是以任何人都不知道的客观事实为依凭的,而不是以某个人对他们应当获得的酬报的观点为依凭的。据此我们可以说,哈耶克之所以坚决反对"社会正义"主张者试图按正义的或更平等的方式分配物品的诉求,实是因为它必定会破坏这种自由市场秩序。当然,哈耶克乃是从下述几个方面展开他的这个论辩的。

首先,哈耶克认为,自由市场秩序所产生的报酬模式反映的乃是价值,而且

---

[1] 参见哈耶克:《自由社会秩序的若干原则》,载《哈耶克论文集》,邓正来选编/译,首都经济贸易大学出版社2001年版,第138—140页;另请参见哈耶克:《法律、立法与自由》(第二卷),邓正来等译,中国大百科全书出版社2000年版,第130—132页。

[2] 哈耶克:《自由社会秩序的若干原则》,载《哈耶克论文集》,邓正来选编/译,首都经济贸易大学出版社2001年版,第139页。

这种价值也是由非人格的市场力量所决定的①。"我们应当坦率地承认,市场秩序确实不会使个人主观的品行或需要与他所获得的报酬达到基本相符的程度。市场秩序乃是按照一种竞赛原则加以运行并发生作用的,因此在这种由技艺和机遇复合而成的竞赛中,每个个人取得的结果既是由他的技艺或努力决定的,同样也是由他完全无力控制的各种情势所决定的。在这种情势中,每个人都是根据他为特定的人所提供的特定服务对于他们的价值来获取报酬的。"②这意味着在市场秩序中,唯有当人们所能够期望为自己的工作得到的酬报与他们的服务对那些得到这些服务的同胞所具有的价值相吻合的时候,他们才有可能由自己来决定做什么事情;再者,每个人所提供的服务对其他人所具有的价值与我们可以确当地称之为他的"应得者"这类东西之间是不存在任何必然关系的,而且每个人所提供的服务所具有的这种价值与他的需要之间就更没有任何必然关系可言了,因为能够确使人们获得最优报酬的因素,并不是应得者或需要,而是做事实上最有助益于其他人的事情的技艺或努力,以及根据机遇而对他所无力控制的各种情势的依凭。

当然,这里的关键还在于如何认识报酬或价格:"社会正义"主张者实际上是把报酬或价格视作是对个人过去的行动的报酬,而在自由市场秩序中,报酬或价格的功能则在于引导个人现在或将来的经济活动方向③。就此而言,哈耶

---

① 关于这个问题,哈耶克曾具体举例说,一个人的收入不但受其勤奋程度和技能的影响,而且还受其天生的能力、运气,还有偶然因素的影响。尽管一个人靠其天生的能力所取得的成就与道德价值没有关系,其成就仍有价值。假如有两个歌唱家演出一次都挣一百美元,他们的薪水并不能反映出其中的一个人是天生的好嗓子,而另一个人则是通过艰苦努力才把嗓子练出来的。市场只考虑一个人的行动对其他人所具有的价值;市场并不考虑"自我奋斗或自我牺牲"意义上的个人价值。"我们所强调的要点毋宁在于除了市场告知我们的信息以外,我们实际上一无所知。确凿无疑的是,我们对特定活动的评价常常与市场赋予它们的价值不相一致;而且我们也是通过把这种现象指责为不正义的现象来表达我们这种感受的。一个护士与一个屠夫、一个煤矿工人与一个高级法院法官、一个深海潜水员与下水道清洁工、一个新兴产业的组织者与一个职业赛马骑师、一个税务检察官与一个发明救命药物的人、一个飞机驾驶员与一个数学教授,他们的相对酬报应当是多少呢? 如果我们提出这样的问题,那么显而易见,诉诸'社会正义'根本不可能为我们解决这个问题提供任何帮助"(哈耶克:《法律、立法与自由》(第二卷),邓正来等译,中国大百科全书出版社 2000 年版,第 138 页)。
② 哈耶克:《自由社会秩序的若干原则》,载《哈耶克论文集》,邓正来选编/译,首都经济贸易大学出版社 2001 年版,第 140 页。
③ 这里涉及了价格与制度效率的关系问题,因为它的有效性"将在很大程度上取决于我们究竟在哪一种制度中能够期望现有的知识得到最为充分的运用;然而,我们究竟在哪一种制度中能够期望现有的知识得到最为充分的运用这个问题,则又取决于我们在下述两种做法中采取何种做法才更可能取得成功:一是把所有应当加以运用的但最初却由许多不同的个人分散掌握的知识交由某个中央权力机构去处理;二是把个人为了使自己的计划得以与其他人的计划相应合而需要的那种相关的额外知识都传输给这些个人"(哈耶克:《个人主义与经济秩序》,(转下页)

克指出，人们因应得者而挣得的报酬，与有关引导个人应当做什么事情的信号，无论从个人利益来看还是从其他人的利益来看，都是截然不同的两回事情。这是因为在自由市场秩序中："第一，尽管技艺和勤奋会增进每个个人的机会，但是它们却不能保证每个个人得到一份确定的收入；第二，尽管这个能够使所有分散的知识都得到运用的非人力过程会通过确立价格信号的方式告知人们应当做什么事情，但是它却不会考虑需要或品行的问题。"①因此，如果按照个人应得者进行报酬分配，那么其结果便是负责这种分配的权力机构必须对个人在过去达到的努力程度进行判断。于是，市场秩序中的报酬或价格也就必定会被权力机构按照专断方式作出的判断或发布的命令所取代。显而易见，这样的报酬或价格也就完全丧失了它们在市场秩序中原本具有的那种功能，亦即把个人的努力引向最需要它们的地方的那种信号功能。最终，由于报酬或价格的功能遭到了扭曲，所以以这种报酬或价格为基础的自由市场秩序也会遭到破坏。

其次，哈耶克明确指出，"社会正义"在自由市场秩序中的实施不仅会扭曲报酬或价格的信号功能，而且还会打破报酬与所提供的服务之间的平衡，而这恰恰是经济效率的唯一保障者。的确，一个不称责的外科医生可能会比一个极其称责的外科医生更为人们需要并更具品行，但是我们却仍然会认为每个医生都应当根据他给其病人所提供的服务的价值获得报酬——这意味着，可以适用于自由市场之分配的唯一的正义原则乃是交换正义的原则。但是，那些试图把"应得者"标准强加给自由交易的努力，却是以一种使个人的报酬取决于权力机构之判断的制度为基础的。这一方面是因为：如果我们为了追求"社会正义"而强行对不同个人的相对"应得者"或相对"需要"确立一种统一的标准，那

(接上页)邓正来译，三联书店2002年版，第119—120页)。在哈耶克看来，能够解决这个问题的机制就是他所谓的市场"价格体系"，而且Samuel Brittan在讨论哈耶克的观点时也明确指出，"哈耶克强调说，市场乃是传播分散于无数人之手的信息的手段。……市场系统乃是一种'发现的技术'，而非一种配置众所周知的资源的方式"(Samuel Brittan, *The Role and Limits of Government*, *Essays in Political Economy*, University of Minnesota Press, 1983, p.59)，这是因为"通过这种价格体系的作用，劳动分工和以分立知识为基础的协调运用资源的做法才有了可能……并因此而可以自由地使用他自己的知识和技艺的程度"(哈耶克：《个人主义与经济秩序》，邓正来译，三联书店2002年版，第132—133页)；而且从根本上讲，"在一个有关相关事实的知识由众多个人分散掌握的系统中，价格能够帮助不同的个人协调他们所采取的彼此独立的行动，就像主观价值可以帮助个人协调他制定的计划的各个部分一样"(同上书，第128页)。另请参见哈耶克：《法律、立法与自由》(第二卷)，邓正来等译，中国大百科全书出版社2000年版，第127—134页。

① 哈耶克：《社会正义的返祖性质》，载《哈耶克论文集》，邓正来选编/译，首都经济贸易大学出版社2001年版，第186页。

么这就必定会要求每个人都去践履权力机构强加给他的职责而同时则不得运用他自己的知识去实现他自己的目的,而且也必定会要求每个人都根据权力机构对他践履此项职责的好坏程度的评判去领取报酬。另一个方面的原因则是:这种做法还肯定会把一种有关目的和目标的序列强加给个人,而且由于人们在自由市场秩序中不可能就相对于手段的目的和目标达成共识,也没有任何理由认为它能够得到实现,所以这只能意味着通过把一种分配模式强加给市场秩序而把市场秩序转变成一种具有由权力机构所确定的目的和目标的组织秩序。当然,这里还有一个更为重要的原因,即为了维护这种分配模式,权力机构还必定会对个人自由的经济活动进行不断的干涉并且把极其不同的责任和义务强加给不同的个人或群体。需要强调指出的是,权力机构在把不同的任务或不同种类的工作分派给不同的个人的时候却只会根据权宜方面的因素来行事,而不可能按照正义原则或平等原则行事。由于"社会正义"强行实施的这种分配模式摧毁了人们自由选择的模式,所以哈耶克确当地指出,"社会正义"适用于自由市场的结果,不仅会经由扭曲价格功能而破坏市场秩序,而且还必定会把自由市场秩序转变成一种指令性或命令性经济。

第五,一如前述,"社会正义"这个观念最初乃是人们对贫困者所做的一种善意的表达,但是在此后的发展过程中,哈耶克指出,"社会正义"这个观念却演变成了一种不诚实的暗示,因为它暗示人们应当同意某个特殊利益集团所提出的要求,尽管它对这个要求给不出任何切实的理由。换言之,当人们以"社会正义"的名义要求政府进行干预的时候,这在当下多半意味着是在要求政府对某个群体既有的相对地位施以保护。因此,"社会正义"在自由市场秩序中的实施也就变成了对既得利益群体进行保护的诉求以及创生新的特权的诉求。

哈耶克认为,"自由主义所提出的只是这样一项要求,即在国家规定个人据以行事的各种条件的情况下,国家必须根据同样适用于所有人的形式规则来规定这样的条件。自由主义反对任何形式的法律特权,亦即反对政府把任何具体好处只给予某些人而不给予所有人的做法。"[1]这意味着,对特定群体所提出的这种要求予以满足,不仅是不公正的,而且还是极不公正的,因为这无疑会涉及这样一个问题,即它会使某些人根本就享受不到那些经由提出这种要求而获

---

[1] 哈耶克:《自由主义》,载《哈耶克论文集》,邓正来选编/译,首都经济贸易大学出版社2001年版,第84页。

得现有地位的群体所具有的种种机会。关于这个问题,哈耶克指出,"我们在这里需要强调的重要事实有如下述:第一,一些人在过去之所以能够获得他们在今天要求以这种方式加以保护的地位,实是因某些力量所致,然而在今天,也正是这些力量要求降低这些人的相对地位;第二,他们现在要求加以保护的那种地位,与他们所面对的那种降低了的地位,都不是理所当然的;第三,他们此前的地位,在情势发生变化的过程中,只有通过拒绝把相同的发展机会给予其他的人才能够得到保护并为他们继续保有。实际上,他们之所以能够在过去获得此前的地位,也是因为他们拥有了这样的机会所致。在市场秩序中,一个群体业已获得某种相对地位的事实,并不能够使该群体成员获得一种正当权利以维护他们业已达致的地位,因为这种权利根本就不可能通过一项可以平等适用于人人的规则而得到捍卫"①。当然,也正是出于这个原因,长期以来,唯有那些能够实现这种要求的强有力的组织群体才有可能获得满足保护其既得利益或特权这种要求的机会。

因此,哈耶克指出,当今在"社会正义"的名下做的许多事情,不仅是极不公正的,而且还是高度"反社会的",其原因就在于这种做法简直就与保护既得利益或特权毫无二致。尽管在有众多的人都争着要求政府保护他们的既有地位的时候,上述做法渐渐会被视作是一个"社会问题",然而哈耶克却指出,它之所以会成为一个严重的社会问题,主要是因为这种要求在"社会正义"的幌子下能够赢得公众的同情。但是,这种情形却并不能够改变这样一个事实,即把这些做法说成是为了满足"社会正义",只不过是一个借口而已,它们的真正目的实在于使特定群体的利益压倒所有人的普遍利益②。

通过上文的讨论,我们可以发现,哈耶克有关"社会正义"在自由市场秩序中的实施只会摧毁这种秩序及其赖以为凭的正当行为规则系统的命题明确表明,所有试图按照"社会正义"确保一种"正义"分配的努力都必定会把自由市场秩序变成一种组织秩序,甚至还必定会把它变成一种全权性的秩序。这是因为对社会正义的追求必定会要求以专断的方式制定各种差别待遇的规则并采取各种强制安排的措施,而通过这些规则和措施,那些旨在使人们追求特定结果

---

① 哈耶克:《自由社会秩序的若干原则》,载《哈耶克论文集》,邓正来选编/译,首都经济贸易大学出版社2001年版,第141—142页。
② 参见同上;又请参见哈耶克:《法律、立法与自由》(第二卷),邓正来等译,中国大百科全书出版社2000年版,第162—163页。

的命令或者旨在实现"社会正义"的"社会法律"便会渐渐地取代那些"目的独立"的正当行为规则,进而摧毁自由市场秩序。因此,我们"有责任竭尽全力把人们从'社会正义'这个梦魇的支配下解救出来,因为这个梦魇正在把人们的善良情感变成一种摧毁自由文明一切价值的工具"①。

四、哈耶克批判"社会正义"之观点的补论

实际上,根据我个人对哈耶克自由主义理论的研究,我认为,哈耶克在反对"社会正义"方面所提出的最终且最具说服力的论辩实际上是一种知识论的论辩。然而,由于我已经在《知与无知的知识观:哈耶克社会理论的再研究》那篇长文中对这个问题作出了详尽的阐释②,所以我只打算在这里对其间的关键要点做一番简要的讨论。一如我们所知,与任何其他自由主义理论相区别——当然这也构成了哈耶克对自由主义理论的最大贡献,哈耶克自由主义理论的核心特征在于它基本上是从知识论的角度出发去捍卫自由社会的,因为他指出,自由和正当行为规则都是人们应对人之无知,亦即人们对特定事实的绝对无知,所必需且不可或缺的手段。

一方面,哈耶克有关自由正当性的主要论证所依据的乃是所有的行动者对于他们大多数目的和福利之实现所依凭的各种各样的因素都具有必然的无知,正如哈耶克在《自由秩序原理》一书中所指出的,"主张个人自由的依据,主要在于承认所有的人对于实现其目的及福利所赖以为基础的众多因素,都存有不可避免的无知。我们之所以需要自由,乃是因为我们经由学习而知道,我们可以从中期望获致实现我们诸多目标的机会"③;当然,哈耶克在1962年进一步指出,个人自由之所以如此重要的终极原因,乃是人们对于大多数决定所有其他人的行为的情势存在着不可避免的无知,而这些其他人的行为则是我们得以不断从中获得助益的渊源④。

另一方面,哈耶克之所以主张正当行为规则,实是因为这些正当行为规则

---

① 哈耶克:《法律、立法与自由》(第二卷),邓正来等译,中国大百科全书出版社2000年版,第2页。
② 参见拙文:《知与无知的知识观:哈耶克社会理论的再研究》,载《邓正来自选集》,广西师范大学出版社2000年版,第237—296页。
③ 哈耶克:《自由秩序原理》,邓正来译,三联书店1997年版,第28页。
④ 参见哈耶克:《经济学、科学与政治学》,载《哈耶克论文集》,邓正来选编/译,首都经济贸易大学出版社2001年版,第423—424页。

不仅能够使行动者在拥有知识的时候交流或传播这些知识,而且还能够使他们在并不拥有必需的知识的时候应对无知,一如哈耶克所言,这些正当行为规则乃是"社会的集合知识的体现"。更为具体地说,如果一个行动者成功地遵循了一项正当行为规则,那么这个行动者便经由此项规则而具有了实施某一行动的能力①。正是由于人们在特定事实方面所具有的这种绝对无知,同样也是由于人们缺乏对不同个人特定目的之相对重要性的共同等级序列的知识,自由市场秩序才必须通过遵循抽象且目的独立的正当行为规则加以维续。当然,仅就作为一种文化进化过程之结果的正当行为规则而言,它们之所以能够获得普遍的权威性并且得到人们的普遍遵循,并不是以这样一个事实为基础的,即个人知道无视这些规则所面临的后果,而是因为它们对这样一个基本事实的承认:在这些具体后果当中,绝大多数是人们所不知道的;再者,唯有当个人和其他人都受这些正当行为规则的指导的时候,个人的行动才不会与其他人的行动常常发生冲突。因此,根据正当行为规则而不是依凭特定结果来判断人之行动,不仅是使开放社会成为可能的一项重大步骤,而且也是人类经由种种偶然因素而发现的一种工具,用以克服每个个人对于大多数特定事实的无知。

显而易见,哈耶克有关自由和正当行为规则的这种知识论论辩确实构成了他有关"社会正义在自由市场秩序内部毫无任何意义"以及"社会正义在自由市场秩序中的实施只会摧毁这种秩序及其赖以为凭的正当行为规则系统"这两项命题的知识论依据。当然,我之所以把哈耶克的这种知识论论辩视作是他对"社会正义"作出的一项致命的打击,更是因为它凸显出了"社会正义"诉求中所隐含唯理主义趋向以及它在自由市场秩序中实施的不可能性。一如前述,"社会正义"不仅要求对自由市场秩序所引发的每种结果或事态保有决定何者是正义者的权力,而且还要求对它所认定的不正义的结果或事态保有进行纠正或重新分配的权力,而这两项诉求则是以存在着一个全知全能的拟人化"社会"——亦即宣称能够代表这种"社会"的权力机构——这样一项预设为依凭的。这种全知全能的权力机构不仅宣称自己充分意识到了所有可能的后果以及不同结果的相对重要性,而且还宣称自己完全知道它据以判断不同且具体目的之相对重要性的绝对正确的标准。因此,"社会正义"拒绝服从社会经由自发

---

① 参见拙文:《知与无知的知识观:哈耶克社会理论的再研究》,载《邓正来自选集》,广西师范大学出版社 2000 年版,第 267—282 页。

演化而成的正当行为规则,并且坚持追求明确且具体的所谓正义的目标。但是哈耶克却明确指出,"社会正义"诉求中所隐含的这种唯理主义趋向实是与自由主义进化论的"无知观"相违背的,甚至是一种"致命的自负"①,因为在自由市场秩序中,任何人都不可能拥有那种足以使他确使那些受他的行动影响的人得到他认为他们应当得到的东西的权力或知识。以上所述可以显见于下述事实:第一,人们对社会正义在特定情势中所要求的那些具体东西根本就不可能达成任何共识;第二,如果人们在这些问题上存在着意见分歧,那么可供人们据以判定谁的意见是正确的已知标准也是根本不存在的;第三,在自由市场秩序中——亦即个人有自由运用各自的知识去追求各自的目的的社会中,人们绝不可能在事先就有效地制定出一种具有共识的分配方案;第四,权力机构在自由市场秩序中实施"社会正义"分配原则的时候,绝不可能知道应当把每个个体置于何种位置以维续这种自由且复杂的市场秩序;第五,即使权力机构能够为

---

① 哈耶克之所以把这种建构论唯理主义称之为一种"致命的自负",在根本上意味着它与进化论理性主义之间的区别。为了明确阐明这两种传统的各自主张,我们有必要在这里对它们各自的主要命题做一番扼要的比较。建构论唯理主义立基于每个个人都倾向于理性行动和个人生而具有智识和善的假设,认为理性具有至上的地位,因此凭借个人理性,足以使其知道和根据社会成员的偏好而考虑到形构社会制度所必需的境况的所有细节;然而,进化论理性主义却主张理性的限度,从而反对理性的滥用;进化论的理性主义认为,只有在累积性进化的框架内,个人的理性才能得到发展并成功地发挥作用。哈耶克的这种进化论理性主义可以表述为这样一个命题,即个人理性受制于特定的社会生活进程。这一植根于人性的命题至少从两个方面揭示了进化论理性主义的核心:一方面,个人理性在理解它自身运作的能力方面有着一种逻辑上的局限,这是因为它永远无法离开它自身而检视它自身的运作;而另一方面,个人理性在认识社会生活的作用方面也存在着极大的限度,这是因为个人理性乃是一种植根于由行为规则构成的社会结构之中的系统,所以它不可能脱离生成和发展它的传统和社会进而达致这样一种地位,即能够至上而下地审视传统和社会并对它们给出评价。立基于上述根本预设的区别,进化论理性主义传统与建构论唯理主义传统必定在关于社会秩序的一些基本的命题方面发生冲突。首先,建构论唯理主义传统所提出的命题之一是人生来就具有智识的和道德的禀赋,而这使人能够根据审慎思考而型构文明,并宣称"所有的社会制度都是,而且应当是,审慎思考之设计的产物"。然而,进化论理性主义者则明确指出,文明乃是经由不断试错、日益积累而艰难获致的结果,或者说它是经验的总和。因此,他们的命题可以表述为,文明于偶然之中获致的种种成就,实乃是人的行动的非意图的结果,而非一般人所想象的条理井然的智识或设计的产物。其次,哈耶克认为,上述两种传统之间的最大差异,还在于它们对各种传统的作用的不同认识,在于它们对在漫长岁月中并非有意识发展起来的所有成果的价值的不同判定;"唯理主义进路在这一点上几乎与自由的所有独特成果相反对,并几乎与所有赋予自由以价值的观点或制度相背离"。哈耶克认为,建构论唯理主义在证明制度安排的效力方面确立了一种谬误的条件,即所有并不明显服务于共同同意的目的的制度都应当被否弃。然而,就此而言,进化论理性主义命题则指出,各种使我们得以适应于世界的制度,乃是一种进化的成就,因此与上述个人理性有限的命题相关联,这些制度在某种程度上具有一种理性不及的性质。进化论理性主义的最为重要的一个洞见乃在于:历经数代人的实验和尝试而达致的成就,包含着超过了任何个人所能拥有的丰富经验,因此关于这些制度的重要意义,人们或许可以通过分析而发现,但是即使人们没有透彻认识和把握这些制度,亦不会妨碍它们有助于人们的目的的实现(参见拙文:《哈耶克社会理论的研究》,载《邓正来自选集》,广西师范大学出版社2000年版,第184—188页)。

纠正市场分配之结果而确立起明确的标准,那么它也不可能有足够的知识去实施和执行这些标准。据此,哈耶克得出结论认为,"社会正义"在自由市场秩序中的实施不仅会扼杀个人自由,而且还会摧毁那些有可能救济人之无知的最为重要的手段——亦即正当行为规则系统。

当然,我们必须承认,哈耶克立基于个人行为"正义观"而对社会正义在自由市场秩序中毫无意义的分析也遭到了论者们的批判:一是来自社会正义阵营的批判,另一是来自自由主义阵营的批判。一如前述,哈耶克论辩说,在一个认定个人所拥有的特定知识应当得到充分使用而且个人应当享有选择职业和进行交易之自由的社会中,个人乃是根据其服务对其他人的实际价值而获得报酬的,而且这样的报酬也不必与个人所谓的应得者或需要相符合。这里的关键乃在于我在上文所说的哈耶克对自由市场秩序所引发的事态或报酬结果所做的"去道德化"处理,因为一如我们所知,在哈耶克那里,唯有当这样一种事态或报酬结果是个人行动所意图或可预见的结果的时候,它才可以被有意义地判断成是正义的或不正义的;但是,这样一种事态或报酬结果事实上却是众多不同的个人行动所引发的一种非意图的结果,因此对这样一种在性质上类似于自然现象的结果做正义或不正义的判断乃是毫无意义的。

正是在这里,哈耶克的"去道德化"论辩,一方面与那些具有社会正义倾向的平均主义者的论辩发生了冲突。Raymond Plant 在讨论哈耶克这个观点的时候指出,"即使我们接受哈耶克有关个人间市场交易的基本性质的观点中的大部分观点,这也不能因此而认为哈耶克的结论是有效的。对所谓自然主义的市场结果所做的平均主义回应并不集中于这些结果是如何导致的,而集中在我们是如何回应它们的。天气有可能是一种自然现象,但是我们却可以通过集体努力避免它的破坏。障碍有可能不是刻意行动的结果,但是当我们考虑社会对这些不幸所做的回应的时候,正义和不正义便进入了我们的视域之中。"①另一方面,哈耶克的这个论辩也与某些广为人们接受的有关市场报酬模式的正当性理据发生了冲突。作为自由市场秩序的一位拥护者,欧文·克里斯托尔对哈耶克的论辩进行了批判②。克里斯托尔认为,从历史上看,人们之所以拥护自由市场秩序,实是

---

① Raymond Plant, *Equality, Markets and the State*, Fabian Tract 494, 1984, p. 4. 从一般意义上讲,Partha Dasgupta 也提出了与 Plant 基本相同的观点,参见 "Decentralization and Rights," in *Utilitarianism and Beyond*, Cambridge University Press, 1982, pp. 199–218.

② 参见霍伊:《自由主义政治哲学》,刘锋译,三联书店 1992 年版,第 83 页。

因为这种秩序是一种正义的社会秩序,而这意味着道德与报酬结果之间有着极为紧密的关系。但是哈耶克却认为报酬结果与道德不涉,而这无异于是在摧毁自由市场秩序的合法性:"假如在某一社会之中,权力、权利和财产不是按照某些具有道德意义的标准进行分配的",那么,个人是不会承认"这样一个社会的"①。

然而在我看来,来自上述两个路向的批判对于哈耶克的"去道德化"论辩来说却并不有效。一方面,针对克里斯托尔的批判,哈耶克至少可以作出这样两项回应②:首先,除了某些早期的美国论者以外,一直没有人把报酬与道德价值联系起来。一些晚期的经院哲学家、约翰·洛克、尤其是 L·莫里纳认为,唯有竞争的方式才有正义与不正义之分,而竞争的结果则无所谓正义或不正义③。其次,把市场的结果与道德价值联系起来未必就能使市场的结果变得更可欲,或许只能"在很大程度上成为企业家自负自大的基础,……使他们养成一种实际上并不会使他们更受欢迎的自以为道德公正的傲气"④。

另一方面,针对 Raymond Plant 的批判,哈耶克也至少可以作出下述两项紧密相关的回应:

第一,正如我在本文开篇所说,哈耶克对"社会正义"的批判在根本上讲乃是以体现个人自由或最低限度之强制的自由市场秩序比体现自上而下之平等的"指令性"经济秩序更可欲为前设的。于是,一旦人们选择了自由市场秩序并且决定用它来指导人们的经济活动,那么即使这种秩序对特定的人所造成的特

---

① Irving Kristol, *On the Democratic Idea in America*, New York: Barper and Row, 1972, p. 97. 转引自霍伊:《自由主义政治哲学》,刘锋译,三联书店1992年版,第109页。
② 参见霍伊:《自由主义政治哲学》,刘锋译,三联书店1992年版,第83—84页。
③ 关于这个问题,哈耶克颇为详尽地指出,"在中世纪,市场秩序的早期萌芽不仅处于式微的状态,而且还在某种程度上因权力机构所强设的种种约束措施而几乎惨遭摧毁;实际上,人们还徒劳地做了一千年的努力,以求发现实质正义的价格或工资。当然,人们后来放弃了这方面的努力,晚期的经院学者甚至还认识到了所谓实质正义的价格或工资只是些空洞的口号,于是他们转而告知人们,由市场中各方当事人的正当行为所决定的价格,也就是说在没有欺诈、垄断和暴力的情形下达致的竞争性价格,乃是正义所要求的全部内容。只是在此以后,市场秩序才得到了发展。正是从晚期经院学者的上述传统中,约翰·洛克及其同时代的论者们开出了古典自由主义的正义观念,而对于这种正义观念来说,一如有论者正确指出的那样,唯有'竞争赖以展开的方式,而不是竞争的结果',才可能是正义的或不正义的"(哈耶克:《法律、立法与自由》[第二卷],邓正来等译,中国大百科全书出版社2000年版,第132页)。
④ 哈耶克:《法律、立法与自由》[第二卷],邓正来等译,中国大百科全书出版社2000年版,第133页。哈耶克在这里指出,"特别是在美国,诸如塞缪尔·斯迈尔斯(Samuel Smiles)和霍雷肖·阿尔杰(Horatio Alger)这样的知名著作家,以及后来的社会学家 W·G·萨姆纳(W. G. Sumner),为自由企业做辩护时都宣称,自由企业所酬报的总是应得人士(the deserving)。但是,以这样的方式为自由企业辩护,很可能是一种不幸;更需要指出的是,他们的这种论点似乎还成了公众所理解的捍卫自由企业的唯一论辩,而这对于市场秩序的发展前景来说,则是个恶兆。"

定结果或报酬结果是不平等的——只要这不是个人行动所意图或可预见的结果,人们就肯定没有理由追问它对特定的人所造成的这种特定结果是正义的还是不正义的,而且也肯定没有理由根据任何与自由市场秩序之内在价值相违背的道德判准来判断这种结果是正义的还是不正义的。

这是因为哈耶克认为:首先,自由市场秩序乃是人类迄今为止发现的唯一一种能够把广泛分散在千百万人中的信息或个殊性知识有效地用于实现所有人的利益的过程,而这种过程的运作方式就是确使每个人都享有那种从伦理上讲本身就是可欲的个人自由。当然,这种过程从来就不是什么人刻意设计的结果,而只是人类以点滴的方式逐渐完善的结果。更准确地说,人类实是在发现了这一过程在那些形成并发展了它的群体中如何提高人们的效率和实力以后才学会这种方式的。其次,一如前述,自由市场经济所导致的那些事态也是一个过程的结果,而这些结果对于特定人的影响则是任何人或权力机构在其最初选择这种制度的时候或在这种制度最初出现的时候所无法欲求或无力预见的。此后,人们之所以允许这些制度持续存在,乃是因为人们发现这种制度为所有的人或者绝大多数人满足自己的需要提供了更为广阔的前景。因此,要求这样一个过程提供正义,显然是荒谬的;而且从这样的社会中挑选出某些人并认为他们有资格获得特定的权益,也无疑是不正义的。最后,一旦人们接受了这样一种每个人都被允许为实现各自的目的而运用各自的知识的自由市场制度,那么不同群体和不同个人的相对收入也就不再受刻意控制的支配了,因为在这种制度中,任何人的意志都不能决定其他不同个人或不同群体的相对收入,甚或也不能阻止这些相对收入会在一定程度上取决于偶然因素。因此,哈耶克认为,人们在从这种极大增进了每个人满足自己需求之机会的制度中获益的同时也必须承担相应的代价,即所有的个人或群体都必须承受蒙遭不应遭受的挫折的风险。正如哈耶克所明确指出的,"显而易见,我们有机会使我们从社会总产品中获得的不可预测的份额达致它实际上所能够达致的产品和服务之总和的程度;换言之,我们之所以拥有这种机会,实是因为这样一个事实所致,即无数的其他人都持之一贯地遵从市场要求他们遵从的那些变化情势。与此同理,如果我们的收入和地位发生了相同的变化,那么我们也有义务去接受这种变化,即使这种变化意味着我们既有地位的降低,因为我们知道,这种变化乃是我们既无力预见也无法负责的那些情势所导致的结果。……每个人,无论是富还是贫,所获得的收入实际上都是由技艺和机遇复合而成的竞赛所导致的结果;从另一个角度讲,这种复合性竞赛的总体结果以及我们从中获得的份额,无论多少,都是我们必须接受的一个事实,因为我们在此前已经同意进行这种竞赛。当然,只要我们同意进行这种竞赛而且还从它的结果中获益,那么我们就负有道德义务去接受这种竞赛所导致的结果,即使这些结果对我们不利"①。

第二,一如前述,哈耶克所反对的实际上并不是"社会正义",而毋宁是"社会正义"在自由市场秩序中的实施或者那种认为"社会正义"能够在自由市场秩序中得到实现的观点。因此,面对自由市场秩序在报酬结果方面所存在的各种不平等现象,哈耶克的第二个回应认为:

首先,这些不平等现象并不是正义的或不正义的,而毋宁是人们接受自由市场秩序所必须承受的风险,但是面对这些不平等现象,哈耶克并不是不予关注,而是据此主张一种市场以外的福利保障系统②,一如他所明确指出的那样,"我们完全有理由认为,在自由的社会中,政府也应当以一种确获保障的最低收入的形式(或以一种保证任何人都不会获得低于某一最低收入额的形式)来确使所有的人都得到保护并免遭严重且残酷的剥夺"③。这是因为哈耶克承认,"自生自发的市场力量出于种种原因不会提供或不会充分提供某些特定的服务,因此把一些明确规定的资源交由政府自由掌控或使用,乃是相当可欲的,因为政府凭靠着这些资源可以向广大的公民提供这类服务"④。显而易见,实施这样一种能够使人们免遭极度不幸的保障措施,当然会符合所有人的利益。的确,哈耶克的这个论辩显然构成了他对 Plant 所做的第一个回应的补充,而且也不是以颠覆上述自由市场秩序比"指令性"经济秩序更可欲的前设为依凭的,

---

① 哈耶克:《自由社会秩序的若干原则》,载《哈耶克论文集》,邓正来选编/译,首都经济贸易大学出版社 2001 年版,第 144 页。
② 实际上,哈耶克早在 1960 年撰写《自由秩序原理》一书时就持有这种看法。比如说他当时就指出,"所有的现代政府都对贫困者、时运不济者和残疾者进行了救济,而且还对健康卫生问题和知识传播问题予以了关注。我们没有理由认为,这些纯粹的服务性活动,不应当随着财富的普遍增长而增加。此外,也的确存在着一些只有通过集体行动才能满足的公共需求,而且通过这样的方式来满足公共需求,也不会限制个人自由。我们同样不能否认的是,随着我们日趋富有,社会为那些无力照顾自己的人所提供的最低限度的维系计的标准(而且它能够通过市场以外的手段加以提供),亦将逐渐随之提高;而且我们亦无从否认,政府有可能以极有助益的且不会造成任何损害的方式,推进或领导这方面的活动。我们也没有任何理由说政府不应当在诸如社会保障和教育之类的领域中发挥某种作用甚或进行领导,或者说政府不应当暂时资助某些实验性的开发工作。因此,需要强调指出的是,我们在这里所关注的问题,与其说是政府行动的目标,不如说是政府行动的手段"(哈耶克:《自由秩序原理》[下],邓正来译,三联书店 1997 年版,第 9 页)。
③ 哈耶克:《法律、立法与自由》(第二卷),邓正来等译,中国大百科全书出版社 2000 年版,第 151 页。
④ 哈耶克:《自由社会秩序的若干原则》,载《哈耶克论文集》,邓正来选编/译,首都经济贸易大学出版社 2001 年版,第 129 页。

因为它意味着:"只要人们是在市场以外向所有那些出于各种原因而无力在市场中维持基本生计的人提供这样一种统一的最低收入保障,那么这种做法就未必会导致对自由的压制,也不会与法治相冲突。"①

其次,立基于上述市场以外的福利保障系统,哈耶克指出,我们必须对政府的强制性权力与政府服务性职能做出明确的界分:"就前者而言,政府的行动必须被严格限于实施正当行为规则,而且在实施正当行为规则的过程中,政府不得享有任何自由裁量权;而从后者来看,政府只能够使用那些交由它掌管并专门为了资助这些服务的资源。值得我们注意的是,尽管政府不得运用强制性权力去垄断这些服务,但是它在运用这些资源的时候却可以享有广泛的自由裁量权。"②因此,就政府运用其掌控的资源来践履这类服务性职能而言,政府还必须受到下述四个方面的限制:(1) 政府在践履这些职责的时候应当根据规则行事,而且它所遵循的规则应当与每个公民所遵循的规则相同;(2) 政府对于任何一项这样的特定服务都不得享有垄断权;(3) 政府在践履这些职责的时候应当按照这样一种方式行事,即它不得干扰人们所从事的远比其复杂的自生自发的社会活动;(4) 政府应当根据统一适用于人人的规则或法律面前人人享有平等自由这项基本原则去筹集它用以践履这些职责的资源③。

五、结语:哈耶克的"否定性正义观"

经由上文对哈耶克关于自由市场秩序"去道德化"的论辩与有关社会正义

---

① 哈耶克:《法律、立法与自由》(第二卷),邓正来等译,中国大百科全书出版社 2000 年版,第 151 页。"当然,一个因接受市场机制而像现代社会一样富有的社会是没有理由不在市场以外为所有在市场中只享有低于某一特定标准之收入的人提供一种最低生活之保障的。我们的观点仅仅意在指出,有关正义的考虑并不能够为人们'纠正'市场结果提供任何正当性理据,而且正义(亦即根据同样规则对待每个人那种意义上的正义)还提出了这样一项要求,即每个人都应当接受市场向他提供的东西,因为我们知道,所有参与者在市场中都是公平行事的"(哈耶克:《自由社会秩序的若干原则》,载《哈耶克论文集》,邓正来选编/译,首都经济贸易大学出版社 2001 年版,第 144—145 页)。

② 哈耶克:《法律、立法与自由》(第二卷),邓正来等译,中国大百科全书出版社 2000 年版,第 130 页。

③ 参见同上书,第 145 页。哈耶克在对这个问题进行总结的时候指出,"一个自由社会的基本原则可以被归纳如下:在一个自由的社会中,政府所拥有的所有的强制性职能都必须受到我倾向于称之为的三个伟大的否定性价值或理想(THE THREE GREAT NEGATIVES)的指导,因为这三个伟大的价值或理想有着绝对的重要性。它们就是和平、正义和自由(PEACE, JUSTICE AND LIBERTY)。如果我们想实现这三个伟大的价值或理想,那么……政府在决定用其掌控的物质资源和人力资源为其公民提供服务的时候也必须受到严格的限制:只能够根据同样的统一规则去要求所有的人为这些服务的成本承担一份份额"(同上书,第 148—149 页)。

拟人化建构手段的观点的讨论,我们可以发现,"社会正义"在自由市场秩序内部乃是毫无任何意义的。按照哈耶克的批判理路,我们可以说,任何一种调整个人在自由市场秩序中彼此提供服务之行为的正当行为规则系统都不可能产生符合任何社会正义之原则的结果或者某种可以被有意义地描述为正义或不正义的结果,因而任何个人的自由行动也都不可能产生这样的结果。因此,"社会正义"的主张者经由拟人化社会观而把没有责任者的事态或结果称之为"正义"或"不正义"乃是毫无意义的。再者,根据哈耶克的自由主义社会理论而对他从个人责任感、平等、个人自由、价格功能和特权等方面所提出的理据的分析,我们也同样可以发现,"社会正义"在自由市场秩序中的实施必定会摧毁这种秩序及其赖以为凭的正当行为规则系统。再者,"社会正义"在自由市场秩序中的这种实施也是不正义的或不道德的,因为一如我们所知,所有试图按照"社会正义"确保一种"正义"分配的努力都必定会把自由市场秩序变成一种全权性的秩序;换言之,如果不受人之意志控制的任何东西都不可能是正义的或道德的,那么欲使这种东西成为正义的东西的诉求就未必是我们使这种东西受制于人之控制的一个有效的理据,因为置这种东西于人之控制的做法本身在自由主义那里就是不正义的或不道德的。

显而易见,正是通过对"社会正义"观念(以及对法律实证主义)的实质性批判,哈耶克不仅为他此前不曾明确讨论过的自由主义正义观的阐释铺平了一条道路,而且还使他得以在他于1973年发表的《自由主义》一文中对"自由主义正义观"作出了总结性的描述:"自由主义的法律观念乃是与自由主义的正义观念紧密勾连在一起的。自由主义的正义观念在下述两个重要方面与人们现在广泛持有的那种正义观念相区别:第一,自由主义的正义观念所依凭的乃是这样一种信念,即人们有可能发现独立于特定利益而存在的客观的正当行为规则;第二,这种正义观念只关注人之行为的正义问题或调整人之行为的规则的正义问题,而不关注这种行为对不同个人或不同群体的地位所造成的特定影响的问题。"①

一如我在本文开篇所指出的,哈耶克自由主义正义观的前提性关键要点——亦即哈耶克批判"社会正义"的基本理据——认为,如果正义要具有意

---

① 哈耶克:《自由主义》,载《哈耶克论文集》,邓正来选编/译,首都经济贸易大学出版社2001年版,第81页。

义,那么它就不能被用来指称并非人们刻意造成的或根本就无力刻意造成的事态,而只能被用来指称人的行动,因为正义乃是人之行为的一种特性。然而按照我的理解,哈耶克所提出的自由主义正义观的最为核心的特征却是它所具有的否定性(negative)。众所周知,正义在哈耶克那里并不是以基本权利为基础的,而是以正当行为规则为依凭的。因此,在我看来,哈耶克正义的否定性特征表现为这样两个方面:第一,正当行为规则从本质上讲是否定性的,亦即具有禁令的性质,换言之,不正义乃是真正的首要概念,因而正当行为规则的目的也就在于防阻不正义的行动。因此,那些被允许运用他们自己的手段和他们自己的知识去实现他们各自目的的自由人,就决不能受那些告知他们必须做什么事情的规则的约束,而只能受那些告知他们不得做什么事情的规则的约束;除了个人自愿承担的义务以外,正当行为规则只能够界分或确定所允许的行动的范围,而不得决定一个人在某个特定时刻所必须采取的特定行动①。当然,正当行为规则应予防阻或禁止的不正义行动乃是指对任何其他人通过正当行为规则的规定而获得的并应当受到保护的个人领域(亦即洛克"生命、自由和所有权"意义上的财产权领域)的任何侵犯②。第二,由于正当行为规则是否定性

---

① 就这个问题而言,肯定会存在某些例外。哈耶克指出,"不过这些例外是极其罕见的,比如说,拯救或保护生命的行动、防止重大灾难发生的行动,等等。在这些例外情形中,正义规则事实上会要求人们采取某种肯定性的行动,或者说,如果这些正义规则要求人们采取某种肯定性的行动的话,那么它们至少也会被人们普遍认为是正义的规则"(哈耶克:《自由社会秩序的若干原则》,载《哈耶克论文集》,邓正来选编/译,首都经济贸易大学出版社2001年版,第132页)。
② 参见拙文:《法律与立法的二元观:哈耶克法律理论的研究》,载拙著:《哈耶克法律哲学的研究》,法律出版社2002年版,第38—39页。当然,哈耶克的正当行为规则除了否定性特征以外,还具有另外两项基本特征,即目的独立性和抽象性特征。第一,哈耶克认为,自生自发秩序所遵循的正当行为规则可以被认为是一种指向不确定的任何人的"一劳永逸"的命令;它们乃是对所有时空下的特定境况的抽象,并且仅指涉那些可能发生在任何地方及任何时候的情况。就这些规则所具有的这种一般且抽象的特性的具体内涵来看,主要涉及下述三个方面:在本质上,它们乃是长期性的措施;从指向上来讲,它们所指涉的乃是未知的情形而非任何特定的人、地点和物;再就它们的效力言,它们必须是前涉性的,而绝不能是溯及既往的。按照我个人的理解,正当行为规则所具有的这种一般且抽象的特性有着两个极为重要且紧密相关的意义:一是它揭示了这些规则并不预设一个理性发布者的存在,而且也不具体指向一种特定的或具体的行动;二是这些规则并不预设一发布者的存在而且不具体指向一种特定的或具体的行动的特性表明,自生自发秩序依赖于其上的这些规则所指向的必定是一种抽象秩序,而这种抽象秩序所具有的特定的或具体的内容也是不为任何人所知或所能预知的。再者,正当行为规则所指向的社会秩序越复杂,个人分立行动的范围亦就愈大,进而相应的协调和调整亦就愈加依赖于一般且抽象的规则而非具体的命令。因此,在这个意义上讲,这种一般且抽象的正当行为规则不仅能够使那些为人们所使用的知识在数量上得以最大化,而且也可以使他们所追求的目的在数量上得以最大化。第二,哈耶克经由对正当行为规则所具有的一般且抽象性质的阐发而认为,这一特性导使了自生自发秩序所遵循的这些规则的第二个特性,即它们是目的独立的(end-independent)而非目的依附的(end-dependent),因此这种"目的独立"的正当行为规则也可以被看成(转下页)

的,因此它们只能够通过持之一贯地把那项同属否定性的普遍适用之检测标准(negative test of universal applicability)适用于一个社会继受来的任何这类规则而得到发展。这里的关键在于这种检测行为规则是否正义的标准,归根结底也是否定性的①。这意味着,除了将某项特定的行为规则置于整个正当行为规则系统的框架中加以审视,否则我们就不可能对该项特定的行为规则是否正义的问题作出判断。因此,该规则系统中的大多数规则就必须因为价值始终只能够根据其他的价值加以检测这一点而为了检测的目的被视作是不容置疑的。换言之,我们"之所以认为存在着能够被人们发现但却不可能以专断方式创制出来的正当行为规则,实是以这样的……事实为基础的:……绝大多数正当行为规则无论在什么时候都会以不容置疑的方式为人们所接受"②。关于这个问题,值得我们注意的是:一方面,在把某项行为规则适用于任何具体情势的时候,该项规则不得与任何其他被人们所接受的规则相冲突;"这就是说,这项规则必须同样服务于所有其他正当行为规则所服务的那种抽象的行动秩序,而且也不得与这些规则当中任何一项规则所提出的要求相冲突。"③因此,这项标准归根结底是一种评断某项规则是否与整个规则系统相容合或不矛盾的标准。另一方面,这项标准不仅意指某项规则与其他大多数规则之间不会发生逻辑意义上的冲突,而且还意味着这些规则所允许的行动之间不会发生冲突。套用哈耶克的话来说,这种检测标准乃是有关"各种行动(亦即这些行为规则在被适用于现实世界的时候所允许的各种行动)之间是否彼此一致(self-consistency)的标准。"④

毋庸置疑,我之所以认为"否定性"是哈耶克自由主义正义观的最为核心的特征,实是因为哈耶克正义观的个人行为特性虽说极为重要,却主要旨在界分

(接上页)是作为实现"一般性目的的工具"的"正当行为规则"。正当行为规则之所以具有这种不依附于特定目的的特性,其主要原因就在于这些规则是从日的关联群体向共同目的不存在的复杂社会的扩展过程中实现的。显而易见,构成自生自发秩序型构之基础的正当行为规则所具有的这一"目的独立"的特性,其关键要点乃在于对这种性质的规则的遵循,本身并不旨在实现某个特定目的,而只服务于或有助益于人们在尽可能大的范围内追求各自不尽相同的目的。

① 参见哈耶克:《自由社会秩序的若干原则》,载《哈耶克论文集》,邓正来选编/译,首都经济贸易大学出版社 2001 年版,第 133 页。
② 哈耶克:《自由主义》,载《哈耶克论文集》,邓正来选编/译,首都经济贸易大学出版社 2001 年版,第 82 页。
③ 同上。
④ 哈耶克:《自由社会秩序的若干原则》,载《哈耶克论文集》,邓正来选编/译,首都经济贸易大学出版社 2001 年版,第 131 页。

自由主义探究正义之进路与其他进路之间的区别,然而他的正义观的否定性特征却不仅能够达到上述目的,而且还能够在更深刻的层面上标示出哈耶克的自由主义与其他自由主义理路的区别,因为它与那种主张唯理论自由主义的肯定性正义观截然相反。这主要表现在下述两个方面。

第一,哈耶克所确立的"否定性正义观"在根本上反映了他所主张的以"个人理性有限"为基设的进化论理性主义,因为它意味着对那种以"个人理性无限"为依凭而刻意建构"肯定性正义标准"的主张的完全否弃。关于正当行为规则以及人们据以判断它们的正义标准,哈耶克甚至指出,我们不能认为是我们"选择了它们;毋宁说,是这些约束选择了我们,它们使我们能够得以生存"①。因此,"我们绝不能假设我们有能力建构出一套新的道德规则体系,我们也绝不能假设我们有能力充分认识到遵循众所周知的道德规则于某一特定情形中所具有的各种含义,并试图在这种充分认识的基础上去遵循这些规则"②。

第二,哈耶克所确立的"否定性正义观"进而还反映了上述进化论理性主义所提出的道德进化论的要求。关于这种道德进化过程的"否定性"特点,可以最为明确地见之于哈耶克从两个不同但却紧密相关的角度所提出的深刻洞见:(1) 正当行为规则之所以必须成为否定性的规则,实是因规则不断扩展其适用范围并超出了那种能够共享甚或能够意识到共同目的的生活共同体而造成的一个必然结果。哈耶克明确指出,"从历史上看,正是对正义的追求,才使得一般性规则系统得以生成和演化,而这个规则系统反过来又成了日益发展的自生自发秩序的基础和维护者。实际上,为了实现这样一种秩序,正义之理想并不需要决定那些能够被认为是正义的(或至少不是不正义的)规则的具体内容,所

---

① 哈耶克:《致命的自负》(原译《不幸的观念》),刘戟锋等译,东方出版社1991年版,第12—13页。
② 哈耶克:《自由秩序原理》,邓正来译,三联书店1997年版,第74页。再者,哈耶克的这一否定性视角还有一个极为重要的意义,因为它凸显出了他经由"理性不及或无知观"而提出的"未阐明的正义规则"优位于"阐明的规则"的重要论点。哈耶克正是在这个重要论点的基础之上,揭示出了作为立法结果的"阐明规则"与那种日益进化且并不为人所完全意图的"未阐明"的正义规则框架之间的关系。哈耶克的这个洞见,意味着立法者和国家的全部权威实际上都源出于此前已然存在的标示着正义观念的规则框架,因为第一,除非得到为人们普遍接受或遵循但却常常是未阐明的正义规则框架的支援,否则即使是阐明的法律系统也不可能得到完全有效的适用;第二,除非我们正视阐明的法律得以获取其意义所赖以为基础的这种未阐明的正义规则框架,否则法律系统得以发展、变化和阐明的整个进化过程也无从为我们所认识。正是在这个意义上,我个人认为,唯有在理解哈耶克这一重要洞见的基础上,我们才有可能真正把握哈耶克所说的那种未必是实证的但却是客观的和否定性的正义标准(参见拙文:《普通法法治国的建构:哈耶克法律理论的再研究》,载拙著:《哈耶克法律哲学的研究》,法律出版社2002年版,第106—107页)。

需要的只是为我们提供一种能够使我们以渐进的方式一步一步地否弃或取消那些被证明为不正义的规则的否定性标准;……事实上,对于何为正义的问题,确实存在着不同的观念,但是这个事实并不能够排除这样一种可能性,即对不正义进行检测的否定性标准,有可能是诸多不尽相同的(尽管不是全部的)正当行为规则系统都能够与之相符合的一种客观的标准。对正义理想的追求(就像对真理理想的追求一样),并不预设何为正义(或何为真理)是已知的,而只预设了我们知道何者被我们视作是不正义的(或谬误的)"①。哈耶克的这个观点极为重要,因为我们知道,尽管努力消除不正义者并不能够构成我们建构一个全新的行为规则系统的充分基础,但是这种努力却能够在这样一个方面为我们提供一种适当的指导,亦即在我们为了使现行的行为规则系统更趋于正义而不断地发展这个规则系统的过程中指导我们。(2)哈耶克经由讨论休谟的观点指出,"休谟哲学的出发点是他所提出的反唯理主义的道德理论(anti-rational theory of morals)。该理论认为,就道德规则的产生而言,'理性本身是毫无作用的',因此,'道德的规则并不是我们的理性所能得出的结论'。休谟对此论证说,我们的道德信念既不是先天意义上的自然之物,也不是人之理性的一种刻意发明,而是一种特殊意义上的'人为制品'(artifact)。休谟在这个意义上所说的'人为制品',也就是我们所称之为的'文化进化的一种产物'(a product of cultural evolution)。在这种文化进化的过程中,那些被证明有助益于人们做出更有效努力的规则存续了下来,而那些被证明只有助于人们做出较为低效努力的规则则被其他的规则取代了或淘汰了"②。

最后,我想征引哈耶克本人的一段文字作为本文的结语:"如果我们能够认识到法律从来就不全是人之设计的产物,而只是在一个并非由任何人发明的但却始终指导着人们的思考和行动(甚至在那些规则形诸文字之前亦复如此)的

---

① 哈耶克:《法律、立法与自由》(第二卷),邓正来等译,中国大百科全书出版社 2000 年版,第 82 页。
② 哈耶克:《大卫·休谟的法律哲学和政治哲学》,载《哈耶克论文集》,邓正来选编/译,首都经济贸易大学出版社 2001 年版,第 491 页。对于这个问题,哈耶克甚至还引证了一位论者的观点:"道德准则和正义准则,便是休谟所谓的'人为制品';它们既不是神授的,也不是人之本性所不可分割的一个部分,更不是纯粹理性所能揭示的。它们乃是人类实践经验的结果,而且在漫长的时间检验过程中,唯一的考量就是每一项道德规则是否能够为增进人类福祉起到有益的功用。在伦理学领域中,休谟可以被认为是达尔文的先驱。实际上,休谟所宣布的乃是一种有关人类习惯的最适者生存的理论(a doctrine of the survival of the fittest among human conventions)——当然,'最适者'在这里并不是指那种野蛮的弱肉强食者,而是意指具有最大的社会效用者"(同上)。

正义规则框架中接受评断和经受检测的,那么我们就会获得一种否定性的正义标准(a negative criterion of justice),尽管这不是一种肯定性的正义标准(a positive criterion of justice)。正是这种否定性的正义标准,能够使我们通过逐渐否弃那些与整个正义规则系统中的其他规则不相容合的规则,而渐渐趋近(虽然永远也不可能完全达到)一种绝对正义的状态。"①

---

① 哈耶克:《自生自发秩序与第三范畴:人之行动而非人之设计的结果》,载《哈耶克论文集》,邓正来选编/译,首都经济贸易大学出版社 2001 年版,第 371—372 页。

附 录

关于哈耶克理论脉络的若干评注
——《哈耶克论文集》编译序

哈耶克与他的世纪
——《哈耶克论哈耶克》导论/Stephen Kresge 著 邓正来 译

关于哈耶克理论脉络的若干评注
——《哈耶克论文集》编译序[*]

一、引言：一个值得重视的事例

1997年，我经由很大的努力翻译出版了20世纪西方最重要的自由主义理论家弗里德利希·冯·哈耶克于1960年——亦即穆勒发表《论自由》一书整整100年以后——出版的 The Constitution of Liberty（亦即《自由秩序原理》）[①]一

---

[*] 本文最早发表在《开放时代》2001年第1期。
[①] 哈耶克著：《自由秩序原理》，邓正来译，三联书店1997年版；这里需要强调指出的是哈耶克此书的译名问题。一如我们所知，该书引入汉语世界以后，该书书名的译法极不统一：台湾周德伟等人将其译作《自由的宪章》、刘锋在译霍伊《自由主义政治哲学》一书时将其译作"自由宪法"（三联书店1992年版）、我将其译作《自由秩序原理》（三联书店1997年版）、而杨玉生等人仍将其译作《自由宪章》（中国社会科学出版社1999年版）。当然，该书书名的译法不同，不只是翻译择词的问题，而更是对哈耶克自由主义社会理论和知识观的理解问题，而我之所以主张译作《自由秩序原理》，个中的详尽缘由请参见拙文《〈自由秩序原理〉抑或〈自由的宪章〉：哈耶克 The Constitution of Liberty 书名辨》（载拙著：《自由与秩序：哈耶克社会理论的研究》，江西教育出版社1998年版）；在这里，我仅征引哈耶克本人在《法律、立法与自由》中所提供的一个说明以及我本人对它的理解，以期有助益于读者对此一问题的理解："如果我早在出版 The Constitution of Liberty 一书时就知道我会着手本书所试图进行的研究工作，那么我就会把那部著作的标题留下来，用在现在这部书上。我在当时采用 constitution 一词时，是在该词的广义上使用这个词的，其间我们亦用它来指称人的适宜的状态（the state of fitness of a person）。只是在现在这部书中，我才致力于回答这样一个问题，即什么样的宪法性安排（constitutional arrangements），即法律意义上的宪法性安排，才可能对维护个人自由有最大的助益"（"导论"第5页）。哈耶克这段晚出的关键文字，按照我个人的理解，至少向我们揭示了理解 The Constitution of Liberty 这一书名的两个要点：首先，这个书名中的 constitution 乃是指人的适宜的状态，即个人的自由状态或集合意义上的自由秩序；同时他通过这个书名所试图表达的乃是 The Constitution of Liberty 这本书的研究对象，一如他在该书的第一章开篇所指出的，"本书乃是对一种人的状态的探究；在此状态中，一些人对另一些人所施以的强制在社会中被减至最小可能之限度"。当然，"自由秩序"这个研究对象不同于《法律、立法与自由》所确立的具体研究对象，因为后者的具体研究对象或试图回答的具体问题乃是什么样的宪法性安排才可能对维护个人自由有最大的助益。其次，哈耶克的上述说明文字还表明，他乃是在两个不同的层面上处理前后两本书的具体研究（转下页）

书。1999年,我读到了一篇由香港中文大学石元康教授撰写的题为《海耶克论自由与法治》的文章①;石元康的论文所论涉的题域和所确定的论题,无疑是极为重要的,然而他在该文的论述过程中对下述两个问题的处理却令我在阅读的时候感到极大的困惑和不解②。

第一,该文的标题虽说是"海耶克论自由与法治",但是全文却只以哈耶克《自由秩序原理》一书中的观点为讨论对象,仿佛哈耶克在此后于1967年出版的《哲学、政治学与经济学的研究》(Studies in Philosophy, Politics and Economics)、1978年出版的《哲学、政治学、经济学与观念史的新研究》(New Studies in Philosophy, Politics, Economics and the History of Ideas)这两本论文集以及他于1973年、1976年和1979年发表的《法律、立法与自由》(Law, Legislation and Liberty)全三卷③都与"自由与法治"这个题域或论题不涉似的,

---

(接上页)对象的,即从重述古典自由主义原则的层面向主要是重构法律制度的层面的转换,后者乃是在文化进化规则系统限度下的论题。50年代,哈耶克对自由遭受威胁的问题有一个基本的判断,即在过去,"人们只是模糊地认识到了这一理想或者说不尽完善地实现了这一理想;因此,如果要使这一理想成为解决当下问题的指导,就必须对其做出进一步的厘定和阐明"。正是这种判断,决定了哈耶克在阐释原则的层面上研究人的自由秩序的问题;当然他也对一些重大的政策进行了分析,然而这种分析充其量也只是"对这些原则的验证"。到了六七十年代,哈耶克日益认识到,要对那些以制度作为基础的支配着当下西方人的种种信念做出重大的修正,仅诉诸于原则的阐释和寄希望于社会的道德是不充分的,这是因为那些信念所依凭的原本旨在保护个人自由的宪政制度已无法实现它们的目的,所以必须从原则阐述的层面转向变革这些制度的层面,而这就是哈耶克所谓的文化进化下的"制度性发明"(institutional invention)。正是基于上述我对哈耶克说明的解读,我认为应当把哈耶克社会政治理论下的 constitution 理解成一种"秩序",而把整个书名译作"自由秩序原理";综而述之,采用这个译名,一是为我们理解作为一位纯粹经济学家的哈耶克转向研究社会政治哲学的学术旨趣留下了可能的空间;二是符合哈耶克社会政治理论的内在理路;三是完全符合哈耶克本人对这一书名的说明,最后也不含译者对哈耶克社会政治理论的任意限定。

① 参见石元康:《海耶克论自由与法治》,载香港中文大学中国文化研究所编:《二十一世纪》1999年12月号,第76—89页。
② 我在阅读石元康的这篇论文时确实对其间反映出来的两个问题极感困惑和不解,而且也正是立基于这个原因,在同ego约我对石元康这篇论文写一篇评论文章的时候,我婉言谢绝了。实际上,石元康这篇论文所讨论的论题,极具理论上的意义,但是坦率地讲,论题的重要性,并不能够证明对这个论题所做的任何讨论也是重要的。我显然不可能在这里对这个论题展开详尽的讨论,但是我至少可以指出这样一个事实,即哈耶克法治观的具体论辩的确立,乃是以他对"唯理主义的自然法"和"法律实证主义"的批判为依凭的,而且也是在他对"正义与权利"、"权利法案"以及"法律与立法"进行讨论的过程中展开的,更是以他所阐发的"理性有限"的文化进化论为哲学基础的;由此我可以提出一个相关的问题,即哈耶克为什么不诉诸"权利"而主张"法治"呢? 不论哈耶克的观点正确与否,我个人认为,只要一个论者在讨论哈耶克的"自由与法治"观的时候,无视这个"为什么"的问题以及构成这个问题的理据,那么这样的讨论就很难说不是一种简单化的处理。
③ 需要指出的是,哈耶克在1960年出版了《自由秩序原理》一书以后并没有停止他的思考,而是在历经十多年的努力以后分别于1973年、1976年和1979年——亦即他的八十岁生日之际——发表了他的最后一部系统性的学术巨著: Law, Legislation and Liberty 全三卷;这部 (转下页)

然而事实绝非如此,因为这个论题或题域恰恰是哈耶克在这些论文和著作中所讨论的核心问题之一。**更为重要的是,哈耶克在 1960 年以后对他于 1955 年在开罗所做的"法治的理想"演讲中把英国的法治观念简单地比附成欧洲大陆的法治国(Rechtsstaat)传统的做法①进行了修正**,正如 Jeremy Shearmur 在 *Hayek and After* 一书中对哈耶克法律观点的转换所做的极为精彩的概括:哈耶克在 1967 年发表的《政治思想中的语言混淆》一文和《法律、立法与自由》一书中对法律发展所给出的解释,与其早期的解释全然不同;尽管哈耶克晚期的解释与此前的解释在性质上相同,但是他讨论这个问题的方式则表明他已不再根据欧陆法典化法律的方式去看待法律,而是根据普通法的方式去看待法律②。

第二,石元康在该文中多处征引著名政治哲学家 John Gray 的观点以证明他对哈耶克的批评是正确的。从学术研究的角度来讲,这种做法不仅是正常的,而且也是极为必要的;更为重要的是,在我看来,哈耶克的观点,一如任何其他论者的学术观点,也是可以批判的。但是值得我们注意的是,石元康在该文中只是征引了 John Gray 写于 1981 年的一篇论文,实际上 John Gray 于 1980 年至 1983 年期间共写了五篇专门讨论哈耶克思想的论文③;而更为紧要的是,他甚至还在 1984 年出版了一部研究哈耶克思想的专著:《哈耶克论自由》(*Hayek*

(接上页)重要著作大体上依据"法律、立法与自由"这个总标题所关涉的庞大主题而相应地被分成三卷:第一卷为《规则与秩序》(*Rules and Order*)、第二卷是《社会正义的幻象》(*The Mirage of Social Justice*)、第三卷则是《自由社会的政治秩序》(*The Political Order of a Free People*)。《法律、立法与自由》(全三卷)由中国大百科全书出版社于 2000 年出版,邓正来、张守东和李静冰译。

① 这里需要指出的是,哈耶克于 1955 年在开罗所做的"法治的理想"演讲,实际上就是哈耶克 1960 年《自由秩序原理》一书中关于法治论述的基本大纲。

② 参见 Jeremy Shearmur, *Hayek and After: Hayekian Liberalism as a research programme*, London and New York: Routledge, 1996, p.92.

③ John Gray 于 1980 年至 1983 年期间共写了五篇论文,它们是:"F. A. Hayek on Liberty and Tradition," *The Journal of Libertarian Studies* 4 (Spring 1980), pp. 119–137; "Hayek on Liberty, Rights and Justice," *Ethics: Special Issue on Rights*, 82, No. 1, October 1981, pp.73–84; "Hayek on Spontaneous Order," Unpublished paper presented to The Carl Menger Society Conference on Hayek, London, 30 October 1982; "F. A. Hayek and the Rebirth of Classical Liberalism," *Literature of Liberty*, Vol. V, No. 4, Winter 1982, pp. 19–66; "Hayek as a Conservative," *The Salisbury Review*, Summer 1983. 这里值得我们注意的是,John Gray 的确在 1989 年发表了一部讨论各种自由主义的论文集,而且其中也收入了一篇他对哈耶克思想的讨论文章,即"Hayek on Liberty, Rights and Justice," 但是这篇论文却是他于 1981 年发表在 *Ethics: Special Issue on Rights*, 82, No. 1 (October 1981: pp.73–84) 之上的。

on Liberty)①。在这部著作中,John Gray 对哈耶克的自由主义思想做出了如下的一般性评价,即"本项研究的一个主要论点认为,哈耶克的论著阐发了一个思想体系,其抱负之宏大完全可与穆勒和马克思的思想体系相媲美,但是却远不如它们易于受到批判,因为哈耶克的体系乃是以一种在哲学上站得住脚的有关理性之范围和限度的观点为基础的。……仅依据上述理由,哈耶克的论著就有资格命令(command)哲学家、社会理论家和政治经济学家给予其以批判性的关注。更为根本的是,哈耶克的论著开启了社会哲学中的范式转换并在社会理论中启动了一项新的研究纲领。"②当然,哈耶克所提出的法律只要遵循法治的一般性原则就必定能够保障个人自由的观点,招致了最严厉的批判,但是在我看来,这些批判却是对哈耶克法治与自由的深刻观点所做的一种极为错误的认识。关于这个问题的具体讨论,我个人认为,John Gray 对上述批判观点所做的反批判对我们较妥切地理解哈耶克的观点极具启示意义,因为在 1984 年以前,他确实不仅赞同上述批判观点而且本人也对哈耶克的法治观进行了批判,但是在历经 4 年的思考以后他却坦承了自己在认识哈耶克法治理论方面的贫困和错误,正如他明确坦言的那样,**这种批判"最强有力的提出者是 Hamowy 和 Raz,而且还得到了我的一些早期论文的赞同,而我现在认为,它只是对康德式普遍性标准在哈耶克哲学法理学中的作用和性质所提出的一种贫困且错误的认识"**③。颇为遗憾的是,石元康的论文却没有注意到 John Gray 对他自己先前观点所做的这一重大修正。

需要强调指出的是,我之所以在这里举出这个事例,并不是因为我赞同或不赞同石元康论文中的具体论辩——其实我是否赞同他的具体论辩这一点在这里并不重要,而是因为我经由分析以后认为,这个事例当中所存在的问题更加证实了我在此前所意识到的"有关思想过程分析"的重要性。我在《知与无知的知识观:哈耶克社会理论的再研究》一文的开篇中指出,"在这种'知识增量'的视角下,我们可以将'哈耶克的社会理论研究'置于相关理论脉络之中进行考量,并经由这些'设定'的理论脉络而揭示出他的社会理论所具有的知识贡献以及对我们认识社会的启示意义,亦即哈耶克立基于苏格兰启蒙思想传统和主张

---

① John Gray, *Hayek on Liberty*, Oxford: Basil Blackwell, 1984.
② 同上书, p. x.
③ 同上书,第 62 页。

个人行为规则可以被视为承载着有关人类与社会的知识的工具的洞见而引发的当代社会哲学发展过程中的重大的'认识论转向'(epistemological turn)，以及经由确立与自生自发社会秩序理论紧密相关的文化进化理论这一范式转换而产生的'进化论转向'(evolutionary turn)，当然这也是我撰写'哈耶克社会理论的研究'那篇论文所试图达到的目的。但是，我们必须承认，这样一种我所谓的'知识增量'的研究路径，尽管在互文性的思考方面极具意义，然而在相当大的程度上却是以'外部设定'的学术衡量标准或各种理论彼此之间的关系为其限度的，所以依据这种研究路径所获致的'哈耶克社会理论'，乃是将哈耶克学术研究过程的'时间之箭'以及其间所隐含的理论问题之转换或拓深的过程'悬置'起来而达致的结果；换言之，这种'非时间'的阐释论式必定会在某种程度上将哈耶克跨度长达60多年且经历了相当大的知识立场转换的繁复研究化约或简化为一个相当同质性的整体性的'哈耶克研究'。正是对这种'知识增量'研究路径的意义和限度的认识，为我撰写这篇以时间为维度的'哈耶克社会理论的再研究'论文做出了知识上的规定。"① 再者，由于上文所举的那个事例，从中国当下的学术研究情势来看，并不是一个特殊的事例，而是一种相当普遍的现象，据此我认为，这个典型事例还给当今的中国学术研究带来了一种有着相当普遍意义的启示，**因为在思想或观点存有"时间过程"的情况下，不论出于什么样的原因而将这种"时间过程"悬置起来或不加严格限定的做法，都会使研究者无法有效地洞见到被研究者在"时间过程"中所隐含的理论问题之转换或理论观点之修正和拓深的过程。**

二、选译《哈耶克论文集》的目的和形式框架

正是对上述问题的认识和力图反映哈耶克在1960年《自由秩序原理》和最后一部系统性巨著《法律、立法与自由》(全三卷)这一跨度长达25年的岁月②

---

① 参见拙著：《自由与秩序：哈耶克社会理论的研究》，江西教育出版社1998年版，第70—71页。
② 我之所以把这段时间确定为25年，主要原因是我认为哈耶克关于这个问题的讨论应当起始于1955年他在开罗所做的"法治的理想"演讲；我曾经在《〈自由秩序原理〉抑或〈自由的宪章〉：哈耶克 The Constitution of Liberty 书名辨》一文中指出，"1854至1855年的冬春时节，当时代最重要的思想家之一的穆勒，因健康的缘故前往意大利和希腊旅游疗养，并在罗马的Capitol山散步时获得了撰写《论自由》一书的灵感，于1859年诞生了在以赛亚·伯林看来'建立了近代自由主义'的伟大论著。在100年以后的1955年，本世纪一位在我看来确立了当代自由（转下页）

中所经历的相当繁复的知识立场转换过程和理论观点修正过程,致使我在翻译出版了哈耶克《自由秩序原理》和《法律、立法与自由》以后,决定继续选编和翻译一本能够反映哈耶克在此一期间思想发展过程的《哈耶克论文集》;正是从这个角度出发,我们也可以说,"力图反映哈耶克思想发展过程"就是我选编和翻译这本《哈耶克论文集》的目的之所在。

一如前述,从哈耶克建构其自由主义理论的内在逻辑上看,哈耶克所著的《自由秩序原理》与《法律、立法与自由》这两部著作之间存在着极为紧密的关系。二者之间的这种紧密关系,可以明确见之于哈耶克本人在1979年为《法律、立法与自由》第三卷"自由社会的政治秩序"所撰写的序言中对此所做的交代,"或许我还应当再次提请读者注意,本书的意图决不在于对那些可以使自由人的社会得以维续的基本原则给出完全或全涉的阐释或揭示,而毋宁是对我在完成前一部论著以后发现的一些缺失做些许弥补;我的前一部著作就是 The Constitution of Liberty(即《自由秩序原理》)——在那部著作中,我曾力图以一种适合于当代问题和当代思想的形式向当代的读者重述传统上的各种古典自由主义原则或原理。因此,本书与《自由秩序原理》相比,阐释较欠系统、撰写更为困难、观点也更具个人性和(一如我希望的那般)更具原创性。但是,显见不争的是,本书只是对《自由秩序原理》一书的补充而非取代。因此,我建议非专业读者先读《自由秩序原理》那本书,然后再阅读我就这三卷本试图予以解答的那些问题所做的更为详尽的讨论或更为具体的论辩。需要指出的是,这部三卷本的论著所意图解释的乃是这样一个问题,即为什么我依旧认为那些长期以来一直被视作是过时了的信念要远胜于任何试图替代这些信念的并在晚近较受大众青睐的论

(接上页)主义的重要学者,在编辑评注穆勒于当年旅游期间书写的大量但却未发表的书信的过程中,偕夫人沿穆勒百年前在欧洲的游历路线重游,甚至按照穆勒在自传中的说法,专门前去穆勒产生撰写《论自由》一书的灵感的地方散步,期求获得同样的灵感;这个学者就是本世纪西方最著名的自由主义学术团体'朝圣山学社'(The Mont Pelerin Society)的领袖人物和后来在1974年与缪尔达尔一起赢得诺贝尔经济学奖的弗里德利希·冯·哈耶克。虽说哈耶克因穆勒所撒的小谎而未能在散步的时候获得灵感,但他却在紧接着去埃及开罗讲学的过程中形成了撰写一部研究'自由'问题的著作的计划(参阅 S. Kresge and L. Wenar, ed. *Hayek on Hayek: An Autobiographical Dialogue*, Routledge, 1994, pp. 129 - 130);这样,他在1959年六十岁生日那天——亦即穆勒出版《论自由》的整整100年以后,杀青了他集中撰写了4年的 *The Constitution of Liberty*;他给自己的生日献了一份寿礼,也给我们贡献了一份宝贵的、至少是值得我们严肃研究的思想财富"。参见拙著:《自由与秩序:哈耶克社会理论的研究》,江西教育出版社1998年版,第140—141页。

说或原则。"①

然而值得我们注意的是,上述两部著作实际上只构成了(或者简化为)哈耶克于此一期间思想脉络的两极,而不是这一思想脉络的"关系链";真正构成这一思想脉络"关系链"的,在我看来,实是哈耶克自20世纪50年代下半叶起在对自生自发社会秩序之可欲性所做的整体性研究的基础上为出版《法律、立法与自由》这部著作而撰写的涉及不同题域和不同学科的一系列极为重要的预备性研究论文,而其中的绝大部分论文都收录在了他自己选编并于1967年出版的《哲学、政治学和经济学的研究》(*Studies in Philosophy, Politics and Economics*)和1978年出版的《哲学、政治学、经济学和观念史的新研究》(*New Studies in Philosophy, Politics, Economics and the History of Ideas*)这两本论文集当中。我的这个判断,在很大程度上是以哈耶克本人所给出的下述两个解释为依凭的:第一,他在《法律、立法与自由》第一卷的序言中指出,"如果有读者急于知道本卷论辩在后两卷中的展开过程,那么他在阅读本卷的同时也可以参阅我在构思本书的漫长岁月中所发表的一系列预备性研究论文,并从中获致某种提示。这些预备性研究论文,部分收录在我于1967年出版的《哲学、政治学和经济学的研究》论文集之中"②;第二,他在《哲学、政治学、经济学和观念史

---

① 参见哈耶克《法律、立法与自由》第三卷"序言",中国大百科全书出版社2000年版,邓正来等译,第264页;此外,需要指出的是,尽管哈耶克自由主义社会哲学体系的建构,在某种意义上是以1937年发表的著名论文《经济学与知识》至1960年出版的巨著《自由秩序原理》这一期间所提出的一系列重要论点为依凭的,正如他本人在60年代发表的一篇论文中所给出的提示一般:"我关于人在新的和不可预见的情形的生活中协调持续性行动需要抽象规则所做的论述,甚至更适用于具体情势中许多不同个人的行动的协调,这些情势只在部分上为每个个人所知道,而且也只有在它们出现的时候才能为他们所知道。这导使我达致,在我个人的学术发展中,我进行所有反思的出发点,而且它或许可以解释为什么我……从专门经济学转入了对所有那些常常被视为哲学的问题的探究。回顾这些变化,这似乎始于我将近30年前所发表的'经济学与知识'的论文;在这篇论文中,我考察了在我看来纯粹经济学理论所具有的一些核心困难。该文的主要结论是,经济学理论的任务乃在于解释一种经济活动的整体秩序(overall order)是如何实现的,而这个过程运用了并非集中于任何一个心智而只是作为无数不同的个人的独立的知识而存在的大量知识。但是,从这一认识到获致下述恰当的洞见还有很远的路要走,即个人在其行动中遵循的抽象规则与作为个人回应(亦即在那些抽象规则加施干他的限度内对所遇到的具体而特定的情势所作的回应)的结果而形成的抽象的整体秩序之间关系的洞见。……我达致了我所认为的一幅关于自生自发秩序之性质的全新图景"(参见哈耶克于1965年发表的《理性主义的种类》一文,载《哈耶克论文集》,邓正来选编/译,首都经济贸易大学出版社2001年版),但是显而易见,对这个期间的论点进行翻译和讨论却不是这部《哈耶克论文集》所能承担的任务。

② 哈耶克:《法律、立法与自由》第一卷"序言",邓正来等译,中国大百科全书出版社2000年版;这里需要指出的是,哈耶克本人之所以在《法律、立法与自由》第一卷的序言中只提到1967年出版的《哲学、政治学和经济学的研究》一本论文集,这完全是因为第一卷出版的时间是1973年,而《哲学、政治学、经济学和观念史的新研究》的论文集只是在1978年才得以面世,所以在1973年的时候他不可能让读者去参阅1978年出版的论文集。但是,我们在今天研究哈耶克这段时间的思想和他的《法律、立法与自由》三卷本时,当然应当同时参阅这两本论文集了。

的新研究》这本论文集的序言中指出,"我在过去十年中所发表的绝大部分文字,都是我为《法律、立法与自由》那部著作所做的预备性研究"①。

再者,我之所以持有上述判断,在某种程度上也是以我本人对哈耶克这两部论文集的研究为依凭的:第一,哈耶克在这两部预备性研究论文集中,**对此前简单论涉到的某些具有极为重要意义的观点做了更为详尽且系统的阐释**,比如说对社会秩序分类学、行动结构与规则系统之框架、有限民主与无限民主之论题、社会正义的批判等一系列问题做出了详尽且系统的阐释;第二,哈耶克在这两部论文集中还**对某些已然阐明的观点做出了相当重要的修正**,比如说对"欧洲大陆法治观"的否弃并提出了"普通法的法治观"、对"人之行动而非人之设计"第三范畴的系统阐释等;第三,哈耶克在这些论文中更是提出了一些新的观点,比如说对最高权力进行分权的制度安排做出了阐释、确立了规则研究范式、详尽阐发了规则检测"一致性"和"相容性"的否定性正义标准等。因此,从我所确定的上述目的来看,哈耶克所出版的这两部论文集便构成了我选编和翻译《哈耶克论文集》的基本范围。

从哈耶克《哲学、政治学和经济学的研究》和《哲学、政治学、经济学和观念史的新研究》当中,我选译了 23 篇主要与我所确定的选编目的相关的论文,并且根据我对哈耶克自由主义理论的研究,还收入了另外两篇极为重要的论文:一是《自由秩序原理》的"跋文";二是《法律、立法与自由》的"跋文"。此外,基本上根据哈耶克所提供的篇目范畴,我还为由这 25 篇论文构成的《哈耶克论文集》确定了这样一个形式框架:第一编是政治学和法学、第二编是哲学和社会科学、第三编是经济学和历史学,最后则是附录;在附录中,除了收入上述两篇重要的"跋文"以外,我还专门选编了一份供论者研究参考的"哈耶克主要作品及研究参考文献"②。

在我对选译这些论文的理据——亦即它们与我在上文所说的"关系链"的关系——进行简要的讨论以前,我想在这里先对下述两个与选目有关的问题做一点说明。

首先,一如前述,我在《哈耶克论文集》中编入了另外两篇论文:一篇是《自

---

① 参见 Hayek, *New Studies in Philosophy, Politics, Economics and the History of Ideas*, Routledge & Kegan Paul, 1978, "Preface," p. vii.
② 坦率而言,这种学科归类的编目方式乃是相当武断的,实际上哈耶克本人在编辑 *New Studies in Philosophy, Politics, Economics and the History of Ideas* 一书时也承认他的一些论文较难确定归入何种范畴(参见该书"序言")。除此之外,需要指出的是,我几乎还为所有论文中的重要观点都特别撰写了"按语"和"译注",以期使读者能够更好地理解哈耶克各篇论文中的重要观点在理论上的或事件上的基本脉络。

由秩序原理》一书的跋文《我为什么不是一个保守主义者》;还有一篇则是《法律、立法与自由》三卷本的跋文《人类价值的三个渊源》。一如我们所知,哈耶克对建构论唯理主义进行了一以贯之的批判,同时还坚定地信奉文化进化或进化论自由主义的认识进路,然而正是出于这个缘故,一些论者往往将哈耶克的思想混同于保守主义的思想,正如哈耶克本人在本书所收入的"建构主义的谬误"一文中明确指出的那样,"我不得不即刻提请你们注意,你们当中的保守主义者,尽管在此刻之前一直感到欣喜不已,但是现在却很可能要感到失望了,因为从我在上文中提出的种种观点中得出的恰当结论根本就不可能是这样一种结论,即**我们会极有信心地接受所有传统的和旧有的价值**;当然,它更不可能是这样一种结论,即**人类社会生活中会存在一些科学不予质疑的价值或道德原则**。那些试图理解社会发挥作用的方式并力图发现社会中可以改进之处的社会科学家必定会主张这样一项权利,即以批判的方式对我们社会中的每一项价值进行检考甚或裁定。从我所论的观点中,实际上只能得出这样一个结论,即**我们决不能在同一个时刻质疑社会中所有的价值**。"① 立基于此,我认为选编哈耶克

---

① 有关哈耶克自由主义哲学的性质,相当繁复;仅就西方论者对此所做的解释而言,我曾经在《哈耶克社会理论的研究:〈自由秩序原理〉代译序》一文中指出,其间较具典型意义的乃是保守主义的解释,"这种解释认为,尽管哈耶克本人在《自由秩序原理》著名的跋文中明确阐说了他为什么不是一个保守主义者的理由,但是,如果我们赞同 K. Minogue 有关保守主义道德论辩的定义,即把它视作一种不仅强调业已确立的传统的价值而且也旨在阐释那些反对个人理性能充分证明和指导人类事务之主张的哲学论辩(K. Minogue 有关保守主义的讨论,参阅他在 P. Edwards 所主编的 *The Encyclopaedia of Philosophy*, London, 1967, Ⅱ, pp. 195 - 198 所撰写的'保守主义'条目;又参阅《布莱克维尔政治学百科全书》'保守主义'条目,中国政法大学出版社1992年版,邓正来主编译,第 157—160 页),并根据此一定义来检视哈耶克的自由主义哲学,那么我们可以说,哈耶克本人给出的那些理由并不能使他豁免于论者们依旧视他为一个保守主义者,这是因为哈耶克关于规则系统文化进化过程所具有的理性不及的性质与个人理性的限度的认识,不仅使哈耶克得出了个人无法根据理性完全证明社会和规则之正当性的结论,而且还致使他强调传统和社会秩序的重要性,换言之,在哈耶克那里,业已确立的传统的正当性乃植根于它的理性不及的性质和它所具有的独一无二的调适价值;就此而言,哈耶克凸显出了他的自由主义哲学的保守主义一面。当然,我们在这里需要强调指出的是,由于哈耶克的保守主义所试图守成的自发社会秩序乃是一种抽象的秩序,所以它并不是那种以 R. Scruton 为范例的'实质的保守主义'(substantive conservatism),而毋宁更趋近于以 Oakeshott 为代表的'抽象的保守主义'(abstract conservatism)"。参见拙著:《邓正来自选集》,广西师范大学出版社 2000 年版,第216—217 页;而关于抽象保守主义,参见 Oakeshott, *Rationalism in Politics and Other Essays*, London: Methuen, 1981;关于实质保守主义,请参见 R. Scruton, *The Meaning of Conservatism*, 2nd ed., London: Macmillan, 1984;他们两者间的区别,主要在于他们所守成的对象完全不同:抽象保守主义者主要欲求坚持的乃是一种人的互动方式,在 Oakeshott 看来,这种方式并不是由他所谓的"文明结社"的政治结构所产生的,而是在其间得到维续的;然而,Oakeshott 的这种抽象保守主义与 R. Scruton 的保守主义不尽相同,这主要是因为后者较少关注特定结社方式的维续,而更关注现存文明秩序的维护。R. Scruton 认为,保守主义所应当维护的必须是合法建构的实际存在的文明秩序,因此保守主义的使命便在于反对和防阻这种状态的丢失。

"我为什么不是一个保守主义者"的论文,不仅是可欲的,而且也是必要的,因为正是在这篇论文中,哈耶克比较明确地阐明了他所主张的自由主义与保守主义的区别。而我之所以将他的"人类价值的三个渊源"一文选编进来,则是因为这篇论文可以说是哈耶克本人对指导他研究的理论思想所做的最为系统且最为集中的交代,读者可以经由这篇经典文献而把握到制度进化观在哈耶克理论中的重大意义;一如哈耶克本人在1979年《法律、立法与自由》第三卷"序言"中所指出的,"虽然我相信自己现在多少算是实现了夙愿,可是在流逝的那段漫长的岁月里,我的思想又有了进一步的发展,因此,在没有能够对我的思想的发展脉络做出基本交代的情况下,我仍有些不愿意把它(即《法律、立法与自由》第三卷)拿出来发表,因为这部著作毕竟是我的最后一部系统性的著作了。出于这个考虑,我不仅在原本拟定的最后一章文字中增加了许多对我在此前提出的论辩所作的——亦即我所希望的——精炼的重述,而且还认为有必要加写一个跋文,以期用一种较为直接的方式阐明那个在我的整个事业中始终指导着我的道德进化观和政治进化观。"①

其次,我在《哈耶克论文集》中只选译了哈耶克的两篇经济学论文:一是1962年发表的《经济学、科学与政治学》;二是1968年发表的《作为一种发现过程的竞争》。我之所以只选译两篇经济学论文,其原因主要有二:第一,哈耶克在研究的过程中一以贯之地主张一种跨学科的研究,一如他本人在《自由秩序原理》一书中所言:"我们必须把关于自由的哲学、法理学和经济学综合交融为一体,或者说为了增进我们对自由的洞见,我们必须把哲学、法理学和经济学综合起来对自由进行探究"②;因此,为了"更充分地洞见个人在其行动中遵循的抽象规则与那种抽象的整体性秩序之间的种种关系"③,哈耶克并不只限于关注经济学,而主要是关注政治学、社会学、法理学、历史学和心理学方面的相关问题。第二,我选译《哈耶克论文集》的目的和篇幅在某种程度上也限制了我在这方面的选择;众所周知,哈耶克在《自由秩序原理》与《法律、立法与自由》这一时段期间主要关注的是自由主义理论、法律理论和整体社会哲学的建构,因此

---

① 哈耶克:《法律、立法与自由》第三卷"序言",邓正来等译,中国大百科全书出版社2000年版,第261—262页。
② 哈耶克:《自由秩序原理》"导论",邓正来译,三联书店1997年版,第7页。
③ 参见哈耶克于1965年发表的《理性主义的种类》一文,载《哈耶克论文集》,邓正来选编/译,首都经济贸易大学出版社2001年版。

我也就把选译的范围大体限定在了哈耶克关于政治学、法学和哲学等研究题域的方面。

三、关于哈耶克理论发展的若干评注

在对哈耶克理论发展中的问题展开讨论之前,我认为极有必要对一个前提性问题做出限定。我曾经在其他研究哈耶克思想的论文中反复指出,**哈耶克在其理论建构过程中所达致的一系列重要命题,乃是在我称之为的哈耶克关于"知与无知的知识观"的转换的逻辑脉络中和有关进化论的理性主义与建构论的唯理主义框架中展开的,而且也是在其间得以实现的**①。哈耶克在"分立的个人知识"经"知道如何"(know how)的默会知识再到"无知"概念的转换过程中,达致了从"知"意义上的主观知识观向"无知"意义上的"超验"知识观的转化——这可以典型地表述为从"观念依赖"到"观念决定"再转向"必然无知"或"理性不及"的发展过程;并且在批判建构论唯理主义的过程中逐渐形成了他所主张的**明确限定理性范围和理性存于文化进化过程之中的进化论理性主义**。因此,在理解和把握哈耶克思想发展过程的时候,我们无论如何都不能忽略哈耶克知识观的转换过程,然而考虑到我在《知与无知的知识观:哈耶克社会理论的再研究》的长文中已经对这个问题做出了比较充分的阐释,故此处也就不再赘述了②。

立基于上述考虑,本文将着重讨论哈耶克在建构其法律理论和政治理论的过程中所提出的下述几个在我看来比较重要的问题:(1)哈耶克"社会秩序分类学"的建构;(2)哈耶克"行动结构与规则系统"框架的确立;(3)三分观的确立与"文化进化"命题的阐发;(4)从"无限民主"的批判到"有限民主"的确立;(5)对社会正义的批判与否定性正义的确立;(6)从欧洲大陆法治国向普通法法治国的转换;(7)哈耶克关于自由主义与非西方或发展中国家间关系的讨论。显而易见,对这些问题进行讨论乃是一项值得为之付出努力的工作,但是我却必须承认,我不可能在这样一篇导读性的论文中对上述每一个问题都做

---

① 参见拙文:《知与无知的知识观》,载拙著:《自由与秩序:哈耶克社会理论的研究》,江西教育出版社1998年版,第85—86页。
② 同上书,第69—139页。

出详尽的分析和探究。在这里,我所能够做的主要是通过征引哈耶克不同时段的论述而将它的演化时间顺序基本交代清楚、将其间所隐含的某些重要问题开放出来并且揭示出它们可能具有的重要意义;我相信,这样一种论述方式可以为论者在认识和研究哈耶克思想的时候提供某种颇有意义的线索,同时也能够大体上反映出哈耶克基本观点的发展理路。

(一) 哈耶克"社会秩序分类学"的建构

哈耶克在1960年出版的《自由秩序原理》一书中讨论自生自发秩序的时候论涉到了**命令的秩序与非命令的秩序之间的区别**①,但是我们必须指出,尽管哈耶克此时的讨论已经确立了"进化论的理性主义与建构论的唯理主义"框架,然而这还不足以为他的社会理论明确建构起一种"社会秩序的分类学"。根据我的研读,正是在本书所收入的哈耶克于1966年"朝圣山学社"发表的《自由社会秩序的若干原则》一文中,哈耶克第一次明确阐发了这个问题,他当时指出,"自生自发秩序乃是以那些允许个人自由地运用他们自己的知识去实现自己的目的的抽象规则为基础的,而组织或安排则是以命令为基础的。**对这两种秩序进行明确的界分**,对于我们理解自由社会诸原则来说有着特别重要的意义……特别需要指出的是,尽管一个自由社会的自生自发秩序中亦包含有许多组织(甚至包括最大的组织即政府),但是这两种秩序原则却无论如何不能按照我们所希望的那种方式被混淆。"②

当然,在本书所收入的哈耶克于1967年撰写的《政治思想中的语言混淆》一文中,哈耶克可以说更为明确地建构起了他的"社会秩序分类学"。他在该文中指出,**所有社会型构的社会秩序不是生成的就是建构的:前者是指"自生自发的秩序"**(spontaneous order),而后者则是指"**组织**"(organization)或者"**人造的秩序**"(a made order)。然而,为了更为确切地指称这两种社会秩序,哈耶克在该文中以及在此后的讨论中开始采用两个希腊术语以强调它们之间的区别:他用cosmos(即"内部秩序")这个术语来指称自生自发的社会秩序,其特征是

---

① 参见哈耶克:《自由秩序原理》,邓正来译,三联书店1997年版,第10章第7节,第199—202页。
② 参见哈耶克于1966年"朝圣山学社"发表的"自由社会秩序的若干原则"一文第9节,载《哈耶克论文集》,邓正来选编/译,首都经济贸易大学出版社2001年版。

这种秩序不具有一种共同的目的序列,所具有的只是每个个人的目的;然而,那种由确定或实现具体目的为特征的组织形式,哈耶克则把它称之为 taxis(即"外部秩序")①。

从哈耶克自由主义理论的建构角度来看,哈耶克"社会秩序分类学"的确立,有着极为重要的意义:第一,它经由揭示社会秩序的"自生自发"类型而使"秩序"这个术语摆脱了晚近政治学和法学赋予它的来自于外部的"控制"或"治理"或"规范"的唯一向度;第二,它为哈耶克日后建构"行动结构与规则系统"框架奠定了最为基本的分类基础,更是为他明确洞见到支配"内部秩序"的"内部规则"(即法律)与支配"外部秩序"的"外部规则"(即立法)之间的区别提供了逻辑上的可能性;第三,只有在此一分类学的基础上,哈耶克才能指出,在这两种社会秩序中,只有自生自发秩序才是自由主义社会理论的"核心概念"②,或者说,"社会理论的整个任务,乃在于这样一种努力,即重构"存在于社会世界中的各种自生自发的秩序,这是因为在哈耶克的分析中,自生自发秩序与组织完全不同,它们的出现和进化以及它们演化扩展赖以为基础的规则机制所具有的非设计性质或非意图性质,必定会引发真正需要解释和理解的问题,因此只有自生自发秩序才需要有相应的社会

---

① 参见哈耶克于1967年撰写的《政治思想中的语言混淆》一文第1节,载《哈耶克论文集》,邓正来选编/译,首都经济贸易大学出版社2001年版。
② 关于哈耶克所主张的"自生自发秩序"这个"核心概念",G. C. Roche 指出,"在很大程度上我们要感谢哈耶克的洞见,是他使我们现在认识到了自由与社会组织的密切关系以及自由与法治的密切关系",因为"'自生自发的秩序'概念是哈耶克最伟大的发现,亦是其法学和经济学的根本原理。这项发现可以追溯到亚当·斯密及其'看不见的手'的比喻,亦即认为'市场'是人类社会内的陀螺仪(gyroscope),它不断产生着自生自发的秩序"(George C. Roche Ⅲ, "The Relevance of Friedrich A. Hayek," in F. Machlup, ed. *Essays on Hayek*, London: Routledge & Kegan Paul, 1977, p. 10);G. P. O'Driscoll 则指出,"自生自发秩序(更确切地可以称为'非设计的秩序')原则,可以被视为经济学的第一原则"(G. P. O'Driscoll, "Spontaneous Order and the Coordination of Economic Activities," in J. C. Wood and R. N. Woods, ed. *F. A. Hayek Critical Assessments* (Ⅷ), London and New York: Routledge, 1991, p. 22);布坎南晚近更是认为自生自发秩序是经济学的唯一原则,但是他却把自生自发秩序与个人利益追求相勾连,认为自生自发秩序亦可以在更广大的社会领域中得到适用,然却不主张将其扩张适用于制度和法律结构层面(参见布坎南:《自由、市场与国家》,平新乔等译,上海三联书店1989年版,第116—17页);当然,John Gray 也指出,"自生自发秩序观念的确切轮廓……是极不明确的,而且它适用的内容和范围亦存在着很大的分歧";他认为,这个观念只是一种"价值不涉"的解释性框架,而不是一种广泛适用的理论概念,因此,当他把这个观念解释成看不见的手的命题、隐形知识首要性的命题和自然选择传统的文化进化命题时,他实际上对这个观念如何支持哈耶克的个人自由观提出了质疑(参见 John Gray, *Hayek on Liberty*, Oxford: Basil Blackwell, 1984, pp. 118-25);然而,Richard Vernon 在对自生自发秩序观念是否具有明确内容的问题做了最认真的文献审察之后却认为,这个观念代表的乃是一种"价值性条件",意指"一种社会中的有序性或互动"(参见 R. Vernon, "Unintended Consequences," *Political Theory*, 1979, 7: 57-73)。

理论的建构①。

(二) 哈耶克"行动结构与规则系统"框架的确立

立基于上述社会秩序的分类学,哈耶克在1973年《法律、立法与自由》第一卷"规则与秩序"中最终指出,**道德、宗教、法律、语言、书写、货币、市场以及社会的整个秩序,都是自生自发社会秩序**②。哈耶克把所有这些社会秩序都归属于同一范畴的预设,显然是它们生成演化的过程极其相似,更具体地说,亦就是它们都不是因计划或设计而生成的,而是"人之行动而非人之设计的结果"。然而,哈耶克又明确指出,**在这种自生自发的社会秩序中,仍然存在着两种无论如何都不能混淆的秩序类型:一是在进行调适和遵循规则的无数参与者之间形成的互动网络的秩序(或称为行动结构);二是作为一种业已确立的规则或规范系统的秩序。**

值得我们注意的是,在1960年以前,哈耶克极少使用"规则"(rule)这个术语,而且也甚少论及这个问题。事实上,他在《感觉秩序》③一书中就是试图不用"规则"这个术语来讨论认知心理学的问题的;只是在1960年出版的《自由秩序原理》一书中,他才开始大量使用这个术语,但却很少对这个术语进行限定。此后,他开始对这个术语进行限定,称之为"行动规则"(rules of action);到了

---

① 关于这个问题,我曾经在《哈耶克社会理论的研究:〈自由秩序原理〉代译序》一文中指出,"哈耶克的社会秩序分类学对于他的社会理论的建构还具有更为重要的意义,这是因为哈耶克的这一分类学为他的社会理论研究对象的建构确立了基础和限度。在哈耶克的分类学中,组织这种社会秩序并不会提出社会理论的问题,从而也不会产生一个具体的社会理论,因为它们的存在和特定的作用能够从那些产生并领导它们的人的意图中得到解释。然而,哈耶克指出,自生自发秩序却与组织完全不同,它们的出现和进化所具有的非计划性质或非意图性,必定会引发真正需要解释的问题,或者必定会引起研究者的好奇心并使之成为确立'一种独特的理论体系'的理由,因此只有在解释自生自发秩序的过程中才需要有相应的社会理论的建构。当然,这些自生自发秩序'并不会把主动进入我们的意识之中,而必须凭靠我们的智力对之进行探索。我们不可能用肉眼看到……这种由颇具意义的行动构成的秩序,而只能够经由不同要素之间所存在的各种关系的探索而从心智上对它加以重构'(哈耶克:《法律、立法与自由》第一卷,中国大百科全书出版社2000年版,邓正来等译,第56—57页),而这样一种'重构'就是社会理论的任务。'社会理论始于——并且拥有一种对象,只是因为——这样一种发现,即人类社会中存在着种种有序的结构,但它们是许多人的行动的产物,而不是人之设计的结果'(同上书,第56页);换言之,社会理论就是对自发社会秩序的系统研究;更具体地说,由于自生自发秩序并不能独立于参与其间的个人行为的常规性或以此为基础的一般性规则而存在,所以哈耶克认为,社会理论的任务乃在于揭示那些只要得到遵循便会导向自生自发秩序的规则及其赖以为基础的常规性,而这也是哈耶克把社会理论或社会科学界定为关于一般性规则的知识的道理之所在。正是从上述社会秩序分类学的建构中,哈耶克渐渐为他的社会理论确立了研究对象并为发展一整套自由主义的社会理论奠定了基础。"参见拙著《邓正来自选集》,广西师范大学出版社2000年版,第190页。
② 参见哈耶克:《法律、立法与自由》第一卷"规则与秩序",邓正来等译,中国大百科全书出版社2000年版,第5页。
③ 参见 Hayek, *Sensory Order*, Routledge & Kegan Paul, 1952。

1967年,他又用"行为规则"(rules of conduct)替代了"行动规则"这个术语,并在其后的著述中一直使用这个术语。显而易见,这个问题绝非只是一个语义学的问题,因为从本书所收入的他于1967年发表的《关于行为规则系统之进化问题的若干评注》一文的副标题"**个人行为规则与社会的行动秩序之间的相互作用**"(The Interplay between Rules of Individual Conduct and the Social Order of Actions)来判断,我们便可以发现,他乃是经由对此一术语的征用而达致对"个人行动者遵循的行为规则"与由此而产生的"社会行动秩序或整体性秩序"的明确界分的①;此外,哈耶克更是在该文的第二节中从九个方面详尽阐释了界分群体的行动秩序与个人的行为规则的必要性,并且经由此一讨论而做出了如下的论辩:"个人行为的规则系统与从个人依据它们行事而产生的行动的秩序,并不是同一事情;这个问题一经得到陈述,就应当是显而易见的,即使这两种秩序在事实上经常被混淆"②,因为**自生自发的社会秩序并不是自然生成的,而是"这些秩序的要素在回应它们的即时环境时遵循某些规则的结果"**,或者说"**只有当个人所遵循的是那些会产生一种整体性秩序的规则的时候,个人对特定情势所作的应对才会产生一种整体性秩序。如果他们所遵循的规则都是这样一些会产生秩序的规则,那么即使他们各自的行为之间只具有极为有限的相似性,也足以产生一种整体性秩序**"③。

哈耶克"行动结构与规则系统"框架的确立,对于我们洞见社会秩序与规则系统之间的繁复关系来说有着极为重要的意义;从哈耶克社会理论的建构来看,我们在这里至少可以指出这样几点:

第一,他的这一努力里程碑似地标示着他在1960年以后对他前此设定的理论命题的转换,亦即从提出"整体性社会秩序乃是经由个人行动者之间的互动和协调而达致的"命题,向确立"**整体性社会秩序不仅是由个人行动者间的互动达致的,而且更是由行动者与表现为一般性抽象结构的社会行为规则之间的**

---

① 参见 T. Lawson,"Realism and Hayek: a Case of Continuous Transformation,"转引自 S. Fleetwood, *Hayek's Political Economy: The socio-economics of order*, London and New York: Routledge, 1995, pp. 83-84;也请参见拙文《哈耶克社会理论的研究:〈自由秩序原理〉代译序》对这个问题的讨论,载拙著:《邓正来自选集》,广西师范大学出版社2000年版,第191—203页。
② 参见哈耶克于1967年发表的《关于行为规则系统之进化问题的若干评注:个人行为规则与社会的行动秩序之间的相互作用》一文,载《哈耶克论文集》,邓正来选编/译,首都经济贸易大学出版社2001年版。
③ 参见哈耶克:《法律、立法与自由》第一卷"规则与秩序",邓正来等译,中国大百科全书出版社2000年版,第65页。

互动而形成的"命题的转换,一如哈耶克在本书所收入的他于1965年发表的《理性主义的种类》一文中比较明确地提出了"个人在其行动中遵循的抽象规则与那种抽象的整体性秩序之间的种种关系"的问题,并且得出结论认为,"那种抽象的秩序乃是个人在那些抽象的规则加施于他的限度内对所遇到的具体而特殊的情形所做出的反应的结果"①。

第二,更为重要的是,尽管哈耶克在1960年《自由秩序原理》一书中已经发展出了一个与此相关的重要命题,即"人的社会生活,甚或社会动物的群体生活,之所以可能,乃是因为个体依照某些规则行事"②,但是这个命题的真正完成则是哈耶克在本书所收入的他于1970年撰写的《建构主义的谬误》一文中提出的观点,即"人不仅是一种**追求目的**(purpose-seeking)的动物,而且还是一种**遵循规则**(rule-following)的动物"③。哈耶克的这个命题的关键之处,乃在于行动者在很大的程度上是通过遵循社会行为规则而把握他们在社会世界中的行事方式的,并且是通过这种方式而在与其他行动者的互动过程中维续和扩展社会秩序的。与此相关的是,我们也可以说这一发展是哈耶克研究知识发现和传播的机制方面的一个转折点,因为**这些社会行为规则不仅能够使行动者在拥有知识的时候交流或传播这些知识,而且还能够使他们在并不拥有必需的知识的时候应对无知**。显而易见,哈耶克在这个过程中获得了最为重要的一项成就,我将之概括成他为其社会理论所建构的认识和解释社会的"规则研究范式",而这也从内在理路上为他建构他的法律理论开放出了最为重要的途径之一。"规则研究范式"的确立不仅意味着人之事件/行动受着作为深层结构的社会行为规则的支配,而且还意味着**对人之行为的解释或者对社会现象的认识乃是一种阐释某种独立于行动者的知识但却切实影响或支配行动者之行动的社会行为规则的问题**,而不是一种简单考察某些刻意的和具体的行动

---

① 参见哈耶克于1965年发表的《理性主义的种类》一文(载《哈耶克论文集》,邓正来选编/译,首都经济贸易大学出版社2001年版)。当然,我认为,我们也可以通过把这两个命题转换成实质性问题的方式来指出它们之间的差异,因为一如我们所知,社会秩序问题的设定所要求的远不止于对这种秩序所赖以存在的条件进行形式层面的描述,而是必须对置身于该社会秩序之中的行动者是如何始动其行动这个实质性问题进行追究;这样,第一个命题便可以转换成行动者是如何在"知"的情形下始动其行动进而维续社会秩序的问题;而第二个命题则可以表述为行动者如何可能在"必然无知"的情形下依旧进行其行动和应对这种无知而维续社会秩序的问题。
② 参见哈耶克:《自由秩序原理》,邓正来译,三联书店1997年版,第184页。
③ 参见哈耶克于1970年撰写的《建构主义的谬误》一文,载《哈耶克论文集》,邓正来选编/译,首都经济贸易大学出版社2001年版。

或事件的问题①。

(三) 三分观的确立与"文化进化"命题的阐发

众所周知,哈耶克在1960年出版的《自由秩序原理》第四章第三节开篇中指出,"从上述种种观念中,渐渐发展出一整套社会理论;这种社会理论表明,在各种人际关系中,一系列具有明确目的的制度的生成,是极其复杂但却条理井然的,然而这既不是设计的结果,也不是发明的结果,而是产生于诸多并未明确意识到其所做所为会有如此结果的人的各自行动。这种理论表明,某种比单个人所思的结果要宏大得多的成就,可以从众人的日常且平凡的努力中生发出来。这个论点,从某些方面来讲,构成了对各种各样的设计理论的挑战,而且这一挑战来得要比后来提出的生物进化论更具威力。这种社会理论第一次明确指出,**一种显见明确的秩序并非人的智慧预先设计的产物,因而也没有必要将其归之于一种更高级的、超自然的智能的设计;这种理论进一步指出,这种秩序的出现,实际上还有第三种可能性,即它乃是适应性进化的结果。**"②然而需要强调指出的是:第一,哈耶克在1960年时对自由主义社会理论"三分观"的阐释乃是以其对笛卡儿式强调"理性万能"的唯理主义"一分观"的批判为基础的,但是**他在当时却未能对那种强调"事物之本性"的自然观进行批判**;第二,尽管哈耶克在1960年已经指出了认识社会秩序和社会制度的"第三观",但是**他却未能对构成真正社会理论的这种"第三观"的理论渊源进行深刻的探究。**

实际上,哈耶克本人也意识到了这两个问题,因此:

第一,他在本书所收入的他于1963年发表的《大卫·休谟的法律哲学和政治哲学》一文中对"真正的自由主义社会理论"的思想渊源进行了认真的研究。他之所以选择休谟作为研究的对象,在我看来,实是因为"休谟达致的成就,最重要的就是他提出的**有关人类制度生成发展的理论**,而正是这个理论后来构成了他赞同自由的理据,而且还成了亚当·福格森(Adam Ferguson)、亚当·斯密(Adam Smith)和斯图沃特(Dugald Stewart)这些伟大的苏格兰道德哲学家进行研究的基础;今天,这些伟大的苏格兰道德哲学家已经被公认为是现代进化人

---

① 关于这个问题的更为详尽的讨论,请参见拙著《自由与秩序:哈耶克社会理论的研究》,江西教育出版社1998年版,第131—133页。
② 哈耶克:《自由秩序原理》,邓正来译,三联书店1997年版,第67页。

类学的主要创始者。此外,休谟的思想还为美国宪法的创制者提供了坚实的基础,当然也在某种程度上为埃德蒙·伯克(Edmund Burke)的政治哲学奠定了基础"①;此外还有一个原因,即"事实上,**只有为数不多的社会理论家明确意识到了人们所遵循的规则与那种因人们遵循规则而形成的秩序这二者之间的关系,而休谟便是这为数不多的社会理论家当中的一员**"②。哈耶克在该文中进一步指出,"休谟哲学的出发点是他所提出的反唯理主义的道德理论(anti-rational theory of morals);该理论认为,就道德规则的产生而言,'理性本身是毫无作用的',因此,'道德的规则并不是我们的理性所能得出的结论。'休谟对此论证说,我们的道德信念既不是**先天意义上的**自然之物,也不是**人之理性的**一种刻意发明,而是一种特殊意义上的'人为制品'(artifact);休谟在这个意义上所说的'人为制品',也就是我们所称之为的'**文化进化的**一种产物'(a product of cultural evolution)。在这种文化进化的过程中,那些被证明有助益于人们做出更有效努力的规则存续了下来,而那些被证明只有助于人们做出较为低效努力的规则则被其他的规则取代了或淘汰了。正如晚近的一位论者颇为犀利指出的那样,道德准则和正义准则,便是休谟所谓的'人为制品';它们既不是神授的,也不是人之本性所不可分割的一个部分,更不是纯粹理性所能揭示的。它们乃是人类实践经验的结果,而且在漫长的时间检验过程中,唯一的考量就是每一项道德规则是否能够为增进人类福祉起到有益的功用。在伦理学领域中,休谟可以被认为是达尔文的先驱。实际上,休谟所宣布的乃是**一种有关人类习惯的适者生存的理论**(a doctrine of the survival of the fittest among human conventions)——当然,'适者'在这里并不是指那种野蛮的弱肉强食者,而是意指具有最大的社会效用者"③。

---

① 参见哈耶克于1963年发表的《大卫·休谟的法律哲学和政治哲学》一文,载《哈耶克论文集》,邓正来选编/译,首都经济贸易大学出版社2001年版。
② 同上。
③ 同上。关于休谟哲学之于哈耶克自由主义思想的意义,我认为有一点特别值得我们注意,这就是休谟和康德在哈耶克思想中的关系:"哈耶克乃是通过对古典自由主义哲学进行全面重述和建构的方式来捍卫自由主义理想的,因此从逻辑上讲,我们当可以从古典自由主义者的社会哲学和道德哲学中发见哈耶克的哲学预设;当然,在这些古典自由主义者的思想当中,之于哈耶克,最具重要意义的则是休谟和康德的思想,这是因为哈耶克认为,休谟和康德乃是自由主义传统中的核心人物,而且他们的知识贡献也构成了现代自由主义理论的基础:哈耶克在《大卫·休谟的法律哲学和政治哲学》一文中指出,休谟的政治理论对晚些时候以自由主义著称的法律和政治哲学提供了很可能是唯一的全面性论述;而他又在《自由社会秩序的若干原则》一文中断言,自由主义对内含于法治观念中的适当行为规则与当局为了组织的目的而颁发的具体命令所做的'根本区别',乃是由休谟和康德的法律理论所明确阐释的,尽管自他们以后(转下页)

第二,哈耶克此后还对那种错误的"二分观"做出了具有修正性质的研究;一如前述,哈耶克在1960年时把"二分观"的谬误归于笛卡儿式的唯理主义,但是他却在本书所收入的他于1970年发表的《建构主义的谬误》一文中**把这种谬误直接追溯到了古希腊人的哲学观**:"近些年来,我对上述问题予以了某种程度的关注;但是在这样一个时间有限的讲座中,我显然无法追溯前人就这些问题所做的讨论的历史沿革。在这里,我只能指出,古希腊人早就熟知这些问题了。两千年来,古希腊人提出的'自然'(natural)形成物与'人为'(artificial)形成物的二分观,一直支配着这项讨论。颇为遗憾的是,古希腊人在自然之物与人为之物之间所做的那种界分已经变成了人们在推进这项讨论方面的最大障碍,因为我们知道,当这种界分被解释成一种唯一的非此即彼的选择的时候,这种界分不仅是含混不清的而且也肯定是错误的。正如18世纪的苏格兰社会哲学家最终明确认识到的那样(需要指出的是,晚期的经院论者在此之前就已经在某种程度上认识到了这个问题),绝大多数社会形成物,虽说是人之行动的结果,但却不是人之设计的产物。这种认识导致了这样一个结果,即根据传统术语的解释,这些社会形成物既可以被描述成'自然的',也可以被称之为'人为的'。"①

当然,哈耶克乃是在本书所收入的他于1967年发表的《自生自发秩序与第三范畴:人之行动而非人之设计的结果》一文中最早详尽阐明这个问题的,他在该文中指出,欧洲思想界之所以坚信刻意的设计和计划(deliberate design and planning)优越于各种自生自发的社会力量(spontaneous forces of society),显然

(接上页)未得到充分的重述;此外,他还进一步指出,就他所关注的主要问题而言,自休谟和康德以后,思想似乎几无进展,因此他的分析也将在很大程度上是在他们停止的地方对他们的观点进行阐释。需要指出的是,哈耶克之所以以休谟和康德的理论为基础,乃是因为他认为他们的观点不仅不存在根本的不相容性,而且是可以互补的,例如他宣称,'正义行为规则的目的独立的特点,已由大卫·休谟做了明确的阐释,并由伊曼纽尔·康德做了最为系统的阐发'";参见拙文:《哈耶克社会理论的研究:〈自由秩序原理〉代译序》,载拙著:《自由与秩序:哈耶克社会理论的研究》,江西教育出版社1998年版,第64—65页。当然,John Gray 也指出了这个问题,"哈耶克政治哲学最具意义的特征之一,乃是它试图在休谟和康德的正义观之间构造出一种调和的观点";参见 John Gray, *Hayek on Liberty*, Oxford: Basil Blackwell, 1984, p. 8。N. MacCormik 也宣称,哈耶克关于休谟与康德的理论具有可相容性的观点,不仅是可行的,而且是极富洞见的;参见 MacCormik, *Legal Right and Social Democracy*, Oxford: Clarendon Press, 1982, 6. n.。但是,C. Kukathas 却指出,"哈耶克的危险在于这样一种努力有可能无法成功";参见 C. Kukathas, *Hayek and Modern Liberalism*, Oxford: Oxford University Press, 1989,尤其是其间的第五章"伦理学与自由秩序"。

① 参见哈耶克于1970年发表的《建构主义的谬误》一文,载《哈耶克论文集》,邓正来选编/译,首都经济贸易大学出版社2001年版。

是由于笛卡儿主义者所阐发的唯理主义建构论（the rationalist constructivism）在欧洲思想界的盛行所致。但是需要指出的是，**欧洲思想界所持的这种认识进路还有一个更为古老的思想渊源，而这个渊源就是古希腊先哲所提出的那种错误的二分观**（dichotomy）；当然，这种错误的二分观直至今天仍然困扰着人们的思想，并且构成了人们正确理解社会理论和社会政策这项独特任务的最大的障碍。"这种二分观以一种极具误导性的方式把所有的现象都界分为下述两种现象，亦即'自然的'现象（'natural' phenomena）与'人为的'现象（'artificial' phenomena）。实际上，早在公元前5世纪，古希腊的智者们就已经同这种二分观展开了思想上的斗争，并且明确指出这种按照一种非此即彼的方式把各种制度和惯例要么归因于自然（physei）要么归因于约定（thesei or nomo）的二分观乃是一种谬误。尽管如此，亚里士多德还是接受了这种界分方式，而且也正是从那个时候起，这种二分观的认识进路成了欧洲思想中的一个不可分割的组成部分。"①

正是经由上述的进一步研究，哈耶克得出了一个极为重要的结论，即**古希腊人以及此后两千多年中沿循其知识脉络的唯理主义者都没有能够也不可能发展出一种系统的社会理论，以明确处理或认真探究那些既可以归属于"自然"的范畴亦可以归属于"人为"的范畴进而应当被严格归属于另一个独特范畴下的第三类现象，亦即那些既非"自然的"亦非"人之设计的"而是"人之行动且非意图或设计的结果"**；换言之，古希腊先哲的二分法谬误观以及立基于其上的现代唯理主义根本就无力洞见社会理论以及以它为基础的法律理论所真正需要的乃是一种三分观，"它须在那些自然的现象（即它们完全独立于人之行动的现象）与那些人为的……现象（即它们是人之设计的产物）之间设定一种独特的居间性范畴，即人在其行动与其外部环境互动的过程之中所凸显的所有那些产生于人之行动而非产生于人之设计的制度或模式"②。

我个人以为，立基于上述进一步的批判和研究，哈耶克还达致了两个至为重要且构成其**"第三范畴"**建构之参照架构的相关结论：第一，建构论唯理主义

---

① 参见哈耶克于1967年发表的《自生自发秩序与第三范畴：人之行动而非人之设计的结果》一文，载《哈耶克论文集》，邓正来选编/译，首都经济贸易大学出版社2001年版。
② 同上。

式的观点经由"自然与人为"的二分观而在实质上型构了"自然与社会"的二元论,而此一二元论的真正谋划乃在于建构出一个由人之理性设计或创构的同质性的实体社会并且建构出一种对社会施以专断控制的关系的观点,亦即力图切割掉所有差异和无视所有不可化约的价值进而扼杀个人自由的**"一元论的社会观"**①;第二,以这种"一元论的社会观"为基础,后又经由渊源于拉丁语 naturalis 一词对希腊语 physei 的翻译和拉丁语 positivus 或 positus 一词对希腊语 thesis 的翻译之基础上的"自然法理论"(natural law theory)和"法律实证主义"(legal positivism)的阐释②,并在多数民主式的"议会至上"论的推动下,建构论唯理主义者最终确立起了**以人之理性设计的立法为唯一法律的"社会秩序规则一元观"**③。

通过上文的简要讨论,我们至少可以指出哈耶克在这两个方面的努力所具有的下述两个重要意义:第一,哈耶克经由继受上述三分观而在法律理论建构的过程中所明确提出的"社会秩序规则二元观"(即法律与立法的二元界分),才真正使得那种以"社会秩序规则一元观"和将所有社会秩序规则统一于"主权者意志"或"先验的理性设计"者为基础的法理学主流理论(其中包括唯理主义的自然法理论和法律实证主义)陷入

---

① 需要指出的是,本文关于唯理主义经由"自然与人为"二分观而达致的"自然与社会"二元论的真正谋划乃在于建构出一种对社会施以控制的支配关系的"一元论的社会观"的论述,在哈耶克的社会理论和法律理论的脉络中具有极为重要的意义,而其间的意义则可以见之于哈耶克一以贯之地对"社会"这个同质化概念在唯理主义理路支配下被运用于解释社会现象的谬误的彻底批判;关于哈耶克对"社会"这个概念及其所导引的"社会正义"观念的实质性批判,最为集中的论述请参见哈耶克于 1955 年撰写的《什么是社会的?它究竟意味着什么?》一文(载《哈耶克论文集》,邓正来选编/译,首都经济贸易大学出版社 2001 年版),以及他所撰写的《泛灵论词汇与混乱的"社会"概念》(载哈耶克:《致命的自负》〔原译《不幸的观念》〕,刘戟锋等译,东方出版社 1991 年版,第 159—169 页)。正是在这里,哈耶克极具创见地提出了需要把"社会正义"观念与"社会权力"结合起来加以思考的深刻洞见。
② 在哈耶克那里,"自然法"这一术语的误导性一如"实在法"的术语一样也渊源极深,因为在两千多年中,古希腊人所提出的"自然的"与"人造的"二分观几乎在未受质疑的情况下一直支配着人们的思维方式并且还深深地植根于人们所使用的法律语言之中,而当下大多数欧洲语言中的"自然法"和"实在法"的术语都渊源于这两个术语,因为"在公元二世纪,拉丁语语法学家 Aulus Gellius 曾用 naturalis 和 positivus 这两个术语来翻译 physei 和 thesis 这两个希腊术语;而正是在此一翻译的基础上,大多数欧洲语言也演化出了用以描述两种法律(即'自然法'natural law 和'实在法'positive law——邓正来注)的类似词汇",参见哈耶克:《法律、立法与自由》第一卷,邓正来等译,中国大百科全书出版社 2000 年版,第 20 页。
③ 我们在这里的讨论虽然涉及了"多数民主",但是并不旨在反对"民主",而只是试图指出"多数民主"在推进"议会至上"以及由此引发的"作为立法的法律至上"的观念和实践等方面的作用,并且明确反对"无限民主"意义上的那种"民主"。

了困境①,并且**对现代社会将所有社会秩序规则都化约为国家立法的实践活动构成了根本性的质疑**,进而也在更为一般的意义上为人们批判那种以"社会秩序规则一元观"的意识形态为根本支撑并应和着现代民族国家建构的需要的现代性开放出了一个极为重要的路向。第二,在对进化论理性主义的阐释过程中,哈耶克更是形成了他的社会理论中的一个极为重要的命题,即**社会行为规则系统"文化进化"的命题**;而对这一核心命题的阐发则为哈耶克在法律理论建构的过程中最终确立著名的关于社会行为规则系统的"文化进化理论"奠定了基础。我之所以持有这个观点,实是因为这一有关社会行为规则系统"文化进化"的深刻命题为哈耶克提出一种新的解释路径提供了某种可能性,即这些社会行为规则不仅引导着那些以默会的方式遵循它们但对为什么遵循它们或对它们的内容并不知道的行动者如何采取行动,而且还反过来在更深的层面上设定了社会秩序的自生自发性质,亦即通过行动者对他们所遵循的社会行为规则的"文化进化"选择而达致的自生自发进程②。

(四) 从"无限民主"的批判到"有限民主"的确立

我对哈耶克思想所做的一系列讨论,显然隐含着这样一个重要的讯息,即哈耶克思想的西方研究者大都意识到了他对西方现代社会中占据支配地位的"建构论唯理主义"、法律实证主义和唯理论自然法理论进行了根本性的批判,

---

① "主权者意志"或"先验的理性设计"为基础的法理学主流理论,在这里主要是指"法律实证主义"和"自然法传统"。我之所以认为哈耶克对它们的质疑构成了对它们的根本挑战,实是因为这些主流法律理论在发展的过程中完全陷于它们之间的内部论战之中,它们这二者都不承认理性不及者为法律;正是在这个限定的意义上,哈耶克的下述观点就具有了极为重要的挑战性:"本书所捍卫的那种进化论的法律观(以及对所有其他社会制度所抱持的进化论认识进路),既与唯理主义的自然法理论无甚关联,亦与法律实证主义毫无关系。因此,我们所持的那种进化论认识进路,既反对把法律解释成一种超自然力量的构造之物,也反对把法律解释成任何人之心智的刻意建构之物。不论在何种意义上讲,进化论认识进路都不居于法律实证主义与大多数自然法理论之间,而是在一个维度上与它们中的任何一者相区别。"参见哈耶克:《法律、立法与自由》第二卷,邓正来等译,中国大百科全书 2000 年版,第 91 页。

② 有关哈耶克在法律理论建构的过程中最终确立的社会行为规则系统的"文化进化理论",对于知识分子认识人和社会的重要意义,请参见哈耶克为《法律、立法与自由》(全三卷)撰写的"跋文"(载《哈耶克论文集》,邓正来选编/译,首都经济贸易大学出版社 2001 年版);他明确指出,"当下更为迫切的问题依旧是如何使道德哲学家、政治科学家和经济学家也来切实地关注文化进化这个观念的重要性。这是因为长期以来,这些论者一直没有能够认识到这样一个重要的事实,即当下的社会秩序在很大程度上并不是经由设计而建构出来的,而是通过那些在竞争过程中胜出的更为有效的制度的普遍盛行而逐渐形成的。文化既不是自然的也不是人为的,既不是通过遗传承继下来的,也不是经由理性设计出来的。文化乃是一种习得的行为规则(learnt rules of conduct)构成的传统,因此,这些规则决不是'发明出来的',而且它们的作用也往往是那些作为行动者的个人所不理解的。"

然而他们——当然中国的论者更是如此——常常忽略的是,哈耶克还对构成现代性的核心制度安排即"西方现代的民主制度"做出了彻底的批判。值得我们注意的是,当下的论者在讨论民主的问题时候,首要关注的乃是如何使民主在人们的社会生活中得到切实的践履或者如何使民主得到更好的实现这样的问题(比如说直接民主与间接民主的论题),而在总体上忽略了现代民主制度的内在困境以及由此而形成的"无限民主"趋势和"反民主"的恶果。就此而言,我个人认为,如果说托克维尔的重要性在于经由对贵族政治的批判而揭示出了民主于现代社会的不可避免之势,那么哈耶克的重要性就在于**经由揭示和批判现代民主的无限性趋势而明确指出了"有限民主"在此后社会进程中的可欲性和必要性**。据此,在评注哈耶克这个观点的时候,我将更为详尽地征引哈耶克在不同文献中的观点,以说明这个问题。

哈耶克在1979年《法律、立法与自由》第三卷"自由社会的政治秩序"之序言中指出,"读者在阅读本书的过程中很可能得到这样一个印象,即激励我撰写这部著作的动因乃是我对那些被认为是最发达国家的政治秩序在当下的走向所产生的越来越大的忧虑。我日益相信(而本书则对我为什么持有这个信念给出了详尽的说明):**在这种被人们普遍接受的'民主'政制类型的构成中,存在着某些根深蒂固的缺陷,而这些缺陷已经使得这些国家堕入全权性国家的危险趋向成了一种不可避免之势**;对这个问题的洞识,使我深刻地感到有必要经由探究种种替代性安排的方式为这种'民主'制度另辟生路。我想在这里重申我所持有的这样一个主张,即尽管我深信民主的各项基本原则乃是我们迄今为止发现的使和平变革成为可能的唯一有效的方法,而且我也因此为人们越来越明显地不再把民主视作是一种可欲的政府治理方法(a desirable method of government)而深感震惊(当然,人们对民主所具有的这种幻灭感实际上还因为有些人越来越频繁地滥用民主一词并用它来指称想象出来的统治目的而变得愈发严重了),但是我却对我们正在步入死胡同这个事实也同样越来越深信不疑……"①。

西方论者曾经对哈耶克的民主观做过如下的概括,"虽然民主不像和平、正义和自由那样是一种终极价值,但哈耶克还是将它视为受限制的政府的最好的

---

① 哈耶克:《法律、立法与自由》第三卷"自由社会的政治秩序"之序言,邓正来等译,中国大百科全书出版社2000年版,第264—265页。

形式。其原因有三。首先,民主政治是政治领袖变动的和平方法;其次,让多数公民来决定政治领袖的变动,有助于防止专制;再次,民主政治能够增进公众对政治问题的意识和理解",而"所有这些都是以个人自由为依归的"①。但是值得我们注意的是,哈耶克也历数了"当代民主政体的四大罪状":第一,民主机构拥有无限的权力;第二,民主政府除了拥有无限的权力以外,还会不正当地行使这种权力,而且这也是一种必然的结果;第三,如果民主政府不受制于法律,那么它就必定是一个会受制于特殊利益支配的弱政府;第四,当代民主政体的政策是由各种少数利益集团支配的,所以它一点都不民主②。

对于西方论者所做的这种概括,我是相当赞同的,但是我必须坦诚地指出,**哈耶克的批判乃是逐渐展开和加深的,而且他的批判所依凭的理据也是逐渐得到充实的**。实际上,在1960年出版的《自由秩序原理》一书中,哈耶克在批判"多数统治"意义上的民主的时候仅仅给出了当代民主政府决定问题的范围无限扩大这一理据,他当时比较简略地指出:"就当下的情形而言,立法机构以适当形式赞成通过的任何文献,都被称之为'法律'。但是,在这些仅具有该词形式意义的法律中,只有一些法律——就今天来看,通常只有极小的一部分法律——是调整私人间关系或私人与国家间关系的'实质性'法律(substantive or material laws)。绝大部分这类所谓的'法律',毋宁是国家对其官员所发布的指令,其关注的主要问题也是他们领导政府机关的方式以及他们所能运用的手段。然而,在当今的各个国家,规定这类手段之运用方式的规则和制定一般公民必须遵守的规则,都属于同一个立法机构的任务。这虽说是一种久已确立的惯例,但毕竟不是一种必然的事态。据此,我不能不设问,防止混淆上述两类规则是否就不可能是一可欲之举?"③

关于这个理据,哈耶克的更为详尽的阐释,最早乃是他在本书所收入的他于1967年发表的《政治思想中的语言混淆》第七节"有限民主与民主"中做出的。首先,他在该文中指出,"人们几乎都在用'民主'(democracy)这个术语来指称一种特殊种类的民主制度,然而这种制度却根本不是 democracy('民主')这个术语最初所描述的那种基本理想所导致的一种必然结果。……最初,'民

---

① 霍伊:《自由主义政治哲学》,刘锋译,三联书店1992年版,第156页。
② 参阅同上书,第157—175页。
③ 哈耶克:《自由秩序原理》,邓正来译,三联书店1997年版,第263页。

主'这个术语仅仅意指：不论存在什么样的最高权力,它都应当由人民之多数或他们的代表来掌控,但是它却并没有论涉到这种权力的权限问题。常常有人错误地认为,任何最高权力都必定是无限的或不受限制的。显而易见,我们根本无法从多数的意见应当占据支配地位这项要求当中推论出这样一项要求,即多数就特定问题的意志应当是无限的或不受限制的。事实上,权力分立这一经典理论所做出的乃是这样一项预设,即应当由一个代议机构掌控的'立法'（legislation）工作只应当关注制定'法律'（laws）的问题（当时的论者认为,这些法律在某种本质特性上区别于那些特定的命令）；再者,那些特定的决策并不能够仅仅因为它们是'立法机构'颁布的这个事实而成为法律（亦即内部规则意义上的法律）。如果我们不对法律与特定决策进行界分,那么这种主张把特定的职能赋予独特且不同的机构的权力分立理念就会变得毫无意义,而且也只能是一种循环论证。"①此外,哈耶克还深刻地指出,"**毋庸置疑,那些主张代议政府和自由宪政的伟大理论家在要求权力分立的时候所说的法律,实际上就是我们称之为的那种内部规则。但是,他们却通过把制定另一种意义上的法律的任务（亦即制定那些决定着政府结构和运作的组织规则的任务）也委托给了同一个代议机构这种方式而糟蹋了他们自己设定的那项目标。**"②

其次,哈耶克在该文中更是论及了这个理据中的核心问题即"**对最高权力进行限制的问题**",因为这个问题的讨论为他在此后更加明确地提出"**有限民主**"的观点奠定了基础；一如他所言,"我们在这里所要关注的只是这样一个问题,即最高权力机构拥有这种权力并不是一种必然。限制权力,并不一定要拥有另一种权力才能限制它。如果所有的权力都以意见为基础,同时意见又只承认这样一种最高权力,即它乃是通过承诺遵循普遍规则（即使在它无从控制的特殊情形当中,也要适用这些普遍规则）这种方式来证明它对其行动之正义性的信念的,那么一旦这种最高权力逾越了上述限制,它就会丧失自己的权威性。由此可见,这种最高权力未必就是一种无限的权力或不受限制的权力——它有可能是这样一种权力：只要这种权力颁布了任何不具有内部规则（亦即普遍的正义行为规则意义上的内部规则）所具有的实质性特征的决议,那么它就会

---

① 参见哈耶克于1967年发表的《政治思想中的语言混淆》一文第7节"有限民主与民主",载《哈耶克论文集》,邓正来选编/译,首都经济贸易大学出版社2001年版。
② 同上。

失去对它来说不可或缺的意见对它的支持。……只要一个立法机构是在陈述有效的内部规则这种严格意义上实施其立法职能的,那么它就是一种最高的权力机构。最高权力之所以能够通过这种方式得到限制,就是因为存在着一些客观的检测标准(而不论它们在适用于特定情形的时候有多么困难),而根据这些标准,那些并不关注政府任何特定目的的独立且公允的法院就能够判定立法机构所做出的决议是否具有内部规则的特征,进而也就能够判定它是否是一项有约束力的法律"[1];"据此我们可以说,代议机构中的多数完全代表了最高的权力,但是却并不享有无限的或不受限制的权力。"[2]

实际上,哈耶克在这个时候还意识到了批判当代民主制度的另一个理据,只是论题所限而没有展开而已,正如他指出的那样,"此外,我们也不准备对这样一种制度安排所导致的那种不可避免的后果做进一步的探究:在这种制度安排中,一个并不只限于制定普遍的正义行为规则的立法机构,肯定会**在有组织的利益群体的驱使下**用它的'立法'权力去为特定的私人目的服务";因此,"我们没有任何理由期望一个拥有无限权力的民主政府会始终服务于一般性利益而不去为特定的利益服务。那种可以为所欲为地为特殊利益群体谋好处的民主政府,**注定会受到有组织的利益联盟的支配**,而不可能服务于一般性利益,亦即古典意义上的那种'排除了所有偏好或私人利益的共同权利和正义'"[3]。不过,哈耶克在本书所收入的他于1967年发表的《自由国家的构造问题》一文中却对这个理据进行了更为明确的讨论:"民主理想的盛兴促使当时的人们产生了这样一种欲求,即人民的代表不仅应当能够决定正当行为规则的制定问题,而且还应当能够决定政府用它所掌控的资源为民众提供服务的那些即时性活动。然而值得我们注意的是,这原本并不意味着从事这两种活动的权力都应当交由同一个代议机构去掌控。按照民主方式进行立法活动和按照民主方式进行政府治理活动这两者很可能都是可欲的,但是把这两种职能交由同一个机构去践履,却肯定会把权力分立原则所旨在提供的保护个人自由的措施摧毁掉。如果那个指导着政府治理活动的机构可以随心所欲地制定各种法律以迎合政府的各种目的,那么我们就可以肯定地说,这样的民主政府已经不再是那

---

[1] 参见哈耶克于1967年发表的《政治思想中的语言混淆》一文第7节"有限民主与民主",载《哈耶克论文集》,邓正来选编/译,首都经济贸易大学出版社2001年版。
[2] 同上。
[3] 同上。

种真正意义上的'法律下的政府'了;再者,按照这种方式理解的立法也完全丧失了最高权力机构因承诺遵循普遍规则而获得的那种合法性。显而易见,一个拥有无限权力的机构完全可以用这种权力去偏袒某些特定的群体或个人;因此,这种情况不可避免地会导致这样一种结果,即**那些向其支持者提供特殊好处的特殊利益群体之联盟会一步一步地成为这种机构的组成部分**。'准政府机构'(para-government,亦即那些向立法机构施压并要求它以偏袒它们的方式进行干预的有组织的利益群体)在现代的兴起和发展,便是人们把那种能够强制特定的个人或群体为特定目的服务的无限权力赋予了最高权力机构所导致的一个不可避免且必然的结果。"①

更为重要的是,一如我们所知,为了变革当代民主制度,哈耶克还在1979年《法律、立法与自由》第三卷"自由社会的政治秩序"中提出了一个"有限民主"的方案,他在该书的序言中指出,"我在本卷研究的基础上还提出了一个变革民主政府结构的基本方案;虽说就目前的情形来看,大多数人仍会把我提出的这项方案视作是一项完全不切实际的方案,但是我提出这项方案的意图却在为人们提供一种从知识上来说可靠的选择方案,以便他们在现行制度面临崩溃的关头以及在我的方案一如我所希望的那样或许可以为他们指明一条出路的时候予以选用;而这一天也许为时不远了。我认为,**这一备选方案不仅能够使我们保有民主制度中真正具有价值的东西,而且还能够使我们否弃其间的弊端**,尽管大多数人在今天仍然会把这些弊端视作无从避免的东西。"②

实际上,哈耶克早在1960年出版的《自由秩序原理》一书中就已经指出,"据此,我不能不设问,防止混淆上述两类规则是否就不可能是一可欲之举?对此,我们所主张的解决方式是,一方面将制定一般性规则的任务和向行政机构发布命令的任务分别委之于两个独立的代议机构,而另一方面又将它们做出的决定都置于独立的司法审查之下,使它们彼此都不跨越各自的范围。总而言之,尽管我们希望这两类决定都能按照民主的方式加以制定,但是这未必意味着它们应当由同一机构进行制定"。正是在这个观点的基础上,哈耶克萌发了

---

① 参见哈耶克于1967年发表的《自由国家的构造问题》一文,载《哈耶克论文集》,邓正来选编/译,首都经济贸易大学出版社2001年版。
② 关于这个问题,更为详尽的讨论,请参见哈耶克:《法律、立法与自由》第三卷"自由社会的政治秩序"第17章,邓正来等译,中国大百科全书出版社2000年版,第425—457页。

一种西方盛行的现代民主制度的改革方案①。

然而需要指出的是,哈耶克的这一改革方案,乃是在本书所收入的他于1967年发表的《自由国家的构造问题》一文和他的另外一篇论文《自由经济与代议政府》("Economic Freedom and Representative Government")②中逐渐阐明的。他在前文中指出,"由于经由选举产生的立法机构的成员只是作为反映何为正义之意见的代表的,所以他们决不应当受意志和利益的左右,当然也肯定不应当受党派纪律的束缚。这一点可以通过选举他们担任较长时间的职务并在任职届满之后不得重新当选的制度安排而得到保证。尽管如此,为了使他们能够代表当下的意见,我建议确立一种由同龄人群体构成的代表制度:每代人在他们的一生中只进行一次选举,比如说在他们40岁的时候进行一次选举,而当选的代表则任职15年,任职届满以后还可以继续担任非专业法官这类职务。根据这种代议制度,立法机构将由那些年龄在40岁到55岁之间的男士和女士组成(他们的平均年龄很可能要大大低于现行立法机构之成员的平均年龄);当然,他们只是在有机会在日常生活中证明了自己的品质和能力以后,他们的同龄人才选择了他们,并要求他们在余下的生活中放弃各自营生的考虑以担任一种光荣的职务。我认为,由于同龄人始终是评价一个人的能力的最佳裁判者,所以这样一种以同龄人为基础的选举制度,作为对'本阶层最成功人士'的一种褒奖,会比人们曾经尝试过的任何一种制度都更接近于实现政治理论家的理想,亦即形成一个由智者组成的参议院的那种理想。**我们可以肯定地说,这种制度将第一次使权力的真正分立、一种法律下的政府和一种有效的法治成为可能**"③。

当然,哈耶克在本书所收入的他于1967年发表的《政治思想中的语言混淆》一文中也重申了这一改革方案:"如果我们不仅希望用民主的方式来决定那

---

① 参见哈耶克:《自由秩序原理》,邓正来译,三联书店1997年版,第263页。关于这一改革方案,哈耶克当时指出,"我们不妨可以设想一下这样一种发展方案,或许会颇具意义:即一方面下议院能够有效地主张对公共开支的排他性控制,从而在实际上对行政进行控制,而上议院则能有效地获致制定一般性法律(其中包括对私人课税所赖以为基的诸原则)的排他性权力。根据这一原则而将两个立法机构的职能做如此的划分,不曾有过任何尝试,但却完全值得考虑"(同上书,第14章注释12)。

② 哈耶克所撰写的"Economic Freedom and Representative Government"这篇论文,载于 New Studies in Philosophy, Politics, Economics and the History of Ideas, Routledge & Kegan Paul, 1978, pp.105-118。

③ 参见哈耶克于1967年发表的《自由国家的构造问题》一文,载《哈耶克论文集》,邓正来选编/译,首都经济贸易大学出版社2001年版。

些既约束政府又约束私性公民的强制性规则，而且也希望用民主的方式来决定政府机制的治理问题，那么我们就需要设立某个代议机构来专门践履上述后者的任务。但是需要指出的是，这个代议机构既不需要也不应当与那个制定内部规则的代议机构成为同一个机构；换言之，这个代议机构应当受另一个代议机构所制定的内部规则的支配，因为后者所制定的内部规则决定着前者所不能更改的权力限度或权力范围。据此我们可以说，这样一种政府治理的或行政指导的代议机构（从严格意义上来讲，并不是立法的代议机构），所关注的实际上是它唯有使用政府权力方能使之得到解决的多数意志的问题（亦即有关实现特定且具体的目的的问题），而不是那些有关是非的意见的问题。它会通过运用那些专门为了这个目的划拨出来的资源而致力于满足那些具体且可预见的需求。……在那些关注被他们视作是严格意义上的立法（亦即关注制定内部规则）之任务的最高机构中，那些有组织的利益联盟……根本就不应当有任何地位。……在另外两篇论文中，我曾经就选举这样一种代议机构的问题建议人们采取这样一种方法。"①

显而易见，哈耶克对现行民主制度安排所提出的这一基本改革方案，乃是以人们最终否弃这样一种幻想为前设的，即**一旦政府权力交由人民之多数去掌控，那么人们曾经为了防止政府滥用权力而费尽心力设计出来的那些保障措施也就完全没有必要了**。对于这一点，哈耶克甚至明确指出，"如果有人坚持认为民主必须是一种无限政府，那么我就肯定不会信奉这种民主；但是需要指出的是，我现在是而且还将继续是一个笃信上文所述的那种有限民主的人。如果我们能够通过改变术语的方式而使我们自己不再犯那些曾经不幸地与民主这个观念紧密联系在一起的错误的话，那么我们就有可能因此而成功地避免那些从一开始就困扰着民主并且在此后不断地把民主引向毁灭的危险"②。正是立基

---

① 参见哈耶克于 1967 年发表的《政治思想中的语言混淆》一文，载《哈耶克论文集》，邓正来选编/译，首都经济贸易大学出版社 2001 年版。
② 参见哈耶克于 1967 年发表的《政治思想中的语言混淆》一文（载《哈耶克论文集》，邓正来选编/译，首都经济贸易大学出版社 2001 年版）。关于哈耶克在这里所讲的"改变术语"的问题，可以见之于他在该文中用 demarchy 来指称"有限民主"的说明，这个说法后来被他一直沿用至《法律、立法与自由》第三卷；他在该文中指出，"极为遗憾的是，'民主'这个术语居然与那种认为多数对特定问题享有无限的或不受限制的权力的观念紧密联系在了一起。但是需要指出的是，如果情势真是如此的话，那么我们就需要用一个新词来指称'民主'这个术语最初表达的那种理想：这是一种由有何者为正义的人民意见（the popular opinion）占据支配地位的理想，而不是一种由有关具体措施（亦即被那种暂时处于支配地位的有组织的利益联盟视作是可欲的具体措施）的人民意志（a popular will）的理想。如果民主与有限政府这两个观念真的成了水火（转下页）

于这项前设,我认为,哈耶克对这一"有限民主"方案的阐发,意义极为重大:第一,它为哈耶克本人在保障个人自由的基础上建构起他的自由主义政治理论提供了一种切实的认识进路;第二,哈耶克所主张的这样一种人们必须把立法代议机构的权力只限于制定真正意义上的法律的观点,不仅有可能第一次使我们切实实现那种从未真正存在过的权力分立制度,而且也会在权力分立制度得到真正确立的情况下进一步使"法律下的真正政府"和"有效的法治"成为可能;第三,它不仅为只知道有限"政府"而竭力弘扬"民主"但却根本就不曾认真考虑过有限"民主"问题的中国论者提供了一种审视或反思当代民主制度的全新视角,而且还为我们开放出了一个全新的问题,即**我们在全力主张建构民主制度的过程中,究竟应当如何认识法律与立法的关系以及究竟应当如何防范"无限民主"的致命危害**①。

(五) 对社会正义的批判与否定性正义的确立

一如我们所知,哈耶克在 1976 年《法律、立法与自由》第二卷"社会正义的幻象"中对普遍盛行的"社会正义"观念展开了实质性的批判,并在此基础上确立起了他的否定性正义观;他在该书第二卷的"序言"中指出,"在我早年致力于对社会正义这个概念进行批判的研究过程中,我始终都有一种无的放矢的感觉;最后,我试图像每个人在遇到这种情况时所应当采取的做法那样,先想方设法把支撑'社会正义'这个理想的理据视作是正确的。只是在如此尝试以后,我才真正地意识到'社会正义'这个皇帝原来没有穿衣服;这就是说,'社会正义'根本就是一个空洞无物、毫无意义的术语。就像汉斯·克里斯琴·安徒生童话中的那个男孩所说的那样,我'什么也没有看到,因为那里什么也没有'。……

(接上页)不容的观念,那么我们就必须找到一个新词来指称那种在过去完全有可能被称之为有限民主(limited democracy)的观念。我们希望人民(the demos)的意见能够成为最高的权威,但是却不能允许多数用它所掌控的赤裸裸的权力(kratos)对个人滥施暴力。因此,多数应当根据'那些公开颁布且为人们所知的业已确立的常规法律,而不应当根据那些权宜性的律令'进行治理(archein)。我们也许可以通过把 demos 与 archein 组合起来的方式来描述这种政治秩序,并且用 demarchy 这个词来指称这样一种有限政府,其间,具有最高权威的乃是人民的意见而不是人民的特定意志。我们在上文所讨论的那种特定方案,实际上也旨在提出一种保障这种有限民主(demarchy)的可能途径"(参见哈耶克于 1967 年发表的《政治思想中的语言混淆》一文,载《哈耶克论文集》,邓正来选编/译,首都经济贸易大学出版社 2001 年版)。

① 关于这个问题,读者还可以参见哈耶克于 1967 年发表的《自由国家的构造问题》和 1976 年发表的《民主向何处去?》这两篇比较系统讨论民主问题的论文(载《哈耶克论文集》,邓正来选编/译,首都经济贸易大学出版社 2001 年版)。值得我们注意的是,哈耶克甚至还在《民主向何处去?》一文的结尾处,把"无限民主"称之为"全权性民主"。

基于这种情况,我认为,仅仅指出那些试图实现'社会正义'的特定努力不会奏效这一点是远远不够的,所以我还必须对这样一个问题做出解释,即社会正义这个说法本身是毫无任何意义的,而且使用这种说法的人,如果不是愚昧,那就肯定是在欺骗。……但是必须指出的是,社会正义这个信念在当下所具有的普遍性,与人们在过去普遍相信巫术或点金石的情形一样,都不能证明其目标的实在性。尽管人们长期以来一直把分配正义观念理解成个人行为的一种属性(而现在则常常被视作是'社会正义'的同义语),但就是这个为人们信奉已久的观念,也同样不能够证明分配正义这个观念与市场过程所产生的各种状况有任何相关性。我真诚地认为,如果我能够使我的同胞为再次使用这个空洞的咒语而感到羞耻的话,那么这就是我在力所能及的情况下为他们提供的最大的服务。至少我认为自己有责任竭尽全力把人们从'社会正义'这个梦魇的支配下解救出来,因为这个梦魇正在把人们的善良情感变成一种摧毁自由文明一切价值的工具"①。

实际上,哈耶克早在1960年《自由秩序原理》一书第四章第八节中就已经论涉到了这个问题:"这种唯理主义观点的影响日趋增大,而其征兆也颇耐人寻味,即**在我所知道的各种语言中,都日益发生了以'社会的'一词来替代'道德的'一词甚或'善的'一词的现象**。对于这种发生在术语上的替代现象进行一简略的考察,当对我们具有重要的启发意义。当人们用'社会的良知'(social conscience)以反对仅用'良知'一词时,他们是预设了人们能够意识到自己的行动对其他人所具有的特定影响,因此,人们的行动不仅应当受到传统规则的引导,而且还要受到对该行动的特定后果所具有的明确认识的引导。……颇为奇怪的是,这种对'社会的'一词的诉求竟隐含了下述这样的要求,即应当用个人的知识,而不是用经由社会演化出来的规则,来指导个人的行动——这即是说,人们应当不屑使用那种能被真正称之为'社会的'东西(即非人格的社会演化进程的产物),而应当只依赖于他们对特定境况所做的个人判断。因此,倾向于用'社会的考虑'(social considerations)来替代对道德规则的遵循,从根本上来看,乃是无视真正的社会现象的结果,或者说是坚信个人理性具有优越力的结果。"②

---

① 哈耶克:《法律、立法与自由》第二卷《社会正义的幻象》的"序言",邓正来等译,中国大百科全书出版社2000年版,第2页。
② 哈耶克:《自由秩序原理》第4章第8节,邓正来译,三联书店1997年版,第75—76页。

值得我们注意的是,哈耶克在此时主要讨论的是"社会的"(social)这个术语所具有的建构论唯理主义品格,而只是在三个场合论涉到了"社会正义"的问题①。就此而言,据我个人的分析,**哈耶克至此还没有完全意识到"社会正义"这种思潮对于现代社会所具有的切实的危害作用,而只是停留在对"社会的"这个形容词进行批判的初级阶段**。显而易见,我们可以从本书所收入的哈耶克于1957年发表的《什么是社会的?——它究竟意味着什么?》一文中明确见到他在这个初级阶段的思想;他在该文中指出,"从一个语词所可能产生的这种甚少为人所知的影响力来看,我认为,在近百年的岁月当中,'社会的'(social)这个词在整个政治题域中所发挥的而且还在继续发挥的作用可以说是一个最好的范例。……我在仔细考察了这个词及其含义以后得出了这样一个基本结论:尽管'社会的'这个词是一个有着极大力量和魔力的词,但是难以置信的是,它却是一个空洞无义的词,而且也没有为我们力图解决的问题提供任何答案。……如果我在这个时候先解释一下我自己认识这个问题的转变过程,也许是颇具意义的;一开始,就我个人而言,我只是对人们使用'社会的'这个词感到有些不舒服,但是后来,我的这种感觉却变成了一种公开的反对态度,而正是这种反对态度致使我把这种做法视作是一种真正的危害。"②哈耶克在该文中列举了一系列流行的术语:"社会的市场经济"、"社会的法治国"、"社会良知"、"社会问题"、"社会的意识"、"社会的责任"、"社会的活动"、"社会的福利"、"社会的政策"、"社会的立法"、"社会的正义"、"社会的保障"、"社会的权利"、"社会的控制"、"社会的民主"③,进而明确指出:(1)这里"真正重要的乃是这样两个问题:第一,所有上述组合词都与社会力量的具体特性无甚关系;因此第二,特别需要注意的是,以自生自发的方式发展起来的东西与国家刻意组织起来的东西之间的区别也就完全消失了。……对我来说,重要的乃是这样一个问题,即在所有上述的用法当中,尽管'社会的'这个词预先设定了一个社会共同体的活动背后存在着一些人所皆知且共同的目的,但是却没有对这些目的做出界定。具体言之,它所设定的乃是这样两项假设:第一,'社会'有着某些所有的人都知

---

① 关于"社会正义"或"分配正义",哈耶克只是在《自由秩序原理》一书第93页、第99—100页和第231—233页处进行了比较简单的讨论;严格地说,他只是在该书第93页提到了"社会正义"。
② 参见哈耶克于1957年发表的《什么是社会的?——它究竟意味着什么?》一文,载《哈耶克论文集》,邓正来选编/译,首都经济贸易大学出版社2001年版。
③ 同上。

道并认可的具体任务;第二,'社会'应当指导它的个体成员去努力实现这些任务。因此,社会也就具有一种双重人格:首先,它是一个有思想的集合体;它有着自己的愿望,而这些愿望不同于组成它的个人所具有的那些愿望;其次,通过把社会与人们等而视之,社会也就变成了对某些自称有着较深刻的洞见或较强的道德意识的个人根据这些社会愿望所持有的观点的人格化体现"①。(2)甚少有人能够真正解释清楚这个附加上去的形容性质的修饰词"社会的"是什么意思,因为这个词已经变成了一个使它所形容的每一个术语都不再具有其原有的清晰含义的形容词,而且也变成了一个致使这种术语演变成一种具有无限弹性的术语;因此,当我们都使用一种始终会混淆问题而根本无法阐明问题的术语的时候,显而易见,这也就是我们采取一种激进的行动进而把我们自己从这种咒语所产生的混淆影响中解放出来的时刻了②。(3)如果我们不只是满足于把个人在社会中的独立活动所形成的协调力量视作是社会的,而且还想把只要与社会共同体有任何联系的所有其他东西都视作是社会的,那么它们之间的本质区别就会给彻底遮蔽了。在这种情况下,生活中原本不是"社会的"东西也就所剩无几或者根本就没有了,而且从实际的角度来看,"社会的"这个词本身也就变得毫无意义可言了。"在这种情况下,我认为,**大量在今天自称是社会的东西,从'社会的'这个词所具有的更为深层且更为真实的含义来看,实际上是一些彻头彻尾反社会的东西。**"因此,现在是我们对上述各种含义做出明确界分的时候了③。

在我看来,哈耶克对"社会正义"所做的真正的讨论,基本上始于本书所收

---

① 参见哈耶克于1957年发表的《什么是社会的?——它究竟意味着什么?》一文,载《哈耶克论文集》,邓正来选编/译,首都经济贸易大学出版社2001年版。
② 同上。
③ 参见哈耶克于1957年发表的《什么是社会的?——它究竟意味着什么?》一文(载《哈耶克论文集》,邓正来选编/译,首都经济贸易大学出版社2001年版)。这里需要指出的是,哈耶克在该文中实际上也颇为简单地论涉到了"社会正义"的问题,比如说他指出,"有关何为'社会的'这种观念乃是以那些并没有得到明确陈述甚或被忽视的伦理规则为基础的;这一点可以最为明显地见之于下述事实,亦即它导致了正义概念向它并不适用的诸多领域的扩展。力主公正地或更为平等地分配世界上的物品的那种诉求,在今天已经成了一项主要的'社会'诉求。然而值得我们注意的是,把正义概念适用于分配领域的做法一定会要求根据品行或应得者予以酬报,但是品行却不能按照成就加以衡量,而只能够按照公认的伦理规则得以遵守的程度加以衡量。因此,根据品行给予酬报的做法乃是以我们知道所有导向某种特定行为的情势为前设的。但是,在一个自由的社会中,我们却允许个人自行决定他自己的行动,这是因为我们并不知道那些决定着其成就含有多少品行的情势。据此我们可以说,……对后者的诉求,亦即根据品行予以酬报的那种诉求,乃是一种在自由的社会中无法得到实现的诉求,因为我们不可能知道决定品行的所有情势。……我们可以肯定地说,这样滥用正义概念,最终一定会毁灭正义感。"

入的他于1962年发表的《经济学、科学与政治学》一文,因为正是在此以后,哈耶克开始了对"社会正义"的实质性批判。他在该文中经由比较"社会正义"与"交换正义"而阐明了"社会正义"的基本性质:"只要我们对那些不尽相同但却常常模糊不清的观念——亦即争议双方用以指称他们所谓的'社会正义'的观念——做一较为深入的分析,那么我们即刻就能够说明上文所述的问题。套用自亚里士多德以来人们所采用的术语,我们可以用这样一种方式来指出它们之间的区别,亦即明确指出自由经济始终只能够实现交换正义,而唯社会论——在很大程度上也包括那种颇为流行的社会正义理想——所要求的乃是一种分配正义。交换正义在这里意味着根据一个人提供的服务所具有的实际价值而给予回报;当然,这种实际价值乃是对于那些接受了他所提供的服务的人而言的,而且也是通过他们愿意支付的价格表现出来的。正如我们必须承认的那样,这种价值与道德品行没有什么必然的联系。……交换正义根本不考虑个人的或主观的情势,也不会考虑需要或善意,而只会考虑那些使用某人活动之成果的人是如何评价他的成果的。……从分配正义的角度来看,根据产品的价值进行酬报的结果必定是极不正义的,因为这种酬报方式的结果很难与我们所认为的某一行为所具有的主观品行相符合。"[①]

此后,哈耶克在本书所收入的他于1966年发表的《自由社会秩序的若干原则》一文中对"社会正义"进行了切实的批判,"如果说上述发展趋势乃是因为那些盛行于所有西方民主社会中的宪法性安排的性质而成为可能的话,那么把它引向此一特定方向的那种驱动力便是这样一种不断强化的认识:第一,把同样的或平等的规则适用于那些在事实上存在着许多重大差别的个人的行为,不可避免地会对不同的个人产生极为不同的结果;第二,为了通过政府行动来减少不同的人在实质地位方面所存在的上述非意图的但却不可避免的差异,人们就必须按照不同的规则而非相同的规则去对待不同的人。显而易见,这种主张产生了一种新的和截然不同的正义观念,亦即人们通常所说的'社会'正义或'分配'正义观念(social or distributive justice);**这种正义观念不仅意在为个人确立行为的规则,而且还旨在为特定的群体谋取特定的结果**,因此我们可以说,这样一种正义观念只能在一种受目的支配的组织当中得到实现,而无法在一种目的

---

① 参见哈耶克于1962年发表的《经济学、科学与政治学》一文,载《哈耶克论文集》,邓正来选编/译,首都经济贸易大学出版社2001年版。

独立的自生自发秩序中获得立足之地"①。当然,哈耶克在批判"社会正义"的时候,给出了下述几项理据②:

第一,作为一个纯粹的事实,一种事态本身不可能是正义的或不正义的。只有当一种事态是人们经由设计而促成或能够经由设计而促成的时候,我们把那些创造了这种事态或允许这种事态形成的人的行动称之为正义的行动或不正义的行动才是有意义的。……因此,哈耶克认为,我们完全可以追问这样一个问题,即把市场秩序作为指导经济活动的方法作为刻意的选择是否是一个正义的决策,但是我们却肯定无法追问这样一个问题,即一旦我们决定用自生自发秩序来达到那个目的,那么它对特定的人所产生的特定结果是正义的还是不正义的。

第二,**人们之所以极为普遍地把正义的概念套用于收入的分配,完全是因为他们用那种错误的拟人化方式把社会解释为组织而非自生自发秩序所致**。在这种意义上讲,"分配"这个术语有着极大的误导作用,因为"分配"这个术语意味着把事实上是自生自发有序化力量的结果视作是刻意行动的结果。实际上,在市场秩序中,根本就没有人对收入进行分配,而只是在组织中有人对收入进行分配;因此,就市场秩序的情形而言,谈论正义的分配或不正义的分配,无异于一派胡言。

第三,**所有力图确保一种"正义"分配的努力都必定会把自生自发的市场秩序变成一个组织,甚至还必定会把它变成一种全权性的秩序**。这是因为对这种社会正义观念的追求,产生了各种各样的措施,而我们知道,通过这些措施,那些旨在使人们追求特定结果的组织规则渐渐地取代了目的独立的正当个人行为规则,进而一步一步地摧毁了一个自生自发秩序必须依凭的基础,甚至也导致了人们用一种旨在实现"社会正义"的"社会"法律去替代那些规则。

第四,哈耶克更是强调指出,**那种试图用政府的强制性权力去实现"社会正义"的做法,必定会摧毁个人自由**;此外,根据考察,我们还能够证明这种理想实是一种在任何情势中都无法实现的幻想或妄想,这是因为它预设了人们对不同的具体目的的相对重要性达成了一致的认识,而这在一个其

---

① 参见哈耶克于 1966 年发表的《自由社会秩序的若干原则》一文,载《哈耶克论文集》,邓正来选编/译,首都经济贸易大学出版社 2001 年版。

② 同上。

成员并不彼此认识而且也不知道相同的特定事实的大社会中根本就是不可能达成的。

第五,当人们以"社会正义"的名义要求政府干预的时候,这在当下多半意味着是在要求政府对某个群体既有的相对地位施以保护。因此,"社会正义"也就变成了对既得利益群体进行保护的诉求以及创生新的特权的诉求,比如说,正是借着社会正义之名,农民获得了与产业工人"平等"的地位。……据此我们可以说,在市场社会中,只存在一种个人行为的正义,而绝不可能存在一种独立的"社会正义"。

正是通过上述对建构论唯理主义的"社会正义"观念的实质性批判,哈耶克为他此前不曾明确讨论过的自由主义正义观的阐释铺平了一条道路,并且使他得以在本书所收入的他于1973年发表的《自由主义》一文中对"自由主义正义观"做出了总结性的描述:"自由主义的法律观念乃是与自由主义的正义观念紧密勾连在一起的。自由主义的正义观念在下述两个重要方面与人们现在广泛持有的那种正义观念相区别:第一,自由主义的正义观念所依凭的乃是这样一种信念,**即人们有可能发现独立于特定利益而存在的客观的正当行为规则**;第二,**这种正义观念只关注人之行为的正义问题或调整人之行为的规则的正义问题**,而不关注这种行为对不同个人或不同群体的地位所造成的特定影响的问题。""自由主义之所以认为存在着能够被人们发现但却不可能以专断方式创制出来的正当行为规则,实是以这样两个事实为基础的:第一,绝大多数正当行为规则无论在什么时候都会以不容置疑的方式为人们所接受;第二,**人们对某项特定规则是否正义的问题所提出的质疑,必须在这个为人们普遍接受的规则系统中加以解决,而解决的方式则是看这项应予接受的规则是否与所有其他的规则相融合**:这就是说,这项规则必须同样服务于所有其他正当行为规则所服务的那种抽象的行动秩序,而且也不得与这些规则当中任何一项规则所提出的要求相冲突。因此,**一项特定规则是否有可能具有普遍适用性,乃是评断该项特定规则正义与否的标准**,因为唯有根据这项标准,人们才能够证明它是否与所有其他为人们所接受的规则相一致。"①

显而易见,哈耶克所主张的那种"自由主义正义观",实际上就是他在本书

---

① 参见哈耶克于1973年发表的《自由主义》一文,载《哈耶克论文集》,邓正来选编/译,首都经济贸易大学出版社2001年版。

所收入的他于1967年发表的《自生自发秩序与第三范畴：人之行动而非人之设计的结果》一文中所说的那种"**否定性正义**"；一如他在该文中指出的那样，"经由上文的论辩，我们可以证明，建构论唯理主义的认识进路根本就不可能达致任何正义标准。在这种情况下，如果我们能够认识到法律从来就不全是人之设计的产物，而只是在一个并非由任何人发明的但却始终指导着人们的思想和行动（甚至在那些规则形诸于文字之前亦复如此）的正义规则框架中接受评断和经受检测的，那么我们就会获得一种否定性的正义标准（a negative criterion of justice），尽管这不是一种肯定性的正义标准（a positive criterion of justice）；而**正是这种否定性的正义标准，能够使我们通过逐渐否弃那些与整个正义规则系统中的其他规则不相容合的规则，而渐渐趋近（虽然永远也不可能完全达到）一种绝对正义的状态**。"①

但是需要指出的是，哈耶克所主张的这种"否定性正义"观点，在很大程度上受到了弗赖堡大学奥肯教授的影响，正如他在本书所收入的他于1962年发表的《经济学、科学与政治学》一文中最早提出这种正义之雏形时所指出的，"我们对任何特定的政策措施所做的评价也无须以它所取得的特定结果为依凭（因为在绝大多数情形中，我们无论如何都是无法知道全部这类结果的），而必须以该项政策措施与整个系统的一致性为依凭（我认为，**这就是 W·奥肯最早描述成'系统正义'**[systemgerecht]**的标准**）。这还意味着我们在所有的情形中都往往必须根据这样的假设去行事，尽管这些假设事实上只是在大多数情形中而并不是在所有的情形中为真的。"②

当然，哈耶克乃是在本书所收入的他于1966年发表的"自由社会秩序的若干原则"一文中最早详尽阐明这种否定性正义观点的："的确……自由主义还是以这样一种正义观念为前提的，亦即那种可以使我们对这类正当的个人行为规则与权力机构发布的所有的特定命令做出明确界分的正义观念：前者是那些隐含在'法治'观念中的规则，同时也是自生自发秩序的型构所要求的规则，而后者则是权力机构为了组织的目的而发布的特别命令。"③立基于此一观点之

---

① 参见哈耶克于1962年发表的《自生自发秩序与第三范畴——人之行动而非人之设计的结果》一文，载《哈耶克论文集》，邓正来选编/译，首都经济贸易大学出版社2001年版。
② 参见哈耶克于1962年发表的《经济学、科学与政治学》一文，载《哈耶克论文集》，邓正来选编/译，首都经济贸易大学出版社2001年版。
③ 参见哈耶克于1966年发表的《自由社会秩序的若干原则》一文，载《哈耶克论文集》，邓正来选编/译，首都经济贸易大学出版社2001年版。

上,哈耶克阐明了这种正义观念的四个关键要点①:

第一,**如果正义要具有意义,那么它就不能被用来指称并非人们刻意造成的或根本就无力刻意造成的事态,而只能被用来指称人的行动**。正当行为规则要求个人在进行决策的时候只需考虑那些他本人能够预见到的他的行动的后果。由于自生自发秩序的具体结果并不是任何人设计或意图的结果,所以把市场在特定的人当中进行分配的方式称之为正义的或不正义的方式就是毫无意义可言的。然而,这却是所谓"社会正义"所要干的事情。

第二,**正义规则从本质上讲具有禁令的性质**。换言之,不正义(injustice)乃是真正的首要概念,因而正义行为规则的目的也就在于防阻不正义的行动;如果人之特定行动没有一个旨在达到的具体目的,那么任何这类特定行动就是无法完全确定的。因此,那些被允许运用他们自己的手段和他们自己的知识去实现他们各自目的的自由人,就绝不能受那些告知他们必须做什么事情的规则的约束,而只能受那些告知他们不得做什么事情的规则的约束;除了个人自愿承担的义务以外,正义行为规则只能够界分或确定所允许的行动的范围,而不得决定一个人在某个特定时刻所必须采取的特定行动。

第三,**正义行为规则应予防阻或禁止的不正义行动乃是指对任何其他人确受保护的领域(亦即应当通过正义行为规则加以确定的个人领域)的任何侵犯**。因此,这就要求这些正义行为规则能够帮助我们确定何者是其他人确受保护的领域。

第四,也是最重要的,**这些正义行为规则本身乃是否定性的(negative),因此它们只能够通过持之一贯地把那项同属否定性的普遍适用之检测标准(negative test of universal applicability)适用于一个社会继受来的任何这类规则而得到发展**。需要指出的是,这种检测标准,归根结底,仅仅是这些行为规则在被适用于现实世界中的各种情势的时候所允许的各种行动之间的自我一致性(self-consistency)的标准。除了将某项特定的正义行为规则置于整个正义行为规则系统的框架中加以审视,否则我们就不可能对该项特定的正义行为规则是否正义的问题做出判定;这意味着,该规则系统中的大多数规则必须为了这个目的被视作是不容置疑的,这是因为价值始终只能够根据其他的价值加以检

---

① 参见哈耶克于1966年发表的《自由社会秩序的若干原则》一文,载《哈耶克论文集》,邓正来选编/译,首都经济贸易大学出版社2001年版。

测。哈耶克还指出,检测一项规则是否正义的标准,自康德以来,通常被描述为该项规则是否具有"普遍性"(universalizability)的标准。这意味着,在把某项正义行为规则适用于任何具体情势的时候,该项规则不得与任何其他被人们所接受的规则相冲突。因此,这种标准归根结底是一种评断某项规则是否与整个规则系统相容合或不矛盾的标准;当然,这项标准不仅意指某项规则与其他大多数规则之间不会发生逻辑意义上的冲突,而且还意味着这些规则所允许的行动之间不会发生冲突。

由此可见,哈耶克乃是经由批判"社会的"这个形容词而达致了对"社会正义"的实质性批判的,并且最终形成了一种"否定性正义"的观念。哈耶克所主张的这种"否定性正义"观念的实质,乃在于它只关注人之行为的正义问题或调整人之行为的规则的正义问题,而不关注这种行为对不同个人或不同群体的地位所造成的特定结果或某种事态的问题;它不仅强调正义行为规则的否定特性,而且更是强调个人行为规则进化过程中所应当遵循的否定性的普遍适用的检测标准。在这里,我们可以看到,哈耶克所主张的这种"否定性正义"观念有着极为重要的意义:

第一,它为哈耶克详尽阐明个人行为、规则系统与特定的某项行为规则之间的关系提供了坚实的基础,而这是哈耶克在1960年以前不曾做到的。

第二,我个人认为,尽管哈耶克在1960年《自由秩序原理》一书中以及此前就坚决主张一种"进化论的"自由主义,但是他在当时却未能在他的法律哲学或"法治观"中洞见到并建构起法律规则的进化机制,一如他本人在《自由秩序原理》一书中所明确指出的,"人们有时指出,法治之法(the law of the rule of law),除了具有一般性和平等性以外,还必须是正义的。尽管毋庸置疑的是,法治之法若要有效,须被大多数人承认为是正义的,但颇有疑问的是,我们除了一般性及平等性以外是否还拥有其他的正义形式标准——除非我们能够判断法律是否与更具一般性的规则相符合:这些更具一般性的规则虽可能是不成文的,但是只要它们得到了明确的阐释,就会为人们普遍接受。然而,就法治之法符合自由之治(a reign of freedom)而言,除了法律的一般性和平等性以外,我们对于仅限于调整不同的人之间的关系而不干涉个人的纯粹私性问题的法律实没有其他判准可言"[①]。显而易见,只是在60年代初确立了关注规则系统与个

[①] 哈耶克:《自由秩序原理》,邓正来译,三联书店1997年版,第266—267页。

别规则间关系的"一致性"或"相容性"的检测标准或"内在批评的方法"的基础上,哈耶克才真正建立起了他的"进化论的"法律哲学或法治观,并且在解释法律发展的过程中得到了明确的适用①。

第三,也是更为重要的,哈耶克所主张的这种"否定性正义"观念还为我们开放出了一个极费人思考的问题,即**在一个特定的系统之内我们所能够说的事情与关于那个系统我们所能够说的事情之间的繁复关系**②;具体言之,这个问题所表现出来的紧张,可以从哈耶克下述两段文字中见出:(1)"甚至当我们所研究的只是我们以及我们的整个思维方式都属于其间一部分的那个文明的某个方面或某个部分的时候,这也肯定意味着:只要我们想完成我们的工作,甚或只要我们想继续保持明智,那么我们就决不能把我们在日常生活中肯定会不加质疑就予以接受的大多数情形视作当然之事;此外,这还意味着我们必须按照系统的方式对我们未经反思便在行事的过程中予以接受的所有前设进行质疑;总而言之,这意味着:第一,为了保持严格的科学性,我们应当就好像处于系统之外一般从外部去检视那种我们以一种内部的检视方式绝不可能从整体上看到的东西;第二,在实践中,我们必须常常去处理许多我们实际上还没有科学答案的问题——在这种情形中,我们必须运用的知识,或者是那种唯有丰富且不尽相同的经验方能提供的有关人类与世界的知识,或者是那种积累而成的智慧,亦即那种经由继承而来的我们文明的文化遗产;因此在我们看来,这两种知识肯定既是我们在社会中行事的时候用以指导自己的工具,同时也是我们进行批判性研究的对象……"③(2)哈耶克指出,由于任何业已确立的行为规则系统都是以我们只是部分知道的经验为基础的,而且也是以一种我们只是部分理解的方式服务于一种行动秩序的,所以我们不能指望以那种完全重构的整全方式对该规则系统进行改进。如果我们想充分利用那些只是以传统规则的形式

---

① 关于这个问题,亦请参见霍伊:《自由主义政治哲学》,刘锋译,三联书店1992年版,第112—115页。
② 参见哈耶克于1955年写成而在1967年发表的《解释的程度》一文第9节中的论述(载《哈耶克论文集》,邓正来选编/译,首都经济贸易大学出版社2001年版):"一如我们所知,在一些领域中,我们的研究对象、我们研究和交流成果所诉诸的手段(亦即我们的思想、语言以及人与人之间进行交流的整个机制)乃是部分相同的,因此在讨论一个事件系统的同时,我们也必定是在该系统中活动的;的确,尤其是在这样的领域当中,我们所能够获得的知识极可能存在着相当明确的限度。唯有对存在于下述两种情形之间的那种关系进行研究,我们才可能探明并确定上述限度:一是在一个特定的系统之内我们所能够说的事情,另一是关于那个系统我们所能够说的事情。"
③ 参见哈耶克于1956年发表的《专门化或专科化的两难困境》一文,载《哈耶克论文集》,邓正来选编/译,首都经济贸易大学出版社2001年版。

传递下来的经验,那么为改进某些特定规则而做的批判和努力,就必须在一给定价值的框架内展开;当然,这个给定的价值框架,就人们力图实现的即时性目的而言,必须被视作是一种无须证明便予以接受的东西。值得注意的是,"**这种批判乃是在一个给定的规则系统内部展开的,而且也是根据特定规则在促进型构某种特定的行动秩序的过程中与所有其他为人们所承认的规则是否一致或是否相容(亦即一致性或相容性的原则)来判断这些特定规则的;因此,我们将把这种批判称之为'内在的批判'**(immanent criticism)。只要我们承认整个现行的行为规则系统与这个规则系统所会产生的已知且具体的结果之间存在着一种不可化约性,那么上述'内在的批判'就是我们对道德规则或法律规则进行批判性检视的唯一基础。……作为传统之产物的规则,不仅应当能够成为批判的对象,而且也应当能够成为批判的标准。……我们并不认为传统本身是神圣的且可以免于批判的,而只是主张,对传统的任何一种产物进行批判,其基础必须始终是该传统的一些其他产物——而这些产物或者是我们不能够或者是我们不想去质疑的东西;换言之,我们主张,一种文化的特定方面只有在该种文化的框架内才能够得到批判性的检视。……因此,我们始终只能根据整体来对该整体的某个部分进行检视,而这个整体正是我们无力完全重构而且其大部分内容亦是我们必须不加检讨便予以接受的那个整体"①。

(六) 从欧洲大陆法治国向普通法法治国的转换

哈耶克自由主义理论的核心观点之一认为,个人自由乃是经由法治(rule of law)而得到保障的;他在1960年《自由秩序原理》一书开始建构"法治国"(Rechesstaat)和讨论"法治下的自由"的基本条件的时候,明确指出了"自由的法律"或"法治之法"所必须具有的三项特性②:首先,哈耶克依凭其知识观和社会理论的角度认为,从个人知识具有特定时空的分立性来看,任何秩序的参与者或维护者(不论是个人还是组织)都不可能完全知道每个人的特殊的偏好和需求。据此,哈耶克的法治观认为,只有当参与者或维护者都遵循一般且抽象的行为规则时才有可能使其在参与或维护秩序的同时不变成强制者。显而易

---

① 更为详尽的讨论,请参见哈耶克:《法律、立法与自由》第二卷第7章"普遍利益与特定目的"中的文字,邓正来等译,中国大百科全书出版社2000年版,第33—35页。
② 参见哈耶克:《自由秩序原理》,邓正来译,三联书店1997年版,第260—269页。

见,正是依据他的此一论述逻辑,哈耶克主张**"法治之法"的首要特性是一般性和抽象性**,以区别于具有具体目的的外部规则。就法律所必须具有的这种一般且抽象的特性的具体内涵来看,哈耶克认为主要有三个方面:第一,在本质上,它们乃是长期性的措施;从指向上来讲,它们所指涉的乃是未知的情形而非任何特定的人、地点和物;再就它们的效力言,它们必须是前涉性的(prospective),而绝不能是溯及既往的。第二,与上述法律必须具有一般且抽象的特性紧密勾连,哈耶克认为"法治之法"所应当具有的第二项属性是公知的且确定的。法律的确定性,在哈耶克那里,对于一个自由社会得以有效且顺利地运行来讲,有着不可估量的重要意义;尽管哈耶克认为法律的完全确定性只是一个人们须努力趋近但却永远不可能彻底达致的理想,但是他仍然相信这一事实并不能减损法律确定性对西方繁荣所具有的重要意义,他甚至宣称说,"就西方的繁荣而言,可能没有任何一个因素比西方普行的法律的相对稳定性所作出的贡献更大"①。就"法治之法"的这一特性而言,哈耶克解释说,法律的确定性乃是指法律对于个人来讲是明确的和可适用的;它明确要求存在着一套能够使阐释这些法律的法院判决成为"可预见的"的司法程序和规则框架,进而可以使人们在行动的过程中遵循它们。第三,哈耶克坚持认为,争取自由的斗争的伟大目标,始终是**"法律面前人人平等"**,然而,法律面前人人平等这项原则却不能被简单地化约为前述"法治之法"的第一项特性即法律的一般性和抽象性,一如哈耶克所言,"任何法律都应当平等地适用于人人,其含义远不止于我们在上文所界定的法律应当具有的一般性的含义",这是因为任何法律都应当平等地适用于人人的理念,意味着必须赋予由一般性规则构成的法律理念以具体内容。

毋庸置疑,哈耶克1960年法治观所确立的法治之法的三项重要特性的根本目的就在于保障自由,因此法治便是实现或保障自由的基础或条件。从一般意义上讲,哈耶克为其"法治之法"所确立的三项原则中,**法律的抽象性且一般性乃是最为核心的原则**;而从逻辑的关系言,哈耶克所提出的"法治之法"的第**二和第三项特性(即公知且确定性和平等性),都可以经由推论而从上述第一项属性中获致**:公知且确定性和平等性显然是以"法治之法"的一般且抽象的原则(以下简称"一般性原则")为基础的,而同时也可以被认为是这项原则的不同方面。

我们在这里首先需要指出的是,哈耶克所谓的这种一般性原则是否有可

---

① 参见哈耶克:《自由秩序原理》,邓正来译,三联书店1997年版,第264页。

能对个人自由构成限制,无疑是这个题域中的最为重要的问题。哈耶克本人也很清楚地意识到了这个问题,但是他却依旧指出,"如果我们对这种状况进行认真的思考,我们便会发现这种状况是极为罕见的。这种状况之所以是极为罕见的,乃是因为我们有着一项重要的保障措施,即这些规则必须适用于那些制定规则的人和适用规则的人……而且任何人都没有权力赋予例外"①。此外,哈耶克还进一步指出,"法律应当具有这种特性已成为一项原则,而且已是一项为人们普遍接受的原则,尽管它并不总是以法律形式表现出来的;这便是那些元法律规则的范例:欲使法治维续效力,就必须遵守这类元法律规则"②。

然而值得我们注意的是,正是哈耶克以这项核心的一般性原则为基础而提出的法律只要遵循法治的一般性原则就一定能够保障个人自由的观点,招致了最为严厉的批判。我们可以把批判哈耶克法律理论这一观点的许多论辩做这样的概括:**由于哈耶克所阐发的法治一般性原则根本无法防阻宰制性或压制性的立法,更为根本的是由于哈耶克的法治理论在基本层面上并不含有对不可侵犯的个人权利的担当,所以哈耶克的法治只有在把自由转换成高度道德的权利的时候才可能保障个人自由**。显而易见,这类批判观点的要点在于哈耶克所诉诸的一般性原则本身是不具有实质意义的,因为压制性的立法亦能通过这个标准的检测:只要立法者足够机灵,在制定法律的过程中避免论及或提及特定的群体或有名有姓的个人,那么该项在性质上属于压制性法律就可以通过这项标准的检测;例如,要求所有个人都崇奉某种宗教的法律虽说有可能符合哈耶克法治观所设定的一般性原则,但却仍有可能对个人自由构成侵犯,一如 Hamowy 所评论的,"法律不指涉任何人名,并不能防止特定的人或群体受到歧视他们的法律的侵犯或被赋予它拒绝给予其他人的特权。对法律所采取的这种形式所规定的禁令,实是对法律平等所做的一种华而不实的保障,因为设法搞出一系列只适用某个人或群体而不指称其特定名称的描述性术语总是可能的……"③。

---

① 参见哈耶克:《自由秩序原理》,邓正来译,三联书店 1997 年版,第 192 页。
② 参见同上书,第 208 页。
③ Ronald Hamowy, "Law and the Liberal Society: F. A. Hayek's Constitution of Liberty," *Journal of Libertarian Studies*, 2(1978), pp. 291-292;此外,许多评论者似乎都认为哈耶克所说的那种法治在没有个人权利观念的情形下是无法保护个人自由的,相关文献请参见:Watkins, "Hayek's Philosophy," in Arthur Seldon, ed. *Agenda for A Free Society*, Hutchinson, 1961; Robbins, "Hayek on Liberty," *Economics and Politics*, London: Macmillan, 1963; Hamowy, "Freedom and The Rule of Law in F. A. Hayek," Ⅱ Politico 36, No. 2, 1971; N. Barry, *An Introduction to Modern Political Theory*, London: MacMillan, 1981。关于这类批判的观点,读者还可以参见霍伊:《自由主义政治哲学》,刘锋译,三联书店 1992 年版,第 144—146 页。

对哈耶克一般性原则所提出的上述批判，在我看来，实是以那些批判者对哈耶克 1960 年法治观点的认识为基础的。一如我们所见，这些批判观点一般都认为哈耶克法治观所确立的一般性原则源出于康德的普遍性原则，而由于康德的原则乃是一个形式原则，所以哈耶克用于判准法律正当性的一般性原则也必定是一种完全形式的原则。但是需要强调指出的是，这种认识显然忽视了哈耶克在 1960 年以后就其法治观所提出的一系列修正性的观点：第一，哈耶克在本书所收入的他于 1963 年发表的《大卫·休谟的法律哲学和政治哲学》一文中就已经指出，"我只是希望上文所述能够充分地说明这种界分（指一般且抽象的正义规则与个人行动及公众行动的特定且具体的目的之间的界分）在休谟的整个法律哲学当中占据着极为中心的位置，同时也能够充分地说明当下盛行的一种观点是大有疑问的……即'普遍规则这一概念的近代历史始于康德'……**实际上，康德对这个问题的认识直接源出于休谟的思想。当我们把眼光从休谟论著中较为理论的部分转向较具实践意义部分的时候，尤其当我们把眼光转向他关于法治而非人治的观点以及他关于'据法自由'的基本理念的时候，这一点也就变得更为凸显了。**……有的论者指出，康德经由把他所主张的道德上的'绝对命令'观念（categorical imperative）适用于政府治理事务方面而提出了他的'法治国'理论。但是，事实却很可能与此相反，亦即康德很可能是通过把休谟业已阐发的法治观念适用于伦理学领域而提出了他的'绝对命令'理论。"①第二，哈耶克在本书所收入的他于 1966 年发表的《自由社会秩序的若干原则》一文中也相当明确地指出，一般性原则远非只是意指形式上的特定指涉的不存在，因为"除了把某项特定的正当行为规则置于整个正当行为规则系统的框架中加以审视或评断，否则我们就不可能对该项特定的正当行为规则是否正义的问题做出判定；这意味着，我们必须为了这个目的而把该规则系统中的大多数规则视作是不容置疑的或给定的，这是因为价值始终只能够根据其他的价值加以检测。检测一项规则是否正义的标准，（自康德以来）通常都被描述为该项规则是否具有'普遍性'（universalizability）的标准，亦即这样一种欲求的可能性：有关规则应当被适用于所有同'绝对命令'（the 'categorical imperative'）所陈述的条件相符合的情势。这意味着，**在把某项正当行为规则适用于任何具体情势**

---

① 参见哈耶克于 1963 年发表的《大卫·休谟的法律哲学和政治哲学》一文，载《哈耶克论文集》，邓正来选编/译，首都经济贸易大学出版社 2001 年版。

的时候,该项规则不得与任何其他被人们所接受的规则相冲突。因此,这种标准归根结底是一种评断某项规则是否与整个规则系统相容合或不矛盾的标准;当然,这项标准不仅意指某项规则与其他大多数规则之间不会发生逻辑意义上的冲突,而且还意味着这些规则所允许的行动之间不会发生冲突"①;据此,法律规则依据哈耶克的一般性原则,就必须被整合进一个非冲突的规则系统之中,而且它们所允许的行动也必须处于一个和谐相容的系统之中。第三,哈耶克在本书所收入的他于1967年撰写的《政治思想中的语言混淆》一文中指出,"所谓'内部规则',我们所意指的是那些在它们所规定的客观情势中适用于无数未来事例和平等适用于所有的人的普遍的正义行为规则,而不论个人在一特定情形中遵循此一规则所会导致的后果。这些规则经由使每个人或有组织的群体能够知道他们在追求他们目的时可以动用什么手段进而能够防止不同人的行动发生冲突而界分出了个人确获保障的领域。这些规则一般被认为是'抽象的'和独立于个人目的的规则。它们导致了一种同样抽象的和目的独立的自生自发秩序或内部秩序。"②

正是上述批判观点对哈耶克注入"一般性原则"中的实质性内容的忽视,使得这些批判观点根本就无力真正地洞见到哈耶克法治观的原创性。 关于这个问题的讨论,我个人以为,英国著名政治哲学家 John Gray 对上述批判观点所做的回应可以为我们较为妥切地理解哈耶克的法治观提供某种极有意义的帮助。正如我在本文开篇的时候所指出的那样,John Gray 曾经在80年代初发表的评论文章中不仅赞同上述批判观点而且本人也对哈耶克的法治观进行了批判,但在历经4年的思考以后他却坦承了自己在认识哈耶克法治理论方面的贫困③;在这一认识的基础上,John Gray 进一步指出,在哈耶克的法治理论中,一般性标准远非只是一种排除指涉特定的人或特殊的群体的形式标准,因为哈耶克这个一般性原则实际上具有三个步骤:第一,一般性原则设定了在相似情形之间必须前后一贯的要求,并在这个意义上设定了一个仅是形式的非歧视性要

---

① 参见哈耶克于1966年发表的《自由社会秩序的若干原则》一文,载《哈耶克论文集》,邓正来选编/译,首都经济贸易大学出版社2001年版。
② 参见哈耶克于1967年撰写的《政治思想中的语言混淆》一文,载《哈耶克论文集》,邓正来选编/译,首都经济贸易大学出版社2001年版。
③ 我想在这里再一次征引 John Gray 的观点,以示强调:这种批判"最强有力的提出者是 Hamowy 和 Raz,而且还得到了我的一些早期论文的赞同,而我现在认为,它只是对康德式普遍性标准在哈耶克哲学法理学中的作用和性质所提出的一种贫困且错误的认识"(John Gray, *Hayek on Liberty*, Oxford: Basil Blackwell, 1984, p. 62)。

求;第二,一般性原则追问一个人是否同意那些将要调整其他人涉及他自己的行为的法律规则,显然,这是一个对行动者之间公允平等的要求;第三,一般性原则进一步要求法律规则在其他人的偏好之间应当公允无偏,而不论立法者自己的生活取向或理想——即道德中立性的要求①。

再者,John Gray 在把哈耶克的法治观归纳为将一般性原则适用于法律规则必定会产生一种自由的社会秩序的命题的基础上又对此一命题做了进一步的阐发:首先,尽管哈耶克本人并没有明确分梳上文所述的普遍化的三个步骤,但是他却明确意识到,一般性原则并不只是形式的,而且还包括了这样一个实质性的要求,即它在现实世界中所允许的活动方案应当是非冲突的(conflict-free);其次,在一个社会成员几乎没有共同目的的社会中,法律一定会具有很高程度的形式特征,即它们只对一些条件进行规定,而个人则可以在这些条件下追求他们自己确定的目的和从事自己选择的活动,而不是把任何具体的目的或活动强加给个人;最后,在一个社会成员不具有共同目的或共同的具体知识的社会中,唯有赋予每个人以一个确获保障的领域的一般性规则才能被认为是可以增进合作活动之模式的规则②。

值得我们注意的是,哈耶克所主张的法治观中还有一个极为重要的问题,即"法治之法"的第二个特性:法律的确定性和公知性问题。毋庸置疑,哈耶克从法律的"确定性"和"公知性"出发,一定会强调法律法典化的重要性,但是他同时却又遵循其有限理性的知识论而明确指出,并不是所有决定判决的规则都是能够用文字表述的;当然,"此处的关键要点在于**法院的判决是能够被预见的,而不在于所有决定这些判决的规则是能够用文字表述的**。坚持法院的行动应当符合先行存在的规则,并不是主张所有这些规则都应当是明确详述的,亦即它们应当预先就——用文字规定下来。实际上,坚持主张后者,乃是对一不可能获致的理想的追求。有些'规则',永远不可能被赋予明确的形式。许多这类规则之所以为人们所承认,只是因为它们会导向一贯的且可预见的判决,而且也将被它们所指导的人视作是一种'正义感'(sense of justice)的表达。"③

---

① 参见 John Gray, *Hayek on Liberty*, Oxford: Basil Blackwell, 1984, pp. 63-64。
② 同上书,第 66—67 页。
③ 参见哈耶克:《自由秩序原理》,邓正来译,三联书店 1997 年版,第 265 页。

当然,以上所述不仅涉及了确定性或公知性问题本身,而且还在某种程度上揭示出了明确法典与未阐明规则之间所存在的紧张,而在我看来,其间的问题实源出于哈耶克所主张的"法治国"的性质。一如我们所知,哈耶克在1960年《自由秩序原理》一书中指出:"在法治的理想与判例法制度(a system of case law)之间似乎存在着一种至少是表面上的冲突。当然,在一业已确立的判例法制度中,法官实际造法的范围,可能并没有其在一法典法制度(a system of codified law)下的造法范围大。但是,**明确承认司法和立法为法律的渊源(尽管这与构成英国传统之基础的进化理论相符合),却仍趋向于混淆法律之制定与法律之适用之间的差异**。普通法所具有的为人们极为称颂的弹性(flexibility),在法治已成为一种为人们广为接受的政治理想的条件下,的确颇有助于法治的进化,但是我们需要追问的是,**在维续自由所需要的警戒消失时,普通法的这种弹性对于那些摧毁法治的种种趋势是否仍具有较强的抵抗力呢?**"①

显而易见,哈耶克在1960年以前对普通法仍持有相当大的怀疑,但是需要指出的是,在此之后,哈耶克关于普通法的看法却发生了很大的变化②。我们可以把哈耶克的修正性观点征引如下:他在本书所收入的于1966年发表的《自由社会秩序的若干原则》一文中指出,"就此而言,我们需要强调指出以下三个要点:第一,这样一种自由秩序的观念只是在古希腊、古罗马乃至现代英国这样的国家中产生,这是因为在这些国家中,**'正义'被认为是某种有待法官或学者去发现的东西**,而不是某种由任何权力机构的专断意志所决定的东西。第二,这种自由秩序的观念一直很难在另外一些国家中扎根,这是因为在这些国家中,法律主要被认为是刻意立法的产物。第三,……这种自由秩序观念在世界各国都发生了式微的现象,其原因就在于无论是法律实证主义还是民主理论都把立法者的意志视作是评断正义的唯一标准。的确,自由主义既继承了普通法的理论也接受了早期的(前唯理主义的)自然法理论;此外,自由主义还是以

---

① 参见哈耶克:《自由秩序原理》,邓正来译,三联书店1997年版,第251页。
② 关于哈耶克早期与晚期的法律思想之间是否存在重要的差异,论者们有极为不同的看法:一些论者认为它们之间并不存在重要的差异,即使存在某种差异,它们也只表明哈耶克的法律理论是分阶段发展起来的,亦即哈耶克晚期的法律观点只是其早期法律思想的一种逻辑结果,甚或只是对早期法律思想所做的一种更为详尽的阐释(G. Dietze, "Hayek on the Rule of Law," in F. Machlup, ed. *Essays on Hayek*, London: Routledge & Kegan Paul, 1977, p. 110; N. Barry, *Hayek's Social and Political Philosophy*, London: Macmillan, 1979, p. 82.)。尽管如此,我仍然认为,哈耶克早期与晚期关于法律问题讨论的论点,确实发生了很大的变化,而其间的观点转换实是他整个社会哲学建构过程中最为凸显的事件之一。

这样一种正义观念为前提的,亦即那种可以使我们对这类正当的个人行为规则与权力机构发布的所有的特定命令做出明确界分的正义观念：前者是那些隐含在'法治'观念中的规则,同时也是自生自发秩序的型构所要求的规则;而后者则是权力机构为了组织的目的而发布的特别命令"①。

此后,哈耶克在本书所收入的他于1967年发表的《自由国家的构造问题》一文中也指出,"从历史上来看,个人自由只是在这样一些国家中才得到了确立,在这些国家中,人们认为,法律并不是任何人的专断意志的产物,**而是法官或法学家(jurisconsults)力图把那些指导正义感的原则阐释成一般性规则的努力所导致的结果。一如我们所知,试图用立法手段来修正一般性正当行为规则的做法,乃是历史上较为晚出的一种现象**……实际上,早期经由刻意的'立法'所做的大多数规定,所指涉的基本上都是一些有关政府组织和运作的问题而不是有关正当行为规则的问题"②。

当然,在本书所收入的他于1967年发表的《政治思想中的语言混淆》一文中,哈耶克更是明确地指出,"创制法律或立法始于公法领域,而在私法领域中,数千年来,私法的发展则是经由一种发现法律的过程而得以展开的——在这种发现法律的过程中,法官和法学家所试图发现和努力阐明的只是那些长期以来一直支配着人们行动的规则和'正义感'。……**一如我们所知,内部规则意义上的法律观念……只是在古罗马和现代英国这样的国家里存在,而且还是与个人自由的理想一起得到维续的——在这些国家中,私法乃是在判例法而非制定法的基础上发展起来的。**……在这个方面,有一个重要问题尚未得到人们的普遍理解,即作为判例法程序的一个必然结果,那种以先例(precedent)为基础的法律必定只是由那种含有普遍意图的、目的独立的和抽象的行为规则构成的;而这些规则正是法官和法律学者试图从早期的判例中提炼出来的。但是,立法者制定的规范却不存在类似的内在限制,因此立法者也就不太可能把遵循这样的限制作为他们必须承担的首要任务。……传统上视法律为内部规则的观念构成了法治、法律下的政府以及权力分立这类理想的基础。"③

---

① 参见哈耶克于1966年发表的《自由社会秩序的若干原则》一文,载《哈耶克论文集》,邓正来选编/译,首都经济贸易大学出版社2001年版。
② 参见哈耶克于1967年发表的《自由国家的构造问题》一文,载《哈耶克论文集》,邓正来选编/译,首都经济贸易大学出版社2001年版。
③ 参见哈耶克于1967年发表的《政治思想中的语言混淆》一文,载《哈耶克论文集》,邓正来选编/译,首都经济贸易大学出版社2001年版。

最后,哈耶克在本书所收入的他于1973年发表的《自由主义》一文中最为明确地指出,"如果政府实施的规则要成为法律(亦即成为英国式自由主义传统中用以指称自由之条件的那种法律)的话,那么这些规则就必须具有像英国普通法这样的法律所必须拥有的某些特征:第一,它们必须是一般性的个人行为规则;第二,它们必须在无数的未来情势中平等地适用于所有的人;第三,它们必须对确获保护的个人领域做出界定;因而第四,它们必定在本质上是具有禁令性质的一般性规则而不是具体的命令。然而我们知道,立法的产物却未必拥有这些特征。"①

经由上述的征引文字,我们确实可以发现,哈耶克对普通法的看法发生了很大的变化,亦即从怀疑普通法到相信普通法直至将普通法视作是保障自由或者构成自由之条件的法律的标准。John Gray 在讨论这个问题的时候甚至明确指出,"哈耶克后来的观点——亦即他在《法律、立法与自由》三卷本的最后一卷中所阐明的观点——认为,自由国家有着一种普通法法治国的形式(the form of a common-law Rechtsstaat)"②。从我自己的研究来看,哈耶克观点发生的这一重大改变,就其内在逻辑的演化而言,实是与我在前文所指出的哈耶克在1960年以后详尽阐发的这样几个观点有着紧密的勾连:一是哈耶克对有限理性的无知论知识观的明确阐释,因为这个观点指出了立法所具有的内在限度;二是由此而形成的"三分观"("自然"、"理性"和"理性不及"),以及在此基础上进一步阐明的"**法律与立法的二元观**",因为这个观点为哈耶克批判当下混淆立法与法律间本质的区别奠定了基础;三是哈耶克所主张的**制度进化观**,因为这个观点使他明确意识到法典化过程完全有可能无视他所主张的个别规则与整个规则系统之间"一致性"和"相容性"的否定性检测标准。

除此之外,我认为,还有一个因素对哈耶克改变他的法治观产生了极为重要的影响。1961年,Bruno Leoni 出版了一本题为 *Freedom and the Law*(即《自由与法律》)的著作③;在这部著作中,Leoni 对哈耶克于1955年在开罗所做的

---

① 参见哈耶克于1973年发表的《自由主义》一文,载《哈耶克论文集》,邓正来选编/译,首都经济贸易大学出版社2001年版。
② John Gray, *Hayek on Liberty*, Oxford: Basil Blackwell, 1984, p.69. John Gray 甚至还指出,"据我的了解,哈耶克本人不曾使用过'普通法法治国'这个说法,但是它却很好地把握住了哈耶克的当下观点"(同上书,第69页)。
③ Bruno Leoni, *Freedom and the Law*, Princeton, 1961.

"法治的理想"演讲中把英国的法治观念简单化地比附成欧洲大陆的法治国(Rechtsstaat)传统的做法进行了批判。Leoni 在批判的过程中指出了这样一个核心观点,即**欧陆法治传统中的确定性观念与普通法中极为重要的确定性观念之间存在着很大的区别**。欧陆法治传统认为,一如哈耶克的早期观点,确定性原则意指法律对于公民来讲是明确的和可适用的;尽管 Leoni 并不认为这种确定性观念不具有价值,但是他却明确地论辩说,这种确定性本身并不足以确使哈耶克所主张的个人自由免遭强制;更为重要的是,哈耶克所主张的这种确定性观点还致使**他忽视了英国普通法法治观中一个相当重要的观点,即确定性在普通法中所意指的主要是规则稳定而免受修正,因此普通法在给予个人以一个稳定活动的框架方面要比立法更为成功,因为欧洲大陆所主张的立法极易受到任何一个多数所可能产生的变化无常的即时兴志的影响**。与此紧密相关的是,Leoni 在对那种以法治国法典化法律的理想为基础的法律(作为主权者颁布的立法的法律)进行批判的过程中还指出了另一个核心观点,即**现代社会在法律语境中把法律统合或集权于立法的做法,与中央经济集权在经济领域中一样,不仅困难而且极不可能**。正如中央集中配置经济资源会导致浪费并致使经济活动的协调程度低于市场所能提供者一般,中央集权的立法在应对复杂且日益变化的情势时亦无法与普通法的精妙相媲美①。

毋庸置疑,就我对哈耶克论著的阅读和研究结果表明,哈耶克在 1960 年以后出版的所有论著中根本就没有明确指出他是在 Leoni 这部著作的影响下改变其观点的②,但是值得我们注意的是,在 1962 年 4 月 4 日致 Leoni 的信函中,哈耶克却明确指出,他不仅为 Leoni 出版《自由与法律》一书感到高兴,而且该书中的观点也给予了他以新的启示;哈耶克在简略讨论了这些观点以后指出,他希望在一本关于《法律、立法与自由》的"小书"(a little pamphlet)中提出这些

---

① 参见 Bruno Leoni, *Freedom and the Law*, Princeton, 1961, pp. 21 - 22。
② 哈耶克甚至还指出,Leoni 的观点没有完全说服他,一如他在讨论 Bruno Leoni 的观点时所指出的,"即使是在现代社会,法律的发展也需要依赖司法先例和学理解释这个渐进过程;关于此一主张的理由,已故的 Bruno Leoni 在其所著 *Freedom and the Law*(Princeton, 1961)一书中做了极有说服力的阐释。但是,虽说他的论辩对于那种深信只有立法才能够或应当改变法律的极为盛行的正统观念的人来说,是一服有效的解毒剂,但是它却未能使我相信,甚至在他主要关注的私法领域里,我们也能够完全否弃立法"(哈耶克:《法律、立法与自由》第一卷,邓正来等译,中国大百科全书出版社 2000 年版,第 151 页,注释 35);一如我们所知,"以此方式演化生成的法律都具有某些可欲的特性的事实,并不能证明它将永远是善法,甚或也无法证明它的某些规则就可能不是非常恶的规则。因此,它也就不意味着我们能够完全否弃立法"(同上书,第 136 页)。

问题①。显而易见,哈耶克在批判家 Leoni 的影响下,同时也是在其知识观转换这一更为紧要的基础上,日益洞见到了普通法作为个人自由保障者的重要性并且逐渐解决了他早期关于立法与普通法在自生自发秩序中的位置的论述中所隐含的紧张之处。此外,在我看来,也正是在 Leoni 观点的影响下,哈耶克才有可能在此后对洛克的法律观做出非常重要的批判,"就此而论,**甚至约翰·洛克有关自由社会的所有法律都必须是事先'颁布的'或'宣告的'论点,似乎也是建构论那种把所有的法律都视为刻意创造之物的观点的产物**,因为他的论点意味着,经由把法官的职能限于对业已阐明的规则的适用,我们便能够增进法官判决的可预见性。然而,这却是错误的。事先所颁布的或宣告的法律,往往只是对原则所做的一种极不完善的表述,而人们在行动中对这些原则的尊重更甚于他们用文字对它们的表达"②。

　　从上述哈耶克的论述以及我们此前的讨论中,我们可以发现,**哈耶克经由法治保障自由的理想实际上并没有发生变化,只是他理解实现这种理想的制度方法发生了变化**。在哈耶克的早期著述中,一如我们所见,他趋向于把自生自发秩序所需要遵循的法律规则与法治国的"高级法规定"明确联系在一起,并且在此基础上指出他的"高级法规定"乃是欧陆论者经由从英国普通法和英国不成文宪法的发展中汲取养分而确立的那些法律的特征。然而,哈耶克晚期对法律问题的论述虽说仍然关注自生自发秩序的法律框架所应具有的宽泛特性,但是,他对这个框架的说明以及对这个框架之发展的阐释却转向了对普通法的强调以及对法律乃是有待法官或法学家发现之物的观念的强调:他明确认为法律乃是经由法官或法学家和行动者不断做出的发现和否弃而发展起来的③。

---

① 参见 Hayek to Leoni, 4 April, 1962, in *Hayek archive*, Hoover Institution, 77－78 和 Leoni to Hayek, 8 May, 1963, in *Hayek archive*, Hoover Institution, 77－79)。关于 Leoni 所撰的 *Freedom and the Law* 一书对哈耶克法治观点的影响,也请参见 John Gray, *Hayek on Liberty*, Oxford: Basil Blackwell,1984, p. 68－69; T. G. Palmer, "Freedom and the Law: A Comment on Professor Aranson's Article," *Harvard Journal of Law and Public Policy*, 11（3）, summer, 1988, p. 716, n. 121; Jeremy Shearmur, *Hayek and After: Hayekian Liberalism as a Research Programme*, London: Routledge, 1996, pp. 87－92。
② 哈耶克:《法律、立法与自由》第一卷,邓正来等译,中国大百科全书出版社 2000 年版,第 183—184 页。
③ 哈耶克对法律的抽象性和一般性的强调,导使他强调普通法发展的重要性,而且还导使他反对立法的发展,因为通过司法过程而演化生成的法律,在他看来,必定是抽象的,而经由命令(如立法)所创设的法律却未必如此:"抽象规则不可能由某个关注获致特定后果的人所创造出来"(参见哈耶克:《法律、立法与自由》第一卷,邓正来等译,中国大百科全书出版社 2000 年版,第 86—88 页);而立法者之所以较可能关注特定的结果,乃是因为他们有权寻求特定的结果。(转下页)

这里的关键在于哈耶克不再从欧洲大陆的法典法法治国的角度出发去设定法律所应当具有的特性,而转向了从普通法的角度亦即从日常司法实践活动过程中的法律规则的角度出发去阐发它们所表现出来的并使之区别于组织秩序所遵循的外部规则的特性。

哈耶克认识进路所发生的这一变化,在更深的层面上意味着法律也是人类历史进程中的一部分;它们直接生成于人们彼此之间的互动关系之中并调整着人们的行动,它们与社会同时而在,因而也就先于国家的出现而在。在这个意义上讲,法律不是任何政府权力的创造物,而且也肯定不是任何主权者的命令;因此,法律诸原则乃是社会生活的内在方面,而且对它们的陈述,亦即自由之法,并不是设计或刻意计划的产物,而是自生自发的结果。它们为个人提供了一个相对和谐的规则框架,个人在其间可以合理安全地行事。显而易见,哈耶克"普通法法治国"的确立,使他达致了对法律进化过程的理解,而"对法律进化过程的理解又达致了一个极为重要的洞见,即从此一进化过程中生成的规则必定会拥有某些为统治者所发明或设计的法律可能会拥有但却未必会拥有的属性,而且只有当这些法律的制定所仿效的是那些从阐释先已存在的惯例的过程中所形成的规则的时候,它们才可能拥有这些属性"①。

四、结语:哈耶克关于自由主义与非西方或发展中国家间关系的讨论

在我选编的这本《哈耶克论文集》中,所收入的论文虽说没有一篇论文专门对个人主义这个问题进行讨论,但是毋庸置疑的是,个人主义实是哈耶克自由

(接上页)但是值得我们注意的是,哈耶克并不是要完全否弃立法,正如他所主张的,如果法治要得到维持,我们仍在某种程度上需要立法这种救济手段,这是因为哈耶克认为,内部规则在某种意义上是一种"单行道":在它沿循某个方向已发展至一定程度的时候,早期判例中的某些含义在被认为明显不可欲时,常常是无法扭转的;此外,哈耶克还给出了另外四个需要立法的理由:第一,"法律发展的司法过程必定是渐进的,而且也可能被证明为发展得太慢,以至于不可能使法律对全新的情势做出可欲的且迅疾的调适"。第二,"由司法判决来扭转那个业已发生且在后来被认为具有不可欲之后果或者被认为是根本错误的发展趋势,不仅是困难的,而且也是不可欲的"。第三,"对特定规则施以如此彻底变革的必要性,可能因各种情况所致。这可能是因为人们认识到,以往的某种发展乃是建立在错误的基础之上的,或者,这种发展所产生的结果后来被认为是不公正的"。第四,"最为常见的原因很可能是,某项法律的发展掌握在某个特定阶级的成员手中,而他们的传统观点则促使他们把那些不可能满足更为一般的正义要求的东西视作为正义者"(参见上引书,第136—137页)。

① 哈耶克:《法律、立法与自由》第一卷,邓正来等译,中国大百科全书出版社2000年版,第132页。

主义理论的基本预设之一。此外,《哈耶克论文集》还收入了哈耶克在讨论社会科学与自然科学的关系以及学科建设与大学教育制度的关系方面的一系列论文,其间涉及了许多具有重要意义的问题,而最为重要的问题则是哈耶克关于**社会科学之主观性质**的问题。如果说"后现代论,除了其他意涵以外,往往意指对客观真理的不可获得性质的信奉以及对目的论的、化约论的或本质主义的思想方式的否弃"①,那么哈耶克对既有的社会科学客观论的批判便在某种程度上意味着**哈耶克思想的"后现代时刻"**②。然而需要指出的是,尽管哈耶克所主张的**"方法论的个人主义"**对于他的自由主义理论极为重要,又尽管哈耶克所持有的社会科学主观论对于他认识复杂的社会现象和建构他的社会理论极为重要,但是我却不想在这里对它们加以讨论③,因为我更想在本文的简短结语中对哈耶克于此一期间所论涉到的自由主义及其制度与非西方或发展中国家的关系问题做一番简要评注。

首先需要说明的是,尽管哈耶克极其赞美并称颂那些认真研究不同文明间关系的学者,一如他在芝加哥大学社会科学研究大楼启用25周年纪念会上所做的演讲中坦诚指出的,"我还没有讨论综合的必要性,也没有论及努力从整体上理解我们的文明或者任何其他文明的问题,当然更未论及对不同文明进行比较研究这个更具雄心的构想。我不想对这些努力做什么评论,至多只是表示这样一种看法,即颇为幸运的是,在今天的学术界,偶尔会出现个别特别杰出的人士,他们不仅有能力而且也有勇气把整个人类世界作为他们的研究对象。在今天晚上稍晚些时候,你们将有幸听到一位伟大学者的演讲,因为在这个领域中,就实现这项看似不可能完成的使命而言,这位学者很可能是当今最接近这个目标的人士"④,但是哈耶克本人却不曾在这个方面做过任何系统的努力;因此,我在下文中所征引的哈耶克的论述,实际上只是他在讨论其他问题的时候顺便做出的,而唯有他在本书所收入的"理性主义的种类"一文中所做的讨论除外。但是值得我们注意的是,我个人认为,哈耶克的有关论述并不会因此而减

---

① 参见 Theodore A. Burczak, "The Postmodern Moments of F. A. Hayek's Economics," *Economics and Philosophy*, 10 (1), April, 1994, p. 31, in Peter J. Boettke, ed. *The Legacy of Friedrich von Hayek* (Ⅱ), Cambridge University Press, 1999。
② 参见上引文的文章名 "The Postmodern Moments of F. A. Hayek's Economics"。
③ 这里需要指出的是,我拟在为我正在翻译的哈耶克于1948年出版的《个人主义与经济秩序》一书所写的序言中专门讨论哈耶克的"方法论的个人主义"问题;而有关哈耶克社会科学主观论的问题,我亦将在另一篇专题论文中做出详尽讨论。
④ 哈耶克所讲的这位著名学者就是历史学家汤因比教授。

损它们对于我们的某种启示意义,相反,它们完全有可能从另一个维度为我们提供了反思我们自己在借鉴和学习西方文明过程中所存在的问题的视角。

根据我对哈耶克文献的了解,哈耶克曾在下述四个方面论涉到了自由主义与非西方或发展中国家间的关系:

第一,**发展中国家应当从西方国家学习西方早先建构文明的方式和对自由的信奉,而不应当借鉴和采纳西方国家在成功发展以后所引发的各种替代性方案的梦想**。正如哈耶克所明确指出的,"西方知识分子在很大程度上放弃了自由信念,然而在西方的历史上,恰恰是这种对自由的信奉,使西方世界得以完全充分地利用了那些能够导致文明之发展的力量,并使西方文明获得了史无前例的迅速发展。因此,那些来自较不发达国家的、承担着向其人民传播理念之使命的人士,在接受西方训练的过程中,所习得的并不是西方早先建构文明的方式,而主要是那些由西方的成功所引发的各种替代性方案的梦想。此一发展趋向,甚为不幸,因为这些西方信徒行事所依据的信念,虽说会使他们各自的国家较快地模仿并获致西方的若干成就,但是它们亦将阻碍这些国家做出它们各自的独特贡献;更有甚者,并不是西方历史发展的所有成就都能够或都应当被移植于其他文化基础之上的"①。

第二,哈耶克认为,**作为一种发现探索过程的竞争,在那些高度发达的经济制度中极为重要,但是它之于低度发达的社会却有着更大的重要性**。一是因为"那种认为我们在业已取得高度发展的国家中能够预见并控制那种因技术进一步发展而产生的社会结构的观点,尽管在很大程度上是错误的,但却不是完全荒谬的。然而需要指出的是,那种以为我们在一个低度发达国家(即首要问题乃是发现什么物质资源和人力资源可资使用的那种国家)中也能够事先确定其社会结构的观点,或者那种以为我们能够预测出我们采取的任何措施对这样一种国家所具有的特定影响的观点,就纯属异想天开了";第二个原因是哈耶克认为,"只有当少数乐意且有能力尝试新方法的人能够使众人感到有必要效仿他们并且同时又能够为众人指明方向的时候,风俗习惯才可能发生必要的变化。如果众人可以迫使少数人继续因循传统方式,那么必要的发现过程就会受到阻碍或禁止。当然,一些人之所以不喜欢竞争,个中的主要原因之一便是竞争不仅指出了人们如何方能够把事情做得更具效率,而且还迫使那些依赖市场获取

---

① 哈耶克:《自由秩序原理》导论,邓正来译,三联书店1997年版,第3页。

收入的人直面这样一种抉择：要么效仿更为成功的人士，要么失去部分或者全部的收入。正是依凭这样一种方式，竞争产生了一种非人力的强制：它迫使无数的个人必须以一种任何刻意的指令或命令都不可能促成的方式去调整他们的生活方式。"第三个原因则是"那种采用中央指令的方式去服务于所谓的'社会正义'的做法，很可能是一种唯有富裕国家才能够负担得起的奢侈之举，……但是对于贫困的国家来说，采取中央指令的方式去服务于所谓的'社会正义'的做法，却肯定不是这些国家能够据以增进它们对迅速变化的情势做出相应调适的一种方法——然而我们知道，这些贫困国家的发展却必须以这种调适为基础。"①

第三，哈耶克在《理性主义的种类》一文中专门讨论了日本思想家应当如何看待西方理性主义的问题，并且明确告诫日本思想家，**那些把欧洲传统中看似最具特色的某种东西推至极限的学派，实际上与那些不充分承认有意识理性之价值的人一样，都是极其错误的，只是这二者的错误方向不同而已：前者完全无视理性的限度，而后者则完全无视理性的作用**。因此，哈耶克希望日本思想家能够研究和认识西方社会中的与唯理主义相区别的"批判理性主义"传统，因为它在创建现代欧洲文明的基础、尤其是在创建自由主义的政治秩序方面很可能做出了更大的贡献。当然，哈耶克关于这个问题的讨论，对于非西方社会的中国思想家来讲也显然有着极为重要的意义。他在该文中指出，"对明确使用理性的崇拜，乃是欧洲文明过去三百年发展过程当中的一个极为重要的因素，但是在日本本土的进化过程中却不曾起到过如此重要的作用；对于这一点，我想我没有错。此外，我们也很可能无从否认这样一个事实，即在17、18、19世纪，刻意地把理性当作一种批判工具加以使用，也许是欧洲文明取得比其他文明更为迅速的发展的主要原因。因此，相当自然而然的是，当日本思想家开始研究欧洲思想发展过程中不同思潮的时候，他们特别容易为那些似乎代表了这种最极端且最明确的唯理主义传统的学派所吸引。……颇为幸运的是，这种建构论唯理主义并不是欧洲传统可以贡献给人们的唯一的哲学……你们还可以发现另外一种较为低调且比较平实的传统：尽管它在建构宏大的哲学体系方面着力不多，但是它却很可能在创建现代欧洲文明的基础、尤其是在创建自由

---

① 参见哈耶克于1968年发表的《作为一种发现过程的竞争》一文，载《哈耶克论文集》，邓正来选编/译，首都经济贸易大学出版社2001年版。

主义的政治秩序方面做出了更大的贡献(而建构论唯理主义则始终是反对自由主义的)。这个传统也源自古典古代,亦即亚里士多德和西赛罗(Cicero);当然,这个传统在很大程度上是通过圣·托马斯·阿奎纳(St. Thomas Aquinas)的论著而传播至现代社会的,而在过去数个世纪中,它在很大程度上是经由政治哲学家的努力而得到发展的。……我今天演讲的主要目的之一就是要使你们关注这种传统。我相信,如果你们对这种传统进行考察,那么你们就会发现,与此前数代日本人在极端的笛卡儿-黑格尔-马克思学派的唯理主义那里所发现的东西相比较,……这种传统并不是一种植根于欧洲思想发展某个特定阶段的片面的夸张之物,而是提出了一种真正研究人性的理论,所以它应当可以为你们的研究提供一个基础,而你们自身拥有的经验又能够使你们在发展和推进这种基础的方面做出重要的贡献。这种有关心智和社会的观点明确认为,传统和习惯在心智和社会的发展过程中起着相当重要的作用。这种观点可以使我们认识到那些在极端唯理主义的影响下成长起来的人往往认识不到的许多东西。此外,它还可以使我们认识到这样一个事实,即与那些较为精致繁复的设计相比较,一些并非经由任何人的发明而自我发展起来的制度,有时候可以为文化的发展提供一个更好的框架。"①

第四,也是最为重要的,哈耶克在《法律、立法与自由》第三卷"自由社会的政治秩序"中极富洞见力地指出了**非西方社会从西方国家移植民主制度的前提性问题,即非西方国家在移植西方民主制度的时候必须关注支撑这一制度的很可能未形诸文字的相应传统和信念**。我个人认为,哈耶克关于这个问题的论辩,不仅涉及民主制度,而且也可以同样适用于法律制度、经济制度、司法制度等,因此,他的这一论辩对于一直在思考中国传统文化与后来建构的现代制度间繁复关系②的中国论者来说有着极为重要的意义。哈耶克明确指出,"正是这些传统和信念,在那些较为幸运的国家中始终构成了它们的宪法得以有效发挥作用的基础,尽管这些传统和信念并没有明确陈述出宪法所预设的全部内

---

① 参见哈耶克在1965年发表的《理性主义的种类》一文,载《哈耶克论文集》,邓正来选编/译,首都经济贸易大学出版社2001年版。
② 这个问题极为重要,因为在中国社会转型的过程中,制度建设与传统文化之间的高度紧张始终困扰着中国论者;一如我们所知,中国论者在讨论这方面的问题的时候,一般都是从孤立的角度来讨论制度变革和中国传统文化的,然而我们常常忽略的恰恰是:第一,西方现代的各种制度与支撑它们的默会知识和信念之间的紧密关系;第二,中国正在逐渐建构的制度与中国传统文化之间的关系;第三,如何通过制度性安排来为正在建设的各种制度提供它们所必需的支撑性基础。

容,甚或还没有形诸于文字。当然,新兴国家的情况就更是如此了,因为在这些国家中,甚至连一个与欧洲国家长期信奉的法治理想略具相似的传统都没有;据此我们可以说,这些新兴国家实际上只是从欧洲国家那里移植了民主制度而已,但是它们却没有这些民主制度所预设的信念和观念作为它们的坚实支撑"。哈耶克紧接着告诫我们,"如果我们不想让移植民主制度的种种尝试归于失败,那么我们在建构这种新的民主制度的时候,就必须对大多数作为这些制度之基础的未形诸文字的传统和信念给出详尽的阐释,因为在成功的民主制度中,正是这些传统和信念曾在相当长的时期内制约了人们对多数权力的滥用。当然,大多数移植民主制度的尝试已告失败的事实,并不能够证明民主这个基本观念不具有现实适用性,而只能够证明这样一个问题,即那些在西方国家曾一度运行大体良好的特定制度乃是以人们默会地接受某些其他原则这个预设为基础的——这就是说,在西方国家中,这些为人们以默会方式承认的原则在某种程度上得到了人们的遵循;因此,在那些尚未认识到这些原则的国度里,人们就必须把这些默会性原则作为宪法的一部分明确写进成文宪法之中,就像把其他的原则写进宪法一样。我们没有权利声称,在我们这里行之有效的特定的民主制度,在其他的地方也必定会行之有效,因为经验似乎表明,这些民主制度在其他地方并不奏效。因此,我们完全有理由做这样的追问,即西方代议制度以默会方式预设的那些观念,究竟如何才能够被明确地纳入到这类成文宪法之中呢?"①

最后,我想征引哈耶克在《法律、立法与自由》(全三卷)"跋文:人类价值的三个渊源"中所阐发的一个支配着其自由主义思想及其建构过程的核心观点来结束本文:"**人不是而且也永远不会是他自己命运的主宰:因为人的理性乃是通过把他引向他可以习知新东西的未知且未可预见的境况之中的方式而持续不断地取得进步的。**"②

---

① 哈耶克:《法律、立法与自由》第三卷"自由社会的政治秩序",邓正来等译,中国大百科全书出版社 2000 年版,第 428—429 页。
② 哈耶克:《法律、立法与自由》"跋文",邓正来等译,中国大百科全书出版社 2000 年版,第 531 页。

哈耶克与他的世纪
——《哈耶克论哈耶克》导论*

□ Stephen Kresge 著   □ 邓正来 译

F·A·哈耶克于1899年5月8日出生于当时奥匈帝国的首都维也纳的弗里德里希·奥古斯特·冯·哈耶克家族,于1992年3月23日在柏林墙倒塌和苏联失去对东欧统治以后重获统一不久的德国Breisgan的弗赖堡城去世。

苏联式和东欧式社会主义的崩溃证明了哈耶克毕生工作的正确性。他的那本为世人所知的《通往奴役之路》(*The Road to Serfdom*)论著在重新确立那些使废除集权式政制成为可能的政治经济理想的过程中起到了关键的作用。当然,大黄蜂导弹、摇滚音乐和蓝色牛仔服很可能在这个过程中起着更为明显的作用,但是这并不能减损哈耶克的任何影响,因为他在促使我们认识到价值乃是沿着不可预测的道路发生变化的方面,实是任何他人所无法比拟的。

如果把哈耶克所经历的这近100年岁月,像某些论者所说的那样,冠之于"美国世纪"的话,那么我们也同样可以认为这是一个奥地利世纪;因为从大体上来讲,近100年乃是维也纳和中欧在知识和文化方面做出最大贡献的世纪,同时也是世界其他各地被迫对来自维也纳和中欧的知识文化冲击做出回应的世纪。1914年6月28日,Franz Ferdinand夫妇在萨拉热窝的遇刺事件,引发了一场以暴力方式对历史进程进行重新安排的运动(即第一次世界大战)。

人们最初以为,这场于1914年爆发的欧洲大战只会持续几个月,但是它却

---

* 本文标题为译者根据此文大意以及哈耶克本人的思想所经历的近一个世纪中的位置所加,特此注明;同时本文的注释主要是译者所加,即使是原文的注释也为译者所查明和补充。此后不一一注明。

在扼杀了整整一代人的希望和摧毁了一个文明得以发展的基本前提以后才告结束。民族主义和社会主义填补了各帝国自我毁灭后所留下的真空,甚至连基本人性也开始受到质疑,一如 Virginia Woolf 在 "Mr. Bennett and MRS. Brown" 一文中所言,"在1910年的12月,或者说是在1910年12月左右,人的本性改变了"。但是某些人所期望的这种人性的改变,最终却因大战的爆发而告失败。

在哈耶克还没有完成其在高级文科中学(Gymnasium)①的学业之前,他便于1917年3月参加了野战军团。对于他个人来说,战争只持续了一年多。他在饥饿、疾病和混乱中从意大利前线返回家园,并于1918年11月开始在维也纳大学从事研习工作。

这场战争把哈耶克的兴趣从自然科学引向了社会科学,这主要是他在一支多国部队服役的经历所致;他在日后的回忆中指出,"那时我或多或少看到了大帝国因民族主义问题而崩溃的过程。在我参加的一次战斗中,士兵们讲着十一种不同的语,而这肯定会把你的注意力吸引到政治组织问题上去"②。

如果说帝国统治的合法性在当时受到了抨击,那么对心智的统治也就更加脆弱了。相对论、量子力学、弗洛伊德、普鲁斯特(Proust)以及后印象主义者(post-Impressionists),正日渐从根本上改变着我们关于物质存在的观念以及我们如何认知物质存在的方式。"我放下茶杯,开始检查我自己的心智。我知道,心智的作用就在于发现真理,但是如何发现真理呢?每当心智感觉到真理的某个部分远在自己认知边界之外时,那是一种多么具有不确定性的深渊啊!当探求者处于他所必须探索的黑暗领域之中时,当他处于其所具有的手段和器官完全失去作用的黑暗领域之中时,他仍是在探求吗?或许更甚于此:他是在创造。他所直面的乃是至今尚不存在的某种东西,因此他自己就能赋予这种东西以实在和实质,并使它凸显出来",也因此,普罗斯特开始着手收集大量文献,其成果就是他有关往昔事件的回忆录。

数年后,哈耶克在1952年出版的《感觉秩序》(The Sensory Order)一书中完成了一项相似的研究。"我们所称之为的'心智',因此也就是某种有机体中

---

① Gymnasium 这种文科中学与一般的文科中学不同,它设有拉丁语和希腊语课程,因此译作"高级文科中学"。
② 参见 S. Kresge & L. Wenar:《哈耶克论哈耶克》(Hayek on Hayek),London: Routledge, 1994, p. 48。

发生的一系列事件的特殊秩序,而且在某个方面与特定环境中的事件的物理秩序相关联但却并不一致"①。"我们关于世界的所有知识,都具有理论的性质,而'经验'所能做的就是改变这些理论"②。

接受教育

哈耶克带着新学到的有关意大利的知识和一种严重的疟疾感染从战场上返回了家园。他在维也纳大学从事好几门分支学科的研习,并且充分地参与了那个时期的社会文化生活,尽管每隔一个晚上他就会因发烧而卧床休息。当1919—1920年冬天维也纳大学因缺乏燃料而关闭时,哈耶克去了苏黎世。在那里,他第一次接触到了构成人脑的纤维束(在脑解剖学家 von Monakow 的实验里),也第一次体认到了"正常"社会的情景,而当时的维也纳却仍然处在通货膨胀和半饥饿的困苦之中。1920年夏他又前往挪威,最终治愈了他的疟疾病根,并且学到了足够多的斯堪的纳维亚各种语言的知识;后来他运用这种语言知识,翻译了一本由 Gustav Cassel 所著的关于通货膨胀的书(然而,这本书却因奥地利通货膨胀的缘故而一直未能出版)。

在大学度过的早年学术生活中,哈耶克建立了伴随他一生的知识研究的模式。"在大学期间,最为关键的就是你不应当把自己局限在你自己所属的专业领域"③,也不要把你自己困锁在大学校园之中。许多极富启发性和激励性的知识讨论常常是在咖啡馆进行的。高地德语(High German,又译"标准德语")虽是大学的教学用语,但是日益变化的方言却流行于城市中的街头巷尾。

哈耶克对这个时期的认识,与许多把维也纳神秘化的人的观点颇不相同,而且也比他们的认识更准确。他出生的那个阶层对维持奥匈帝国来讲负有很大的责任,因此这个阶层在帝国崩溃的时候也未能逃脱毁灭的命运。但是,既不是上层贵族也不是商人阶层,而恰恰是那个公务员和职业人员阶层,虽说相当关注自身的发展,然却维持了行为和学术研究的标准;正是立基于此,这个阶层把他们自己与欧洲其他各地的相应阶层联系了起来。

---

① Hayek, *The Sensory Order*, London: Routledge & Kegan Paul, 1952, p. 16.
② 同上书,第143页。
③ 参见 S. Kresge & L. Wenar:《哈耶克论哈耶克》(*Hayek on Hayek*),London: Routledge, 1994, p. 51。

哈耶克的父亲是一位医生和植物学家,他曾希望在大学的植物学系获得一个终身的教职。从他那里,弗里德里希·奥古斯特——他母亲称他为 Fritz,一个令他坚忍克己的小名,但他本人却并不在乎——对生物学和心理学萌生了一种好奇感并对它们的复杂性有了相当的认识,而且还认为大学里的教职乃是所有职业中最为可欲的一种职业。

哈耶克在大学学习的直接原因乃是一些实际方面的考虑。与他的堂兄维特根斯坦(Ludwig Wittgenstein)不同,哈耶克不能指望依靠家族财富为生。这样,似乎能够调动他的秉性和天赋的首选职业,就是经由法律和语言的学习而跨入外交部门,或许此后再谋个学术职位或政治职位。然而,随着帝国的崩溃,领事学院(the Konsular-akademie)被取消了,因此哈耶克的外交抱负也随之烟消云散了。

在大学期间,哈耶克在选择研读心理学和经济学之间仍举棋不定。但到战后,没有人再留下来教授心理学,从而获得心理学领域的学位也就无从谈起①。法学作为一门学科倒是保留了下来,但它却把经济学同律师职业或公务员职业的预习结合在一起。哈耶克仅用了 3 年的时间而不是常规的 4 年时间,便完成了他第一个学位的学业,并在 1921 年获得了法理学博士学位。随后他申请注册了第二学位的研习,并于 1923 年初又获得政治科学博士学位(doctor rerum politicarum)。

对这个时期的知识生活具有支配性影响的是恩斯特·马赫。马赫这个名字现在为我们大多数人所熟知,但只是作为超音速飞行器的速度测量单位而为人们所知晓。马赫关于科学的哲学是,粗泛地讲,凡是不能计量的,便不是真实的。马赫的大刀(较"奥康姆剃刀"更大也更锋利)砍掉了严重阻滞科学发展的形而上学杂丛。

马赫是维也纳大学第一个归纳科学的教授。在为马赫而创设的讲座教授职位上,后继者有 Lwdiyig Boltzmann,然后是 Adolf Stohr,接着在 1922 年是 Moritz Schlick。哈耶克第一次听说 Schlick 的名字是在他去苏黎世的途中。

---

① 哈耶克指出,当时因 Stohr 去世以后,就没有再教授心理学的老师了,所以他只能转而学习法学和经济学;参见 S. Kresge & L. Wenar:《哈耶克论哈耶克》(*Hayek on Hayek*), London: Routledge, 1994, p. 44。

Schlick 是 Ernst Mach Verein(即"维也纳圈子")的创建者。这个维也纳圈子经由把对逻辑基础的攻击同证明论的经验主义相结合,成功地把哲学家们的注意力引向了区分有意义的陈述和无意义的陈述这个问题之上,尽管这一努力并不走运。所谓的"逻辑实证主义"导使后期维特根斯坦的出现,他在后期的著作中否定了他的早期著作,也使得波普尔(Karl Popper)的解毒药得以诞生。尽管哈耶克从未成为"维也纳圈子"的成员,但他很快通过一个既属于他自己的研究小组(自称为 Geiskreis 小组)又属于维也纳圈子的交叉成员了解到了他们的观点。

哈耶克早年对自然科学的接触使他倾向于接受马赫的观点,即我们所能够知道的乃是各种感觉,然而他并没有遗忘1920年冬季他在考察人脑纤维的过程中形成的观念。他撰写了一篇论文,但最终却未完成;他在该文中试图把各种感觉的演化(神经中枢的冲动)追溯到人脑,在这里,各种感觉构成了一种认知的形式和"感"(sense)。在文章的结论部分,他认识到马赫的观点是错误的。纯粹的感觉是不可能被认知的。人脑中必定有着各种各样的互相联系。必定会发生某种能把过去的经验和当下的经验联系起来的类分过程。哈耶克开始试图解决一个在从前并不为人们所认识的问题,即秩序是如何创造其自身的?他所采取的解决办法,从表面上看,部分是康德式的,部分是达尔文式的,甚至有些是普罗斯特式的,但最终却完全是哈耶克的。

哈耶克指出,"我所具有的原创性观点,实际上并非产生于一种有序的推理过程之中。我始终认为自己是下述这样一种论点的坚定不移的反对者,即所有思维都发生在语词之中,或者一般而言发生在语言之中。我能够肯定地说,远在我能用语词表达出来之前,我常常是已然意识到了解决一个问题的答案——亦即意识到了我'理解'(seeing)了它。的确,一种视觉想象,亦即一种符号性抽象模式而不是反映性图景,很可能比语词在我的思想过程中起着更大的作用"①。爱因斯坦也有大体如斯的说法。

对模式进行认识,乃是哈耶克所有工作的核心。它也许就是一种智力攀登活动,而这种攀登则是植根于他的血液和骨子里的。

我在早年所考虑的问题,是纯粹实践性质的,只想找到一个解决这种问题

---

① 参见 S. Kresge & L. Wenar:《哈耶克论哈耶克》(*Hayek on Hayek*),London: Routledge, 1994, pp. 134 – 135。

的方法,而未能完全意识到寻找解决问题的方法,我还需要一种理论。我正在探求一种理论,但我却还不知道理论究竟是什么东西。

1921年10月,哈耶克把他在维也纳大学的老师Friedrich Von Wieser为他所写的一封推荐信提交给了当时任the Chamber of Commerce(这是一个不同于美国的同名组织的官方机构)财政顾问的米塞斯(Ludwig von Mises)。米塞斯在一个被称为"审计局"(Abrechnungsamt)的临时机构中为哈耶克找到了一个职位,而米塞斯则是该机构的几个负责人之一。这个机构从事清理因战争而搁置的债务问题。哈耶克在法语和意大利语方面的知识以及他后来所获得的英语知识,再加上他的法律和经济知识,使他有资格获得一个收入相对更丰厚的工作。但是,这个职位对于哈耶克的主要吸引力,乃在于能同米塞斯建立良好的关系。

米塞斯因其在1912年出版的关于货币理论的著作而被尊为经济学家。哈耶克声称,对于他本人所出生的阶层而言,战后在德奥发生的大通货膨胀要比战争本身具有更大的破坏力,而在此一大通货膨胀期间,米塞斯很可能是德语世界中唯一理解当时情势的人。

1922年,米塞斯出版了他批判社会主义的巨著,这部著作为反对社会主义的计划提供了基础。米塞斯的论辩集中在自由调整价格在一个竞争性市场体制中所具有的作用。价格调整反映了相对稀缺产品的变化,它们用信号通知决策者以改变他们的资源配置。没有自由调整的价格,资源的有效配置就无从实现。米塞斯的论辩最终使哈耶克否弃了他此前已然接受的费边主义倾向①。

哈耶克对经济学的热情,最早源出于他阅读门格尔(Carl Menger)所撰写的《经济学原理》(*Grundsatze der volkswirtschaftslehre*)这部著作。这部著作出版于1871年,对后来的奥地利经济学家产生了重大影响。门格尔因最早(同Jevons和Walras一起)把边际效用概念引入经济学而著称于世。更为重要的

---

① 这里需要指出的是,哈耶克早年所接受的费边主义倾向,更准确地说,就是社会主义取向。因为第一,哈耶克承认,在就读高级文科中学时,他主要集中阅读的乃是现代政治学方面的宣传小册子,其中多数具有社会主义或准社会主义的性质,而且还因在上神学课时阅读社会主义小册子而遇到麻烦;第二,哈耶克本人在自由出版社1978年版的米塞斯《社会主义》一书的"序言"中指出,"《社会主义》一书在当时震惊了我们整整一代人,而且我们只是渐渐地和痛苦地才相信了这部论著的核心命题",并且指出,"他为该书中有如此之多的观点在此以后被证明为是极为正确的这一点感到惊讶,因为最初他对这些观点只是将信将疑,或者认为它们只是些夸大之词和片面的观点"。

是,门格尔的效用概念乃是以对价值概念的分析为基础的,而这种概念反对古典经济学中的价值理论。按照门格尔的观点,价值并不是任何商品或努力(effort)的内在属性或实质。土地、劳动或黄金都没有内在价值,只有这些要素的使用价值;而这种使用价值只能在与其他可能的用途的关系中加以确定。这种关系因情势不同而不同,而且还因人而异。只有个人自己才会知道他所准备放弃或替代者,以图获得另一种要素的用途——亦即另一种要素的价值。

价值必须植根于一系列关系——另类选择或替代——之中的要求,对于被认为是经济学的"奥地利"学派来说是至关重要的根本要求。在奥地利的资本理论中,生产系统的长度或复杂性乃是应对价格的变化或利率的变化而变化的。因此,价格和利率作为对投资的指导的作用便具有了关键的意义。

价值的主观性质,从而也是不确定的性质,使那些较具实证主义倾向的经济学家大为恼火,因为他们在没有一个固定的计量基础的情形下就会感到不舒服。美国的经济学家当时正在试图表明,人们尚未达到计量的极限。哈耶克抓住去美国纽约做研究助理的机会,到美国去看一看。到1923年3月,哈耶克已经为到美国访学的旅费攒了足够的钱。

纽约与商业循环

在生命的暮年回首往事时,哈耶克觉得他在一个发现或机会引发出另一个发现或机会的方面极为幸运。只是1923年他令人惊诧地决定去纽约旅行这件事,太不寻常,也与他的性格不相符合,以至于他本人都无法很好地解释这件事。在此次旅途中,他甚至蓄留了络腮胡子。显而易见,从那次访问中所得到的东西并不全是他所期望发现的。

他在纽约的公立图书馆中花费了他的大部分时间,而给他的第一个惊讶则来自他所阅读到的美国人关于这次大战的报道和分析。美国报刊对这次战争的报道是准确的,而且还在某种程度上揭示了奥地利的报道未能揭示的真相。关于这次战争进程的事实,奥地利人民在很大程度上一直被蒙在鼓里。因此,我们可以把哈耶克对政府的行动和动机所表现出来的怀疑主义,追溯到这件事情对他的影响。

随后他正式在纽约大学注册就读,并着手撰写他的博士学位论文(一直没有完成),该论文讨论这样一个问题,即"货币功能是否与人为稳定购买力相一致"? 其间,他听了 Thorstein Veblen 开设的一门讲座,但是他认为他们之间除了都患有疟疾这一点以外而别无其他任何共同之处。他所感兴趣的乃是在统计分析经济时间序列方面新发展出来的技术,以及人们在当时讨论的这样一个论题,即一个经济的物价水平能够通过由中央银行实施的金融控制(monetary control)而实现稳定。后一论题的讨论,促使人们对联邦储备体系和美国金融政策进行了研究;而前一种技术的发展,则在他一回到维也纳时便促使形成了一种新的职业。

在 Wesley Clair Mitchell 领导下而在美国发展起来的统计方法,以其在数学技术上的复杂化而著称(而这是当时的欧洲经济学家所不知道的),同时也以不需任何解释理论而闻名。Mitchell 反对任何带有抽象性质的分析,并且接受了那种在某种程度上归功于德国历史学派的实用论的制度主义研究方法,而这恰恰是米塞斯所谴责和批判的那种方法。

美国人解决经济问题的方法就是探寻事实。美国经济一直遭到难以防阻和/或难以解释的经济繁荣期和萧条期循环出现的厄运,而不论美国的经济学家发现了多少事实。当时的美国经济正处在后来被证明是这种周期中最具灾难性的繁荣阶段。Mitchell 在 1913 年出版了他关于经济周期的不朽著作并在纽约创建了"国家经济研究局"(the National Bureau of Economic Research)。此后,哈耶克又去哥伦比亚大学听了他所开设的讲座。

美国人力图比较某些时期的相似经济变化(例如玉米价格或棉花价格的变化)的努力,乃是建立在经济原因和结果中存在着历史常规性这个假说基础之上的。实用主义方法试图否认建立一种经济变化因果理论或假设在认识论上的必要性,但是,在缺失了这种认识论方面的必要性的情形下,事实的重要意义实际上就无法为人们所认识。一言以蔽之,也就是没有办法区分原因和结果。

哈耶克对这种实用主义方法的回应,并不是否认美国人的统计调查在揭示某些常规性方面的可能性,而是发展一种可以解释这些常规性的理论。他在回到奥地利以后,撰写了两篇重要的论文:《货币价值中时际间的价格均衡和运动》("Das intertemporale Gleichgewichtssystem der preise und die Bewegungen des Geldwertes," 1928)和《货币理论与商业周期理论》("Geldtheorie und konjunkturtheorie," 1933)。后一篇论文意在劝说德语世界的经济学家对工业波动的金融原因进行考虑,而不是对他们所相信的在某些地方(即事物的本质中)必须被发现的"真正"原因进行探究。

然而,美国研究进路中的这种实用主义并没有掩盖其统计研究的真正目的,它就是要找到一种办法以调查的方式控制经济事务。只是到了很晚的时候,哈耶克在第一次听到 Mitchell 于其讲座中明确宣称的立场时,才充分理解了这种立场的危险假说所具有的强大的冲击力。哈耶克后来把它称之为"建构主义"(constructivism):所谓建构主义乃是指,既然是人自身创造了社会和文明的制度,那么他也就必定能够随意改变它们以满足他的欲求或愿望。

当时,哈耶克获得了一份洛克菲勒基金会所给予的第一批资助,而这笔资助能使他延长在美国的驻留期,但是他只是在 1924 年春天乘船返回维也纳时才收到这份给予资助的通知,而这恰恰是哈耶克的幸运所在。他又回到"审计局"继续他的工作,参与了米塞斯的"私人研讨会"(privatseminar),并与米塞斯就他在美国学到的经济学研究方法展开了讨论。米塞斯开始为建立一个旨在对商业周期进行研究的机构寻求资金保障,到 1927 年 1 月,他们最终建立了以哈耶克为所长兼研究人员的"奥地利经济周期研究所"(österreichische Konjunk turforschungsinstitut)。在最初的几年中,这个研究所的大多数报告都出自于哈耶克一人之手。

这一职务并没有阻碍他在学术论著方面的撰写工作,但留给他的时间确实很少。尽管如此,他还是开始了对货币理论历史的彻底研究(由于后来的种种情况,这些研究文字直到 1991 年才被译成英文在他的全集第三卷中发表)。此项研究的一个不可预见的好处,就是哈耶克从中获得了英国货币理论与实践的详尽知识,而这为他此后在伦敦取得教授职位打下了基础。

哈耶克所进行的另一项有关美国人观点的研究工作,产生了一个甚至更无法预想的结果。在美国,当时广泛盛行的乃是 Foster 和 Catchings 的建议,哈耶克将这些观点描述为有关经济周期的"低消费"理论的变异观点。在维也纳,哈耶克在其题为 Privatdozent 的最初讲座中抨击了这些理论。他当时出版的论文 "Gibt es einen widersinn des sparens?"(1929)(后译成英文叫作《储蓄的悖论》,"The Paradox of Saving")引起了 Lionel Robbins(后来被封为"勋爵")的关注,后来他邀请哈耶克前往伦敦经济学院就此做了一系列讲座。哈耶克的讲座非常成功,也因此与 Robbins 形成了极为紧密的伙伴关系,而这一切使哈耶克得以长期留在伦敦,此后他成了伦敦经济学院的 Tooke 讲座教授。关于他在这 20 年的学术生活,他已在饶有趣味的回忆录中进行了描述:《从维也纳看 20 世纪 20 年代的经济学》(全集第 4 卷)和《从伦敦看 20 世纪 30 年代的经济学》(全集第 9 卷)。

英格兰、伦敦经济学院和凯恩斯

哈耶克在回忆录中这样写道,20 世纪 30 年代初,"我认为是本世纪经济学理论发展过程中最令人鼓舞的时期。在 1931 年(亦即我去伦敦的那年)到 1936 或 1937 年间的这些岁月中,在我看来,标志着经济学理论历史中的一个高潮,它不仅意味着一个时期的结束,而且还标示着一个崭新的极为不同的时期的开始"。1936 年,哈耶克在伦敦经济俱乐部发表主席就职演讲,这一演讲在次年以《经济学与知识》("Economics and Knowledge")为题作为论文发表。也是在 1936 年,凯恩斯(John Maynard Keynes)出版了他的名著《就业、利息和货币通论》(*The General Theory of Employment, Interest, and Money*)。

无视这个时代的政治文化剧变,我们就无从理解经济理论中的这种变化所具有的冲击力。但是,即使对这个时期的历史进行粗略的描述,也不是这篇导论所能及的。如果对于我们来讲,欲理解我们的世界在本世纪究竟发生了多大的变化是极为困难的,那么对于那些经历过这些伟大变革的人们来讲,要理解它们的重要性就更加困难了。

19 世纪的历史乃是大英帝国的辉煌历史,是有史以来最伟大的帝国的辉煌历史;然而这种辉煌却为当下的人们完全遗忘了,只是在英国的历史年鉴中有所记载。作为一个政治、军事和经济的大国,它曾经具有全面的支配力,因此,古典经济学理论在很大程度上就是大英帝国的经济学。

第一次大战严重削弱了大英帝国的财政基础。为了战争的需要而大量挪用资金和货币储备的做法,从经济学理论所能解释的交易关系的角度来看实是无法想象的,因为在经济学词典中,根本就没有"不可抗力"(force majeure)这个术语。

哈耶克指出,凯恩斯因撰写《和平停战的经济后果》(*The Economic Consequences of the Peace*)一书而成了欧洲大陆的英雄。凯恩斯论辩说,战败的德国(德国人渐渐认为,他们与其说是战败了,还不如说是受骗签订了这种惩罚性的停战协定)在没有达到一定出口量(即使有这样一种出口量,其他大国亦无法承受)的情形下,是无力偿付法国所要求的赔款的。不论凯恩斯用于支撑其论点的数据有多么精确，困境乃是现实存在的，而且各国政府也都认为，德国和奥地利正处于饥饿和高通胀状态之中。

英国政府就此所采纳的两个立场，不仅被证明为彼此不相协调，而且最终还被证明是灾难性的。如果美国不放松它对不列颠的要求，英王政府就不会松动它所提出的赔款要求。此外，在经过激烈的争论以后，英国还按照英镑在战前的价值水平恢复了金本位制。但是，伦敦的商业区很快就发现自己在平衡国内外的要求与金本位制方面将无所作为，因为英国再也无力为一半世界的国家扮演最终借贷者了。

凯恩斯特意撰写了《丘吉尔先生的经济后果》(The Economic Consequences of MR. Churchill)这本小册子，试图在这场争论中扮演卡珊特拉神①，但却没有成功。

趁哈耶克在伦敦的机会，Lionel Robbins 开始着手一项宏大的计划：建立一个经济学理论的统一传统，并消除所有的分支"学派"。哈耶克最初开设的讲座(后经修改，以《价格与生产》(Prices and Production)为题出版)以及他对凯恩斯所著的《货币论》(Treatise on Money)一书所撰写的评论文章，都构成了此一运动中的重要努力。凯恩斯的回应则是对哈耶克所著的《价格与生产》一书进行抨击。真可谓是界线明立，敌我分明。关于理论问题的争论，完全被现实问题压倒了。工业世界正陷入萧条期，其灾难和棘手的程度，远非任何经济学家所能想象。对于那些面对马克思主义者的进攻而开始怀疑他们自己的学科的可行性的经济学家来说，凯恩斯在其所著《就业、利息和货币通论》一书中所指明的策略被证明是一战术意义上的胜利。通过揭示储蓄与投资之间似乎存在的不完善的联系(哈耶克认为这只是低消费理论的一种复杂论式而已)，凯恩斯为政府在货币和财政措施的实施方面进行干预打开了大门，虽说他仍然保留了一般均衡理论所具有的概念工具和证明手段。

然而，这个世界已无论如何不再依赖任何一种经济理论。此后 20 多年的发展情势，乃是由 Hjalmar Schacht 在德国型构起来的，因为他构设了一种货币控制和投资指南的体系，而且从那时起，这个体系成了每一个处于绝望之中的

---

① 卡珊特拉神乃是指希腊神话中的特洛伊的公主，能预卜吉凶。在这里意指凯恩斯试图预言经济发展的全部结果。

政府所必定采取的手段。

在此之前,哈耶克的经济周期观点似乎完全失去了战斗力(hors de combat)。此后,他又做了一次英雄式的尝试,撰写发表了《纯粹资本理论》一书(*The Pure Theory of Capital*)。他试图把他本人对奥地利资本理论的修正观点与新古典理论中新发展出来的观点统合起来——这点正是凯恩斯理论最为薄弱的环节——但那时第二次世界大战仍在进行,所以没有人理睬他的观点。

几年后,当事实清楚地表明,任何凯恩斯式的计划的成功,乃是以那种不可垂手即得的政治决策上的精明而不是以凯恩斯著作的理论命题(从最好的角度来看,这些命题是混乱的,而从最坏的角度来看,它们则是矛盾的)为基础的时候,哈耶克指出,他未能对凯恩斯的观点提出有效的批评乃是他最大的遗憾之一。但是,回过头来看,即使他当时做出了有效的批评,这种批评在当时是否有可能占上风,仍是值得怀疑的,因为人们转而诉诸凯思斯的观点以及凯恩斯观点的最终胜利,实是由文化的和政治的变化所驱动的,而不是因他的理论论点具有说服力而达致的;而且由于第二次世界大战的爆发,他的理论论点的结果也从未在经验层面上得到过证明。大战伊始,哈耶克和凯恩斯发现,他们两人在战争成本能阻止第一次世界大战期间发展起来的通货膨胀和过分投机行为这一点上是一致的。他们的计划方案立基于这样一项政策,即实行强制性储蓄,并在战争结束后归还这些储蓄。仅就这点而言,凯恩斯已不再是一个凯恩斯主义者了。

凯恩斯思想观点上的这一随风而采取的大幅度变化,乃是哈耶克宣称他之所以无意抨击凯氏《就业、利息和货币通论》一书的主要原因之一。凯恩斯几乎因他的这种随意改变观点的习惯而声名狼藉。有一则报道描述了凯恩斯与丘吉尔一段交往的故事;当时,丘吉尔正在与美国就战后金融制度问题进行谈判;他在给凯恩斯的一封便函上说,"我与你的观点正趋向一致";然而,丘吉尔却从凯恩斯那里只得到了这样一个回答,"我在知悉此事后,深感遗憾,因为我已开始改变我的看法"。

经济学与知识

在回顾学术生涯时,哈耶克认为,他的论文《经济学与知识》("Economics

and Knowledge")连同后来发表的几篇讨论相同主题的论文,乃是他对经济学所做的最具原创性的贡献①。这也是他对凯恩斯的回答。哈耶克论点所具有的意涵,实际上乃是对那些构成实证主义经济学、计量经济学(econometrics)和任何试图建构"宏观经济学"的努力之基础的逻辑预设和经验假设的否弃。这是一个具有深远意义的主张,而且哈耶克做如斯主张也是颇合道理的,不过我不打算在这里为之进行辩护。

哈耶克有关市场的观点,在社会组织问题的认识方面极具启示。正如他在这篇极富原创性的论文中所指出的:

> 存在于不同的心智之中的零星知识的结合,是如何可能导致这样的结果的,即如果人们要经由思虑而刻意导致这样的结果,那么它就要求指挥者的心智拥有一种任何单个个人所不可能拥有的知识。在此意义上,个人的自发行动将会在那些我们所能界定的情形下,引起一种资源的分配;我们可以把这样一种资源分配理解为好像是根据一个单一计划来进行的,尽管事实上并没有人对它制订计划。对我来说,说明了这一点,实际上也就回答了那个有时被隐喻地称之为"社会心智"的问题。②

在上述文字中,哈耶克已开始着手处理这样一个问题——即秩序如何创造自身的问题,当然,哈耶克在其早年试图解释感觉如何转换成认知问题的心理学论文中就已然洞见到了这个问题。然而需要指出的是,在早年的论文中,这个问题是在人之生理学和心理学的运思脉络中出现的,而在《经济学与知识》这篇论文中,这个问题则是在人类社会组织的运思脉络中出现的,正是在这里,个人知识的限度被超越了。

他从两个思想渊源中获得了对他的新的研究进路的信心。令人颇感奇怪的是,他的一个思想渊源竟来自最初激励他从事经济学研究的学者,即卡尔·门格尔。1934年,哈耶克欣然接受了由伦敦经济学院资助发起的重新编辑门格尔著述的任务。在编辑工作的过程中,哈耶克对门格尔关于社会科学方法论

---

① 1936年以后发表的一些相关论题的论文,我个人认为,主要是指哈耶克收入在《个人主义与经济秩序》一书中的论文:《社会科学的事实》、《知识在社会中的运用》、《个人主义:真与伪》等,具体文字请参见哈耶克:《个人主义与经济秩序》,贾湛等译,北京经济学院出版社1989年版。

② 同上书,第52页。

的著述给予了极为严肃的关注,这或许是他第一次如此关注门格尔的社会科学方法论思想。一如哈耶克在晚些时候所指出的,在门格尔的著述中,"有关制度自生自发的观念,比我阅读过的任何其他著作都阐述得更加精彩"。哈耶克所发现的另一个思想渊源,乃是卡尔·波普尔所撰写的于1934年出版的《科学发现的逻辑》(*The Logic of Scientific Discovery*)一书。虽说波普尔和哈耶克都是维也纳人,但他们此前却从未见过面。他们两人所采取的研究方法大致相容并且都对那些可被视为一脉的知识思潮——马赫、逻辑实证主义者、马克思和弗洛伊德——做出了回应。波普尔反对归纳的逻辑基础的论点,为哈耶克提供了一种研究经验主义的进路,因为哈耶克发现此一研究进路极有助益于他本人对实证主义经济学所具有的各种假设展开抨击。

1938年,哈耶克成为英国公民,持英国护照出外游历,并曾设法在大战爆发前再次访问了奥地利。实际上,哈耶克心灵中仍有一重要部分深深地植根于维也纳;然而恰恰是维也纳本身发生了无可挽回的变化;在1938年纳粹德国吞并奥地利以后,曾经塑造了这个世纪的极其强大的原创力量和知识力量开始瓦解,流亡至世界各地。多数逃亡者,都去了美国。波普尔先是去了新西兰,直到战后在哈耶克的努力下才又到了伦敦。

就生活方式和氛围而言,哈耶克在英国完全有一种宾至如归的感觉。当然,更准确地说,哈耶克实际上乃是在仍保留有19世纪许多特色的英国完全有宾至如归之感。从那些诸如 Henry Thornton 和 Leslie Stephen 爵士,当然更是从阿克顿(Acton)勋爵等早期人物的身上,哈耶克体认到了一种"同宗"的精神。因此,哈耶克认为生活方式和道德的社会制度以及法律和语言乃是文明得以进化的必要条件,也就没有什么可以奇怪的了。后来,他甚至把自己视作一个伯克式的辉格党人(a Burkean Whig)。

由于哈耶克常常同 Leslie Stephen 爵士一起进行登山活动,所以他得以欣赏到 Leslie Stephen 爵士的性格。此后,哈耶克又结识了改革论坛的成员,Henry Thornton 家族的后裔 E. M. Forster 先生。当伦敦经济学院为躲避纳粹德国对伦敦的轰炸而搬迁至剑桥大学时,凯恩斯为哈耶克找寻并安排了住宿。在剑桥大学,哈耶克能和 John Clapham 爵士交流他关于货币史方面的看法。然而,当战争爆发时,哈耶克却无疑遭到了排斥,尽管这一切都是以悄然不知的方式进行的。他的忠诚朋友和盟友 Lionel Robbins 和凯恩斯一起进入了政府机构。大多数著名的经济学家也都忙着参与战争计划的制订。凯恩斯还因过度疲劳而只勉强活到了战争末期。

第二次世界大战和通往奴役之路

到1940年,世界上任何一个勤于思考的人都无法不追问这次世界大战的深刻根源。18世纪启蒙的允诺以及19世纪道德和物质方面的进步,怎么会导致了20世纪这场充满了赤裸裸的暴力且野蛮的世界大战呢?哈耶克则是从三个视角把握这个问题的:经济学理论,心理学和生理学理论,以及对哲学观点和政治思想的历史探究。

从后来收入《科学的反革命》(*The Counter Revolution of Science*)和《个人主义与经济秩序》(*Individualism and Economic Order*)这两部论文集中的文章开始,哈耶克竭尽全力试图证明事实的性质,亦即社会科学的基本研究对象,是如何通过那种试图运用从自然科学中得出的方法而被误解和误用的。在哈耶克,处于支配地位的谬误,乃在于这样一种认识,即人们有可能将某种现象的足够多的事例孤立出来,由此便能够探明有关此种现象之原因的某种规律。哈耶克没有直接抨击正在普遍起作用的归纳性谬误,而是把自己的批判建立在社会科学的所谓事实的主观(因而不确定)性质的基础之上。研究客体的主观性质意味着,从而也可以得到论证:依一般法则行事的人对此一行为所不可预见的后果有着自己的看法。然而,这些看法却不能化约为自然意义上的"事实"。对人之行为的一般规律的探寻(这种探寻乃是经由在自然规律与自然规律的后果之间建构一种谬误的逻辑关系而展开的,进而将之适用于历史研究之中),乃是由那种控制社会制度的自负所驱动的。哈耶克把那种将自然科学的方法误用到社会科学的做法,称之为"科学主义"(scientism),并将那种把科学主义视作控制社会的正当理由的做法,称之为"建构主义"(constructivism)。这种误用乃是对理性的滥用,哈耶克将其追溯至笛卡儿,尤其是奥古斯特·孔德(Auguste Comte)。

人能控制其周围的环境的幻想,乃是为蒸汽机和人工印染术这两大发明所推动而成的。在第一大发明中具有作用的原理——气体在某一特定真空中发生作用——扩大了均衡的机械论概念,而这个概念则渐渐支配了经济学理论。与此同时,人工制造印染品程序的发现则使人们相信,自然事物的结构本身是能够改变并重构的,以适应人之设计。炼金术变成了化学。正如Henry

Adams所指出的,涡轮机的力量已经取代了圣母玛利亚(Virgin Mary)的力量,它驱动着人们的想象:将要建成的乃是摩天大楼,而非教堂。

抽象界分,亦即自然的产品与人之设计的产品之间的界分——也就是亚里士多德的二分法——变得无甚作用了。这种为人类社会设计更为"合理的"制度的可能性被用作杠杆,亦即削弱既存制度的合法性的驱动性力量。然而哈耶克却不承认理性设计社会组织和经济组织的可能性;他的论点则是以这样一种认识为基础的,即这种设计所必需的有关个别事件的知识,乃因事情的复杂性而无从获致;即使这种知识是可获致的,那么社会活动所产生的不可预见的后果也会使产生它们的设计趋于失败。

尽管哈耶克对"不断的轰炸而造成的持续混乱状况无能为力,然而他却依然以他自己的方式对此做出了回应,亦即在高度集中精力的状态下",撰写出了他对理性之滥用的研究的最早的两篇论文。他在剑桥大学的安全生活丝毫未能减少他对世界当时的局势的绝望感。炸弹虽然令人恐怖,但是在依旧自由的世界中的经济学家和哲学家身上所持续发生的思想变化,却更值得人们警醒。这是一种经验,但更像一个科幻故事,一个有点类似盗尸者入侵的故事。从表面上看,人们似乎还是与过去一样,没有什么变化。然而从内心来看,他们却为一个陌生的幽灵所掳获。极具反讽意味的是,尽管哈耶克在日益孤独的状态下仍继续献身于为自由而战以反对德日意轴心国的事业,但是他却被视为一个陌生人。

那个困扰英美知识分子的古怪幽灵乃是这样一种信念,即社会主义是不可避免的。那些把这种信念强加给其伙伴的人误解了——也许是故意误解了——德国和俄国极权主义侵略的根源,把二者之间的关系视作前者对后者的反应;更确切地说,就是德国的国家社会主义实际上不是社会主义,而是对共产主义的一种超资本主义的回应。

哈耶克在其为《通往奴役之路》(*The Road to Serfdom*)一书的引言中阐明了他本人对这些事件进行解释的渊源,"因此,当一个人从一个国家迁居到另一个国家生活时,他有时会再次观察到与前此相类似的知识发展阶段。这时候他的感觉就会变得特别敏锐。当一个人再次听到他在20年或25年前首次接触到的观点或措施时,它们就会具有一种新的意义,成为一种明确趋势的征兆。这些再次听到的观点或措施便意味着——如果不是在必然的意义上,那么也至少是在极可能的意义上——事态的发展将经历一个类似的过程"①。

哈耶克竭力说明,在《通往奴役之路》一书中,他所提出的并不是一种历史主义的论点,亦非对逻辑必然性的主张。他所提出的乃是这样一种论点,即如果隐含于中央计划经济和社会之过程中的极权主义趋势得不到制约,那么俄国和德国的命运也同样会成为英国的命运。为了在当时率直地指出这个问题,哈耶克发出了一个令人惊醒的警告。

对于那些比较倾向于社会主义的知识分子来说,哈耶克的警告简直就是一种刺耳的噪音。诸如卡尔纳普(Rudolf Carnap)这样一位名重一时的逻辑实证主义哲学家(当时他已安全地居住在美国)就写信给波普尔,指责他赞扬(卡尔纳普认为的)了这本书,并声称完全同意这本书的观点,但是却以一种傲慢的方式为其行为辩护说,世界上所有取得权力的知识分子迟早会成为他人的牺牲品:

> 因此,在我看来,我们所需要的并不是改变我们的经济方案,因为这只能在实践上导致对你的哲学结论的否弃;但是,你的做法或许会使你走向反面,亦即夸大这些结论。你将面临的最大的危险乃是你的哲学在美国的运用很可能会以一种相当极端的形式在实际中失败。不,我们所需要的乃是恢复正确的道德思维——向我们社会哲学中确当的道德价值的回归。只要你将你的讨伐转向这个方向,那么你就不会感到或被认为像唐·吉诃德。我要在一个问题上指责你,因为你可能是有一点将道德的问题同物质的问题混为一谈了。危险的事情可以在一个思想正当和认识正确的社会中得到安全的实施,而如果它们为那些思想错误和认识有问题的人所实施,那就不可思议了。

随着时间的推移,英美两国并没有变成极权主义国家的事实,被一些论者征引来质疑哈耶克的警告。然而,那些抨击他的论者们却并没有认识到战争的经历是如何使人们习惯于没有自由的。他们的论辩似乎是说,只要计划发生在劳动集中营之外,就不会有危险。

本书收入的那次"圆桌讨论"纪要完全表明了计划者的敌意和他们的错误

---

① 哈耶克:《通往奴役之路》(*The Road to Serfdom*),王明毅等译,中国社会科学出版社1997年版,"引言",第11页(译文有所改动)。

认识,而重新发表这个纪要实际上是要再次戏剧般地展现那些当初宣泄在哈耶克个人身上的愤怒和不理解。就像一位圆桌会议的与会者在质疑他时所说的那样:"我认为,我们的计划并没有导向奴役,而是导向了自由,导向了解放,导向了人性在更高水平上的展现"①。由于那些试图设计这个世界的人为他们有关更高水平的人性的"特殊的洞见"所蒙蔽,所以他们无力认识到那种或许会由他们本人引发的危机:他们无力认识到,他们的计划即使成功了,也将导致诸多非意图的和不可预见的后果——这可能会给那些肆无忌惮的机会主义者打开大门,而我们则因把我们的原创力让渡给了那些计划者而陷入了无能为力的状态。也许这就是人性的内在困境:无论计划者多么善良,也不论他们多么无私,一个自私的机会主义者仍可能拥有我们为了应对非预期的事态、为了适应那些我们的控制力始终不及的各种力量所必需的才智。

哈耶克清楚地认识到,尽管我们可以安全地制定小(短期)的计划,但是我们却无力制定大(长期)的计划。凯恩斯批评哈耶克,认为他没有能力在这两种可能性之间划清界限。然而,凯恩斯却未能把握这里的关键:正是这种不知界线划在哪里的不可预见性,为那些制定得最为完善的计划而不是市场的适应性预设了凶兆。(凯恩斯在致哈耶克的信中指出:"你自己所采取的论证脉络,依赖于计划并非更有效率这样一个假设,然而这个假设是极有疑问的。极为可能的是,从纯粹经济的角度来看,计划是有效的。")为长期事项进行安排这项任务极其复杂,而这恰恰要求自由市场提供的自生自发的回应性系统予以支撑。

在哈耶克本人的生活中,他也始终面对着这种任务所隐含的困难。正如他所指出的,"我常常明确地意识到这样一个事实——我相信我的这种意识要比大多数其他人更加确实——我的思想是安全指向未来的。我似很早就不知不觉地丧失了享受当下的能力,而且使我对生活感兴趣的,乃是我对未来的计划——我的满足在很大程度上就来源于我对我先前制定的计划的实现,而屈辱也主要来自我未能完成我的计划"②。以此来释义凯恩斯的观点,就长期而言,我们或许都会感到屈辱。

---

① 参见 S. Kresge & L. Wenar:《哈耶克论哈耶克》(*Hayek on Hayek*),London: Routledge, 1994, p.110.
② 同上书,第138页。

这乃是哈耶克性格中的又一个异常之处,即这个伟大的政治哲学家似乎是一个可怕的政客。他感觉到他在《通往奴役之路》一书中所提出的主张,绝不可能在职业经济学家、公务员、象牙塔中的哲学家和社会科学家中找到一个倾听者,而他的这本书却的确又是为他们所写的:各党各派的社会主义者。于是他直接向更广泛的公众提出了他的主张,竭其全力尽可能地使《通往奴役之路》一书的风格更具可读性。就此而言,他获得了极大的成功,而且也远远超出了他的预期。

任何具有政治本能的哲学家(对他们来说,真理服务于既定的目标而不是相反),都不可能像哈耶克在《通往奴役之路》一书中写出这样的话:

> 使思想获得生命的,乃是具有不同知识和持有不同观点的个人之间的互动。理性的成长就是一个以这种差异的存在为基础的社会过程。这种过程的实质,在于它的结果无法预测,亦即我们无力知道哪些意见会有助于这种成长和哪些意见不会有助于这种成长——总之,既然我们不能对这个成长的过程施以限制,那么我们就绝不能用我们目前所拥有的任何观点去支配这个成长的过程。为心智的成长或者就此而言的一般意义上的进步制定"计划"或加以"组织",这种说法本身就是一种词语上的矛盾。那种认为人之心智应当"有意识地"控制其自身的发展的观点,实是把个人理性——即单独便能够"有意识地控制"一切东西的那个理性——同那个促使理性成长的个人间互动的过程混为一谈了。如果我们试图对这个过程加以控制,那么我们就是在为这个过程的发展设置边界,而且注定会导致思想的停滞和理性的衰退——这只是一个早晚的问题。①

在开始建造伦敦的防御工事之初,工会和工党发现,他们又重新赢得了在总罢工后于19世纪20年代所失去的政治影响和权力。他们依靠这一政治力量否决了哈耶克和凯恩斯联合提出的以非常的财政安排来支付军工生产费用的提案。凯恩斯和哈耶克的计划所依靠的是实行强制储蓄——并在战后归还这些储蓄——以减少民间需求,并由此而使市场得以最有效的方式来回应政

---

① 哈耶克:《通往奴役之路》,王明毅等译,中国社会科学出版社1997年版,第157页(译文有所改动——作者注)。

府的需求。然而工党却对此表示怀疑,担心所有这些牺牲都将由他们负担,而他们却一无所获。结果是生活的各个方面都遭到了从未有过的严格控制:实际上对所有商品都实行了限量供应;对工资、物价和租金实行了管制;而且对外汇兑换和资本也都实行了管制;而所有这些管制措施则在世界大战结束以后的很长一段时间内仍在实施。

社会主义者学到而凯恩斯主义者却未学到的乃是这样一个政治教训,即如果一个政府通过其自身的直接支出而确保劳方的需求,那么这个政府就会丧失反击劳方需求的任何手段。凯恩斯主义者在政治上的自负乃是相信他们能够驯服这只脸上挂着微笑的猛虎。

哈耶克为限制政府日益扩大的权力,又提出了另一个建议。他提议采用一种新的货币本位制来代替那个以一固定的国际交易框架为基础的但已悬置不用的金本位制。这个建议后来提交给了1944年布雷顿森林国际货币研讨会。凯恩斯率领英国代表团与会并且还须在很大程度上对此次会议所达成的协议负责。罗宾斯也随英国代表团与会,然而哈耶克却未获邀请,从而他的建议也未得到考虑。

1944年出版的《通往奴役之路》在英国赢得了广泛的读者,并且在美国也引起了一场轰动。1946年哈耶克应邀前往美国做巡回演讲,并为自己赢得了十五次喝彩①。

这本书出版的消息通过那些阅读了发表在《读者文摘》上的该书缩写本的前战俘而传到了德国。当时占领了德国的盟军诸国以正式公告的形式禁止《通往役奴之路》一书在德国出版发行,因为他们认为该书的出版发行有可能会损害与苏联的友好关系。尽管有禁令,但是人们仍将这本书中的精彩部分摘录下来并以打印稿的形式在德国广为传播。当哈耶克后来读到这些打印稿时,他惊讶地发现打印者有时还加进了他们自己的话。

---

① 哈耶克在《通往奴役之路》一书出版后应邀前往美国做巡回演讲一事,纯属偶然,而且也完全出乎哈耶克本人预料之外。该书出版后在美国发行,并且改成缩写本在畅销流行的《读者文摘》刊登,引起巨大轰动。原本拒绝出版该书的美国出版商则联合商业演讲机构,迎合这一轰动之势改变了哈耶克访美的计划,要求哈耶克在抵达美国的第二天就开始巡回演讲,为期五周。但是值得我们注意的是,哈耶克认为,"这本书在美国被接受的方式完全不同,在美国受到了瞩目,这是我始料未及的。……尽管长期以来,我一直在试图抵挡那种把我从纯理论拉向更为实际工作的诱惑,这一点最终对我的生活产生了很大的影响"。参见 S. Kresge & L. Wenar:《哈耶克论哈耶克》(*Hayek on Hayek*),London: Routledge, 1994, pp. 102 – 103。

《通往奴役之路》这本书原来是写给学院派经济学家和社会科学家看的,但是他们却认为这本书不屑一提,因为它是一本读了仿佛就会降低他们身份的"畅销"书。人们开始躲避哈耶克。

流亡

哈耶克打算研究一个重大的问题,这是一个学者——不像政治家、运动员和演员——需用很长的时间方能认识到的问题:时间就是一切。他早先在经济学理论中的大多数研究工作都强调这样一个问题,即要将时间性因素(time factors)引入均衡过程之中极为困难。但是在大量的经济学理论中,人际关系中极为重要的时间性因素——什么时间发生了什么,以及原因与结果之间间隔了多长时间——却被那些关于预期、风险和产出等因素的漫不经心的讨论而切割掉了。那些试图以计划的方式赢得战争的辛勤策划者——包括 John Kenneth Galbraith 和里查德·尼克松(他们配给、征用和冻结了所有他们能够想到的东西),不但当时,或许就是现在也都不愿意承认这样一点:要不是当时及时生产出了雷达和及时破译了密码,要不是当时德国恰巧未能在东线前线找到羊毛和原油的替代品,他们所做的一切努力都将是徒劳的。如果你读一下 Galbraith 以机智的语言撰写的自我庆幸的解释——即 *A Life in Our Time*,那么你就有可能会认为,如果一个聪明的头脑都不能成功地使经济运转,难道一个产生于无拘无束的、粗鲁的行为之中的自由市场会更有成效吗?

答案就在于那些具有共同利益的人为了彼此之间的沟通而发现的各种手段。即使最愚蠢的人也拥有关于他或她自己所处境况的知识,而这种知识可以被证明对他人有价值。社会组织手段的演化——乃是人之行动而非人之设计的结果——就是从现实和理论这两个层面对数以百万计的分立的参与者如何协调其各自需求和计划这个经济问题的应答。哈耶克把这一观点的渊源一直追溯到从亚当·斯密、大卫·休谟和亚当·福格森到伯纳德·孟德维尔一脉的思想之中:"芸芸众生之中最糟糕的人,也为公益做出了些许贡献。"

我们并不是 Galbraith 那类人,我们所需要的是有简单的行为规则可以遵循,有简单的方法可以期望自己成为较优者。随着时间的推移,这种需要生成出了语言、法律、风俗(或行为方式)和道德等方面的规则。在开放性市场上,类似于货币的使用以及产品和服务的交换等方面的发展实际上相当简单,就像一群鸽子扑向撒下的玉米一般。

在上述诸方面或人际交往的制度中,风俗常常为人们所忽视,但是这些后天习得的习惯——言谈方式、服装风格和隐私的边界进而产权的限度——却可能是使人们得以共同生活和一起工作的最为重要的基础。哈耶克就此举了一个极妙的例子,以解释为什么他在英国有宾至如归的感觉:"如果你想终止谈话,那么你不用采取这样一种方法说:'噢,对不起,我有很急的其他事情要做。'你只需微微表现出漫不经心的样子,而同时却明显地表现出在关心其他的事情;你根本连一个字都不用说。"①风俗和语言是不可分割的——手势,语调——而且几乎是以不为人们所理解的方式被融合进了道德规则之中,而道德规则又以为人所理解的方式被融进了法律之中。

从职业生涯的角度看,哈耶克是颇为幸运的,但是在个人生活方面,他却没有如此幸运。他在非常年轻的时候,就曾与他的表妹相爱。然而,由于对他的志向不甚理解,他的表妹最终还是嫁给了别人;哈耶克后来也与他人结婚并在移居英国后有了孩子。第二次世界大战结束后,他回奥地利去探望仍留在奥地利的家人(在火车上,他遇到了同样回家探视亲人的堂兄维特根斯坦),并得知他的第一个恋人认为她自己又有了可以嫁给他的自由。这样,他下定了决心,不管这一突如其来的事件会使他和他的家庭蒙受多大的痛苦和付出什么样的代价,他都不做他择,只要求离婚。

此后,哈耶克在伦敦的处境艰难,而且与他的一些最为亲密的朋友和同事间的关系也极其恶化②。然而颇为奇怪的是,他从未对道德传统的另一个方面——亦即它所具有的驱逐和孤立某人的力量——进行过讨论。《通往奴役之路》一书的出版,使他脱离了大多数职业经济学家,而关于他离婚的流言蜚语则使他脱离了原来生活中建立的社交圈。

为此,他做出了与此前其他被遗弃和孤立的人所做的同样的事情:他远赴美国并在那里撰写了一部关于自由秩序原理的专著。

"很可能在开始的时候他们就已经意识到了人们对他们的诽谤和蜚语,已经学会了谨慎处事,甚至还与社会隔绝,几乎过上了隐居的生活。……这两人

---

① 参见 S. Kresge & L. Wenar:《哈耶克论哈耶克》(*Hayek on Hayek*), London: Routledge, 1994, p.100。
② 哈耶克的此次婚变,最严重的结果是他的密友和同事罗宾斯与他近十年不讲话。

的境况和自然倾向从一开始就结合起来,而这才使他们把妇女地位的问题和她们在婚姻中的地位问题变成了一个公众都关注的主要话题之一"。这是哈耶克所写的关于约翰·斯图尔特·穆勒(John Stuart Mill)和 Harriet Toylar 的文字①。哈耶克关于穆勒的研究,产生于他业已着手进行的关于滥用理性的历史研究。在他编辑的关于约翰·斯图尔特·穆勒与 Harriet Taylor 的信札中——以"他们的友谊及继后的婚姻"为副标题——有许多极为精彩和令人着迷的描述和评注。它是证明哈耶克关于英国转向社会主义始于 Toylor 与穆勒的论点的一份极为重要的文献,但是它也表明哈耶克在其选择的第二故乡的英国所感受到的那种宾至如归的感觉,因为只有当他具有了在历史、学识、文物等方面的天赋(他是一个伟大的藏书家)时,他才有可能撰写出这份直通英国文化心脏的人际关系的文献。它令人着迷的另一方面,是因为哈耶克就人际关系的极为个人化的根源进行了探讨,其要旨似乎是要指出一些主观的价值推动了经济和政治的发展。这些极为复杂的事实,是无法——以实证主义的方法论——化约为某些可以用某种共同尺度加以评价的对象的。

1954年,哈耶克得到了"古根汉姆"(Guggenheim)基金会提供的一份资助,使他和他的妻子得以用7个月的时间沿着穆勒正好在100年前穿越意大利和希腊的旅程路线进行重访。他们的重访路线与穆勒当年的路线唯有一处不同,因为他们还造访了埃及,在那里哈耶克作了关于"法治的政治理想"(The Political Ideal of the Rule of Law)的系列演讲。1955年秋在回芝加哥的旅途中,他明确地形成了有关《自由秩序原理》一书的写作计划②。

---

① Hayek, *John Stuart Mill and Harriet Teylor*, London: Routledge & Kegan Paul, 1951, p.110.
② 关于哈耶克产生撰写《自由秩序原理》一书的计划,我曾在《"自由秩序原理"抑或"自由的宪章":哈耶克 *The Constitution of Liberty* 书名辨》一文开篇中指出,"1854 至 1855 年的冬春时节,当时代最重要的思想家之一的穆勒,因健康的缘故前往意大利和希腊做旅游疗养,并在罗马的 Capitol 散步时获得了撰写《论自由》一书的灵感,于 1859 年诞生了在以赛亚·伯林看来"建立了近代自由主义"的伟大论著。在一百年以后的 1955 年,确立了当代自由主义的重要学者,在编辑评注穆勒于当年旅游期间书写的大量但却未发表的书信的过程中,偕夫人沿穆勒百年前在欧洲的游历路线重游,甚至按照穆勒在自传中的说法,专门前去穆勒产生撰写《论自由》一书的灵感的地方散步,期求获得同样的灵感;这个学者就是后来在 1974 年与缪尔达尔一起赢得诺贝尔经济学奖的弗里德利希·冯·哈耶克。虽说哈耶克因穆勒所撒的小谎而未能在散步的时候获得灵感,但他却在紧接着去埃及讲学的过程中形成了撰写一部研究"自由"问题的著作的计划;他在 1959 年他的六十岁生日那天——亦即穆勒出版《论自由》的整整一百年以后,杀青了他集中撰写了四年的 *The Constitution of Liberty*:他给自己的生日献了一份寿礼,也给我们贡献了一份宝贵的、至少是值得我们严肃研究的思想财富"。参见拙著:《研究与反思:中国社会科学自主性的思考》,辽宁大学出版社 1998 年版,第 279—280 页。

当时,在唯理主义学派以外,许多伟大的自由倡导者都始终不渝地强调着这样一个真理,即如果没有根深蒂固的道德信念,自由绝不可能发挥任何作用,而且只有当个人通常都能被期望自愿遵奉某些原则时,强制才可能被减至最小限度。人们能够自愿遵循这类不具强制力的规则,当有其益处,这不仅是因为对此类规则施以强制是不好的,而且也是因为以下两种境况事实上常常是可欲的:一是自愿性规则只应当在大多数情形下得到遵守;二是个人应当能够在他认为值得的时候挑战这些定规而不顾此举可能会导致的公愤。除此之外,还有一点也很重要,即确使这些规则得以遵守的社会压力的强度和习惯力量的强度,都是可变的和不确定的。正是这类自愿性规则在压力方面所具有的弹性,使得逐渐进化和自生自发的发展在道德规则领域中成为可能,而这种可能性的存在又容许此后的经验趋向于对先前的规则进行修正和完善。

哈耶克在《自由秩序原理》一书的第 62 至 63 页①做如斯说。此书于 1960 年 2 月 9 日正式面市。

感觉秩序

芝加哥大学为哈耶克提供了一个教职。John Nef 在回忆当时的情形时指出②:

> 在我造访英国期间,在伦敦面晤了 T. S. Eliot 和 Friedrick·哈耶克两位先生。这使我能够为芝加哥大学的社会思想委员会做出这两个重要的教职安排。哈耶克接受了一个他注定会保有约 15 年之久的常设性教职。芝加哥大学经济学系对他能去社会思想委员会担任教职一事表示欢迎,尽管这些经济学家曾在 4 年前反对他到经济学系任职,这在很大程度上是因为他们认为《通往奴役之路》这本书太过流行,而一个受人尊敬的学者是不会写这样的书的。只要他不被视为是经济学家,那么他在芝加哥

---

① 哈耶克:《自由秩序原理》,邓正来译,三联书店 1997 年版,第 72 页。
② John Nef, *Search for Meaning*, Washington, D. C.: Public Affairs Press, 1973, p. 37.

大学任教就不会有什么问题。

哈耶克于1950年10月作为社会和道德科学的教授正式开始在芝加哥大学社会思想委员会执教。他并非两手空空而来,他带来了题为《何为心智》("What is Mind?")的手稿的第一稿。

一如他后来所解释的,"在《通往奴役之路》一书出版以后,我觉得我在相当程度上毁了自己的职业声誉,我不想再触怒他人。我想被科学共同体接受,所以做了一些纯科学的而且与我的经济学观点没有什么关系的工作"①。这可以说是人类思想史上的一个尴尬时期。当哈耶克最终能够对亚里士多德、洛克和休谟的思想做出自己的回应时,他发现自己已置身于一个崭新的世界之中:这个新世界完全展现了其对存续之障碍的克服能力和自我发展的能力,并且表明那些认识论方面的所谓的棘手问题实在不着边际。

哈耶克又开始重新考虑他在30年前研读马赫所著《感觉的分析》(Analysis of Sensations)一书时所遇到的问题。哈耶克给自己设定了这样一个任务,就是对经由神经刺激而传送到大脑的感觉形成过程进行探索,而在大脑里,这些感觉变成了似乎在某种程度上与"实在"相对应的认知。经过三易其稿,最初那篇《何为心智》的文章草稿被改成了《感觉秩序》(The Sensory Order)一书。他在《〈感觉秩序〉发表25年》("The Sensory Order After 25 Years")一文中描述了他的概念的发展过程(p. 289):

> 一开始我所不能轻信的是这样一个观念,即感觉纤维能够承载或神经细胞能够储存那些为我们所知的心智现象具有的各种独特的属性——这种"知"的方式不只是内省,而且还可以是我们对其他人的行为的观察。我早年的研究就已经使我对这样一个事实形成了明确的认识:这些心智特性乃是由刺激因素在所有神经元之间的关系系统中所处的位置决定的,因为刺激因素就是通过这些神经元而得以传递的。这导使我把中枢神经系统解释为一种多元性类分的器官,或者更准确地说,是一个(对每一时刻进入其中的大量刺激因素)在许多层面进行同时且持续的类分和不断的再类分的过程,这样的过程首先适用于所有通过感观而得到的知觉,

---

① 参见 S. Kresge & L. Wenar:《哈耶克论哈耶克》(Hayek on Hayek), London: Routledge, 1994, p. 152。

但是主要适用于我们能够发现的发生在心智世界中的各种心智体,如感情、概念、意象、倾向等等。

哈耶克所反对的观点认为,"经验始于对那些具有恒久性质的感觉基本数据的接受,这些基本数据或者反映了那些属于被感知的外部客体的相应的属性,或者与构成物理世界诸要素的这些属性具有某种独特的相互关系"①。这种观点肇始于亚里士多德,他坚持认为我们应当认识事物的"本质",此后这个观点通过约翰·洛克的一段经验主义名言而传至我们:Nihil est intellectu quod non antea fuerit in sensu(不被感知便无认识)。哈耶克选择来批驳这种观点的路径与康德的路径遥相呼应,而且不时还与康德的理论相重合②。

早在马赫以前,有人发现,哈耶克就曾研究过兰科植物,而正是这种"早在马赫以前"的经验,恰是感觉秩序的关键之所在。正如哈耶克告诉我们的那样,在追随他那位作为植物学家的父亲的兴趣的过程中,"我也开始采集自己的植物标本,甚至开始撰写有关 Orchis Condigera 的专题论文……对为何存在着被明确界定的类别这个令我深感困惑的难题所进行的系统的植物学研究,后来证明对我是一种颇有助益的教育,可是我此后的兴趣逐渐从植物学转向了古生物学和进化论……后来,我的父亲也充分地意识到我的思想较之我在动植物分类学方面的研究更具理论性"③。

心智为了给并无差别的感觉分门别类所展开的类分活动,乃源自先前的经验。"每一种感觉,哪怕是'最纯粹'的感觉,从而都必须被认为是根据个人或种族的过去经验对某一事件的阐释"。用一种前此的类分来决定一种感觉的"感"(the 'sense' of a sensation),与康德使用先验范畴不同,因为哈耶克的类分

---

① Hayek, *The Sensory Order*, London: Routledge & Kegan Paul, 1952, p. 165.
② 关于康德思想对哈耶克的影响问题,相当繁复。此处给出哈耶克本人的一个说明,我想可能会对读者理解这个问题有所助益:"你知道 John Gray 写了一本有关我的著作(*Hayek on Liberty*, 1984)。当然,他把我解释成了一个康德式论者。我一开始倾向于对他说,'你夸大了这一影响。我从未仔细地研读过康德'。但是,事实却是,在我极关键的年龄,即 20 或 21 岁,我为一个叫 Alois Riehl 的当代康德论者的著作深深吸引住了,他就批判问题撰写了一部巨著和两本比较易懂的介绍书籍。我想我对康德哲学的了解,在很大程度上来自一个康德式论者。因此,我一开始对 Gray 说,不,我没有受康德的影响,因为我对康德的一手文献实在知之甚少,从而无法证明这个说法是正确的,然而后来我却不得不承认,我通过间接的方式受到了康德的很多影响";参见《哈耶克论哈耶克》,1994,第 139—140 页。
③ 参见 S. Kresge & L. Wenar:《哈耶克论哈耶克》(*Hayek on Hayek*),London: Routledge, 1994, pp. 43-44。

产生于知觉本身形成的过程之中,并非固定不变。它们并不同于一种原理或公理,因为它们与自生自发秩序的发展有着密切的联系(link,或用哈耶克的术语'linkage')。

> 心智因此而进行的再分类,乃是一种与我们所经历的这样一种过程相似,即我们学着朗读一种并不是用音标拼写的语言。我们学着根据一些符号与不同的其他符号的组合而赋予这些相同的符号以不同的价值,而且也学着在甚至不考虑个别符号的情况下,对不同的符号组合进行重组,视其具有相同的意义。①

这本书是否是一种失败呢?自这本书出版以后,就似乎没有什么人问津,即使是那些意识到此书重要性的哈耶克思想研究者,也主要是出于责任而去阅读它。最初,尚有一些肯定性的评论,但是,即使是抱着最欣赏的态度,读者也会一开始就感到阅读此书的困难。一如哈耶克在许多年后所说的,"就心理学而言,我的的确确是一个来自19世纪的幽灵"。

当时,朝着专业化方向发展的现代趋势愈演愈烈,特别是在美国的各大学中。哈耶克在《感觉秩序》一书中的观点,给了当时在理论心理学领域占支配地位的行为主义以一记致命的打击②。然而,在当时认识论和心理学的领域中,

---

① Hayek, *The Sensory of Order*, London: Routledge & Kegan Paul, 1952, p.169.
② 实际上,哈耶克早在此前就对学科专业化趋向展开了抨击,其间最为典型的事例可以说是他在1947年4月1日"朝圣山学社"第一次大会开幕式上所做的演讲,此演讲稿后收入在他于1967年编辑出版的《哲学、政治学和经济学的研究》(*Studies in Philosophy, Politics and Economics*, London: Routledge & Paul, 1967, pp.148-159)论文集中。哈耶克这篇演讲稿的重要性乃在于通过发起召开"朝圣山学社"大会而鼓励诸多不同学科和不同国家或地区的代表就公共的和国际的重大问题进行交流进而与学科专业化取向作斗争;他在1956年庆祝芝加哥大学社会科学研究大楼落成二十五周年的庆典上发表题为"专业化的困境"(The Dilemma of Specialization)的演讲中更是明确地指出,"我们当然应当对那些思想成熟的学者致以敬意,他们为了从事可能是任何人都无力宣称完全胜任的工作,而甘冒极大的风险,无视专业化的一切藩篱"(同上书,第127页)。在约40年的岁月中,"朝圣山学社"一直忠实信奉它自己所宣称的这个目标,而这个目标的深刻的知识基础则可见之于1947年4月8日"朝圣山学社"第一次大会期间通过的"目标的声明"之中,现将此文译出供读者参考:
"我们这些来自欧洲和美国的经济学家、历史学家、哲学家和其他公共事务研究者,于1947年4月1日至10日聚会于瑞士'朝圣山',对我们这个时代所具有的危机展开了讨论。我们渴望使这个组织常设化,以进一步推进相互的联系并欢迎来自其他和我们具有同样信念的人士的合作,为此我们就一系列目标达成了共识,特声明如下:
文明的诸核心价值正处于危险之中。在世界上大多数国家和地区,人之尊严和人之自由的基本条件已荡然无存。在其他一些国家和地区,这些基本条件也正不断地蒙受着当下政策发展趋势的威胁。个人的和自愿的群体的位置正逐渐地为专断性权力的扩张而动摇了。甚至连西方人最为宝贵的财富,即思想和表达的自由,也因下述教条的广为扩散而深遭威胁。(转下页)

那种从内容到形式都可以被证明为相当不可取的学术研究发展，把哈耶克的观点给淹没了（在大学外面，公众一如往常那般仍以一相同的极为直觉的方式对精神现象的探索抱以兴趣。如果哈耶克所写的不是"前感觉"（pre-sensory）而是"超感觉"（extra-sensory）因素，那么他肯定会再被邀请做一次巡回演讲①）。

一位评论者这样写道，"尽管像哈耶克这样一位专家在社会—经济领域内享有极高的盛誉，但是他通过撰写一部关于知觉的专著而表现出来的那种侵入其他学科的越俎代庖的做法，只会令许多人瞠目结舌或漠然视之"，而这恰恰反映出了风俗（行事方式）与语言之间的那种联系。即使 Edwin G. Boring 发表在《科学月刊》（*Scientific Monthly*）上的最具肯定性的评论，也对哈耶克这部著作中的一个显见的失败给予了批判：

> 即使当他是正确的时候（应当说，他绝大多数时间是正确的），你也希望他的著作中有一适当的部分是专门讨论他的思想渊源的。关于心智和意识的物理性理论以及相关的理论，并不是什么新的理论，而且一个读者不仅希望了解哈耶克思想的内容，而且还希望从有关这些问题的科学思想史的视角下了解哈耶克的理论。然而，需要提醒读者的是，尽管哈耶克的思想确有渊源，我却肯定很少有人能把这项特定的工作做得如此

（接上页）这些教条由于处于少数状况时主张享有宽容的特权，所以它们只力图立一种权势的位置，以压制和扼杀除了它们自己观点以外的所有其他观点。

我们认为，这些发展趋势乃是因一种否认一切绝对道德标准的历史观的得势而促成的；也是因各种质疑法治之可欲性的理论的张扬而促成的。我们还认为，这些发展趋势也是因人们对私有产权和竞争性市场的信念的式微而促成的；因为，如果没有与私有产权和竞争性市场这些制度相勾连的权力和创制权的分散制度，那么人们就很难想象一个社会能够有效地维护自由。

鉴于我们深信一场根本意义上的意识形态运动必须得到知识论辩的支持并以重申正当的理想为基础，我们在对立场问题做出初步的探究以后认为，对下述问题进行进一步的特别研究是可欲的：

（1）对当下危机的性质进行探究和分析，以使其他人清楚地认识到这场危机在道德和经济层面的基本渊源。（2）对国家的功能进行重新厘定，以更加明确地区分全权性秩序与自由秩序。（3）对重新确立法治和确使其按下述方式进行发展的各种方法进行探寻，按照这种方式，个人和群体不能侵犯其他人的自由，而且私有权利也不能允许变成掠夺性权力的基础。（4）对通过那些有利于创新和市场发挥作用的手段而确立最低标准的可能性进行研究。（5）在与那种把历史知识误用于推进各种敌视自由的教条的做法进行斗争的方面，对各种斗争方法展开探讨。（6）对创造一种有助益于保障和平和自由的并允许建立和谐的国际经济关系的国际秩序的问题进行分析。

我们并不想进行宣传，也不试图确立任何精致且具有阻碍性的正统教条。我们不与任何特定的党派结盟。我们的唯一目的就在于：通过增进那些信奉某些相同的理想和重大观念的人士之间交流观点的方式，而为维护和改善自由社会作出我们的贡献。"

① 这里所说的"巡回演讲"，乃是指《通往奴役之路》出版以后，美国出版界和商业演讲机构邀请哈耶克在美国各地举行的公开演讲。

之好。

1956年,在庆祝芝加哥大学社会科学研究大楼落成25周年的庆典上,哈耶克作了题为《专业化的困境》("The Dilemma of Specialization")的演讲。他不得不为自己的事业进行辩护,"我们当然应当对那些思想成熟的学者致以敬意,他们为了从事可能是任何人都无力宣称完全胜任的工作,而甘冒极大的风险,无视专业化的一切藩篱"①。

《感觉秩序》与哈耶克经济理论和政治理论的核心观点之间的重要联系,在他于此后发表的论文中表现得更加明显,尤其是《复杂现象的理论》("The Theory of Complex Phenomena")和《规则、认知和可知性》("Rules, Perception and Intelligibility")这两篇论文。实际上,他撰写这两篇文章的目的就在于扩展《感觉秩序》一书的哲学意涵。

关于社会主义所必然要求的中央计划是否有效的问题,不论是赞成还是反对,都取决于能否从认识论层面对预测行为之后果的能力给出证明。正如哈耶克在《解释的不同程度》("Degrees of Explanation")一文中所明确指出的,"尽管在无须控制的情况下进行精确的预测显然是有可能的,但是我们显然无力控制超出我们对行动之后果的预测的那些发展。因此,预测的限度就意味着控制的限度,反之则不然"②。

为了阐明预测人之行动的能力的局限,哈耶克发展出了一种关于复杂现象的理论。哈耶克的这一理论承认预测模式的可能性——即一系列后果与有限的原因之间反复发生的联系,但却否认预测这些模式中个别事件的可能性。个人和集体在预测能力有限的情况下之所以依旧能够发挥作用,乃是认知规则的进化所致因为这些规则使无法预测的行动成为可能。例如,语法的规则可以使一个人对陈述进行组织,然而任何一种陈述的意义却是无法预测的。

1960年,哈耶克写信告诉波普尔他日益形成的研究论题,"尽管我不想把主要精力集中在方法论的研究上面,但是我正在构思的'对经济学理论重新审视'的论题——它很可能发展成为以此为标题的一本书——却不可避免地促

---

① Hayek, *Studies in Philosophy, Politics and Economics*, London: Routledge & Kegan Paul, 1967, p. 127.
② 同上书,第18页。

使我一上来就要做出这样一种努力,即对我关于经济理论性质的观点进行重述,此外,我早先形成的关于较高层次的常规性的观念,也是我一直在费心思考和探究的大问题,而这方面的成果似乎会超出经济学领域之外"。事实上,他早在1952年写信给波普尔时就已经谈到了他着手研究这个项目的事情。波普尔对《感觉秩序》一书的主要反对意见,是认为它建构了一个关于心智的因果理论,而这在波普尔看来是不可能的。哈耶克对此回应说:

> 你是否将我所说的"只解释原则"视作是一种因果理论呢?如果你的论点只是为了证明我们永远不能解释为什么在一个特定时间内发生了这样或那样的感觉形成和思想过程等等,那么我同意你的看法。但是另一方面,如果你的论点意在否定人们能够解释物理过程是如何可能在一般的秩序层面得到安排的——这正是精神现象的特征,那么做就很难使我信服。当然,我就一个特定问题所做的这一分析,无疑是提出了一系列最深远的哲学问题。数月以来,我一直深为这样一个问题所困扰:对我来说什么是所有问题中最为一般的问题,亦即我暂时在私下称之为的我们在"一个系统之内"(within a system)所能说的东西与我们"关于一个系统"(about a system)所能说的东西之间的差异问题。我深信这是一个极为重要的问题,因为自从我明确认识到这个问题始,我就不断地在各种不同的相关题域中遇到这个问题。但是,尽管我在解释这个问题方面取得了些许微小的进展,我还是必须承认,它是我所处理过的最为棘手且最难以理解的问题之一。

哈耶克在这两点上都是对的。我们在"一个系统之内"所能说的东西与我们"关于一个系统"所能说的东西之间的差异问题,的确是一个极为重要的问题,而且这个问题也极为棘手且难以理解。他为此做了一次颇为勇敢的尝试,即通过撰写一篇有关《系统之内的系统》的论文来讨论这个问题。当他发现没有人领会他的讨论时,他放弃了。这是哈耶克一生中第二次放弃对人之理解的性质的研究,并转向了对法律的研究。

哈耶克在芝加哥总是没有那种安适自在的宾至如归的感觉。他在巴黎一直有一个车库,只要一有可能,他便和妻子一起驱车回到他深爱的阿尔卑斯山。后来,他的双耳渐渐失聪,不再与人交谈,也不再去剧院了。更困扰他的是他从

1960年起所染上的抑郁症对他的一次又一次侵袭。

他为了在维也纳重建一个研究中心而进行了广泛的努力,这个中心拟名为"人类研究高等研究所",因为他想恢复他深深怀念的那种因第二次世界大战的爆发而消失的知识分子生活。哈耶克、波普尔和 Ernst Gombrich 爵士将成为该研究所的核心成员。但是,维也纳大学对这个方案的反对使得可能的赞助者对此不抱信心,特别是福特基金会,后来这个基金会为它自己建立了一个它所谓的社会科学的研究中心。毋庸赘言,它并没有重新创造出维也纳所失去的那种生活。

1961—1962年的冬季,哈耶克接受了弗赖堡大学(在德国的Breisgau)为他提供的一个教授职位。这项邀请附带着一项关于哈耶克退休后生活问题的极为诱人的提议,而他接受了这一邀请。此后,除了1969年至1977年间在萨尔茨堡有过一段不愉快的插曲以外,他的余生都是在弗赖堡度过的,并在Obergurgl的群山中享受着他的每一个暑期。

战后,凯恩斯在布雷顿森林会议上指出,美国如果想把战后世界从另一个危机中拯救出来,就必须建立布雷顿森林体系——而其真正的目的乃在于使英国金融避免崩溃,然而在1973年,这个国际金融体系崩溃了。英镑的价值早就伴随着英帝国的衰败而贬值了,而现在,美元则因完全摆脱了金本位制亦将步英镑的后尘而贬值。尽管凯恩斯的药方因西方国家面临通货膨胀和失业这种并发性打击而很快失去了人们的信任,但是社会主义的吸引力却没有任何减少的迹象,尤其是在大学里。

1974年,F·A·哈耶克荣获诺贝尔经济学奖。许多对此感兴趣的人士所做出的第一个反应,就是对他的健在感到惊讶。一些人由此而想到哈耶克曾反对过凯恩斯的经济理论,所以又开始对哈耶克所发表的观点产生了兴趣。哈耶克对自由市场的作用做出了强有力的辩护,并视其为自由社会的一个必要基础。他还主张货币的非国家化,而这就意味着自由市场应当被用来维持货币的价值。由于事实证明政府不能保证充分就业,所以哈耶克的这项主张也就自然引起了人们的关注。但是,银行家长期以来一直为政府管制所型塑,所以他们已经忘记了市场该是什么样子。

市场终会处于支配地位,而不论它在地下潜伏多久。哈耶克的市场观——亦即社会制度的自生自发秩序观——无须被证明或被强制实施,因为它是生活方式本身。人们所需的只是等待,因为那些阻碍市场发展的障碍墙终会倒塌。

回顾

把我们隔开的边界并非都像柏林墙那般残忍和丑陋。有一些边界线十分简单,就像有的人倾向于根据英寸而非毫米进行丈量一般,或者说,就像有的人更喜爱巴赫的作品而不喜欢摇滚乐一般。然而,一切事情都在不断地变化着。一如哈耶克所明确指出的,经济学理论的真正任务就是要解释我们是如何应对那些不可知的境况的。他指出,我们应当把"经济视作一条河流而不是一种均衡的力量,可以相当不夸张地说,就像我们应当根据那些决定水流在崎岖的河床上流动的因素来看待经济一般"①。

哈耶克的成就在于他指出了经济学理论,如同任何其他关于社会行为的理论一样,乃是一种关于进化的理论。在阐明这个观点的过程中,他又把社会行为的研究重新纳入了这种研究在最早时所采取的路径之中(例如 Sir William Jones 对语言进化的解释以及亚当·斯密的《国富论》研究),这一路径曾激励达尔文对那些经由天择而发生进化演变的可能性进行了探索,并据此解释生物物种的变异过程。人们有时忘了达尔文曾认为,由灌木在沼泽地中生长稀少这种变异所展示出来的适应性,可以驳倒马尔萨斯关于人口扩张会超过其生存手段的可怕预期。马尔萨斯经由详尽地思考爱尔兰的命运而沮丧地做出预测认为,人口增长不可避免地会超过人的生产力。李嘉图则遵循马尔萨斯观点,把经济变成了一个从概念上讲类似于孤岛的东西(其间,只有收入的分立是能够确定的),并且把这种经济作为他们讨论经济学理论的背景。

这种把经济学理论的论题视作一个类似于孤岛的实体的传统一直延续了下来。如果一个人所设定的是一种封闭的系统,那么他采纳从力学——甚至物理学——那里借用来的均衡假说也就成了一件极自然的事情。在这样一种系统中,预测乃是所要达到的唯一目标。

颇为遗憾的是,经济学理论也忽视了达尔文对马尔萨斯理论的回应,视李

---

① 参见 S. Kresge & L. Wenar:《哈耶克论哈耶克》(Hayek on Hayek), London: Routledge, 1994, p. 147。

嘉图的理论路径为经济学研究的路径。只是到了许多年以后，人们这才发现，爱尔兰人在爱尔兰岛上的朝不保夕的生活状况，实乃是该岛在英帝国中所居于的不幸位置所致。在美国，爱尔兰人在数量上则是相当可观的，但是仅爱尔兰人在这个新世界中繁衍生存，不可能发生人口过剩的问题，而只有把更多的种族考虑进去，方有这种可能。如果一个社会或一个系统的边界发生了改变，那么社会行为也会发生变化。这些边界可以是任何一个维度的边界：时间维度和空间维度的边界，当然，知识的维度则是无止境的。我们关于系统内或系统外任何因素的知识所发生的任何变化，都会要求对整个系统进行重新调整。

20世纪的悲剧就在于无数的人都生活在凄惨的境地，他们是哈耶克后来所说的"社会主义的致命自负"[①]的牺牲品——社会主义试图设计和控制社会的命运。在苏联和东欧一些国家，设计的失败不可避免地导致了日益增多的控制，而这意味着通过封闭社会的方式来控制知识。正如Gibbon所指出的，哀痛容易但描写困难的并不是爱尔兰的命运，而是古巴的命运。任何人都不是隔绝的孤岛。

事实证明哈耶克的观点是正确的。他经由对控制可能性的认识论基础的批判而对那种控制社会的建构主义观点进行了抨击；他还表明对经济和社会系统中的变化的回应进行预测是不可能的。诸如自由市场这样的自生自发秩序的进化，乃是使人们对日益变化的情势进行多样化的适应成为可能的工具。然而我们必须承认，哈耶克的观点很少有人关注。全世界教授社会科学的教师更热衷于教授马克思的思想而不是哈耶克的学说。在美国，经济学则与数学之间有着一种非常可悲的关系。

哈耶克的结论，从现在的事实来看，是无法否认的。但是，一种反对预测的观点，亦即对那种认为能够极确定地预测对社会和经济条件的回应的论点给予批判的观点，并不意味着任何试图计划或控制某一过程的特定努力都必然趋于失败。我们既不能预测某项计划将成功，我们也同样不能预测某项计划会失败，因为一项计划的成功有可能完全是出于偶然。因此，建构主义观点在逻辑上存有漏洞。就此而论，休谟的观点始终是正确的。

---

① 这个说法源出于哈耶克于1988年出版的论著的书名，即《致命的自负：社会主义的谬误》(*The Fatal Conceit: The Errors of Socialism*)，中译本由东方出版社1991年出版：《致命的自负》(原译《不幸的观念：社会主义的谬误》)，刘戟锋等译。

智的诱惑总是会使人们通过主张前设的原则或前提乃是先验有效的方式去填补这种漏洞。在这不确定的海洋上,海上女妖所唱的并不是引诱男子的淫歌,而是主张确定性的赞歌。哈耶克的船则极其危险地朝着这些礁石撞去。

前瞻

哈耶克所倡导的许多思想实是一具有分界线意义的手段。他有效地论证说,我们社会里的大多数制度,诸如语言和货币制度,既不是人类刻意发明设计的产物,也不像风和重心力似的是自然环境中的天然要素。在《感觉秩序》一书中,他表明社会秩序在根本上是一个进化的过程,这个过程始于对那些得到遵守的常规性进行类分,尔后进入到规则的形成;这些规则使一个系统中的各种因素(各个方面)得以在日益复杂的类分过程中进行互动。这个进化过程从潜在的意义上讲是目的开放的,而且任何特定时间所达致的结果都是不确定的和不可预测的。

哈耶克在 DNA(脱氧核糖核酸)结构被发现之前就撰写出了《感觉秩序》一书。今天,我们已较容易理解他的观念,但也比较容易忽视他的观念的原创性。生物生命的基础——经由基因的再生产而进化——所遵循的就是哈耶克提出的诸原则。单个基因所控制的蛋白生产,就是根据类似于语言"规则"的"规则"而展开的。数目固定的氨基酸所可能展开的不同组合,能产生无数的蛋白;这些蛋白又在更为复杂的秩序中进行互动,形成有机体,而这些有机体又根据相吸和相斥"规则"展开互动。在这个过程的某个点上,我们或许能够在自然"规则"与那些产生自生自发社会秩序的规则的进化之间划一界线。这里的问题在于,我们在哪里划这条界线。

哈耶克在两个关键点上背离了达尔文的理论:第一,他指出自生自发秩序乃是通过群体选择(而不是经由个体变异)而形成的;因此第二,他认为所获得的特性必须是可传递的。尽管这两个命题导向了种种批判性解释,但是它们仍未摆脱进化理论所具有的那种主要危险,而这种危险又标示出哈耶克理论与进化理论所具有的同样的性质。生存乃是衡量成功适应的唯一标准,但是生存本身并没有提供任何成功适应的标准。的确,生存一直是一极成功的标准,但是就今天乃至将来而言,情况就不是如此了。不信的话,我们可以去问恐龙。

然而,哈耶克的理论指出,生存的乃是规则,而未必是那些根据这些规则而形成的群体。这里需要指出的是,关于这个假设,哈耶克本人并没有做过明确的表述,但是我们可以从他的观点中推导出来。而且如果我们采用这个标准来辨识自生自发秩序(而非自然秩序或设计的秩序),那么我们就可以避免许多困难。

哈耶克在晚些时候的著作中转而运用规则来证明一种道德传统的正当性,因为这种道德传统可以证明某些(非特定的)群体的生存比其他群体的生存更优越。凯恩斯在回应《通往奴役之路》的文字中揭示了这种观点的危险性。凯恩斯认为,采用道德正当化的方式会使人们采纳原本被视为不可接受的经济标准和政治标准。任何试图证明某一道德观点为正当的努力,皆会使人达致一种自食恶果的论点,而这种论点则会使人们无力反对另一种论点,即所有这类先验的原则——例如道德原则——都是无从在理性层面进行正当化证明的。另一方面,哈耶克宣称心智无力理解其自身,而这也会导使他在为自己的观点进行捍卫时放弃对理性的运用,尽管他认为反对他的观点的论者不能提出这一诉求。

然而,如果我们回到那个认为所生存的乃是规则而未必是那些遵循这些规则的群体或个人的假设,那么这个问题就能够从不同的路向得到解释。因此,进化的过程——与物竞天择相类似的过程——就变成了一个自我选择的过程。这意味着当适应措施得以使较多的个人彼此沟通和交流并解决他们所处环境中的较多问题时,这些适应措施就是成功的。当然,我们据以评价那些为人们所采纳的规则是否成功的群体,并不是一确定数量的人口。例如,说英语的人口就是在英语的不断使用过程中发生变化的,而且绝对不能与某一特定数量的人口(诸如英国的居民)等而视之。采纳一种自我选择的理论,需要很长一段时间才能消除某些日益凸显的社会矛盾,例如那些因制度中所存在的各种文化偏见而引发的社会冲突,而最糟糕的是世界上某些多难地区因"种族清洗"而引发的社会冲突。在自我选择的基础上型构社会组织,个人能够在不牺牲自己的品格的情况下参与各种自生自发的秩序——语言的、家庭的、市场的和宗教的自生自发秩序。

对哈耶克的生活和工作最具幸运的反讽,或许是我们因他而没有足够的理性去对理性感到失望。他的论点——心智无力理解其自身——乃是从《感觉秩序》一书的一个主要结论中得出的:"我们所试图建立的主张,就是任何类分器官必定拥有一个极为复杂的结构,而这个结构的复杂程度要比它类分的客体所拥有的结构更高。"①

但是哈耶克也知道,除了人之心智这个可能的例外以外,对于越来越复杂的其他结构来讲,并不存在进化的边界。在《规则、认知及可知性》("Rules, Perception and Intelligibility")一文中,他渐渐认识到这个问题基本上与某些其他哲学难题一样,例如哲学上对自我悖反问题的思考以及对他在给波普尔的信中所说的在一个系统之内(within a system)能对这个系统(about a system)言说什么的问题的思考。尽管哈耶克本人放弃了此一方向上的继续探究,但是他却洞开了一个方向,为人们能够理解更深程度的复杂性提供了背景。Tarski 对元语言的研究,Bartley 对理性的研究,都已标示出了对某些新的知识疆域的拓展。

也许只有在经历了更多的政治和经济灾难以后,我们才会汲取深刻的教训;但是,我们的确渐渐认识到,尽管心智——理性——不能把其自身型构的模式强加于这个世界,然而它却能够揭示和理解生命赖以形成的各种模式。在复杂系统理论这一日益形成和发展的学科中②,甚至在所谓的人工生命这个分支(这将被证明不是一种矛盾修饰法)中,思想家们发现他们都在思考那种具有哈耶克特色的自生自发秩序。甚至在计算机方面,那些不可预测的复杂形式也源出于数套简单的规则。

正如这些研究者们所渐渐理解的那样,生命,不论是人工的还是自然的,都存在于混沌的边缘。哈耶克的理论仍具有生命力。

---

① Hayek, *The Sensory Order*, London: Routledge & Kegan Paul, 1952, p. 185.
② 关于新成型的复杂理论,请参见米歇尔·沃尔德罗普:《复杂:诞生于秩序与混沌边缘的科学》,陈玲译,三联书店 1997 年版;D. Pines, ed. *Emerging Synthesis in Science*, Santa Fe Institute, Vol. I, 1986; I. Prigogine, *From Being to Becoming*, San Francisco, 1980.

参考文献

□ 邓正来 编

哈耶克主要英文著作及中译本

1. Hayek, *Sensory Order*, Routledge & Kegan Paul, 1952.
2. Hayek, *The Counter-Revolution of Science*, Glencoe: Free Press, 1952.
3. Hayek, *Studies in Philosophy, Politics and Economics*, London: Routledge & Kegan Paul, 1967.
4. Hayek, *New Studies in Philosophy, Politics, Economics and the History of Ideas*, Routledge & Kegan Paul, 1978.
5. 哈耶克:《自由秩序原理》,邓正来译,三联书店1997年版。
6. 哈耶克:《法律、立法与自由》(三卷本),邓正来、张守东、李静冰译,中国大百科全书出版社1999—2000年版。
7. 哈耶克:《致命的自负》,冯克利、胡晋华等译,中国社会科学出版社2000年版。
8. 哈耶克:《哈耶克论文集》,邓正来选编/译,首都经济贸易大学出版社2001年版。
9. 哈耶克:《个人主义与经济秩序》,邓正来译,三联书店2002年版。

关于哈耶克思想的主要研究性参考文献

1. F. Machlup, ed. *Essays on Hayek*(《哈耶克研究论文集》), London: Routledge & Kegan Paul, 1977.

2. S. Kresge and L. Wenar, ed. *Hayek on Hayek: An Autobiographical Dialogue*(《哈耶克论哈耶克》), London and New York: Routledge, 1994.

3. Arthur Seldon, *Agenda for a Free Society: Essays on Hayek's The Constitution of Liberty*(《自由社会的议程：有关哈耶克〈自由秩序原理〉的论文集》), Hutchinson of London, 1961.

4. Streissler, et al., ed. *Roads to Freedom: Essays in Honour of F. A. Hayek*(《通往自由之路：哈耶克纪念文集》), London: Routledge, 1969.

5. M. Sandel, ed. *Liberalism and Its Critics*(《自由主义以及对它的批判》), Oxford: Basil Blackwell, 1984.

6. A. Arblaster, *The Rise and Decline of Western Liberalism*(《西方自由主义的兴衰》), Oxford: Basil Blackwell, 1985.

7. John Gray, *Liberalism*(《自由主义》), Milton Keynes: Open Press, 1986.
   ——*Hayek on Liberty*(《哈耶克论自由》), Oxford: Basil Blachwell, 1984.

8. N. Barry, *Hayek's Social and Economic Philosophy*(《哈耶克的社会哲学和经济哲学》), London: Macmillan, 1979.
   ——*On Classical Liberalism and Libertarianism*(《论古典自由主义与极端自由论》), London: Macmillan, 1986.

9. B. M. Rowland, *Ordered Liberty and the Constitutional Framework: The Political Thought of F. A. Hayek*(《有序的自由与宪政框架：哈耶克的政治思想》), Greenwood Press, 1987.

10. R. Butler, *Hayek: His Contribution to the Political and Economic Thought of Our Time*(《哈耶克：他对我们这个时代的政治思想和经济思想的贡献》), London: Temple Smith, 1983.

11. B. L. Crowley, *The Self, the Individual, and the Community: Liberalism in the Political Thought of F. A. Hayek and Sidney and Beatrice Webb*(《自我、个人和社群：哈耶克、席奈和韦伯政治思想中的自由主义》), Oxford: Clarendon Press, 1987.

12. H. Gissurarson, *Hayek's Conservative Liberalism*(《哈耶克的保守主义自由论》), New York: Garland, 1987.

13. C. Kukathas, *Hayek and Modern Liberalism*(《哈耶克与现代自由主义》), Oxford: Oxford University Press, 1989.

14. J. Tomlinson, *Hayek and the Market*(《哈耶克与市场》), London: Pluto, 1990.

15. J. C. Wood and R. N. Woods, ed. *F. A. Hayek: Critical Assessments*(《哈耶克：批判性评述》四卷本), London and New York: Routledge, 1991.

16. J. Birner and R. van Zijp, ed. *Hayek, Coordination and Evolution*(《哈耶克，协调和进化》), London: Routledge, 1994.

17. R. Kley, *Hayek's Social and Political Thought*(《哈耶克的社会思想和政治思想》), Oxford: Clarendon Press, 1994.

18. M. Colona and H. Hageman, *The Economics of Hayek*, Glencoe: Free Press, Vol. 1: Money and Business Cycles(《哈耶克的经济学，第一卷：货币与商业循环》), Hants.: Edward Elgar, 1994.

19. Chris M. Sciabarra, *Marx, Hayek, and Utopia*(《马克思，哈耶克和乌托邦》), State University of New York Press, 1995.

20. S. Frowen, ed. *Hayek the Economist and Social Philosopher: A Critical Retrospect*(《作为经济学家和社会哲学家的哈耶克：一种批判性考察》), London: Macmillan, 1995.

21. S. Fleetwood, *Hayek's Political Economy: The socio-economics of order*(《哈耶克的政治经济学：社会经济秩序》), London and New York: Routledge, 1995.

22. J. Shearmur, *Hayek and after: Hayekian Liberalism as a Research Programme*(《哈耶克及其以后：作为一种研究纲领的哈耶克式自由主义》), London and New York: Routledge, 1996.

23. Andrew Gamble, *Hayek: The Iron Cage of Liberty*(《自由的铁笼》), Westview Press, 1996.

24. Gerald P. O'Driscoll, Jr. And Mario J. Rizzo, *The Economics of Time and Ignorance*(《时间与无知的经济学》), London and New York: Routledge, 1996.

25. Peter J. Boettke, ed. *The Legacy of Friedrich von Hayek*(《哈耶克的思想遗产》三卷本), Edward Elgar Publishing Limited, 1999.

图书在版编目(CIP)数据

哈耶克社会理论/邓正来著. —上海:复旦大学出版社,2009.8
ISBN 978-7-309-06701-9

Ⅰ.哈… Ⅱ.邓… Ⅲ.哈耶克,F.A.(1899～1992)-社会学-研究
Ⅳ.C91-095.61

中国版本图书馆 CIP 数据核字(2009)第 101179 号

哈耶克社会理论
邓正来　著

出版发行	复旦大学出版社	上海市国权路 579 号　邮编 200433
	86-21-65642857(门市零售)	
	86-21-65100562(团体订购)	86-21-65109143(外埠邮购)
	fupnet@fudanpress.com	http://www.fudanpress.com

责任编辑	陈　军
出 品 人	贺圣遂

印　　刷	常熟市华通印刷有限公司
开　　本	787×1092　1/16
印　　张	19.75
字　　数	323 千
版　　次	2009 年 8 月第一版第一次印刷
印　　数	1—5 100
书　　号	ISBN 978-7-309-06701-9/C·131
定　　价	32.00 元

如有印装质量问题,请向复旦大学出版社发行部调换。
版权所有　　侵权必究